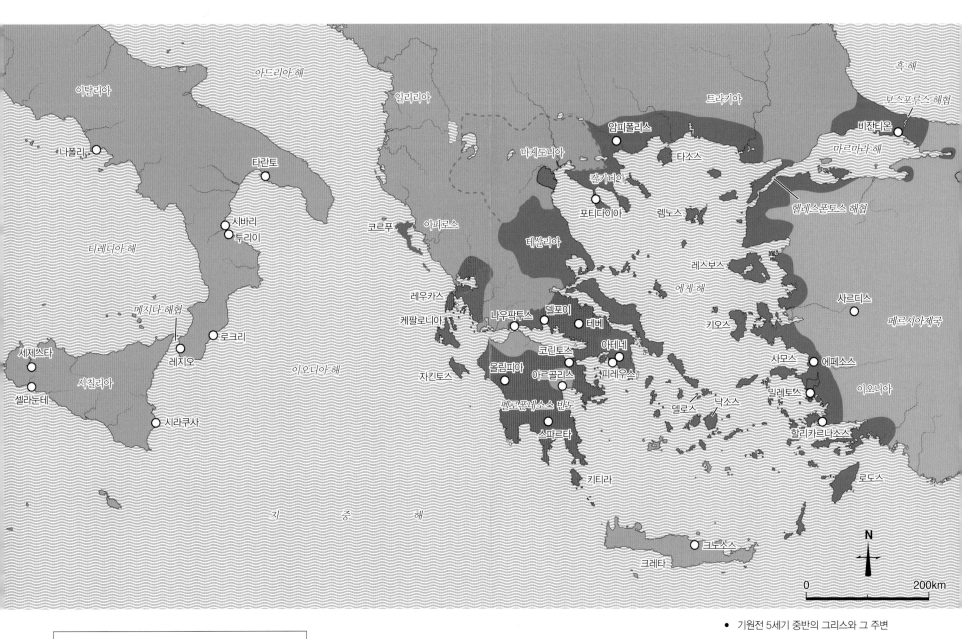

아드리아 해

이탈리아

나폴리

타란토

시바리
투리이

티레니아 해

메시나 해협

세제스타

로크리

레지오

시칠리아

셀라눈테

시라쿠사

이오니아 해

자킨토스

지   중   해

일리리아

코르푸

이피로스

레우카스

케팔로니아

트라키아

흑해

보스포루스 해협

암피폴리스

비잔티온

마케도니아

타소스

마르마라 해

칼키디아

포티다이아

렘노스

헬레스폰토스 해협

테살리아

레스보스

에게 해

사르디스

페르시아제국

나우팍투스

델포이

테베

키오스

올림피아

코린토스

아테네

피레우스

아르골리스

사모스

에페소스

펠로폰네소스 반도

델로스

낙소스

밀레토스

이오니아

스파르타

할리카르나소스

키티라

로도스

크노소스

크레타

N

0   200km

• 기원전 5세기 중반의 그리스와 그 주변

아테네의 패권 영역(델로스동맹)

스파르타와 동맹인 도시들의 지배 영역(펠로폰네소스동맹)

중립적인 그리스 도시국가

페르시아제국의 패권 영역

● 아테네의 황금시대를 대표하는 건축물, 파르테논 신전의 현재 모습

그리스인 이야기 II

ギリシア人の物語 II　民主政の成熟と崩壊
GIRISHIAJIN NO MONOGATARI II MINSHUSEI NO SEIJUKU TO HOUKAI
Copyright © Nanami Shiono 2017
All rights reserved.
Korean translation rights arranged with SHINCHOSHA Publishing Co., Ltd. Tokyo
through Japan UNI Agency, Inc., Tokyo and Korea Copyright Center, Inc., Seoul

이 책은 (주)한국저작권센터(KCC)를 통한
저작권자와의 독점계약으로 ㈜살림출판사에서 출간되었습니다.
저작권법에 의해 한국 내에서 보호를 받는 저작물이므로 무단전재와 복제를 금합니다.

민주주의의 빛과 그림자

그리스인 이야기

II

시오노나나미

이경덕 옮김

살림

4 우중정치 시대 후기
기원전 412~기원전 404년(9년)

1권에 등장하는 주요 인물

- 솔론^{Solon}(기원전 640년경~기원전 560년경): 아테네의 정치가. 빚 때문에 노예로 전락하는 일을 금지시켰다. 덕분에 아테네에는 중간계층이 형성됐다.

- 페이시스트라토스^{Peisistratos}(기원전 600년경~기원전 527년): 아테네의 정치가. 중소농민을 보호하고 드라크마 은화를 유통시켜 경제 부흥을 꾀했다.

- 클레이스테네스^{Kleisthenes}(기원전 565년경~기원전 492년): 아테네의 정치가. 아테네의 행정구역을 쇄신하고 국가체제 개조를 통해 민주정치를 발전시켰다.

- 테미스토클레스^{Themistocles}(기원전 524년경~기원전 459년): 아테네의 정치가이자 군인. 아테네에 민주정치와 해군을 확립했고, 살라미스해전에서 페르시아 제국 군대를 격파했다. 만년에 도편추방에 처해져 페르시아로 망명했다.

- 아리스티데스^{Aristeides}(기원전 530년~기원전 462년): 아테네의 정치가이자 군인. 마라톤전투에서 밀티아데스와 함께 그리스 연합군을 통솔해 페르시아 군대를 격파했다.

- 리쿠르고스^{Licurgos}(기원전 8세기 후반~기원전 7세기 전반): 스파르타의 헌법을 만들고 감독관(에포로스) 5명이 왕가를 감시하는 국가체제를 확립했다.

- 레오니다스^{Leonidas}(?~기원전 480년): 스파르타 왕. 테르모필레전투에서 불과 300명의 병사를 이끌고 페르시아 대군과 맞서 싸우다가 장렬한 죽음을 맞이했다. 이때 막강한 페르시아 군대에 큰 타격을 입혔다.

- 파우사니아스^{Pausanias}(기원전 514년경~기원전 471년): 스파르타 왕가 출신의 군인. 플라타이아이전투에서 그리스 연합군을 통솔하여 페르시아 군대를 격파했다. 개인이 두드러지는 것을 싫어하는 감독관의 간계에 걸려 죽음을 맞이했다.

제1부

민주정치의 황금시대

페리클레스 시대
: 기원전 461~기원전 429년(33년)

1

라이벌 키몬

　　　　　　기원전 462년 아리스티데스가 죽었다. 아테네 전체는 '정의로운 사람'으로 불리던 유력한 정치가의 죽음을 슬퍼했다. 실제로 그는 부유계급 사람들의 생각을 대표했지만 스스로는 일관되게 가난한 삶을 살았다. 유력자이면서 청빈한 삶을 사는 것만큼 서민의 호감을 얻는 좋은 방법은 없다. 그의 장례식을 치를 비용이 없다는 것이 알려지자 도시국가 아테네의 최고 결정 기관인 시민집회는 국가의 비용으로 장례를 치르자는 사안에 압도적으로 찬성했다. 그뿐 아니라 결혼 자금이 없어서 결혼을 하지 못한 아리스티데스의 딸을 위한 결혼 비용도 국가가 부담하기로 결정했다. 아리스티데스는 68년의 생애를 편안하게 마감했다.

　　아리스티데스는 항상 자기 앞을 가로막던 테미스토클레스를, 먼저 도편추방을 통해 외국으로 내쫓고, 이어서 출두 명령에 따르지 않았다는 이유로 국제 지명수배에 처했다. 그리고 기원전 466년 테미스토클레스가 페르시아 황제의 '정치 고문'이 되면서 그를 아테네 정계에서 완전히 배제하는 데 성공했다.

아리스티데스는 자기의 정치 이념이었던 '온건한 민주정치'의 계승자로 당시 48세의 한창 나이였던 키몬을 키웠다. 키몬은 페르시아를 상대로 한 마라톤전투에서 아테네를 승리로 이끌었던 아버지 밀티아데스의 재능을 이어받아 군사적인 면에서도 차례차례 화려한 전과를 거두며 시민들을 열광시켰다.

군사적인 재능은 아테네뿐 아니라 다른 모든 그리스의 도시국가 주민들을 위해 지도자가 갖추어야 할 가장 중요한 자질이었다. 전쟁에서 패하면 무기를 쥘 수 있는 남자들은 모두 살해되고 여자들은 노예로 팔려 갔다. 이것이 당시 그리스의 일반적인 모습이었다. 그렇기 때문에 아테네에서 매년 10명씩 선출하는 '스트라테고스'는 정치적인 재능과 함께 군사적인 재능도 갖추어야 했다. 기원전 5세기 후반, 아테네 시민들이 키몬에게 뜨거운 지지를 보낸 것은 이 때문이었다. 또한 아리스티데스가 키몬에게 뒤를 부탁한 채 안심하고 죽을 수 있었던 이유였다.

그런데 키몬은 '정직한 사람'이기도 했다. '정의로운 사람'이라는 칭찬을 자랑으로 여기고 살았던 아리스티데스는 키몬의 정직한 성격이 아테네를 이끄는 지도자로서 최고의 자질이라고 여겼을지도 모른다. 의롭다거나 정직하다는 것은 개인의 인간관계에서는 칭찬을 받아마땅한 '미덕'이다. 그러나 국가 관계에서는 그것이 반드시 '미덕'이 되지는 않는다. 정치의 세계는 그렇게 간단하지 않다.

아리스티데스가 죽고 1년 후, 시민들에게 인기가 높았던 키몬을 덮친 것은 도편추방이었다. 아리스티데스는 키몬의 나이를 감안했을 때 앞으로 20년은 권력을 유지할 수 있을 것이라 예상했지만, 그의 후계자는 불과 1년 만에 무대에서 퇴장하고 말았다.

정치의 베테랑이라고 자부했던 아리스티데스가 착각한 것이 또 하나 있었다. 페리클레스의 존재를 가볍게 보았던 것이다. 아니, 그보다 막 30대가 된 젊은이가 어떤 정치를 지향하고 있는지를 알아차리지 못했다.

물론 아리스티데스는 페리클레스의 존재를 알고 있었다. 페리클레스는 오랜 시간 동안 '반反테미스토클레스' 공동전선을 함께했던 맹우 크산티포스의 아들이었다. 게다가 이 젊은이는 엄청난 부유계급이었을 뿐 아니라 늘 아테네 정계에 인재를 제공해 온 것으로 알려진 알크마이온 집안 태생이었다. 이 집안의 여자를 아내로 삼은 키몬과는 인척 관계였다. 아리스티네스는 페리클레스가 이런 환경에서 태어나고 자랐기 때문에 자기가 이끌던 '온건파'에 가담하는 것이 자연스럽다고 생각한 것인지도 모른다.

그러나 젊은 페리클레스는 테미스토클레스의 정치 이념을 다시 부흥시키는 쪽을 선택했다. 기원전 471년 테미스토클레스가 도편추방을 당했을 당시, 뒤에서 줄을 조종한 사람은 아리스티데스였고 앞에 나서서 실현을 위해 노력한 사람은 당시 39세였던 키몬이었다. 그로부터 10년 뒤 이번에는 34세의 페리클레스가 도편추방이라는 강경책을 들고 키몬을 내몰기 위해 움직였다. 만약 아리스티데스가 1년 늦게 세상을 떠났다면 이 '정의로운 사람'도 편안한 죽음을 맞이하지는 못했을 것이다.

도시국가 아테네의 정치사에서 빈번하게 이름이 나오는 알크마이온 집안은 아테네 최고라고 말해도 좋을 유력한 집안으로 이들의 세력 유지 전략이나 처세술은 매우 흥미롭다. 먼저 집안의 직계 남자 후손이라고 해도 자질이 부족하면 키우지 않았다. 물론 직계 남자 후손이 우수하다면 클레이스테네스 때의 예에서 보듯이 인적 네트워크에서 경제력까지 모든 것을 투입해서 키워냈다. 그러나 그런 남자가 없을 때는 집안의 직계 남자 후손을 고집하지 않고 딸들을 활용했다. 딸이 뛰어난 재능을 보이면 다른 집안의 젊은이에게 시집보내고 집안의 모든 역량을 사위를 지원하는 데 투입한 것이다. 다만 사위를 맞이해도 내부로 끌어들이지는 않았다. 페이시스트라토스나 크산티포스, 키몬은 알크마이온 집안의 여자를 아내로 맞이했기 때문에 이 명문 집안과 인척 관계였다. 하지만 '관계'는 거기서 그쳤고, 그들 한 사람 한 사람은 독자적으로 행동했다. 따라서 이 집안과의 관계가 그들의 정치활동을 속박하는 일은 없었다.

페이시스트라토스가 펼친 참주정치에 오랫동안 반대하고 결국 아테네에 민주정치를 확립한 것은 알크마이온 집안의 직계 남자 후손이자 총사였던 클레이스테네스였다. 아내들끼리는 서로 교제했지만 남편들의 경우는 정권 투쟁을 위해 격전을 벌였다. 페리클레스의 어머니 아가리스테는 클레이스테네스의 조카딸이었다. 그런 페리클레스가 친척이기도 한 키몬의 도편추방을 위해 적극적으로 움직인 것은 알크마이온 집안의 '세력 유지 전략'이라는 측면에서 보면 이상할 것이 전혀 없는 현상이었다.

아테네의 유력 정치가들 중 이 명문 집안과 관계가 없었던 사람은 솔론과 테미스토클레스, 둘뿐이었다. 따라서 이들은 세력 유지가 목적인 인적 네트워크를 만드는 데 큰 공을 들여야 했다. 알크마이온 집안에서는 페리클레스의 뒤를 이어, 이 책의 후반부를 이끄는 주인공이라고 해도 좋을 알키비아데스도 배출했다.

솔론부터 시작된 민주정치 시대의 아테네 정치계를 '여당'과 '야당'으로 나누어볼 수도 있지만, 대부분의 시기를 장악한 것은 알크마이온 집안과 어떤 형태로든 관계를 맺은 남자들이었다. 이 '시기'는 150년이나 되기 때문에 추측이나 상상으로 하는 말이 아니다. 따라서 다음과 같은 모습을 상상해보는 것도 가능하지 않을까 싶다.

남편들이 시민집회에서 토의에 열중하고 있을 때 아내들은 누군가의 집에 모여서 양삿집 부인늘이 그러하듯 베를 짜면서 수다에 열중하며 시간을 보낸다. 아직 어린 아이들은 어머니들 주변에서 활기차게 논다. 그런데 아이들이 자라 소년이 되면 놀이 상대는 학교나 신체를 단련하기 위해 다니는 팔레스트라palestra에서 사귄 친구로 바뀐다. 그리고 이들 가운데 누군가가 유년기에 아버지를 여의게 되면 알크마이온 집안의 '네트워크'가 힘을 발휘하기 시작한다.

실제로 알키비아데스가 3세 때 아버지를 잃자 페리클레스가 그의 후견인, 즉 아버지 역할을 맡았다.

그런데 알크마이온 집안으로 대표되는 '온건한 민주정치' 당파의 유력 정치가였던 아리스티데스는 왜 자신의 후계자로 키몬을 선택했을까? 키몬 이상으로 알크마이온 집안과 가까운 관계에 있던 페리클레스에게는 왜 관심을 두지 않았을까? 그 이유 가운데 하나는 40대 후반의 키몬, 막 30대에 접어든 페리클레스 두 사람의 성숙도 차이였을 것이다. 또 두 사람의 서로 다른 성격도 한 가지 이유였을 것이다.

키몬은 누구보다 화려한 남자였다. 전쟁 중에도 틈을 내 귀국하면 그 짧은 기간에 키몬의 저택에서는 자주 대연회가 개최되었고 모든 사람이 초대를 받았다. "키몬의 집에서 파티가 열린다니, 한번 가보세." 이런 식으로 가볍게 찾아가도 상관없었다. 아테네에서 사람이 가장 많이 모이는 장소인 '아고라(시장)'에서도 항상 많은 사람들이 키몬의 주위를 에워싸고 있었다. 전쟁터에서 패배를 몰랐던 이 사람은 부하 병사들뿐 아니라 일반 시민에게도 예의 바르고 친절했기 때문이다.

한편 페리클레스는 평생토록 귀족적이라고 해도 좋을 삶의 방식을 무너뜨리지 않았다. 먼저 초대자를 엄선할 수 없는 연회는 매우 싫어했다. 당시 아테네에서는 집안 연회라는 이유로 초대자를 선택할 수 있는 연회를 '심포지온symposion'이라고 불렀는데 페리클레스는 그것도 별로 좋아하지 않았다. 어떤 사료를 살펴봐도 페리클레스의 저택에서 심포지온이 개최되었다는 기록은 없다.

• 그리스의 '집안 연회' 풍경

참고로 이런 종류의 모임을 분류하면 다음과 같다.

고대 아테네의 '심포지온': 초대자를 선택해서 부른 뒤 유쾌하게 먹고 마시는 가운데 정해진 주제를 놓고 의견을 주고받는 지적인 모임.

현대의 '심포지엄': 음식 등은 제공하지 않는 절제된 분위기에서 강연료를 받고 모집한 청중을 앞에 두고 패널리스트라고 불리는 지식인들이 사전에 정해진 주제에 관해 순서에 따라 의견을 펼치는 모임.

현대의 '홈 파티': 초대자를 선택해서 부른 뒤 먹고 마시면서 일상적인 대화를 나누는, 교류만을 목적으로 하는 모임.

아마 페리클레스는 위의 세 가지 모두를 싫어했을 것이다. 그렇다
고 사람을 만나는 일까지 싫어하지는 않았다. 사료에 따르면 페리클
레스의 저택에서는 소수의 친한 사람들을 초대해 그날의 마무리를 함
께하는 모임이 자주 개최되었다고 한다. 그 자리에 초대되는 사람은
어떤 인물인지가 더 중요했기 때문에 아테네인이든 외국인이든 상관
없었으며 속한 계급도 문제가 되지 않았다. 이오니아 지방 출신으로
아테네에 정착한 철학자 아낙사고라스^Anaxagoras, 페리클레스와 마찬가
지로 아테네 출신으로 속한 계급도 같고 연령도 동년배였던 비극 작
가 소포클레스, 사회적 지위는 낮았지만 조각가이며 건축가였던 페이
디아스^Pheidias 등이 페리클레스 저택 모임의 일원이었다. 다만 페리클
레스 저택 모임은 다른 아테네인이 개최하는 '심포지온'과 달리 술에
취해 난동을 부리는 일과는 거리가 멀었던 듯하다.

그리스인은 로마인과 달리 포도주를 한껏 마시고 취하는 버릇이 있
었다. 과음하는 습성이 있었던 셈이다. 술에 취하는 데서 그치지 않고
토하는 일도 많아서 조잡하게 만들어진 구토용 접시를 던지며 노는
놀이가 유행할 정도였다. 고대 아테네의 '집안 연회'는 악취와 소음으
로 가득 차는 일이 드물지 않았다. 이런 것이 페리클레스와 맞지 않았
을 것이다. 그는 자기 집에서 이런 종류의 모임을 열지 않았을 뿐 아
니라 다른 사람의 집에도 찾아가지 않았다.

그리고 정치가라면 피할 수 없는 시민집회 연설이 있다. 여기서도

키몬과 페리클레스는 전혀 다른 모습을 보여주었다. 키몬이 연설을 하면 청중은 끓어올랐다. 반면에 페리클레스가 이야기하면 청중은 조용하게 경청하며 생각에 잠겼다. 도시국가 아테네에서는 최하층 시민까지 국정에 참여해 한 표를 행사할 수 있었기 때문에, 대중 민주정치라고 불러도 좋을 국가 형태였다. 그래서 아리스티데스가 이 아테네를 이끄는 리더로 키몬이 적합하다고 생각한 것은 무리가 아니었다. 대중 민주정치의 나라에 적합한 '정치가 유형'을 꼽는다면 키몬과 같은 사람이었기 때문이다.

그러나 시대가 변하고 있었다. 따라서 리더도 변화하는 시대에 어울리는 유형이 요구되었다. 키몬이 도편추방으로 퇴장한 이후 무려 30여 년에 걸쳐 아테네를 이끌어간 것은 대중 민주정치 '정치가 유형'에 어울리지 않는 듯한 페리클레스였다.

숙적 스파르타

역사에서 '페리클레스 시대'라고 불리는 시대의 시작을 알린 것은 키몬의 도편추방 사건이었다. 이 사건이 왜 일어났는지를 이해하기 위해서는 기원전 464년으로 거슬러 올라가야 한다.

그해 여름, 엄청난 규모의 지진이 스파르타를 덮쳤다. 지금 생각해보면 '직하형 지진'이 아니었을까 싶다. 도시국가 스파르타가 속한 라코니아 지방 가운데에서도 수도인 스파르타에 피해가 집중되었는데 붕괴를 면한 집이 아홉 채밖에 없을 정도로 괴멸 상태에 빠졌다. 그리스 전역이 지진 다발 지대였지만 스파르타가 위치한 펠로폰네소스 반도 남부는 지하에 지진대가 지난다고 생각될 정도로 지진이 빈번하게 발생했다. 그래서 스파르타는 지진이라는 천재지변에 익숙했다. 하지만 그해의 피해는 너무 심각했다. 사람들은 '포세이돈의 분노'라면서 공포에 떨며 숨을 죽인 채 여진이 사라지기를 기다리는 수밖에 없었다. 당시 사람들은 땅에서 일어나는 지진이지만 바다의 신 포세이돈이 이 일을 관할한다고 여겼다. 스파르타 주민들은 잠시 견디는 수밖에 도리가 없다고 각오를 다졌다. 그런데 여진이 사라지고 안도한 순간 다른 위험이 찾아왔다.

인명과 재산 피해에 더해 정신적인 타격까지 입은 수도 스파르타를 향해 '헬롯Helot'들이 대거 몰려오고 있다는 소식이 전해진 것이다. 헬롯은 무기를 휴대할 수 없는, 거의 노예에 가까웠던 농노였기에 손에는 낫과 도끼, 식칼 정도를 들었을 것이다. 그렇지만 그 수는 스파르타 시민의 16배였다. 게다가 이들의 가슴속에는 언제나 지배자로 군림해온 스파르타 시민에 대한 적개심이 가득 차 있었다.

도시국가 스파르타의 체제에 대해서는 제1권 제2장에서 밝혀놓았는데, 스파르타는 최하층 시민까지 투표권을 가지는 '민주정치democratia(데모크라티아)' 체제인 아테네와 다른 사회구조를 갖고 있었다. 스파르타는 '소수가 국가권력을 장악하는 정치 형태'를 의미하는 '과두정치oligarcia(올리가르키아)'를 오랫동안 채택한 도시국가였다. 이런 이유로 사람들도 세 종류로 나뉘어 있었다.

스파르타 시민: 20세부터 60세까지 현역 세대로 1만 5,000명 정도였다. 이들만이 병역을 담당했다. 용맹하기로 유명한 '스파르타 전사'는 이들을 가리키는 말이다.

페리오이코이 ^{Perioikoi}: 전사계급의 생활에 필요한 물건을 제공하는 수공업과 상업에 종사하는 사람들이다.

헬롯: 국가 소유의 농노로 지배계층인 '스파르타 전사'를 위해 평생 농업에 종사한다.

연구자들의 추측에 따르면 이 세 계급의 인구 비율은 1 대 7 대 16 정도였다. 스파르타에서 시민의 '의무'인 병역과 시민의 '권리'인 투표권을 인정받는 사람은 1만 명을 조금 넘는 스파르타 남자들뿐이었다. 페리오이코이나 헬롯은 '시민'이 아니었다. 스파르타가 늘 지진과 헬롯의 반란에 주의를 게을리하지 않았다고 전하는 것도 이러한 사회 구성 때문이었다. 그런데 기원전 464년에 그 두 가지 문제가 잇따라 발생한 것이다.

스파르타가 지진으로 심각한 위험에 빠졌다는 소식은, 낫과 도끼를 손에 들고 수도로 진군 중인 헬롯 무리에 더하여 반란 따위는 꿈도 꾸지 않던 페리오이코이 무리에게까지 퍼져나갔다. 그뿐 아니라 라코니아 지방 서쪽에 있는 스파르타의 속국 메세니아^{messenia}까지 퍼져나가면서 도시국가 스파르타의 존망마저 좌우할 수 있는 큰 사건으로 확대되고 말았다.

그렇지만 당시 스파르타에는 그해 왕위에 오른 30세의 젊은 아르

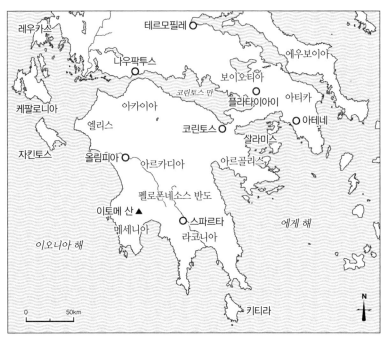

● 펠로폰네소스 반도

키다모스^{Archidamos}가 있었다.

젊은 왕은 지진 피해 복구를 제쳐두고 무기를 쥘 수 있는 남자들을 총동원했다. 60세 이상의 은퇴 세대, 그리고 20세 미만으로 헬롯의 머리를 전리품으로 갖고 돌아오는 '통과의례'를 아직 치르지 못한 젊은 이들도 예외가 없었다. 아르키다모스는 이들을 거느린 채 밀물처럼 몰려오는 엄청난 헬롯의 무리 앞에 진을 쳤다. 그때 스파르타 전사 수가 얼마였는지는 전해지지 않는다. 총동원이라고 해도 당시 아르키다모스가 거느릴 수 있었던 스파르타인의 수는 1만 명을 조금 넘는 정도였을 것이다.

그러나 스파르타 남자들은 7세부터 60세까지 전 생애를 육체와 무술의 연마에 몰두하는 사람들이었다. 또한 지진으로 무너진 집에서 파낸 것이라고 해도 스파르타 중무장 보병의 무구와 무기는 헬롯이든 낫이나 도끼와는 차원이 다른 위력을 발휘했다. 결국 10배 이상의 헬롯들을 밀어붙여 수도 스파르타에서 서쪽으로 50킬로미터 정도 떨어진 이토메^{Ithome} 산속으로 몰아넣는 데 성공했다. 하지만 진짜 문제는 여기에서 시작되었다.

그리스의 산은 암석을 겹겹이 쌓아 올린 것과 비슷하다. 따라서 그곳을 공략하는 방법은 견고한 성벽으로 둘러싸인 성채도시를 공격하는 방법과 유사하다. 먼저 대규모 병력이 필요했다. 둘째로 공격하는 쪽에서 신경 쓸 것이 많아 더 복잡한 방법을 궁리해야 했다. 당시 스파르타에는 바위산 전체를 에워싸는 봉쇄 작전을 펼칠 병사의 수가 턱없이 모자랐다. 게다가 비록 '스파르타 전사'가 16년 전 페르시아전쟁 때 테르모퓔레에서 선보인 분투와 플라타이아이에서 거둔 압승으로 멀리 오리엔트 지역까지 명성을 떨치게 되었지만, 그들이 강한 것은 어디까지나 평원에서 싸울 때였다.

'적에게는 절대로 등을 보이지 않는다'라든지 '전쟁터에 나가면 이기거나 죽는 것 외에 다른 길은 없다'와 같은 가르침은 훌륭하지만, 어릴 때부터 그 가르침만을 들으며 자란 스파르타 전사에게 위와 좌우, 등 뒤까지 주의를 기울이면서 싸우는 것은 장기가 아니었다. 아니,

그보다 선천적으로 맞지 않았다. 스파르타 역사 전체를 통틀어 성벽으로 에워싸인 도시를 공략하여 성공한 사례는 한 번도 없었다.

그러나 스파르타의 국민성과 맞지 않는다고 해서 헬롯들이 숨어 있는 바위산의 공략을 멈추면 반란의 기운은 페리오이코이들과 속국인 메세니아 지방으로 퍼져나가고 말 터였다. 그렇게 되면 아무리 뛰어난 스파르타 전사라 해도 1만 명만으로 스파르타를 지킬 수는 없었다. 그런 상태로 1년 정도가 지나자 결국 스파르타는 머리를 숙이고 아테네에 구원군 파견을 요청했다.

구원군 요청을 결정하기까지 1년이나 걸린 것은 스파르타인의 자존심이 허락하지 않았기 때문이었다. 그리스 존망의 위기였던 페르시아전쟁 때 살라미스해전에서 대승을 거둔 것은 아테네의 공적이었다. 하지만 결국은 옥쇄로 끝났지만 테르모필레에서 적 2만 명을 죽이고 페르시아 대군의 남하를 1주일에 걸쳐 저지한 것은 레오니다스 왕이 이끈 불과 300명의 스파르타 전사였다. 게다가 그다음 해 플라타이아이 평원에서 페르시아군을 괴멸시킨 것은 파우사니아스가 지휘한 스파르타 전사였다.

그런 스파르타가 아테네에 구원군 파견을 요청한다는 것은, 그것도 전통적으로 전력이 약한 해군이 아니라 육군을 요청하는 일은 쉽게 결정할 수 있는 사안이 아니었다. 스파르타의 이런 자존심이 구원군 파견 요청을 주저하게 만들었다. 그러나 더 이상 버틸 수가 없었다. 자존심 강한 스파르타도 마침내 아테네에 구원을 요청하는 사절을 보낼 수밖에 없었다.

스파르타의 정식 요청을 받고 아테네는 곧바로 시민집회를 소집했다. 가장 먼저 원군 파견에 찬성한 사람은 키몬이었다. 예전부터 키몬은 스파르타를 향한 친근감을 숨기지 않았다. 자기 아들에게 '스파르타의 아들'이라는 의미를 가진 이름을 붙여줄 정도였다. 그러나 이때 키몬은 '인정人情'보다는 '논리'로 승부했다. 그는 이렇게 주장했다. "그리스는 아테네와 스파르타라는 두 다리가 있기 때문에 서 있을 수 있습니다. 따라서 우리는 스파르타를 도울 필요가 있습니다." 키몬의 주장에 반대한 쪽은 정치나 이념에서 테미스토클레스의 흐름을 계승한 이들로, 키몬이 '온건 민주정치'라면 '급진 민주정치'에 속한 사람들이었다. 당시 이 무리의 리더는 페리클레스가 아니었다. 시민집회에서 키몬과 논쟁을 벌인 것은 페리클레스보다 조금 연장자인 에피알테스Ephialtes였다. 당시 페리클레스는 2인자의 느낌이었다.

에피알테스가 어떤 근거를 들어 키몬에게 반대했는지는 사료에 나오지 않는다. 그러나 페리클레스보다 훨씬 과격했다고 전해지는 것으로 보아 다음과 같은 논리로 반대하지 않았을까 싶다. '헬롯과 페리오이코이에게 시민권을 주지 않고 그들을 착취하는 사회구조를 이어온 스파르타를 우리 아테네가 도울 필요는 없습니다.'

그러나 이 시기 키몬에 대한 아테네 시민들의 지지는 반석과도 같았다. 시민집회는 키몬이 스스로 4,000명의 중무장 보병을 이끌고 도우러 가겠다는 제안을 다수의 찬성으로 가결했다. 그런데 4,000명의 중무장 보병과 함께 스파르타로 뛰어든 것까지는 좋았지만 그 이후 스파르타에서 키몬의 위상에 변화가 생기고 말았다. 아마 키몬의 직설적인 성격이 충돌의 원인이었을 것이다. '정직한 사람'과 '외교에 능한 사람'은 반드시 일치하지 않기 때문이다.

먼저 군사적인 면을 살펴보자. 전투에 대한 재능을 자신하던 키몬이 스파르타 군대의 지휘부에 어떤 충고를 했는데 그것이 스파르타 전사들의 자존심에 상처를 입혔을지 모른다. 스파르타인은 완고할 정도로 보수적이어서, 자기네 국가체제를 규정한 리쿠르고스 헌법을 고수할 때도 '왜 호헌인가'를 생각하기보다는 '무조건 호헌'이라고 생각하는 사람들이었다. 유연성은 약에 쓰려고 해도 없다. 누군가 충고하면 자기들에게 이익이 되는지 어떤지 관계를 따지지도 않고 그가 다른 나라 사람이라는 이유만으로 일단 거부하고 보는 것이 스파르타인이었다. 키몬은 정직하게 행동하면 할수록 스파르타에서 설 곳이 좁아졌을 것이다.

정치적인 면에서도 키몬과 4,000명의 아테네 병사의 존재는 스파르타에 의혹을 불러일으켰다. 스파르타의 국정을 사실상 담당하는 것은 제1권에서 말한 것처럼 1년에 한 번 시민집회에서 선출된 5명의 '에포로스Ephoros'였다. 이들은 리쿠르고스 헌법의 지킴이라고 자부하는 사람이었다. 그들은 키몬과 아테네 병사 4,000명의 스파르타 체류를 스파르타의 사회구조를 붕괴시킬지 모르는 위협으로 여겼다. 그리고 여기에 의혹의 눈초리를 던졌다.

키몬은 친親스파르타 인사로 알려졌지만 그래도 어디까지나 민주정치를 채택한 아테네의 시민일 뿐이었다. 또한 키몬이 지휘하는

4,000명의 아테네 중무장 보병도 아테네의 중견 시민들이었다. 5명의 '에포로스'는 아테네 시민 4,000명이 스파르타에 체류하는 진짜 의도를 의심하기 시작했다.

그들은 '구원'이라고 하는데 사실은 스파르타에 반기를 든 헬롯들을 뒤에서 '구원'하려는 게 아닐까. 아니, 구원까지는 아니더라도 스파르타 사회에서 최하층에 속한 사람들을 도우려는 게 아닐까. 이쯤 되면 불쌍한 것은 스파르타를 돕겠다는 일념으로 찾아간 키몬과 아테네 시민들이었다.

그러나 스파르타의 국가체제를 유지하는 것이야말로 자기들에게 부여된 사명이라고 믿고 있는 5명의 '에포로스'는 의심을 품기만 했고 그 '의심'의 원인을 냉정하게 살피는 일에는 관심이 전혀 없었다. 그들이 의심을 품었다면 그 후는 단죄밖에 없었다. 나는 제1권에서 이 '에포로스'들을, 서양 중세 때 마녀사냥이라는 이름으로 무고한 많은 사람들을 당당하게 불태워 죽인 이단 재판관과 비슷한 존재라고 지적했다. 한 번 의심을 품으면 끝까지 그 의심을 버리지 않는 그들의 고유한 특성이 중세 이단 재판관과 흡사했기 때문이다.

불과 몇 년 전에 플라타이아이 평원에서 페르시아가 자랑하는 기병대를 상대로 완벽한 승리를 거두고 스파르타 중무장 병사의 명성을 오리엔트까지 떨친 파우사니아스를 잔혹한 죽음으로 몰아넣은 것도 이들이었다. 플라타이아이전투의 명성을 이용해 헬롯들을 선동하고 페르시아를 끌어들여 반反스파르타의 기치를 세우려 했다는 것이 이들이 내세운 파우사니아스의 단죄 이유였다. 이는 당시에도 어디까지나 '의혹'에 불과했다. 그리고 현대에 들어 파우사니아스는 억울한 누명을 완전히 벗었다. 하지만 당시 스파르타의 국정은 사실상 이 5명의 손아귀에 들어 있었다.

'에포로스'들이 의심의 눈초리로 바라보게 되면서 당연히 스파르타에 체류하고 있는 키몬의 입장도 미묘해졌다. '에포로스'들은 의심을 품으면 곧바로 제거하는 것 외에 다른 생각은 없는 사람들이었다. 키몬이 마주한 현실은 더 이상 필요가 없으니 귀국하라는 말이었다. 부탁을 받고 찾아왔는데 한 것도 없이 일이 끝난 셈이었다.

이토메 산으로 쫓겨 올라간 반란자들은 여전히 그곳에서 버티고 있었기 때문에 헬롯의 문제는 아직 해결되지 않은 상태였다. 하지만 키몬과 아테네 병사들은 본국으로 돌아가라는 요청을 받았다. '에포로스'들이 의심을 품으면 그 상대가 어떻게 되는지 잘 보여주는 사례다.

키몬 일행이 풀이 죽어서 귀국하자 아테네의 여론은 격앙되었다. 구원 요청에 따라 원조했는데 푸대접을 받았으니 화가 나는 건 당연했다. 그런데 아테네 시민의 분노가 스파르타 쪽의 무례한 대응으로 향하는 한편으로, 거기에 대해 항의도 하지 않고 얌전하게 돌아온 키몬을 향해서도 폭발했다. 반석처럼 보였던 키몬에 대한 아테네 시민의 지지는 단번에 무너졌다. 반反키몬 일파는 이 기회를 놓치지 않았다.

기원전 461년 봄, 49세의 키몬은 도편추방에 처해져 아테네를 떠났다. 이로써 키몬은 10년 동안 아테네 국정에서 배제되었다. 에피알테스가 이끄는 급진 민주정치 일파의 시대가 찾아왔지만 키몬이 퇴장하고 얼마 지나지 않아서 에피알테스는 암살당했다. 하수인은 키몬의 열렬한 지지자였다고 한다.

하지만 이 사건은 막 정계에 발을 들여놓은 페리클레스에게 행운으로 작용했다. 아버지의 이른 죽음이, 뭔가 해보려는 강한 의지를 가진 아들에게는 행운인 것처럼 말이다. 실제로 급진 민주정치 일파의 리더는 곧바로 결정되었다. 그때까지 2인자의 느낌이던 페리클레스의 승격이 이 일파에게는 가장 자연스러운 행보였을 것이다.

막 34세가 된, 그래서 아직 젊고 정치가 유형과는 거리가 멀었던 페리클레스가 도시국가 아테네를 이끄는 시대는 이렇게 시작되었다. 역사적으로 '페리클레스 시대'라고 불리는 아테네의 황금시대가 시작된 것이다. 하지만 실제로는 그렇게 매끄럽게 진행되지 않았다.

30대 페리클레스

노력과 노고를 기울이지 않고도 번영을 구가할 수 있다고 생각한다면 완전한 착각이다. 번영을 구가하기 위해서는 거기에 필요한 고난 극복과 노력이 필요하다. 이것이 번영으로 가는 길을 개척한 인간과 그 길을 확고하게 만드는 임무를 부여받은 인간의 차이다. 만약 내가 플루타르코스를 흉내 내어 그리스에서 한 사람, 로마에서 한 사람을 택해 서로 대비하는 열전을 쓴다면 페리클레스와 짝을 이룰 로마의 인물로 카이사르의 뒤를 이어 초대 황제가 된 아우구스투스를 고를 것이다. 후계자에게 필요한 노력과 노고의 성질은 '창업자'의 그것과 다르다. 그러나 그 결과는 뛰어나든가 그렇지 않든가, 두 가지밖에 없다. 이후 페리클레스의 30여 년 역시 노력과 노고의 연속이었다. 저명한 평론가 고바야시 히데오小林秀雄의 "도덕적이며 정력적인 행동가가 정치가가 될 수밖에 없었던 당시 사회 상황"이라는 말이 페리클레스를 위해 쓴 것처럼 느껴질 정도다.

젊은 페리클레스는 '2대째'였지만 그가 직면한 과제는 명확했다.

첫째, 아테네 민주정치를 기능하게 만드는 것. 이를 다르게 표현하면 민주정치 체제를 유지하면서 통합 능력을 향상시키기 위해 노력하는 것이다. 민주정치에서는 유권자의 요구도 다종다양해서 그것을 하나하나 수용하면 한 걸음도 전진할 수 없다. 이것이 리더의 지도력이 필요한 이유인데 언론의 자유를 완벽하게 인정하면서도 앞으로 나아가야 한다.

둘째, 페르시아전쟁에서 승리하면서 손에 넣은 에게 해의 제해권을 유지하는 것. 물론 이 과제를 해결하기 위해서는 테미스토클레스에 의해 시작된 아테네 해군력의 유지가 최대 조건이었다. 그것은 군사적인 이유만이 아니라 경제적으로도 매우 중요한 문제였다. 도시국가 아테네는 주식인 밀의 수입에서 항아리나 그 외의 수공업 제품의 수출에 이르기까지 다른 나라와의 교역으로 먹고살아온 나라였다. 군사적으로 강력하다는 것은 경제적으로 유리해진다는 것을 의미했다.

셋째, 페르시아전쟁에서 승리한 덕분에 얻은 또 다른 열매인 델로스동맹을 견실하게 유지하는 것. 이 동맹이 건전하게 기능해야 에게해는 그리스인의 바다가 될 수 있었다. 그 때문에 델로스동맹을 유지하는 것은 아테네에게 사활을 건 문제였다. 그러나 이 동맹에는 문제점이 있었다. 그것은 아테네가 해군력을 동원해 정복하여 복속시킨 나라들의 모임이 아니라는 점이다. 강대국인 페르시아의 침공에 공동으로 맞서 싸운다는 인식을 바탕으로 도시국가들이 자주적으로 모여 결성된 동맹이었다.

살라미스해전: 기원전 480년

델로스동맹 결성: 기원전 477년

페리클레스가 아테네를 이끄는 위치에 선 시기: 기원전 461년부터

페리클레스는 그리스인들 사이에서 페르시아에 대한 공포가 엷어져가는 상황에서 동맹을 견고하게 유지해야 하는 어려운 숙제를 떠안고 있었다. 델로스동맹의 참여는 어디까지나 참가국의 자주적 판단에 맡긴다는 것이 전제되어 있었기 때문에, 자국에 이익이 될 때는 계속 참가하겠지만 손해가 난다고 생각하면 곧바로 탈퇴할 터였다.

그리스인의 자주독립과 평등에 대한 욕구는 동시대의 다른 민족과 비교할 때 월등하게 강했다. 따라서 그리스인을 하나로 모으는 일은 쉬운 게 아니었다. 테미스토클레스가 그리스인을 하나로 모으는 데 성공한 것은 그리스인의 눈앞에 페르시아라는 큰 적이 버티고 있었기 때문이다. 그런데 페르시아는 테미스토클레스의 활약으로 에게 해에서 쫓겨났다. 이제 그 뒤를 계승한 것이 페리클레스 시대였다.

넷째, 도시국가 아테네의 안전을 보장하는 것. 이 과제의 실천은 페

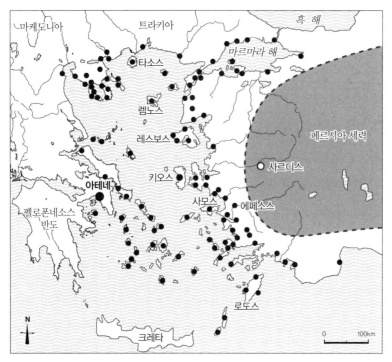

● 델로스동맹에 가담한 주요 도시(검은 점 표시)

리클레스에게 쉬운 일이었다. 아테네의 안전보장이 해군력에 달려 있다는 것을 꿰뚫어보고 삼단 갤리선단을 구축해 해군력 증강에 힘쓴 사람이 테미스토클레스였다. 그 생각의 유효성은 먼저 살라미스해전에서 드러났고 다음으로 에게 해 전역의 제해권을 장악하면서 또렷해졌다. 이를 통해 아테네 시민들은 해군력이 중요하다는 것을 공통적으로 인식하게 되었다. 페리클레스는 그것을 착실하게 지속시키는 것만으로 충분했다. 또한 테미스토클레스가 계획하고 실행했던 아테네와 피레우스 사이를 성벽으로 잇는 일체화 사업이 지닌 유효성에 대해 의심을 품는 시민은 없었다. 다만 이후 20년이 지났기 때문에 본격적인 개조가 불가피했다. 페리클레스에게는 언제 개조에 착수할 것인지 정치적 결단을 내리는 일만 남아 있었다.

다섯 번째, 전쟁에 휘말리지 않는 것. 아마 이것이 페리클레스에게는 가장 어려운 과제였을 것이다. 아테네는 델로스동맹뿐 아니라 다른 여러 도시국가들과도 동맹을 체결했다. 동맹에는 동맹을 맺은 상대 국가가 도움을 요청하면 원군을 파견해야 한다는 의무가 있다. 그리고 전쟁에는 약소국의 분쟁에 말려들면 결국 깊이 빠지고 마는 성질이 있다. 그리스인은 4년에 한 번 올림피아에서 개최되는 고대 올림픽이라는 '휴전'이 필요할 정도로 전쟁을 많이 했던 민족이었다. 이들은 사소한 이유라 하더라도 곧바로 무기를 들고 전쟁터로 달려간다고 해도 크게 틀리지 않는다.

오늘날 각국에서 사용하는 '평화'를 의미하는 단어들의 어원은 모두 로마인의 언어였던 라틴어 '팍스PAX'에서 비롯되었다. '계속되기 때문에 평화'라는 개념을 만든 것은 로마인이지 그리스인이 아니다.

많은 이념과 개념을 창조한 그리스인이지만 '평화'라는 이념만은 만들어내지 못했다. 그리스인에게 전쟁이 없는 상태는 잠깐 동안의 휴전을 의미했다. 자동차 레이스에서 사고가 발생하면 '안전자동차safety car'가 들어오는데 그 차가 들어오면 추월을 비롯한 일체의 활동을 할 수 없다. 그리스인에게 휴전은 바로 그런 것이었다. 이런 모습을 떠올려보면 그리스인을 상대로 전쟁에 휘말리지 않는 게 얼마나 어려운지 쉽게 가늠할 수 있을 것이다.

페리클레스는 첫째부터 넷째까지의 과제를 상당한 수준으로 헤치고 나왔지만 가장 어려운 다섯 번째 과제는 시작도 못 하고 말았다. 그 원인을 그리스인의 민족성에서 찾아야 할까, 아니면 페리클레스 또한 그리스인이었기 때문일까?

라틴어	Pax
이탈리아어	Pace
스페인어	Paz
프랑스어	Paix
영어	Peace

• '평화'를 의미하는 여러 나라 말

연속 당선

역사가 투키디데스가 페리클레스 시대에 대해 논평한 것 가운데 가장 유명한 구절은 이것이다. "형태는 민주정치였지만 실제로는 혼자 통치했다."

이 말을 들으면 반사적으로 다음과 같은 의문을 품게 된다. '다수결로 모든 것을 결정하는 정치체제를 유지하면서 어떻게 '혼자' 지배하는 것이 가능할까?'

명문가 출신이라는 것은 조금도 이점이 되지 못했다. 반대파들도 대부분 명문가 출신이었기 때문이다. 자산가라는 점도 유리하게 작용하지 않았다. 공금횡령죄가 존재하지 않을 정도로 도시국가 아테네의 국정 담당자들은 자산가였기 때문이다. 그래서 공금을 개인적으로 전용할 이유 자체가 없었다.

아테네의 국정을 담당하기 위해서는 명문가 출신이든 자산가든 '스트라테고스Strategos'에 선출되어야 했다. 그러자면 '트리부스tribus'라고 불리는 선거구에서 행해지는 선거에 당선되어야 했다. 게다가 도시국가 아테네의 행정구역인 '트리부스'는 한 곳에 집중되어 있지 않았다. 클레이스테네스의 개혁에 따라 아테네의 영토인 아티카 지방 세 곳에 각각 분산되어 있었다. 오늘날처럼 선거구를 찾아가 유권자들과 긴밀한 관계를 맺는다는 것은 물리적으로 불가능했다. 게다가 '스트라테고스'는 선거를 통해 1년에 한 번 선출했다.

이런 상황에서 페리클레스는 33세에 처음 당선된 이후 32년에 걸쳐 계속 스트라테고스에 당선되었다. 그의 낙선을 기록한 사료는 없다.

아테네에서는 20세 이상의 남자인 시민 전원에게 투표권이 있었다. 아테네 시민권을 가진 사람의 수가 당시 6만 명 정도라는 연구자들의 추정이 옳다면 10개로 나뉜 각 '트리부스'의 유권자 수는 6,000명 정도라는 말이 된다. 페리클레스의 선거구는 아카만티스^{Acamantis}의 트리부스였다. 페리클레스의 연속 당선은 이 트리부스에 속한 6,000명 가운데 과반수가 계속 그에게 표를 던졌음을 의미한다. 30년 이상 연속해서 '당선 확실'이라는 결과를 얻었다는 점에서 현대 정치가들에게 부러움의 대상이 될 법하다.

페리클레스가 '혼자' 지배할 수 있었던 첫째 원인은 이 연속 당선이었다. 연속 당선은 쉬운 일이 아니다. 페리클레스와 함께 당선되어 동료가 되었던 소포클레스는 다음 해에 낙선했다. 페리클레스는 함께 전쟁터에 나가야 했던 동년배이자 비극 작가였던 소포클레스에 대해, 스트라테고스를 맡기보다 비극을 쓰는 편이 아테네에 더 유익하다는 평가를 내렸다. 소포클레스의 선거구 유권자들도 그리스 3대 비극 작가 중 최고봉이라고 평가받은 그에게 동일한 평가를 내린 것인지도 모르겠다.

2,500년 전 아테네에서는 정치와 군사, 외교, 경제 모두를 담당하는 행정의 최고기관, 오늘날에 비유하면 내각을 10개의 '트리부스'에서 선출된 10명의 '스트라테고스'에게 맡겼다. 현대 국가의 내각과 다른 점은 대통령이나 총리가 없기 때문에 각 장관을 임명할 수 없다는 점이다.

소포클레스 경우처럼 스트라테고스를 맡을 능력이 있느냐 없느냐는 차치하고, 페리클레스와 정치적 견해만 같다면 문제가 될 것이 없었다. 하지만 반대파 인물이 선출될 가능성 또한 충분히 있었다. 도편추방에 처해진 키몬을 지지하는 사람들, 즉 페리클레스 반대파는 여전히 강력한 세력을 구축하고 있었다.

이런 상황에서 페리클레스는 '혼자'가 되기 위해 먼저 자신을 제외한 9명에 이르는 '스트라테고스'를 설득해서 자기 생각에 동의하게 만들 필요가 있었다. '내각 일치'라고 부를 수 있는 이 작업은 반드시 필요했다. 스트라테고스 가운데 반대파를 방치하면 국가정책의 가부를 묻는 시민집회에서 강경한 반대론을 전개할 것이 뻔했다. '내각 불일치'만큼 정치 담당자에 대한 유권자의 불신을 강하게 만드는 것은 또 없다. 이런 종류의 '불신'이 쌓이면 민주정치는 붕괴되고 만다.

그러나 민주정치를 선택한 아테네의 최고 결정 기관은 어디까지나 시민집회였다. 시민집회는 20세 이상의 남자라면 누구든 참가해서 투표할 권리가 인정되었다. 자기 생각을 국가정책으로 만들고 싶은 사람, 즉 정치가에게 이 이상 가는 도전의 장은 없는 셈이었다. 아무리 내각 일치에 성공하더라도 시민집회에서 뒤집힐 가능성이 늘 있었기 때문이다.

무기는 언어

그렇다면 페리클레스는 이 '전쟁터'를 어떻게 헤

쳐 나갔을까. 그가 사용한 유일한 무기는 '언어'였다. 언어를 통한 설득력만으로 30여 년 동안 계속 승부를 본 것을 보면 이야말로 민주적이라는 생각이 든다. 당시부터 유명했던 페리클레스의 '설득력'은 과연 어떤 것이었을까.

언젠가 스파르타 왕 아르키다모스가 자기 나라를 찾은 아테네인에게 물었다.

"페리클레스는 어떤 사람인가?"

신경이 쓰이지 않을 수 없었을 것이다. 라이벌인 아테네의 1인자가 어떤 인물인지 알고 싶은 것은 당연했다. 질문을 받은 사람은 다음과 같이 대답했다고 한다.

"나와 페리클레스가 많은 군중 앞에서 운동 기술을 다툰다고 가정해보겠습니다. 그 결과 내가 이겼고 지켜본 사람들도 내가 이겼다는 사실을 인정합니다. 그런데 분명히 패한 페리클레스가 실제로는 자기가 이겼다고 주장하면서 그 이유를 대기 시작합니다. 그러면 관중들은 경기 결과를 실제 자기네 눈으로 보고서도 페리클레스의 주장을 듣는 사이에 페리클레스가 승자라고 여기게 됩니다."

이 사례만 들으면 페리클레스의 '설득력'이 그럴싸한 말을 늘어놓는 '궤변'이라고 생각하기 쉽다. 강한 어조로 거짓 주장을 해서 관중을 속이는 논법이라고 생각할 수도 있다. 그러나 사료에 남아 있는 그의 말이나 연설을 자세히 읽어보면 달리 여기게 된다. 스포츠에 비유하자면 씨름이나 야구에서 이의 신청이나 비디오 판독으로 심판이 내린 판정이 뒤집히는 것과 비슷하다. 다른 각도에서 보면 판단이 달라지는 것이다.

　페리클레스의 '설득력'이 효력을 발휘할 수 있었던 가장 큰 원인은, 아테네 시민들에게 관점을 바꾸면 상황이 달라진다는 사실을 보여주었기 때문이다. 잊지 말아야 할 것은, 시민집회에 출석해서 국정 담당자의 제안을 듣고 거기에 찬반을 표하는 시민의 수가 아테네 시민의 10분의 1 정도밖에 되지 않았지만, 식자율의 정도를 고려하면 그들이 상당히 뛰어난 인식력을 가진 사람들이었다는 점이다.

　또한 페리클레스와 동시대에 태어난 아테네인은 페르시아전쟁에서 승리하고 그 승리의 열매를 한껏 누리면서 자신감이 넘치던 사람들이었다. 인간은 자신감에 차 있으면 평정한 마음으로 판단을 내릴 수 있다. 반대로 불안하거나 분노를 품으면 판단도 극단적으로 동요하게 된다. 그러면 민주정치는 위기에 봉착하고 만다.

　그러나 당시 민주정치의 국가 아테네에서 자신감이 넘치는 시민들을 상대로 페리클레스가 30여 년 동안 '혼자' 버틸 수 있었던 데는, 사람들에게 다른 관점을 보여주고 그 관점의 유효성을 설득해낸 것뿐 아니라, 그가 활용한 연설 진행 방식도 한 요인으로 작용했을 것이다.

　그는 시민들에게 "시민 여러분이 주권자입니다. 그러니 필요한 것이 있으면 언제든 말하십시오. 시민 여러분이 원하는 것을 찾아내 그것을 실현시키는 것이 국정을 담당하는 우리의 역할입니다"라는 식의 말은 전혀 하지 않았다. 오히려 이런저런 근거로 이 정책이 가장 적절하다고 자기 의견을 분명하게 표명했다. 그리고 다른 관점을 통해 현상을 명확하게 드러낸 다음, 이 정책에 대한 가부를 결정하는 것은 어디까지나 당신들의 일이라고 단호하게 말했다. 현대식으로 풀자면 정책 결정에 대한 책임을 완벽하게 설명한 다음 가부를 묻는 논법을 활용한 것이다. '혼자' 아테네를 지배할 수 있었던 요인은 이 외에도 하나 더 있었다.

페리클레스는 자기 연설을 들은 사람이라면 마지막에 늘 장래에 대한 희망을 품게 만들었다. 이런 관점으로도 볼 수 있구나, 하고 감동하면서 정책 설명을 듣고, 그 가부를 결정할 권리가 자기에게 있다는 말을 들으며 뿌듯한 기분을 느끼면서, 우리도 할 수 있다고 생각하게 만들었다. 아테네 시민들은 페리클레스의 연설을 듣고 나면 적극적이고 밝은 기분이 되어 집으로 돌아갔다.

페리클레스의 논법을 한마디로 표현할 때 '유혹해서 이끈다'는 의미를 가진 '유도誘導'만큼 적절한 말도 없을 것이다. 민주정치 국가 시민으로서 언론의 자유를 만끽하던 아테네인을 강제로 끌고 간다는 것은 그 자체가 무리였다. 따라서 이치를 통해 '유혹해서 이끌고' 가는 방법이 가장 유효했는데, 그럼에도 그 교묘함에 경탄할 수밖에 없다. 페리클레스야말로 진정한 의미의 정치가였다는 생각이 든다.

스파르타 왕은 운동경기의 예를 들어 페리클레스를 평가한 사람의 이야기를 듣고 웃었다. 하지만 웃고 난 뒤에는 페리클레스를 직접 만나고 싶다고 말했다고 한다. 그리고 실제로 만남이 이루어졌고, 이후 두 사람은 친구가 되었다.

젊은 권력자들

　　　　　페리클레스보다 1년 연하였던 스파르타 왕 아르키다모스는 자신의 라이벌이자 아테네의 1인자로 군림해온 페리클레스의 설득력이 궤변을 늘어놓는 것이 아니라 교묘하게 유도하는 것에서 나오는 힘임을 알아차렸을 것이다. 아르키다모스 본인도 말에 서툰 스파르타 남자들 사이에서는 보기 드물게, 이치에 근거해 논리적인 생각을 할 수 있는 인물이었다.

　그러나 아무리 교묘하게 유도한다고 해도 그것만으로 30년 이상 '혼자' 지배를 계속할 수는 없다. 내정은 가능하더라도 다른 나라와의 관계에서 오는 영향을 받을 수밖에 없기 때문이다. 페리클레스가 아테네의 1인자로 군림하던 30여 년 동안 아테네가 절대적으로 의식했던 강국은 스파르타와 페르시아였다. 당시 동지중해 세계의 3대 강국은 아테네와 스파르타, 페르시아였기 때문이다.

　민주정치의 아테네, 과두정치의 스파르타, 전제군주정치의 페르시

국가	이름	생물 연대 (기원전)	1인자 기간	재임 기간
아테네	페리클레스	495~429년	461~430년	31년
스파르타	아르키다모스	494~427년	464~427년	37년
페르시아	아르타 크세르크세스	495~425년	464~425년	39년

아. 이처럼 국가체제는 서로 달랐지만 이 세 나라는 우연하게도 이 시기에 모두 막 30대에 접어든 동년배의 세 남자가 최고 지도자 지위에 있었고, 세 지도자 모두 30여 년에 걸쳐 군주 지위를 유지했다.

물론 세 사람은 각각 고유한 고난의 씨앗을 품고 있었다. 페리클레스에게는 갈수록 요구의 정도가 높아지는 시민에게 만족감을 주면서, 동시에 그것이 아테네의 국익과 양립하는 방향으로 나아가도록 유도해야 한다는 힘든 과제가 놓여 있었다. 스파르타 왕 아르키다모스의 앞은, 왕의 권력을 제어하는 것이야말로 자기들에게 부과된 임무라고 굳게 믿는 5명의 '에포로스'라는 존재가 가로막고 있었다. 에포로스가 의심을 품게 되면 파우사니아스의 예에서 볼 수 있듯이 왕조차 사형에 처하는 나라가 스파르타였다.

한편 전제군주정치의 제국을 다스리는 군주이기 때문에 자리보전 걱정은 하지 않을 것처럼 보이는 페르시아 황제 아르타크세르크세스에게도 어려움이 있었다. 살라미스해전의 승리자였던 테미스토클레스를 '정치 고문'으로 맞이하는 유쾌한 에피소드로 치세를 시작한 젊은 황제의 가장 큰 고민은 대외적으로 '약한 모습'을 보여주지 않는 것이었다. 일단 약한 모습을 보이면 페르시아 지배 아래 있는 이집트를 비롯한 속국들이 곧바로 반란을 일으킬 것이기 때문이었다. 그리고 그것을 대의명분으로 삼은 황족 내부의 불만분자에게 암살당한 위험이 늘 도사리고 있었다.

이처럼 세 사람은 서로 다른 과제를 안고 있었지만 공통으로 지닌 것도 있었다. 그것은 요즘 흔히 하는 말로 'bon sens'(프랑스어), 그러니까 '양식良識'이었다. 전쟁은 일어날 수밖에 없었다. 왜냐하면 이 세 사람을 가로막는 국내의 적은 '내셔널리스트'라고 불러도 좋을 사람들이었기 때문이다. 그러나 설사 상황이 그렇더라도 적절한 시점에 '양식'에 따라 합의점을 찾아가면 설사 전쟁이 일어난다 해도 오래 지속되는 위험은 막을 수 있었다. 페리클레스가 '혼자' 군림했던 30여 년 동안 아테네가 번영을 구가했다는 것은 역사적인 정설이다. 그러나 그것이 가능했던 요인 가운데 하나가 바로 아테네의 가상 적국이던 스파르타와 페르시아의 최고 지도자가 양식을 갖춘 사람들이었다는 점이다.

페리클레스에게도 결함은 있었다. 정치가로서는 최고였지만 군사적 재능은 영국 학자들의 표현을 빌리면 '상당한 정도는 되지만 그 이상은 아닌' 수준이었다. 그래서 적국이 그 부분을 파고들었다면 아테네는 번영을 구가할 수 없었을 것이다.

서양 역사에서 정치가로서 또 군인으로서 최고였던 사람을 꼽으라면 나는 단연 율리우스 카이사르라고 생각한다. 장군으로서 재능이라면 알렉산드로스 대왕이나 한니발, 스키피오도 초일류였다. 하지만 이들 모두 정치적 재능은 로마제국이라는 장기 존속 가능한 다민족국가를 구상하고 그 과업을 후계자에게 물려주어 실현시킨 카이사르에 미치지 못한다고 생각하기 때문이다.

그런데 카이사르는 자기 구상을 실현해야 하는, 그래서 가장 중요한 역할을 맡을 후계자로 자신의 부장이자 이미 군사적으로 상당한 실적을 거둔 안토니우스를 선택하지 않았다. 대신에 당시 아직 17세로 실적이 전혀 없다고 해도 좋을 옥타비아누스(훗날 아우구스투스 황제)를 선택했다. 아마 제국을 이끌고 가기 위해서는 '정이 많은 사람'보다 '지혜로운 사람'이 적합하다고 생각했을 것이다.

17세의 옥타비아누스는 군사적인 재능이 '전혀' 없다고 해도 좋을 정도로 부족했다. 그것까지 꿰뚫어본 카이사르는 후계자로 결정된 옥타비아누스에게 지금부터라도 습득하라는 비현실적인 요구를 하지 않았다. 그보다는 실현 가능한 방법으로 결함을 메웠다. 즉 옥타비아누스와 비슷한 나이의 군인을 발탁해서 '오른팔'로 삼게 했다. 전투는 아그리파에게 맡긴 것이다.

아그리파라는 존재가 없었다면 '지혜로운' 아우구스투스도 로마제국 초대 황제가 되지 못했을지 모른다. 앞으로 펼쳐질, 로마제국을 거느릴 자를 최종 결정할 '악티움해전'에서 그가 상대해야 했던 이는 다름 아닌 안토니우스였기 때문이다.

페리클레스에게는 '아그리파'가 없었다. 연구자들 가운데 키몬을 도편추방 하지 않고 두 사람이 협력했다면 좋았을 것이라고 주장하는 사람이 있다. 하지만 그것은 무리한 이야기다. 키몬은 군사적 능력이 뛰어났지만 정치적으로는 친親스파르타 성향이었다. 반면에 페리클레스에게 스파르타는 아테네의 세력과 권위를 키우는 데 방해가 되는 가상 적국이었다.

키몬이 도편추방으로 배제되지 않았다면 키몬 또한 연속해서 '스트라테고스'에 당선되었을 것이다. 페리클레스는 매년 스트라테고스에 당선되었다. 그렇다면 10명으로 구성된 '스트라테고스'는 둘로 갈라져 싸웠을 테고 '내각 불일치'가 일상화되었을 것이다. 양자 사이의 논쟁으로 결론을 내리지 못한 채 정책이 표류했을 테고, 심한 경우 내전까지 일어났을 수도 있다. 한 산에 두 마리의 호랑이가 살 수는 없는 법이다.

페리클레스의 연설

그렇다면 정치적 재능과 군사적 재능은 어떻게 다를까. 학문적으로 엄밀하게 분석하지 않고 지극히 일반적인 상식을 토대로 생각해보면 다음과 같다.

정치적 재능: 시간을 들여 이리저리 생각해서, 즉 생각을 거듭해서 도달한 결론을 국가정책으로 삼아 실시하게 만드는 능력이다.

군사적 재능: 임기응변을 철칙으로 하는 전쟁터에서 숙고하면 그사이 부하 병사들은 모두 죽고 만다. 따라서 전쟁터에서는 즉시 결단하고 즉각 실행하는, 순발력이라고 불러도 좋을 능력이 반드시 필요하다. 100년 후에 등장하는 알렉산드로스 대왕은 "전쟁터에서는 주도권을 쥔 쪽이 이긴다"고 말했는데 "주도권을 쥔 쪽이 이긴다"는 말은 전쟁터에서만 통용되는 것이 아니다. 시민집회에서도 통용되는 진리다.

물론 둘 사이에는 차이가 있다. 전쟁터에서는 주도권을 장악하기 위해 즉각 움직일 필요가 있지만, 정치 현장에서는 천천히 시간을 들여 착실하게 일을 도모해도 권력을 장악할 수 있다는 점에서 차이가 난다.

페리클레스는 시민집회에서 연설할 때 늘 충분한 준비를 하고 참석했다고 한다. 연설이라고 하지만 단순한 스피치가 아니었다. 시민들은 그가 생각한 정책을 아테네의 국가정책으로 채택할지 말지 결정했다. 그렇기에 페리클레스에게 시민집회는 전쟁터라고 해도 좋았다.

따라서 작업은 자택에서 초고를 쓰는 것으로 시작된다. 그런 다음 시간을 들여서 다듬으며 원고를 완성해간다. 그러나 아테네인들은 연설자가 '원고'를 손에 들고 연설하는 것만으로도 도편추방에 처했다. 그래서 '원고'를 충분히 숙지하여 완전히 자기 것으로 만들 필요가 있었다. 이를 위해 소리 내어 말하는 연습도 했을 것이다.

역사가 투키디데스를 통해 우리가 알고 있는 페리클레스의 훌륭한 연설이 숙고와 퇴고를 거듭한 결과라고 생각하면, 글 쓰는 것을 업으로 삼는 나와 같은 사람은 일단 친근감을 품기 마련이다. 그런데 친근감을 넘어 죽이고 싶다고까지 생각한 것은 율리우스 카이사르였다. 전쟁 기록문학의 걸작으로 꼽히는 『갈리아 원정기』는 카이사르의 구술을 통해 완성되었는데 그 자리에 있었던 사람들의 증언에 따르면 구술한 문장이 이미 훌륭했기 때문에 따로 손을 볼 필요가 없었다고 한다. 카이사르 역시 '문무를 겸비'했다고 평가할 수밖에 없는 그런 인물이었다.

'무인'이라기보다 '정치인'이었던 페리클레스는 시민집회에서 나오는 다양한 심술궂은 반론에 즉각 반박하기 위해 순발력을 갖추어야 했다. 기원전 445년, 페리클레스가 50세가 되었을 때 그의 반대파는 막 공사를 시작한 파르테논 신전 건축에 막대한 국비가 투입되었다는 사실을 지적하며 페리클레스의 실각을 도모했다. 이에 대해 일반적인 정치가라면 파르테논 신전 건축이 막대한 국비를 투입할 가치가 있는 공공사업이라는 점을 주장했겠지만 페리클레스는 그러지 않았다. 대신에 이렇게 말했다.

> 국비를 투입할 가치가 없다면 비용 전액을 내가 부담하겠습니다. 그러나 그럴 경우 완성된 신전 앞에 '이곳은 페리클레스가 개인 돈으로 완성했다'라고 새긴 비석을 세우는 것을 조건으로 내걸겠습니다. 따라서 시민 여러분은 지금처럼 국비로 공사를 계속할지, 아니면 앞으로 내가 부담해서 공사를 계속할지 결정해주기 바랍니다.

아크로폴리스 언덕 위에 우뚝 솟아 있는 파르테논 신전은 외국에서 찾아오는 사람들까지 눈이 휘둥그레지게 만들 정도로 아름답고 장엄하다. 시민집회는 국비로 공사를 속행하기로, 그리하여 파르테논 신전을 도시국가 아테네 시민 전원의 것으로 하기로 재확인했다. 이로써 페리클레스를 실각시키기 위한 시도는 실패로 끝났다.

숙고에 따른 것이든 순간적으로 발휘한 순발력에 따른 것이든 페리클레스가 가진 최고의 무기는 역시 언어였다. 이를 통해 페리클레스는 주권재민의 민주정치 나라, 권력자에 대한 비판이 완전히 자유로운 나라 아테네를 '혼자' 지배할 수 있었던 것이다.

단단한 기반

그러나 언어를 능수능란하게 구사하는 능력만으로 충분하지 않았다. 자기의 정치 이념을 실현시키기 위해서는 그것을 가능하게 해줄 권력이 필요했다. 주권재민의 나라인 아테네에서 그 권력을 페리클레스에게 위탁한 것은 시민권을 가진 사람들이었다. 34세에 정치를 시작했을 때 페리클레스는 무엇보다 지지 기반의 확립을 최우선 사항으로 삼았다. 앞에서 말한 사정에 의해 자기가 속한 선거구에서 뽑히는 '스트라테고스'에 취임하는 것만으로 충분하지 않았다. 그래서는 '10명 가운데 한 명'에 불과했다. 그렇기 때문에 정치에 입문한 페리클레스가 제안하고 시민집회에서 가결한 법안의 대부분이 아테네 시민의 기득권을 보호하고 그들의 지위 향상을 목적으로 하는 것들이었다. 이는 당연한 일이었다.

그 가운데에서도 아테네 시민권을 제한한 법은 당시 평판이 좋았음에도 불구하고 현대의 학자들로부터 '반동'이라는 비판을 받고 있다. 이전까지 아테네 시민권은 아버지가 아테네 시민이면 주어졌다. 하지만 앞으로는 어머니도 아테네에서 태어나야만 했다. 예전으로 거슬러 올라가면 어머니가 외국 출신인 테미스토클레스나 키몬도 아테네 시민이 될 수 없는 셈이다. 물론 페리클레스가 제안한 법은 어디까지나 앞으로 적용할 예정으로 소급 적용되는 것은 아니었다. 또 외국에 거주하는 아테네인도 동일한 법 적용을 받게 되었다. 아무튼 시민의 수를 제한하려는 목적을 가진 법이라는 것만은 분명했다.

이 법은 시민집회에서 다수의 찬성으로 간단하게 가결되었다. 아테네는 페르시아전쟁 승리로 20년 동안 외국인 유입이 증가하고 있었는데, 시민들 중 그런 상황에 불만을 품은 사람들이 나타났고 이들이 시민집회에서 무더기로 찬성표를 던진 덕분이다.

민주정치 국가에서는 시민이라면 누구나 평등한 권리를 누릴 수 있다고 보장되어 있다. 그러나 그것을 법 그대로 충실하게 실시하면 기득권자의 반발을 부를 수밖에 없다. 이 시기 아테네의 기득권자, 즉 시민권 유무만 따질 때의 기득권자는 20년 전 일어난 페르시아전쟁에서 승리의 원동력이 되었던 사람들이었다. 이들은 외국인들이 전쟁에 참여도 하지 않았으면서 전쟁에서 승리한 덕분에 번영하는 아테네로 슬금슬금 이주해 와서 자기네와 동일한 권리를 누리는 것에 불만을 가졌다. 심정적으로는 이해할 수 있는 대목이다.

어쨌든 새로운 이주민은 외국에 살고 있던 아테네 시민으로 그들 대부분은 현지 여성을 아내로 맞이한 사람들이었다. 페리클레스는 자기의 지지 기반을 확실하게 다지기 위해서는 이들 새 이주민과 선을 그어 기득권층을 자기편으로 끌어들일 필요가 있었다.

그러나 페리클레스가 제안한 법이 단순히 반동으로 취급받는 것에 동의할 수는 없는데, 이 법이 외국인의 유입 자체를 제한하지는 않았기 때문이다. 아테네 시민권을 가진 사람은 국정 참여 권리를 가지는 한편 병역 의무를 저야 했다. 이렇게 국가 안전보장을 담당하는 신분이 되면 직접세를 면제받았다. 그런데 이런 특권을 누릴 수는 없지만 아테네에 살면서 일하고 싶어 하는 외국인들이 있었다. 페르시아전쟁에서 승리한 아테네에는 이런 외국인들의 이주가 급증했다.

페리클레스 시대 아테네는 비즈니스를 하기에 매우 매력적인 도시였을 것이다. 이미 오래전부터 아테네 자체가 외항인 피레우스와 일체화되어 거대한 경제 센터를 이룬 상태였다. 무엇보다 당시 아테네에는 팔리는 물건을 생산하는 능력이 있었고 그 때문에 외국 상품을 구입하는 자금이 부족하지 않았다. 또 피레우스 주변에는 조선을 전문으로 하는 항구가 두 곳이나 있어서 자국에서 타고 온 배의 수리를 부탁하는 일도 어렵지 않았다.

거기다 에게 해 전역이 압도적인 힘을 자랑하는 아테네 해군의 제해권 내에 있었기 때문에 상선을 습격하는 해적 피해 또한 급감했다. 또 에게 해 섬들 대부분이 아테네가 주도하는 델로스동맹에 참여했기 때문에 폭풍우를 만나 피신할 때 이 섬들이 기항을 거부할까 봐 걱정하지 않아도 되었다.

경제력이 강력한 나라의 통화나 도량형은 외국에서 널리 통용되기 때문에 아테네의 드라크마 은화는 국제통화가 되었다. 페리클레스 시대의 아테네는 오늘날로 말하면 광역경제권을 실현한 셈이다. 그러니 아테네는 비즈니스맨이 활약하기에 최고의 환경이었을 것이다.

한편 돈을 벌 목적이 아닌 이유로 아테네에 살고 싶어 하는 외국인도 많았다. 고대에는 그런 말이 없었지만 '문화인'으로 통칭해도 좋을 사람들이었다. 페리클레스 시대 아테네에는 구체적으로 철학자, 역사가, 극작가, 시인, 화가, 조각가, 건축가처럼 자기 머리와 손을 무기 삼아 창조를 평생의 업으로 삼은 사람들이 있었다.

이런 사람들 가운데에는 아테네 출신도 많았지만 외국에서 태어나 아테네로 이주한 이후부터 창작 활동을 시작한 사람도 적지 않았다. 유명한 사람을 꼽으면 역사가 헤로도토스, 조각가 미론Myron, 철학자 아낙사고라스 등 일일이 열거하기 힘들 정도다. 왜 이런 사람들이 꽃을 본 나비처럼 그 무렵 갑자기 아테네로 모여들었을까.

먼저 '기회'가 많았다. 그리스인은 뭔가 세워야 한다면 가장 먼저 신전을 택하는 민족이었다. 이 신전 건축은 종합예술이라고 해도 좋았다. 건축가부터 조각가, 석공까지 다양한 직공이 모여야 했으며 심지어 완성하기까지 몇 년씩이나 걸렸다. 그리고 신전에는 신들의 상도 세워야 했다.

여기에 더해 그리스는 올림피아에서 열리는 올림픽을 비롯해 규모가 큰 것만 꼽아도 4개 이상의 경기 대회가 4년 또는 2년에 한 번씩 개최되었다. 우승한 사람은 소속 도시국가의 명예를 높였기 때문에 그들의 모습을 모사한 입상 제작 의뢰가 매우 많았다.

경쟁한 것은 스포츠뿐이 아니었다. 아테네에서는 매년 연극제가 개최되었기 때문에 비극 작가나 희극 작가는 매년 여러 편의 작품을 써야 했다. 그런 작품을 사는 사람들은 늘 있었다. 아테네에서는 부유한 사람에게 돈을 내놓게 하는 수단의 하나로, 연극을 공연할 때 드는 비용 전부를 그들이 부담하게끔 의무로 규정해놓았기 때문이다. 페리클레스도 비극 작가 아이스킬로스의 작품 『페르시아인』의 공연 스폰서를 맡았다.

그러나 창작을 평생의 업으로 정한 사람들이 누릴 수 있는 최고의 혜택은 타인의 작품을 접하거나 다른 사람을 만나서 자극을 받는 것이다. 이런 종류의 자극은 그때까지 몰랐던 것을 느끼게 하거나 새로운 생각을 하게 만들어준다. 창작을 지망하는 사람은 이런 혜택이 자기 작품의 향상에 도움이 된다는 것을 알고 있다.

페리클레스 시대 아테네는 그런 사람들에게 최고의 환경이었을 것이다. 페리클레스 스스로도 아테네를 그리스의 '학교'라고 말했다. 플라톤의 '아카데미아', 아리스토텔레스의 '리케이온Lykeion'이 세워진 것은 훗날의 일이지만 이런 종류의 학교가 설립되기 이전부터 이미 아테네는 호기심 넘치고 감수성 풍부한 사람들에게 살아 있는 '학교'였다.

이런 현상은 카이사르부터 아우구스투스로 이어지는 로마에서도 일어났다. 또한 오랜 시간이 흐른 뒤인 르네상스 시대 이탈리아 피렌체에서도 일어났다. 왜 이런 일이 벌어졌을까. 사람들이, 특히 창작열에 불타는 사람들이 모여들었기 때문이다. 이런 사람들의 흐름을 보면 그 나라가 번영하는지 어떤지 판별할 수 있을 정도다.

그러나 페리클레스는 정치가였다. 문화 진흥도 중요하지만 국민의 안전과 생활 향상을 가장 중요하게 여기는 것을 책무로 삼는 정치가였다.

궁극적인 데모크라티아

페리클레스가 제안해서 제정된 법 가운데 현대 학자들이 아테네 민주정치를 상징하는 대표 정책으로 인정하는 것이 공직을 맡은 시민들에게 일당을 지불하는 법이다. 아테네에는 기원전 508년 클레이스테네스 개혁 이후 '불레^{Bule}'라고 불린, 국가 공무를 담당하는 기관이 있었다. 10개 선거구에서 추첨해 500명을 선출하여 구성했는데 근무 기간은 1년이었다. 다양한 업무를 담당하는 공무원이라서 사실상 1년 동안 공무 외의 일은 할 수 없었다.

아테네 시민 모두가 솔론의 개혁 이후 자산 규모에 따라 네 계급으로 나뉘었다.

키몬이나 페리클레스, 비극 작가 소포클레스, 역사가 투키디데스는 아마 부자들이 속한 제1계급이나 제2계급이었음이 거의 확실하다. 철학자 소크라테스는 길거리에서 시민들에게 공짜로 진리에 이르는 길을 가르치는 일을 했다. 그럼에도 가족이 생계를 유지할 수 있었다는 점에서 상당하진 않아도 꽤 재산이 있었으리라 짐작된다. 또한 2번에 걸쳐 중무장 보병으로 병역에 종사했다는 사실로 미루어 제3계급에 속했으리라 여겨진다. 요컨대 솔론의 개혁 이후로 아테네에서 150년 동안 지속된 네 계급 제도는 단지 소유 재산 규모로만 구분한 것으로, 개인이 어떤 활동을 하는지에는 영향을 미치지 않았다.

페리클레스 시대에 최고 전성기를 맞이한 문화 활동 가운데 하나가 그리스 비극이었다. 이 분야를 이끈 이들은 3대 비극 작가로 꼽히는 아이스킬로스. 소포클레스, 에우리피데스였다. 그런데 이 세 사람은 계급이 달랐다. 아이스킬로스는 살라미스해전에 참전했으므로 제3계급이나 제4계급에 속했을 것이다. 소포클레스는 '스트라테고스'에 당선되어 페리클레스와 함께 사령관으로서 군대를 통솔했으므로 분명 제1계급에 속했다. 말년에 마케도니아 왕이라는 '팬'을 얻어서 유복한 생활을 보냈다고 전하는 에우리피데스는 생선 식재료를 취급하는 직업을 가진 부모 밑에서 태어났다. 이것은 그가 제4계급에 속했음을 알려준다.

그리고 당시는 건축이나 조각을 하는 사람을 예술가가 아니라 직공이라고 생각하던 시대였다. 페리클레스와 친한 사이였고 페리클레스의 의뢰를 받아 파르테논 신전 건축 공사의 총감독으로 활동했으며 오늘날 대영박물관의 최고 보물로 꼽히는 조각들을 제작한 페이디아스도 계급을 따져보면 제4계급에 속했을 것이다.

이처럼 아테네의 계급제도는 창작 활동에 '전혀'라고 해도 좋을 정도로 영향을 미치지 않았다. 계급제도쯤은 훅 불어서 날려 보낼 수 있을 만큼, 지적·감성적 자극이 넘쳐났기 때문에 그리스 문화는 화려한 꽃을 피울 수 있었다.

물론 아테네에도 문제가 있었다. '테테스^{thetes}'라고 불린 제4계급은 문화나 창작과는 거리가 먼 일반 서민이었다. 로마인은 이들을 '프롤레타리우스'라고 불렀는데, 하루하루 노동을 해서 가족을 부양하는 사람들이라고 규정했다. 그리스 아테네에서는 농민, 직공, 상인이 이 계급에 속했다. 민주정치를 운용하는 아테네에서는 이 사람들 또한 홀륭한 시민이었다. 따라서 이들에게 시민의 권리인 국정 참여는 물론이고 의무인 병역도 부과되었다. 병역의 경우 이들은 경무장 보병이나 군선의 노 젓는 선원이 되었다. 특히 선원은 살라미스해전에서 승리하는 데 원동력이 되었기 때문에 제4계급에 속한다 하더라도 지위가 확고했다.

그러나 이들은 매일 일을 해야 가족을 부양할 수 있는 사람들이었다. 전시에는 조국이 위기에 처했으니 무보수로 병역을 감당한다지만, 평시에 공무를 맡으면 수입이 끊어지기 때문에 감내하기 어려웠다. 그래서 추첨으로 '불레'에 선발되어도 사퇴하는 사람이 적지 않았다.

페리클레스는 이것이 민주주의의 이념에 반하는 일이라고 생각했을 것이다. 도시국가 아테네가 실제로 어떻게 운영되는지 체험할 수 있는 좋은 기회지만 생계를 유지할 수 없다는 이유로 사퇴하는 사람이 속출하는 현실은, 시민에게 평등한 권리를 보장하는 민주정치 국가 아테네에 어울리지 않는다고 생각했을지도 모른다. 그리하여 페리클레스는 시민집회에서 공무를 수행하는 시민에게 재직 기간 동안 일당을 지불하는 법안을 제출했다.

일당은 '테테스'가 하루에 벌어들이는 수입과 비슷하거나 조금 모자라는 정도였다고 전하는 걸로 보아 큰 금액은 아니었다. 또한 추첨으로 선발되어 '불레'의 일원이 되었다고 해서 모두 일당을 지급받은 것은 아니었던 듯하다. 소크라테스 역시 한 번 '불레'가 된 적이 있지만 그 기간 동안 일당을 받았다는 내용이 나오는 사료는 없다. 아마 추첨으로 선출된 '불레' 500명 가운데 제4계급에 속한 사람만 일당을 받았으리라 추정된다.

　세세한 사정이야 어떻든 이 법은 당시로서는 전대미문의 정책이었다. 당시는 병역이든 사무든 공무라면 무보수로 일하는 것이 시민권을 가진 사람들의 당연한 의무라고 생각하던 시대였다. 비록 소액이지만 급료를 주자는 이 제안에 반대가 심했다. 시민사회의 이념에 어긋난다는 것이 주된 이유였다. 그러나 시민집회는 다수 찬성으로 이 법안을 통과시켰다.

　그렇지만 반대의 목소리는 끊이지 않았다. 페리클레스가 권력욕 때문에 표를 돈으로, 그것도 나랏돈으로 표를 샀다는 비난이 들끓었다. 만약 이때 키몬이 도편추방을 당하지 않고 아테네에 있었다면 앞장서서 반대했을 것이다. '온건한 민주주의' 당파의 리더였던 키몬이 보기에 페리클레스는 '과격한 민주주의' 당파의 일원으로 비쳤을 것이다. 그러나 이를 계기로 페리클레스에 대한 시민의 지지는 반석처럼 단단해졌다. 페리클레스는 매우 예리한 정치 감각으로 키몬이 없는 사이에 확실한 지지 기반을 만들었다.

　이처럼 정치 감각은 뛰어난 페리클레스였지만 군사적 재능은 충분하지 않았다. 바로 이 점이 페리클레스의 간과할 수 없는 약점이었다. 군사적 재능은 전쟁터에서 구사하는 전술에만 필요한 것이 아니다. 전쟁터에 나가기 이전에 결정해야 하는 전략도 있다. 페리클레스의 공식 직책은 '스트라테고스'였다. 전략을 의미하는 '스트래터지strategy'의 어원이 된 말이다. 이 공직에 있는 한 정략과 전략 모두에서 최고 사령관이 되어야만 했다.

키몬, 돌아오다

페리클레스는 기원전 460년부터 기원전 450년까지, 나이로는 35세부터 45세까지 10년 동안 키몬을 상당히 의식하고 있었을 것이다. 키몬이 도편추방을 통해 아테네 정계에서 이탈해 있는 동안 이 정적에 비견할 수 있는 군사적 업적을 올려야 한다는 생각이 머릿속에 있었을 것이다.

당시 아테네의 군사력은 다른 도시국가와 비교해서 발군의 규모였다. 민주정치를 운용하는 국가였기에 '프롤레타리우스'까지 시민이었고 그들을 포함한 시민의 수는 6만 명을 헤아렸다. 이는 20세부터 50세까지 언제든 손에 무기를 들고 전쟁터로 달려 나갈 수 있는 현역 시민의 수였다.

한편 아테네와 어깨를 나란히 하는 강국 스파르타는 과두정치를 유지하고 있었고 1만 명이 조금 넘는 성인 남자에게만 시민권을 부여했다. 그리고 전쟁터에는 시민권을 가진 병사만 출전하는 것이 당시 그리스의 불문율이었다.

제1권을 읽은 독자 가운데 한 사람이 "민주정치는 안전보장과 표리일체를 이루고 있다는 사실을 알게 되었다"라는 감상을 보내왔는데, 솔직하게 말해서 아테네가 추구한 민주정치에는 전쟁터에 데리고 갈 병사 수를 늘리겠다는 의도가 숨어 있었다. 이 지극히 냉정한 정치적 진실을 민주정치를 확립한 당사자인 클레이스테네스는 잘 알고 있었다. 그리고 그 점을 활용해서 페르시아제국에 승리를 거둔 테미스토클레스와 그 뒤를 이은 정치가들 모두, '온건파'와 '급진파'의 구별

없이, 완벽하게 이해하고 있었다. 아테네는 동원할 수 있는 병사 수가 스파르타의 6배나 되었기 때문이다.

그러나 스파르타 시민 1만 명은 무술 연마에 삶을 바치는 프로 전사 집단이라는 차이가 있었다. 아테네 역시 시민개병이라는 점에서 다를 것이 없지만 아테네 시민은 평소에는 일상생활을 영위했다. 소포클레스는 스트라테고스에 선출된 해에 군선을 이끌고 전쟁터로 향했다. 그러나 만약 선출되지 않았다면 그 시간에 비극을 썼을 것이다. 소크라테스도 보병으로 병역을 이행했지만 만약 징병되지 않았다면 시내로 나가서 젊은이들을 상대로 자기 철학을 펼치며 살았을 것이다.

해군의 활약으로 페르시아에 승리한 테미스토클레스 시대 이후 아테네 군사력의 주력은 해군이라는 인식이 정착되었다. 그렇지만 삼단갤리선을 전력화하기 위해서는 노 젓는 선원만 170명이 필요했고, 군선 1척을 바다에 내보내기 위해서는 배를 조종하는 사람부터 전투원인 중무장 보병까지 더해 최소 200명이 필요했다. 또한 아테네는 델로스동맹의 맹주였기 때문에 제해권 내에 있는 에게 해의 순찰부터 동맹에 참여한 나라들의 방위까지 맡아야 하는 상황이었다. 그 책임을 이행하기 위해서는 늘 100척은 바다로 내보내야 했고 무슨 일이라도 생기면 그 숫자는 2배로 늘어났다. 아테네는 해군을 운용하는 데만 2만 명에서 4만 명의 병사가 필요했다.

해군을 보유하지 않은 스파르타와 비교할 때 해군을 보유하고 있다는 점은 매우 유리하게 작용했다. 그러나 그리스의 도시국가들 가운데 최대 군사력을 가진 아테네의 우위는 결코 '압도적'이라고 말하기 어려웠다. 이 '비교적' 우위라는 현실을 냉철하게 따져보면 전선戰線을 분산한다거나 보급이 곤란한 이집트로 원정을 강행하는 일은 할 수 없다는 것을 의미했다. 그런데 페리클레스는 시도했다. 그리고 그 결과는 도편추방을 면하는 수준에서 끝났다.

그리스 중부 타나그라Tanagra에서 스파르타와 벌인 전투는, 아테네와 정면으로 부딪치고 싶지 않았던 스파르타가 축제를 이유로 귀국했기 때문에 그대로 넘어갔다. 하지만 이집트 원정은 나일 강 수위 변화를 읽지 못한 데다 이집트를 지배하던 페르시아 군대의 반격을 받아 비참한 결과로 끝났다. 도편추방에 처해져도 이상할 것이 없는 전과였지만 페리클레스 본인이 원정군을 이끌고 간 것은 아니었기에 심하게 책임 추궁을 당하지는 않았던 모양이다. 다만 아크로폴리스 언덕에서 발굴된 도편 가운데 페리클레스의 이름이 새겨진 도편이 적잖이 발견되었다. 그저 추방에 필요한 6,000표의 과반수에 이르지 못했던 것일 수도 있다. 아무튼 강공 일변도여서 호전적으로까지 비치는 이 시기의 페리클레스가 상당히 위험한 다리를 건너고 있었던 것만은 확실하다.

이 시기에 외국에서 추방 생활을 보내던 키몬이 10년 만에 귀국했다. 도편추방 기간이 끝났기 때문이다. 그리고 곧바로 '스트라테고스'에 당선되어 아테네 정계로 복귀했다. 전투에 뛰어났던 키몬은 59세가 되었다. 이 시기 키몬과 페리클레스 사이에 내밀한 이야기가 오고

간 것은 아니었을까 싶다. 물론 그런 사실을 담은 기록이나 증명해주는 사료는 없다. 그러나 전후 관계를 따져보면 충분히 상상할 수 있다. 두 사람은 정치적으로는 대립했지만 알크마이온 집안에 속한 친척 관계였다. 내밀한 이야기를 주고받기에 적합한 환경이었던 것이다. 이렇게 59세의 키몬과 44세인 페리클레스, 두 '스트라테고스' 사이에 '공존'에 대한 동의가 이루어지지 않았을까 상상해본다.

키몬은 자기가 추방되어 있던 10년 동안 페리클레스가 이룩한 정책의 모든 것을 용인했다. 이것은 키몬의 귀국을 간절히 바라던 반反페리클레스 일파를 침묵시키는 효과를 발휘했다. 키몬이 용인한 정책 가운데는 아테네와 외항 피레우스 사이를 견고한 성벽으로 연결하는 일체화 사업도 포함되어 있었다. 20년 전 테미스토클레스가 건설을 주도했던 공사였다. 당시에는 서둘러 완성하는 것이 목표였지만 20년이 지난 지금은 테미스토클레스가 의도했던 것을 온전하게 계승하기 위해 본격 개조 공사가 필요했다.

키몬은 자신의 스승과도 같았던 아리스티데스와 함께 예전부터 아테네·피레우스의 일체화를 완벽하게 마무리하는 공사에 반대했다. 스파르타를 자극한다는 것이 이유였다. 스파르타가 이 '일체화'를 늘 불쾌한 눈초리로 보고 있었던 것은 사실이었다. 이 '일체화'가 완료되면 아무리 육지를 통해 공격해도 수도 아테네는 무너지지 않는다. 아테네인이 '긴 벽'이라고 불렀던, 양쪽이 견고한 성벽으로 보호되는 폭 200미터짜리 도로. 아테네는 이 도로로 연결된 외항 피레우스를 통해 농성전에 필요한 물자 전부를 해외에서 수입할 수 있었다. 그리고 그

● 아테네 시내와 일체화된 피레우스 항구

것을 가능하게 해주는 선단도 충분했다. 그 때문에 스파르타는 아테네의 '긴 벽' 공사가 스파르타를 염두에 둔 안전보장 정책이라 간주하고 불쾌감을 표했던 것이다.

실제로 아테네가 페르시아를 쫓아낸 다음 경계했던 육지의 적은 스파르타였다. 테미스토클레스는 이런 관점에서 공사를 단행한 셈이므로, 스파르타가 불쾌하게 여긴 데는 근거가 있었다. 물론 많은 점에서 테미스토클레스를 계승한 페리클레스가 개조 공사를 본격 강행한 것역시 당연한 일이었다.

그런데 친親스파르타로 일관했던 키몬은 어째서 이 사업을 용인한 것일까. 이유는 간단했다. '키몬이 없을 때 해치운다'는 식으로 키몬이 추방되고 2년 후 일찌감치 착공한 이 대공사는 이미 완료되어 있었고, 아테네인이 그 사업을 통한 이익을 향유하게 된 지도 몇 년이지난 상태였다. 따라서 이제 와서 반대의 목소리를 내는 것은 정치적으로 자살행위에 가까웠다.

반대하면 정치적으로 자살행위가 될 만한 정책이 또 있었다. 기존에는 델로스동맹의 기금을 델로스 섬에 보관했다. 그런데 이를 동맹설립 이후 24년이 지난 기원전 453년에 아테네로 이전했다. 페리클레스는 작은 섬인 델로스에 기금을 두면 해적에게 약탈당할 위험이 있다는 이유로 이전을 단행했다. 그러나 그 말을 믿는 그리스인은 많지않았다. 델로스 섬은 아폴론 신을 섬기는 신앙의 성지로 인정받았다. 당시 해적은 신이 지키는 돈은 약탈하지 않을 만큼 신앙심이 깊었다. 그래서 당시 그리스에서는 각지의 신전에 돈을 보관하는 나라나 개인이 많았다.

'델로스동맹'은 에게 해에 면한 도시국가들과 섬들이 공동 방위를 목적으로 결성했다. 또한 가맹국은 국력 차이에 따라 참가 규모가 달랐다. 참가국 중에는 아테네처럼 군선 200척을 운용할 수 있는 힘을 가진 나라와, 그다음으로 국력이 강한 레스보스나 키오스와 같은 섬들이 있었지만, 배 1척을 제공하는 것조차 무리인 작은 섬도 있었다.

군선이라고 하면 삼단 갤리선을 가리키는 시대였다. 삼단 갤리선을 건조하기 위해서는 1탈란톤^{talanton} (달란트)이라는 많은 비용이 필요했고, 건조한 배를 전력화하기 위해서는 1척당 200명의 승무원이 필요했다. 그래서 델로스동맹 결성 당시부터 참가국은 각각의 경제력에 따라 해마다 분담금을 내어서 동맹 활동을 지원하는 기금으로 삼기로 결정했다. 이 기금의 총액은 매년 500~600탈란톤 정도였다고 한다.

이 기금의 '금고'를 아테네로 옮긴 것은 동맹의 해군력 대부분을 아테네가 맡고 있으므로 기금 사용법까지 아테네가 결정한다는 것을 의미했다. 오늘날이라면 '제국주의적'이라고 비판받을 일로서, 키몬이 아테네에 있었다면 동의하지 않았을 것이다. 그러나 델로스동맹 참가국들이 이미 모두 인정했고, 아테네 여론도 군선 대부분을 아테네가 제공하기 때문에 기금 보관 장소 역시 당연히 아테네여야 한다고 생각했다. 10년간의 공백 끝에 귀국한 키몬은 이 또한 인정할 수밖에 없었다.

그러나 키몬은 이런 것들을 페리클레스에게 양보했지만 친親스파르타 정치 이념만은 양보하지 않았다. 스파르타와 관계 개선을 강하게 주장했다. 적어도 5년 휴전협정을 맺어야 한다는 요구였다. 이번에는 페리클레스가 양보했다. 페리클레스는 키몬이 원하는 대로 스파르타와 벌이는 교섭에 대한 전권을 그에게 맡기고 그 조약에 대한 시민집회 승인을 위해 힘쓰기로 동의했다.

키몬의 요구가 또 하나 받아들여졌다. 스파르타와 휴전협정이 성립되자 키몬은 아테네 군대를 이끌고 키프로스를 정복하러 가겠다고 요청했고 페리클레스는 이를 받아들였다. 페르시아 지배 아래에 있는 키프로스 섬을 정복하는 이유로는, 이집트에서 아테네 군대에 뼈아픈 좌절을 안긴 페르시아에 대한 복수전이라고 밝혔다. 역시 키몬다운 발상이었다.

군사 면에서는 자신이 있었던 키몬은 다음 해에 곧바로 키프로스를 향해 출발하기로 결정했다. 성공해서 개선할 가능성이 높았다. 키몬은 육상에서 강력함을 인정받은 중무장 보병을 오늘날의 '해병'처럼 활용하는 전술을 처음으로 고안해서 실행한 인물이었다. 그는 이 전술을 활용해 늘 승리해왔는데 키프로스 섬 전황도 상륙전에서 승패가 갈렸다.

키몬과 페리클레스 사이에 공존이 가능했던 것은 두 사람 모두 현실을 냉정하게 인식했기 때문만은 아니었을 것이다. 키몬은 페리클레스가 상당한 실책을 저지르는 데도 불구하고 사람들이 꿈쩍하지 않는 것을 보고 그에 대한 아테네 시민들의 지지가 얼마나 단단한지 느꼈을 것이다. 반면 페리클레스는 자신의 군사적 재능 부족을 실감했을 것이다. 실제로 두 사람 사이에 내밀한 이야기가 오갔는지는 차치하

고, 키몬이 10년 만에 귀국하자 아테네 시민들은 침을 삼키면서 일촉
즉발의 상황을 예감하며 지켜봤지만 아테네 정계는 파도조차 일지 않
았다.

라이벌, 퇴장하다

기원전 451년 봄, 키몬은 키프로스를 향해 출발
했다. 그가 거느린 군선 숫자는 200척이었다. 삼단 갤리선 1척에 적어
도 200명이 승선했다. 따라서 키몬이 거느리고 간 아테네 시민 병사
는 4만 명이 넘었다.

아테네에서 이 정도 규모의 군대를 원정 보낼 때는 복수의 스트라
테고스(사령관)를 파견하는 것이 통례였다. 그러나 키몬이 자기 혼자로
충분하다고 말했는지 다른 사령관은 함께하지 않았다. 10년 동안 공
백기가 있었다지만 예전에 그가 보여준 화려한 업적 덕분에 다른 스
트라테고스가 함께 가야 하지 않겠냐고 주장하는 사람은 없었던 모양
이다.

키프로스 섬 동부에서 이루어진 상륙작전은 시작부터 성공적이었
다. 주요 전력인 중무장 보병을 투입하는 키몬의 전술 앞에 키프로스
를 방위하려고 파견된 페르시아 군대는 처음부터 상대가 되지 못했
다. 또한 10년 전 키몬이 지휘하는 아테네 군대가 페르시아 영토인 소
아시아 남부 팜필리아Pamphylia에 상륙해서 페르시아 군대를 대파한 실
적도 있었다. 키몬이 지휘한다는 이야기만 들어도 페르시아 병사들은

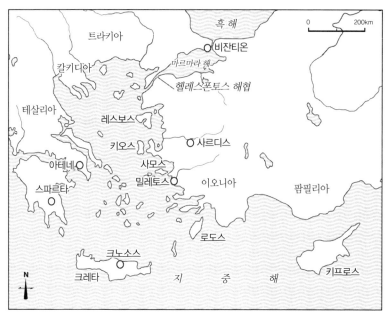

● 키프로스와 그 주변

전의를 상실했다.

　이런 이유로 키프로스 공략전은 아테네 군대의 우세가 지속되었다. 그런데 아테네 군대를 이끌던 키몬이 그만 병으로 쓰러지고 말았다. 지중해 동부에 위치한 키프로스 섬은 오리엔트와 가깝기 때문에 여름 날씨가 에게 해의 섬들과 비교할 수 없을 정도로 혹독했다. 게다가 키몬의 나이는 60세였다. 또 10년 만에 대군을 지휘하는 지위에 올라 의욕이 지나쳤을 수도 있다.

　키프로스에 파견된 아테네 병사 가운데 누구 하나 총사령관이 죽은 뒤에도 공략전을 계속해야 한다고 주장하는 사람은 없었다. 아테네 군대는 곧바로 진지를 해체하고 귀국하기로 결정했다. 키프로스에서 아테네 외항 피레우스까지는 꽤 먼 거리여서 바다가 거칠어지는 겨울이 오기 전에 철수를 끝낼 필요가 있었다.

도시국가 아테네가 배출한 가장 뛰어난 장군을 든다면 대체로 세 사람이 꼽힌다. 시대별로 살펴보면 다음과 같다.

기원전 490년에 침공해 온 페르시아 군대를 마라톤전투에서 격파하고 제1차 페르시아전쟁을 승리로 마감한 공로자 밀티아데스.

그 10년 뒤에 다시 침공한 페르시아 군대를 상대로 살라미스해전에서 완승을 거두고 제2차 페르시아전쟁을 승전으로 장식한 테미스토클레스.

그리고 끝으로 밀티아데스의 아들인 키몬.

그러나 키몬은 아버지나 테미스토클레스처럼 역사의 흐름을 바꾼 전투의 승리자가 아니었다. 키몬의 가장 큰 공적은 군사력을 활용해서 델로스동맹에 참가한 나라들의 결속을 공고하게 만든 것이었다.

동맹은 부단히 '관리'하지 않으면 지속을 기대하기 힘들다. 실제로는 아테네 해군이지만 명칭만은 델로스동맹 해군이었던 군대를 대부분 지휘한 사람이 키몬이었다. 키몬은 지휘를 위탁받은 200척을 매우 교묘하게 활용했다. 해상 순찰에 동원된 선단이나 육지에 상륙해서 페르시아 군대를 공격한 중무장 보병 모두 목적은 동일했다. 페르시아 쪽이 제멋대로 행동하지 못하게 만들면 동맹에 참가한 도시국가나 섬 모두 참가하기를 잘했다고 여길 터였다.

키몬이 주요 전력인 중무장 보병을 과거처럼 평원 전투보다 해변

상륙작전에 투입한 것은 상륙 후 이어지는 육지 전투가 중요하다고 여겼기 때문이다. 이러한 성과는 페르시아제국과 국경을 맞대고 있는 이오니아 지방 동맹국 주민들에게 바다뿐 아니라 육지에서도 보호받고 있다고 느끼게 만들었다. 이 생각이 정착되면서 동맹의 안정 또한 공고해졌다. 키몬이 중무장 보병을 해병으로 활용한 것은 이처럼 현실의 필요에 따라 생겨난 전술이었다.

키몬은 마라톤과 살라미스의 승자들에 이어서 장군으로서 명예를 얻었다. 도편추방에 처해지기 전까지 거의 15년 동안 전장 경력을 쌓았기 때문에 당연하다면 당연한 일이었다. 키몬은 인간적으로 유쾌한 남자였다. 자기 수중에 돈이 들어오면 거저 이쪽에서 저쪽으로 옮겨

놓을 뿐이라는 태도로 관대하게 사용했다. 누구나 참가할 수 있는 대규모 연회뿐 아니라 공공사업에도 힘을 쏟았다. 아크로폴리스 언덕 공사부터 공공 도로 정비, 공원 조성에까지 아낌없이 돈을 쏟아 부었다. 그러니 시민들에게 인기가 높을 수밖에 없었다.

페리클레스는 정적의 성대한 만찬을 위험하게 보았다. 그래서 한번은 진수성찬에 사용한 돈의 출처가 키몬이 싸워서 이긴 상대에게 받은 뇌물이 아니냐고 추궁한 적이 있었다. 그러자 키몬은 스스로 시민 집회에 나서서 다음과 같이 반론했다.

나는 뇌물의 유혹이 많은 풍요로운 나라에 사절로 파견된 적이 한 번도 없습니다. 게다가 소박함과 강건함을 신조로 삼는 스파르타인을 존경하고 그들의 생활방식을 닮고 싶다고 생각할 정도입니다. 그런 내가 부를 축적하는 일에 관심을 가질 까닭이 없습니다. 그러나 내가 전투에서 거둔 승리로 얻은 전리품 덕분에 우리 아테네가 풍요로워지는 것에는 관심이 큽니다.

이 말을 들은 아테네 시민들은 환호성을 올렸고, 페리클레스는 더 이상 그를 추궁하지 않았다.

언제나 무슨 일에든, 아테네의 라이벌이자 가상 적국인 스파르타를 들먹이며 끌어들이는 것은 키몬의 나쁜 습관이었다. 그렇지만 키몬은 개의치 않았다. 그는 뛰어난 '무인'이었다. 하지만 '정치인', 그러니까 생각은 하되 정치적으로 유효하다고 생각하지 않으면 입 밖에 내지 않는, 그런 의미의 '정치인'은 아니었다. 그럼에도 키몬은 여전히 반대파의 리더가 맞서기 힘든 상대, 페리클레스가 도편추방을 통해 배제해야 했을 정도로 강력한 상대였다.

그런 키몬이 공존을 이룬 지 1년도 지나지 않아 세상을 떠났다. 페리클레스는 이번에야말로 정적을 최종 배제하는 데 성공한 셈이었다. 그러나 페리클레스는 그것을 기뻐할 남자가 아니었다. 키몬의 죽음을 계기로 자신의 정치 전략을 180도 전환했다.

2

황금시대 후기

기원전 450~기원전 429년(22년)

껍질을 벗은 페리클레스

　　　　　　'주도권을 쥔 쪽이 이긴다'는 말은 전쟁터에서 유효한 사고방식일 뿐 아니라 정치, 외교, 경제, 문화에 이르기까지 모두 통용이 가능한 진리라고 생각한다.

기원전 5세기 중반, 도시국가 아테네가 늘 의식하던 강국은 스파르타와 페르시아였다. 게다가 이 시기 아테네에서는 탁월한 군사적 재능을 지녔던 키몬이 사망했다. 키몬이 맡았던 임무를 지속해야 하는 처지에 있었던 인물은 연거푸 '스트라테고스'로 당선된 페리클레스였다. 그러나 '군사령관'으로서 그의 능력은 '상당한 정도는 되지만 그 이상은 아닌' 수준이었다. 그럼에도 페리클레스에게는 활용 가능한 카드가 두 장이나 있었다.

한 장은 전해에 키몬의 주도로 성립되고 아테네 시민집회에서도 가결되어 이미 발효된 스파르타와 맺은 휴전협정이었다. 이는 친親스파르타였던 키몬의 '체면을 세워주는' 식으로 페리클레스가 받아들여 실현했는데, 키몬 사후에도 여전히 아테네에 이득이 되는 조약이었다. 아테네로서는 5년 동안 육지에서 스파르타에 침공받을 걱정을 하지 않아도 되었기 때문이다.

두 번째 카드는 당연히 페르시아제국이었다. 오리엔트의 초강대국인 페르시아는 제2차 페르시아전쟁이라는 이름으로 역사에 남은 그리스 침공을 단행했지만 실패했다. 그 30년 동안 그리스와 페르시아는 공식 외교 관계를 맺지 않았다. 제2차 페르시아전쟁 승리의 주역인 아테네와 스파르타는 물론이고 다른 그리스 도시국가도 페르시아와 강화조약을 맺을 생각을 하지 않은 채 30년이 지났다.

페리클레스가 페르시아와 강화를 맺고 공식 외교 관계를 수립해야겠다고 생각한 것은 키몬이 죽었기 때문만은 아니었다. 강화를 맺는다면 지금이 적기라고 여겼기 때문이었다. 지난 30년 동안 아테네와 페르시아 사이에 전투가 없었던 것은 아니었다. 페르시아는 페르시아전쟁이 일어나기 전 자기네 지배 아래에 있던 소아시아 서쪽 해안 일대의 수복을 집요하게 꾀했다. 델로스동맹 맹주 아테네는 이런 페르시아의 움직임을 지속적으로 격퇴해왔다. 그리고 키몬의 활약에 힘입어 아테네는 에게 해 해역 방어전을 우세하게 진행시켰다. 이런 아테네의 공세에 페르시아는 제대로 된 반격조차 하지 못했다.

그러나 그 이전으로 거슬러 올라가면 이야기는 달라진다. 공세에 나선 쪽은 페르시아였고, 이에 맞서 방어에 나선 쪽은 그리스였다.

기원전 490년, 제1차 페르시아전쟁: 다리우스 황제가 보낸 페르시아 군대는 아테네에서 40킬로미터 정도 떨어진 마라톤 평원에 상륙했지만 반격해 온 아테네 군대를 상대로 큰 패배를 당하고 말았다.

기원전 480년, 제2차 페르시아전쟁: 10년 후 다시 침공해 온 페르시아 군대는 크세르크세스 황제가 직접 이끌었고 군대 규모는 제1차 페르시아전쟁 때의 10배가 넘었다. 그러나 그때도 페르시아는 바다에서는 살라미스, 육지에서는 플라타이아이에서 완벽한 패배를 당했다. 크세르크세스 황제는 병사들과 함께 아시아로 도망쳤고 제2차 페르시아전쟁 역시 그리스의 승리로 끝났다.

그로부터 30년이 지난 기원전 450년, 페르시아 황제에 오른 사람은 아르타크세르크세스였다. 할아버지와 아버지의 전철을 밟지 않겠다고 결심한 이 인물의 현실주의는 페르시아 궁정에 깊이 뿌리를 내리고 있는 호전적인 인사들인 영토 확장주의자들을 억누르는 데 성공한 듯하다. 한편 이때 아테네의 태도를 결정하는 지위에 있던 이는 페르시아 황제와 같은 해에 태어난 페리클레스였다.

키몬이 거느렸던 해군이 그의 유해와 함께 귀국한 뒤 페리클레스는 곧바로 행동에 나섰다. 페르시아 황제에게 가서 강화 교섭을 할 임무를 칼리아스에게 맡겼던 것이다. 깜짝 놀랄 만한 인선이었다. 칼리아스는 키몬의 여동생과 결혼한 사람이었다. 또한 매형인 키몬과 그의 친밀한 관계는 아테네에서 널리 알려져 있었다. 그런 그를 페르시아로 파견하는 것은 이 강화 교섭이 키몬의 생각과 반대되는 것이 아니라는 인상을 시민들에게 심어주는 효과가 있었다.

스트라테고스, 즉 '내각' 내에서 동의했더라도 그것을 최종 결정하는 것은 시민집회였다. 아테네 시민은 키몬이 지휘를 맡은 키프로스 원정이 철수지 패배가 아님을, 공략전은 우세했지만 그 과정에서 사령관이 죽자 귀국한 것일 뿐이지 패배해서 도망친 것이 아님을 잘 알고 있었다. 그런 시민을 상대로 페리클레스는 설득전을 벌여야 했다. 이번에 칼리아스를 페르시아로 보내는 것은 군선에 병사를 태워 원정을 떠나보내는 것이 아니라 강화 교섭을 위한 사절을 파견하는 것임을 받아들이게 만들어야 했다.

페리클레스가 시민집회에서 어떻게 시민들을 설득했는지는 알려져 있지 않다. 그러나 전쟁 상태를 완전히 뒤집어 강화로 방향을 틀었기 때문에 시민들에게 그 점을 납득시키기 위해서는 상당히 교묘한 유도 기술이 필요했을 것이다.

여하튼 시민집회는 칼리아스를 페르시아로 보내는 것을 승인했다. 페리클레스는 키몬이 생전에 이룩한 업적이 있기 때문에 오히려 강화 교섭이 유리하게 진행될 것이라고 칼리아스를 설득했다. 칼리아스는 거기에 납득하여 씩씩하게 오리엔트로 향했다.

칼리아스 강화

칼리아스에게 강화 교섭 역할을 맡긴 데는 여러 장점이 있었다. 페르시아에 키몬의 용맹한 명성이 전해져 있었기 때문에 교섭 상대인 페르시아 황제나 신하들은 당장 칼리아스의 배후에 있는 키몬을 떠올릴 터였다. 즉 아테네의 군사력을 떠올리게 만들 수 있었다.

칼리아스의 파견에는 또 다른 이점이 있었다. 강화 가부를 결정할 페르시아 황제 아르타크세르크세스는 10년 전 아테네에서 쫓겨난 테미스토클레스를 받아들여 '정치 고문'으로 삼았던 인물이다. 당시 테미스토클레스는 페르시아 궁정에서 '왕에게 가장 큰 영향을 미치는 그리스인'이라고 불렸다. 키몬이 처음 참전한 전투는 페르시아 해군을 괴멸시켰던 살라미스해전이었다. 그 후 키몬의 뛰어난 업적에 대해서는 앞에서 이미 살펴보았다. 그러니까 페르시아 황제는 테미스토클레스를 통해 키몬이 유능한 장군이라는 사실을 알고 있었을 것이다. 그리고 10년 뒤 교섭 테이블에 마주 앉은 사람이 바로 그 키몬의 처남 칼리아스였다.

애초에 페르시아 황제는 할아버지와 아버지가 그리스 영토로 너무 깊이 들어간 탓에 큰 화상을 입었다고 생각했다. 아테네 쪽에서 교섭 역할을 맡았던 사람의 이름을 따서 '칼리아스 강화'라고 부르는 아테네·페르시아 사이의 강화가 성립된 배경에는 위와 같은 여러 사정이 숨어 있었다.

페르시아와 강화가 성립되기까지는 2년이나 걸렸는데, 여기에는 두 가지 이유가 있었다. 첫 번째는 아테네에서 페르시아의 수도 수사까지 긴 여행을 해야 했기 때문이다. 이오니아 지방까지는 바다를 이용하고 그 뒤로는 소아시아를 가로질러서 페르시아 땅으로 들어가 유프라테스와 티그리스라는 두 강을 건너 메소포타미아 지역을 횡단한 다음에야 비로소 수사에 도착할 수 있었다. 돌아오는 길은 그 반대 경로를 따랐다. 교섭이 길어진 데는 또 한 가지 이유가 있었다. 아테네뿐 아니라 '델로스동맹'의 중요한 가맹국들이 줄지어 있는 에게 해 동쪽 지역에 대해서도 유리한 조건을 얻어내기 위해 칼리아스가 버티고 버티면서 노력했기 때문이다.

도시국가 아테네와 제국 페르시아 사이에 맺어진 강화의 내용은 한마디로 상호 불가침 협정이었다.

- 아테네와 페르시아는 상대국 세력권을 침공하지 않는다.
- 아테네는 키프로스를 페르시아 지배 아래에 둔다는 것을 인정한다.

한편 페르시아는 에게 해 동쪽에 위치한 도시나 섬의 독립을 존중하고 이들 도시의 경계에서 말을 타고 하루거리 내로 병력을 보내지 않기로 약속했다. 이는 제1차 페르시아전쟁 이전부터 페르시아가 주장했던 이 일대의 영유권을 마침내 포기함을 의미했다. 아울러 아테네는 페르시아 지배 아래에 있는 시리아나 팔레스티나, 이집트 근해에 해군을 보내지 않기로 약속하고, 페르시아 또한 에게 해에는 군선을 1척도 보내지 않을 것을 약속했다.

그러나 활동 범위를 제한한 것은 군선뿐이었다. 상선의 항해와 상인의 통행 자유는 완전히 인정받았다. 이로써 아테네 외항 피레우스에 페르시아의 상선이 들어오는 것은 익숙한 광경이 되었다. 오늘날

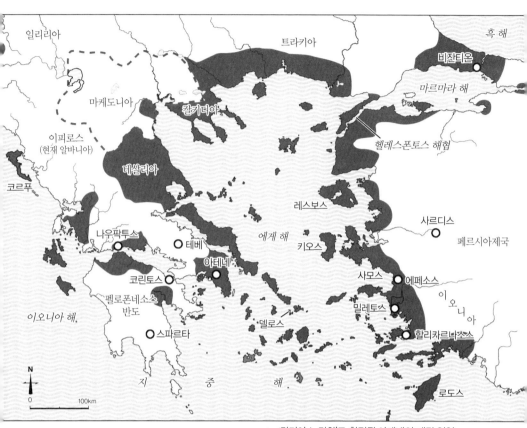

일리리아

트라키아

흑 해

비잔티온

마케도니아

칼키디아

마르마라 해

이피로스
(현재 알바니아)

테살리아

헬레스폰토스 해협

코르푸

레스보스

사르디스

페르시아제국

나우팍토스

테베

에게 해

키오스

아테네

코린토스

사모스

에페소스

펠로폰네소스
반도

이
오
니
아

이오니아 해

밀레토스

델로스

스파르타

할리카르나소스

N

지   중   해

로도스

0   100km

- '칼리아스 강화'로 확정된 아테네의 패권 영역

페르시아의 수도 수사에서 아테네에서 만든 항아리 파편이 발굴된 것은 이때 두 나라 간 관계 개선의 흔적인지 모른다.

기원전 448년에 성립된 아테네와 페르시아 사이의 평화조약은 '칼리아스 강화'라고 불렸다. '휴전'이라는 말은 사용해도 '강화(평화)'라고는 말하지 않고, 혹시 쓰더라도 풍자희극 작가들이 빈정거림을 담아서 사용했던 그리스인들로서는 드문 사례였다. 이 시기에 이루어진 두 나라 간 강화는, 그리스 도시국가들 사이에 체결되는 기간 한정이 있는 '휴전'과 달리 오랫동안 지속되었다. 에게 해는 거의 40년 동안 강대국 페르시아의 위협에서 해방되었다.

페리클레스는 48세가 되어서야 비로소 진정한 의미의 자유를 얻었다. 육지 쪽 위협인 스파르타와는 5년 휴전협정을 맺었다. 페리클레스는 스파르타의 두 왕 가운데 한 명으로 동년배였던 아르키다모스와 종종 개인적인 만남을 가졌는데, 두 사람은 아테네와 스파르타 사이에 아무 문제도 일으키지 않으려 한다는 점에서 일치했다. 바다 쪽 위협이 될 수 있는 페르시아와도 '칼리아스 강화'를 통해 문제를 해결했다. 마침내 페리클레스가 오랫동안 품어왔던 계획을 실현할 때가 찾아온 것이다.

파르테논

　　　　　　이전에 아테네에는 아테나 여신에게 바쳐진 신전이 존재했다. 아테나 여신은 도시국가 아테네의 수호신이다. 아크로폴리스 언덕 위에는 예부터 이 여신에게 봉헌된 신전이 세워져 있었다. 그러나 아테나 신전은 올림피아에 있는 제우스 신전이나 델포이의 아폴론 신전과 비교하면 규모나 화려함에서 뒤졌고, 다른 그리스 도시국가들의 신전과 별로 차이가 나지도 않았다.

더구나 기원전 480년 제1차 페르시아전쟁 때 페르시아 군대에 의해 불타고 말았다. 그 후 도시의 수호신 아테나는 가건물과 같은 신전에서 비를 피해야 했다. 그것을 33년 만에 재건하기로 했다. 당시 아테네 시민은 '칼리아스 강화' 성립과 아테나 신전 재건을 동일선상에서 받아들였을 것이다. 실제로 시민집회는 페리클레스가 제안한 신전 재건 공사를 반대 없이 단번에 가결했다.

페리클레스는 그리스 어디서든 볼 수 있는 평범한 신전을 짓고 싶지는 않았다. 골짜기에 있는 올림피아나 델포이와 달리 아크로폴리스 언덕은 아테네 어디서나 보이는 위치였다. 도시국가 아테네의 번영을 상징하는 신전 건설 장소로 이보다 좋은 곳은 없었다. 아크로폴리스 언덕 위에 장엄하고 화려한 신전이 모습을 드러내면 매일 그곳을 바라보는 아테네 시민에게는 큰 자부심이 될 터였고, 아테네를 방문한 외국인들은 감탄과 선망의 눈길로 바라볼 터였다.

이것이 페리클레스의 생각이었다. 건축해야 할 것은 그리스 어디에나 있는 아테나 신전이 아니라, 아테나에게 봉헌하는 것은 동일하더라도 그리스 어디에도 없는 '파르테논'이어야 했다. 페리클레스의 이 생각을 구체화하는 임무를 맡은 사람은 페리클레스가 총감독으로 임명한 페이디아스였다.

　페리클레스보다 5세 정도 연하였던 페이디아스는 이미 조각가로 큰 명성을 떨치고 있었다. 그는 총감독 일만 하지 않았다. 파르테논 신전 정면과 뒤쪽을 장식하는 합각머리의 삼각 면 조각상부터 신전 사방을 둘러싼 벽 상부 면 조각상까지 직접 제작을 맡았다. 물론 제작은 팀을 이루어 진행되었지만 그가 책임을 지고 담당했다.

　신전 건물 건축은 건축가들에게 맡겼다. 그러나 건축가 두 명은 페이디아스의 감독 아래 있었다. 그리고 신전 내에 모실 아테나 여신 조각상부터 신전을 장식하는 조각상들 모두 페이디아스 스스로 제작했기 때문에 파르테논 신전 전체가 페이디아스의 작품이라고 해도 과언

- **위**: 파르테논 신전 합각머리 복원도　**좌우**: 대영박물관 소장 파르테논 신전 합각머리 조각

이 아니었다.

기원전 447년에 착공한 이 공공사업은 파르테논 신전만이 아니라 아크로폴리스에 오르는 계단과 나머지 공사 모두를 마치기까지 15년이라는 세월이 걸렸다. 페이디아스는 모든 공사를 완료하고 2년 뒤 세상을 떠났다. 페리클레스도 3년 후 세상을 떠났다. 파르테논을 중심으로 한 아크로폴리스 전체는 두 사람이 공동으로 창조한 '작품'이었다.

그로부터 2,500년이 지난 오늘날 우리가 아크로폴리스에서 볼 수 있는 것은 과거 파르테논의 잔해에 불과하다. 신전을 장식하고 있던 조각상 대부분은 런던과 파리, 아테네 미술관에 가면 볼 수 있다. 그러나 최고의 예술작품은 육체의 눈이 아니라 마음의 눈으로도 감상할 수 있다.

그 박물관들에 전시되어 있는 작품과 그것을 토대로 연구자들이 만들어낸 예상 복원도를 본 다음 아테네로 찾아가 아크로폴리스를 오르면서 머릿속으로 2,500년 전 옛 모습을 재현해보자. 당시 아테네 시민들이 막 완성된 파르테논 신전의 모습을 어떻게 보았을지 상상하면서 재구성해보자. 그러면 비로소 납득이 갈 것이다. 파르테논 신전이 거대한 심포니symphony라는 사실을 말이다.

파르테논 신전이나 그곳을 장식한 조각상들은 하나하나 독립되어 있다. 조각상들은 돋을새김이라기보다 완전히 입체로 만들어져 있다. 그렇지만 이 모두가 하나로 어우러져 전체로 훌륭한 조화를 이룬다. 이 또한 교향악이라고 말할 수밖에 없다. 'symphonia'라는 말은 고대 그리스인이 발명한 단어다. '함께하다'를 의미하는 'sym'과 '소리'를 의미하는 'phone'을 합치면 '심포니아'가 된다. 이 말은 그대로 로마인의 언어였던 라틴어가 되었고, 이어서 라틴어의 장녀격인 이탈리아어가 되었으며, 또 영어 '심포니'가 되었다.

파르테논 전체가 교향악으로 들린다고 해도 그것을 제작한 페이디아스의 의도를 배신하는 일은 아닐 것이다. 그리고 파르테논은 거대한 심포니가 되었기 때문에 다른 여러 신전 건축을 훌쩍 뛰어넘는 최고의 예술작품이 된 것이다.

또한 파르테논은 이전에 그리스에 없었던 대규모 신전이라는 점에서 그것을 떠받치기 위해서는 최신 기술이 필요했다. 그리스에서는

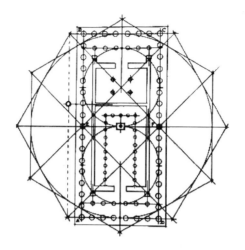

아름다움과 내진 기술 모두 수학적으로 계산되었다.

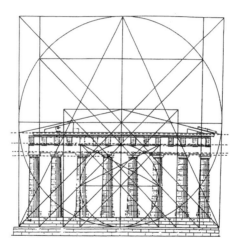

파르테논 신전의 기하학적 분석도.
중앙에 아테나 신상이 배치되었을 것으로 생각된다.

출전: Tons Brunés, *The Secrets of Ancient Geometry and Its Use*,
Rhodos International Science Publishers, 1967.

지진이 자주 일어났기 때문에 아무리 장엄하고 화려하게 만든다고 해도 쉽게 무너질 수 있었다. 만약 그렇게 된다면 고안자이며 발주자인 아테네의 수치가 될 수 있었다. 어쩌면 다른 도시국가들의 조롱거리가 될지도 모를 일이었다.

이처럼 현실적 필요에 따라 취해진 조치였지만, 이 또한 그리스인이 발명한 수학을 토대로 한 기술력을 최대한 활용하는 가운데 파르테논이라는 세상에서 가장 아름다운 신전 건축을 빚어낼 수 있었다. 파르테논 신전을 보면 그로부터 2,500년이 지난 지금 인류가 진정으로 진보했는지 의구심을 품을 정도로 미적으로나 기술적으로나 단연 뛰어나다.

페리클레스는 파르테논 신전을 건설하는 도중에 종종 공사 현장을 찾아서 페이디아스와 의견을 주고받았다. 예술가 페이디아스는 신전 제작에 전념할 수 있었지만 페리클레스는 '스트라테고스'에 연속해서 당선될 정도로 시민들로부터 국정을 전폭적으로 일임받았기 때문에 한가로이 시간을 보낼 수 있는 처지가 아니었다.

아테네에만 존재했던 공직인 '스트라테고스'는 정치와 외교, 군사 등 모든 것을 담당하는 최고 직위였다. 10개의 '트리부스(선거구)'에서 매년 1명씩 선출되었기에 전체 숫자는 10명으로 구성되었다. 그런데 오랫동안 연속으로 당선된 사람은 페리클레스밖에 없었기 때문에 그가 사실상 총리 자리를 계속 지켰다는 뜻이나 마찬가지다.

역사가인 투키디데스는 페리클레스가 다스렸던 아테네를 "형태는 민주정치였지만 실제로는 혼자 통치했다"라고 말했다.

아테네의 노동자계급

　　　　　　'페리클레스 시대' 중 기원전 461년부터 기원전 430년까지 31년 동안 아테네가 민주정치의 최고조에 이르렀다는 것은 역사적 정설이다. 그렇다면 페리클레스는 어떻게 '혼자' 그것을 가능하게 만들었을까. 엄청난 자산가이며 알크마이온 집안에 속한 세습 정치가였던 페리클레스는 무슨 수로 그 일을 실현시켰을까.

　그의 '정치철학'이라고 불러도 좋을 생각은 도시국가 아테네의 구성원인 아테네 시민 모두가 정치와 행정, 군사 등 나라 공무를 경험해야 한다는 것이었다. 그러나 이 생각은 새로운 것이 아니었다. 이미 반세기 전에 알크마이온 집안 총수였던 클레이스테네스가 일반 서민까지 국정에 적극 참여할 수 있는 정치체제로 개혁했던 것이다. 또한 30년 전에는 자산가도 아니고 세습 정치가도 아니었던 테미스토클레스가 일반 서민, 아테네에서는 '테테스'라고 불리는 제4계급(로마로 따지면 프롤레타리우스)의 지위를 급속도로 향상시켰다.

　육상 전투에서 승패를 결정한 것은 제1계급과 제2계급에서 선출된 '스트라테고스(사령관)'를 제외하면 대부분 제3계급에 속한 시민으로 구성된 중무장 보병이었다. 그 때문에 중무장 보병은 도시국가의 주요 전력으로 인정받았다. 반면에 제4계급은 경무장 보병으로 보조 역할을 하는 데 그쳤다. 그러나 바다가 전쟁터가 되면서 이런 관계는 크게 변했다.

　당시 군선은 삼단 갤리선이었다. 삼단 갤리선 1척당 200명의 선원이 필요했다. 함장 이하 지휘관과 배의 조종을 맡은 선원, 급한 경우

수리할 수 있는 기사를 합쳐서 10명, 운행 중에는 배 중앙에서 대기했다가 적과 가까워지면 적의 배로 옮겨 타서 싸우는 중무장 보병 20명, 여기에 노 젓는 선원 170명을 합쳐서 모두 200명이었다.

삼단 갤리선은 전장에 도착하면 곧바로 돛을 내리고 노만 저어서 적 함선으로 돌진해 충돌했다. 그리고 움직일 수 없게 된 적의 배를 향해 노 젓는 선원까지 노 대신 창을 들고 전투에 참가하는 것이 그리스의 전법이었다. 참고로 페르시아 배는 노예들이 노를 저었다. 인구가 많아서 굳이 노 젓는 선원까지 전투에 참가시킬 필요가 없었기 때문이다.

이 그리스 전법을 구사한 인물이 살라미스해전을 승리로 이끈 테미스토클레스였다. 그때 테미스토클레스는 노 젓는 선원에게 고도의 기능을 습득하게 했다. 그가 개량한 아테네 군선은 페르시아 함선과 비교하면 소형이었지만 견고할 뿐 아니라 배 밑바닥에 대량의 돌을 실어서 무거웠다. 크기가 작고 무거운 배는 상대적으로 바람이나 조류의 영향을 덜 받기 때문에 안정적이라는 장점이 있었다. 하지만 무거운 배를 총사령관의 명령에 따라 일사분란하게 움직일 수 있으려면 숙련된 기능이 필요했다.

살라미스해전에서 승리할 수 있었던 원동력은 전략과 전술의 모든 것을 고안한 테미스토클레스를 제외하면 노 젓는 선원으로서 용감하게 싸운 아테네의 '제4계급'이었다. 그리고 그로부터 30년이 지난 뒤에도 아테네 해군이 위력을 유지할 수 있었던 것은 테미스토클레스가 창조한 아테네식 해군이 그대로 유지되었기 때문이다. 아테네 해군은 에게 해역에서 넘버원이었을 뿐 아니라 유명한 페니키아 해군이 여전히 건재했던 동지중해 해역에서도 넘버원이었다. 이 지위를 유지하기 위해 제4계급의 역할이 점점 중요해졌다.

또한 테미스토클레스는 2년에 걸친 제2차 페르시아전쟁 때 제4계급 사람들에게 급여를 지불했던 듯하다. 이는 당연한 처사라고 생각한다. 아무리 조국을 수호하겠다는 마음이 가득하다고 해도 남아 있는 가족이 과연 끼니는 챙기고 있는지 걱정하게 되면 전투에 집중할 수 없다. 이 계급 사람들은 로마인이 '프롤레타리우스'라고 일컬었던 이들이었다. 다시 말해 매일 일을 해야 가족을 부양할 수 있는 '프롤레타리아'였다. 그런 점까지 배려하는 것이 그들을 활용하는 처지에선 총사령관의 책무였다.

페리클레스는 테미스토클레스가 생각하고 실행한 모든 것을 계승했다. 이것은 그가 도시국가 아테네의 장래가 바다에 있다는 것, 그래서 해양국가·해양제국으로 나아가야 한다는 테미스토클레스의 생각에 동의했기 때문이다. 이를 위해서는 해군이 필수였다. 그렇다면 해군의 원동력이 갤리선이고 그 갤리선을 움직이는 힘의 원천이 아테네의 프롤레타리아라는 점에서, 그들에 대한 생활 보장을 잊어서는 안 되었다.

페리클레스는 테미스토클레스가 제2차 페르시아전쟁 때만 활용했던 급료 지불을 국가정책으로 제도화했다. 금액은 월급으로 계산하면 15드라크마 전후로 병역에 종사하지 않을 때 일을 해서 벌어들일 수 있는 수입과 거의 비슷했다. 급료 지불은 일당제였다. 평소 해군은 가을 후반부터 봄 초반까지는 바다에 나가지 않았다. 일당제를 채택한 것은 해상에 나가 있을 때나 육상 전쟁터에 나갈 때만 급료를 지불하기 위해서였을 것이다. 따라서 이들은 병역을 수행하지 않을 때는 본래 하던 일을 해서 생계비를 벌어야 했을 것이다.

또한 빈곤 가정에는 그 3분의 2에 해당되는 금액을 지불하는 것이 법제화되었다. 이것은 집안 수입을 담당하는 사람이 전사한 경우 유족을 위한 대책이 아닐까 싶다. 아테네에서는 전사자의 자식이 성년이 될 때까지 양육에 들어가는 비용을 국가가 부담한다고 정해져 있었기 때문이다.

물론 전쟁 사령관인 '스트라테고스'나 그 아래에서 일하는 지휘관 계급에게는 이 급료제도가 적용되지 않았다. 이들은 예전처럼 무보수로 도시국가 시민으로서 의무를 수행했다. 또한 이 계급에 속한 사람들이 전사하더라도 유족에 대한 보장은 따로 없었다.

잊지 말아야 할 것은 아테네의 '제4계급'이나 로마의 '프롤레타리우스' 모두 무자산계급이었지만 흔히 말하는 무산계급은 아니었다는 점이다. 그들은 비록 일하지 않아도 생활이 가능한 자산은 갖고 있지 않았지만 훌륭한 생산자였다. 당시는 '자산'이 큰 의미를 갖던 시대였다. 그러나 자산은 없지만 훌륭한 생산자라는 제4계급이 지닌 성격까지 생각할 수 있는 사람은 드물었다. 그래서 이 정도 정책 시행만으로도 동시대 지식인들로부터 다양한 불평에 시달려야 했다. 그 시대에 태어나지도 않았던 철학자 플라톤조차 아테네 시민을 비렁뱅이 집단으로 바꾸어놓았다고 단정 지어 말할 정도였다. 온건파는 페리클레스를 향해 '과격한 민주주의자'라고 비난을 퍼부었다.

　장엄하고 화려한 파르테논 신전을 세우기 위해서는 지반을 단단하게 만들어야 했다. 그러나 그것은 총감독을 맡았던 페이디아스가 고민할 일이었다. 페리클레스가 고민해야 했던 것은 민주정치를 운용하는 아테네가 앞으로 번영하기 위해 반드시 필요한 지반을 어떻게 단단하게 만들까 하는 것이었다. 페리클레스는 이를 위해 아테네 사회의 가장 아래에 위치한 제4계급, 즉 아테네 노동자계급의 생활을 보장하고 안정시켜야 한다고 판단했을 것이다. 페리클레스 본인은 제1계급에 속한 자산가였다. 그러나 상상력은 상대방 입장에서 생각해보는 능력이기도 하다.

　참고로 아테네에서는 자산가들이 돈을 토해내게 만드는 방법으로 두 가지를 활용했다. 하나는 연극 공연 스폰서를 맡기는 것이었다. 비극 두 작품과 희극 한 작품을 상연하기 위해 드는 비용 전체를 감당해야 했기에 상당한 금액이 필요했다. 다른 하나는 삼단 갤리선 1척을 바다에 내보내는 데 필요한 전체 비용을 부담시키는 것이었다. 삼단 갤리선 1척을 건조하는 데 1탈란톤이 들었다. 1탈란톤은 6,000드라크마에 해당하므로 아테네 노동자의 30년 수입을 넘어서는 액수였다.

　한편 갤리선 스폰서가 내야 하는 돈은 배를 건조하는 데서 끝나지 않았다. 군선이었기 때문에 전투에 필요한 전력으로 만들어야 했고, 그래서 노 젓는 선원 170명을 포함한 선원들의 급료 전체를 부담해야 했다. 이 외에 연극 공연 스폰서를 맡는 것과 다른 점이 또 있었다. 돈을 낸 스폰서가 자기 사비를 들여서 전력화한 삼단 갤리선의 선장까지 맡아야 했고, 전쟁터에 직접 나가야 했다. 돈을 낸 사람도 신체가 멀쩡하니 조국 방위를 수행해야 한다는 논리였을까. 전쟁에 나가 과감하게 전투에 참가하면 지명도가 올라가고 다음 해 스트라테고스에 선출될 수 있다는 이점이 있었다. 그러나 전사하면 그걸로 끝이었다.

아테네는 이렇게 민간의 힘도 활용했다. 즉 민간인의 풍부한 자금과 능력을 잊지 않았다.

이렇게 도시국가 아테네는 늘 100척(선원 수 2만 명), 필요하면 곧바로 200척(선원 수 4만 명)의 삼단 갤리선 선단을 바다로 내보낼 수 있는 해양 대국이 되었다. 또한 페리클레스가 스스로 말한 것처럼 선원들은 '숙련된 기능자 집단'이었다. 이들을 유지하고 충분히 활용하기 위해 비록 '시민의 비렁뱅이화'라는 비난을 받더라도 프롤레타리우스의 생활을 보장할 필요가 있었다.

페리클레스는 아크로폴리스 언덕 위에 화려한 모습을 드러내기 시작한 파르테논 신전이 최하층 시민들까지 국정에 적극 참여하는 시스템을 확립한 아테네를 상징한다고 생각했다. 그러나 현실주의자가 흔히 저지르는 오류가 있다. 바로 상대방도 현실적으로 생각할 것이라는 믿음, 그러니 어리석은 짓은 하지 않을 것이라는 믿음이다.

게다가 그리스인은 전쟁에 나가는 것을 단순히 육체 단련의 연장이라고 여기지 않는 민족이었다. 먼저 '칼리아스 강화'로 페르시아의 위협에서 멀어졌다고 생각한 델로스동맹 참가국들이 동요하기 시작했다. 그와 동시에 아테네와 스파르타가 맺고 있던 5년 휴전협정 마감시한이 닥쳐왔다.

펠로폰네소스동맹과 델로스동맹

그리스에서 2대 강국인 아테네와 스파르타는 각자가 주도하는 동맹의 맹주였다. 아테네가 주도하는 델로스동맹과 스파르타가 맹주 노릇을 하는 펠로폰네소스동맹은 동일하게 동맹이라는 이름을 가지고 있지만 성격은 상당히 달랐다.

스파르타와 아테네는 페르시아가 침공해 오기 이전부터 이미 그리스 내에서 2대 강국으로 군림했다. 나라 만들기에서 리쿠르고스 '헌법'으로 앞서 나간 것은 스파르타였지 아테네가 아니었다. 다만 아테네는 잠시 움츠렸다가 결국 스파르타를 능가하는 국력을 가지게 되었다.

역사가 투키디데스는 그 요인으로 스파르타의 완고한 보수주의와 아테네의 유연성·진취성을 꼽았다. 요컨대 먼저 국가를 세웠지만 답보 상태였던 스파르타를 뒤에서 쫓아온 아테네가 추월했다는 뜻이다. 이런 국민성 차이는 두 나라가 맹주가 되어 결성한 펠로폰네소스동맹과 델로스동맹의 차이에서도 드러난다.

펠로폰네소스동맹

그리스 남부 펠로폰네소스 반도에 위치한 도시국가가 모여서 결성했기 때문에 자연스럽게 펠로폰네소스동맹이라는 이름이 붙었다. 동맹 결성은 스파르타의 제안에 따른 것이지만 이후 스파르타가 계속

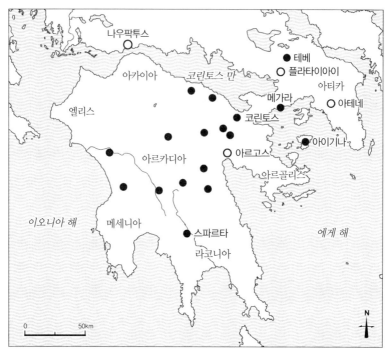

- 펠로폰네소스동맹의 주요 도시(검은 점 표시)

주도하지는 않았다. 스파르타는 동맹 내에서 의장이나 심판 정도 역할만 맡았다. 이는 근본적으로 스파르타가 다른 국가에 무관심했기 때문이다. 그리스 최강으로 이름 높은 '스파르타 전사'도 본래 존재 이유는 스파르타의 피지배계급으로 시민권을 갖지 못한 '헬롯'과 '페리오이코이'가 반란을 일으키지 못하게 억누르는 것이지, 영토 확장에 있지 않았다. 스파르타를 위해 리쿠르고스가 고심해서 정한 이 원칙은 스파르타인에게 '헌법'이었다.

이런 스파르타가 딱 한 번 영토 확장을 시도한 적이 있었다. 도시국가 스파르타의 영토 전체는 라코니아 지방이라고 불리는데 그 서쪽에 메세니아 지방이 펼쳐져 있다. 스파르타는 서쪽으로 이웃한 이 지역을 자국 영토로 포함시키려고 했다. 그리스에서 최강을 자랑하는 전사 집단이었기에 정복은 간단하게 끝났다. 그러나 이후 지배 단계에서 벽에 부딪쳤다. 최강이라고는 하지만 1만 명 정도 병력으로 메세니아 지방 전체를 지배할 수 없다는 것을 깨달았다. 결국 메세니아는 병합을 면하고 대신 속국이 되었다.

그렇다면 이렇게 일국 평화주의를 지향하는 스파르타가 왜 다른 도시국가를 모아서 동맹을 결성했던 것일까. 그것은 페이시스트라토스 시절에 경제력이 향상하고 클레이스테네스 시대 들어 최하층에 속한 사람들까지 시민권을 갖게 된 아테네를 경계했기 때문이었다.

스파르타는 실속과 강건함을 신조로 삼았기에 통화도 쇠로 만든 것만 인정했다. 그것으로는 다른 나라와 무역이 불가능했으므로 경제력 향상은 꿈조차 꿀 수 없었다. 그렇지만 스파르타인은 실속과 강건함을 토대로 살아가는 쪽을 선택했다.

또한 국가체제도 자기네 정치체제인 '올리가르키아(과두정치)'가 '데모크라티아(민주정치)'보다 뛰어나다고 생각해 선택한 것이 아니었다. 민주정치를 시행하면 헬롯과 페리오이코이에게 시민권을 부여해야 했기에 민주정치를 채용하지 않았을 뿐이었다. 그리고 그런 점에서 민주정치를 운용하는 다른 나라를 위험하다고 여겼다.

만약 자기네와 다른 방식으로 힘을 기르는 아테네가 멀리 떨어진 곳에 위치하고 있었다면 스파르타는 무관심했을 것이다. 그런데 도시국가 아테네 영토인 아티카 지방은 스파르타 영토에서 걸어서 3일 정도, 배로는 하루 정도 거리에 있었다.

펠로폰네소스동맹은 기원전 546년에 결성되었다. 이때 아테네는 페이시스트라토스 시대 말기였다. 이 참주의 지도 아래 농민과 수공업자, 상인(스파르타라면 헬롯과 페리오이코이)까지 하나가 되어 경제력 향상에 매진하던 때였다. 다만 경제 발전을 최우선 과제로 삼았던 터라 이웃 나라와는 선린외교로 일관했다. 그 뒤를 계승한 클레이스테네스 역시 아테네 국내의 민주정치 체제 확립에 전념했다. 두 사람 모두 영토 확장에는 별다른 관심을 보이지 않았던 셈이다. 이 때문에 펠로폰네소스동맹은 비록 결성은 했지만 펠로폰네소스 반도 내 도시국가들의 느슨한 연합체에 지나지 않았다.

맹주 역할을 한 스파르타도 가맹국에 대해 강제력을 거의 행사하지 않았다. 스파르타가 다른 나라와 전쟁을 벌이면 가맹국은 병력을 제공하기로 정해져 있지만, 스파르타는 다른 나라를 공격할 마음이 거의 없었다고 해도 좋았다. 게다가 스파르타를 따라 원정에 나설지 말지, 나선다면 어느 정도 병력을 참전시킬지는 가맹국의 의사에 달려 있었고 스파르타는 명령할 권한이 없었다.

또 이처럼 느슨한 동맹이라서 어쩌면 당연한 일이겠지만, 펠로폰네소스동맹에 가입한 도시국가는 분담금을 내야 하는 의무도 없었다. 당시는 은화가 널리 유통되고 있었으나 스파르타는 여전히 쇠로 만든 통화만 고집했다. 설사 분담금을 낸다고 해도 사용할 수 없었을 것이다.

스파르타인은 뛰어난 '무인'이었지만 경제관념은 거의 제로에 가까운 사람들이었다. 생활수준이 향상되면 실속과 강건함이 사라진다고 생각했기 때문에 완고한 보수주의로 일관했다. 한편 경제 감각이 뛰어났던 아테네인이 진취성과 유연성이 강해지고 풍성해진 것은 당연한 귀결이었다.

그런데 어째서 스파르타와는 달랐던 펠로폰네소스 반도 내 다른 도시국가들이 강제하지도 않았는데 '펠로폰네소스동맹'에 가입했던 것일까. 만약의 경우 용맹한 '스파르타 전사'들이 구원해줄 것을 기대했기 때문이다. 게다가 분담금을 내야 하는 의무가 없었기에 이 '기대'에 대한 대가를 치르지 않아도 되었다.

이처럼 '펠로폰네소스동맹'의 가상 적국이 아테네가 아닌 세월이 60년 이상 지속되었다. 그랬기에 다시 침공해 온 페르시아제국으로부터 그리스를 지켜야 했던 제2차 페르시아전쟁에서 아테네와 스파르타, 그리고 펠로폰네소스동맹에 가입한 여러 나라가 일치단결해서 적과 맞서 싸울 수 있었다.

'제2차 페르시아전쟁'이라고 불리는 기원전 480년에서 479년까지 2년 동안 스파르타와 아테네는 밀월 시대를 보냈다. 첫해에는 아테네가 주도한 살라미스해전에서 완승했고, 다음 해에는 스파르타가 주도한 플라타이아이전투에서 압승했다. 그러나 이 밀월 관계는 곧 종말을 맞았다. 페르시아 격파를 훌륭하게 완수한 2년 뒤 델로스동맹이 결성되었기 때문이다.

델로스동맹

델로스동맹은 펠로폰네소스동맹이 결성되고 70년 뒤 결성되었다. 이 동맹의 목표는 처음부터 분명했다. 페르시아로부터 방위였다. 다만 이 목표를 내걸고 동맹 결성을 제안한 주체는 아테네가 아니라 이오니아 지방 도시와 그 부근 섬에 사는 그리스인들이었다.

이들은 제2차 페르시아전쟁 때 페르시아 쪽에 가담해서 같은 그리스인과 싸웠던 사람들이다. 이때 이오니아 지방은 페르시아 황제의 지배를 받았기 때문에 싸우고 싶지 않아도 싸워야 했다. 그러나 이런 상태는 페르시아 군대가 격퇴되면서 끝이 났다. 이오니아 지방에 사는 그리스인들은 페르시아의 지배에서 해방되었다.

그렇지만 당시 그 누구도 페르시아의 위협이 완전히 사라졌다고 생각하지 않았다. 페르시아가 그리스 정복의 전초기지로 건설한 사르디스는 페르시아가 침공해 온 이전과 조금도 달라지지 않은 채 여전히 페르시아 황제가 임명한 장관이 다스리고 있었다. 사르디스에서 페르

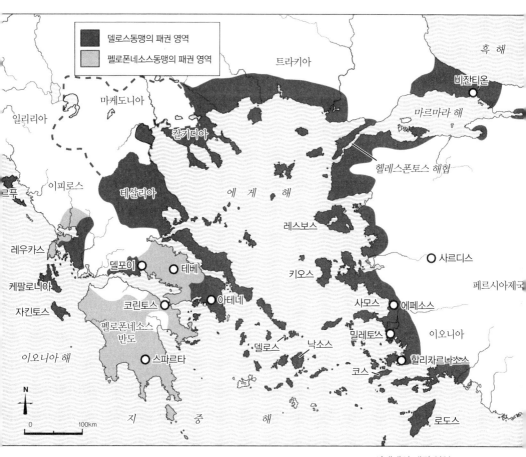

델로스동맹의 패권 영역

펠로폰네소스동맹의 패권 영역

흑 해

트라키아

마케도니아

비잔티온

마르마라 해

일리리아

칼키디아

헬레스폰토스 해협

이피로스

데살리아

에 게 해

레스보스

레우카스

사르디스

델포이

테베

키오스

페르시아제국

케팔로니아

코린토스

아테네

사모스

에페소스

자킨토스

펠로폰네소스 반도

밀레토스

이오니아

이오니아 해

델로스

낙소스

할리카르나소스

스파르타

코스

지　중　해

로도스

N

0　　100km

● 아테네의 패권 영역

시아의 수도인 수사까지는 군대 이동에 적합한 포장도로인 '왕의 길'로 연결되어 있었다. 이오니아 지방 주요 도시인 에페소스, 밀레토스, 할리카르나소스 모두 바다와 면해 있었지만 페르시아제국 영토와도 맞닿아 있었다. 이오니아 지방은 늘 배후에 도사리고 있는 페르시아의 위협에 노출되어 있었다.

바다 위에 떠 있는 섬들도 사정은 다르지 않았다. 레스보스, 키오스, 코스 등의 섬들은 육지로부터 불과 10킬로미터 정도밖에 떨어져 있지 않아서, 최근에 난민 문제로 실증된 것처럼 고무보트로도 쉽게 닿을 수 있는 거리였다. 이 이오니아 지방에 사는 그리스인이야말로 또다시 페르시아의 공격이 시작되면 가장 먼저 화살을 맞아야 하는 사람들이었다. 이들이 믿고 의지할 수 있는 대상은 살라미스해전에서 승리하고 다음 해에 에게 해의 페르시아 해군기지였던 사모스 섬을 탈환하는 데 성공한 아테네밖에 없었다.

아테네는 이런 이오니아 지방의 요청을 받아들였다. 기대하지 않았던 기회를 적극 활용하기로 결정한 것이다. 아테네는 제2차 페르시아전쟁의 첫해에 살라미스에서 승리하고 다음 해에는 미칼레 공략에서도 승리하며 사모스 섬을 페르시아로부터 탈환했다. 에게 해를 다시 그리스인의 바다로 만드는 데 성공한 것이다. 이를 통해 그리스 최강의 해군국이 되었는데 '에게 해를 그리스인의 바다로' 유지하기 위해서는 제해권 확보가 반드시 필요했다. 제해권은 맞은편 해안 지역까지 아군으로 끌어들여야 가능한 일이었다.

수평선 위로 멀리 보이는 섬에 대한 이야기가 아니다. 섬 따위는 보이지 않는 에게 해를 향해 배를 띄워야 했다. 이오니아 지방과 동맹이 성립되면 기항이나 보급 외에 병참도 용이해진다. 아무리 최강 해군을 갖고 있다고 해도 가을이 되면 피레우스 항구로 돌아가야 하는 상황과는 크게 달랐다. 그리하여 에게 해에서 페르시아 세력을 격퇴한 해부터 2년이 지난 기원전 477년 '델로스동맹'이 결성되었다.

그리스 중부에 있는 델포이와 함께 아폴론 신앙의 성지로 알려진 델로스 섬에 가맹을 희망하는 도시국가의 대표들이 모여서 결성했기 때문에 '델로스동맹'이라는 이름이 생겼다. 이 동맹과 이미 존재하고 있던 '펠로폰네소스동맹'은 크게 달랐다.

목적은 동일하게 방위였다. 하지만 스파르타가 맹주 역할을 하는 펠로폰네소스동맹의 목적은 펠로폰네소스 반도 방위였고, 델로스동맹의 목적은 에게 해 세계 방위였다. 따라서 당연히 펠로폰네소스동맹의 주력은 육군이고 델로스동맹의 주력은 해군이었다.

두 번째 차이는 스파르타가 적극적으로 나서서 다른 가맹국을 끌어들이는 일을 좋아하지 않은 반면 아테네는 결성 초기부터 주도권을 행사했으며 그 상태가 그대로 유지되었다는 점이다. 펠로폰네소스 반도로 적이 침범해 오는 사태가 없다고는 할 수 없지만 매년 일어나는 일은 아니었다. 그러나 에게 해에는 페르시아 배뿐 아니라 해적선도 들어왔다. 그래서 에게 해 전역은 늘 순찰할 필요가 있었고 그것이 가능한 것은 아테네 해군뿐이었다.

세 번째 차이는 델로스동맹 가맹국은 분담금을 지불할 의무가 있었다는 점이다. 육군과 달리 해군을 유지하는 데는 돈이 들었다. 삼단 갤리선 1척을 새로 건조하는 데 1탈란톤의 비용이 필요했다. 또한 배를 만들었다고 해서 곧바로 군선이 되는 건 아니었다. 군선으로 만들기 위해서는 1척에 200명의 선원이 필요했다. 게다가 선원 가운데 모터 역할을 하는 노 젓는 선원 170명의 경우 이들의 기능이 숙달될수록 배의 전력은 향상되었다. 이런 의미에서 전력 향상을 위해서는 대부분이 프롤레타리우스인 노 젓는 선원에게 급료를 지불하여 그들의 생활을 보장해줄 필요가 있었다.

평소에는 100척, 필요하면 곧바로 200척을 준비할 수 있는 도시국가는 아테네밖에 없었다. 레스보스나 키오스의 경우 제공 가능한 군선 숫자가 아테네의 5분의 1 이하였고 다른 도시국가 대부분은 100분의 1, 심지어는 1척도 제공할 수 없는 도시국가마저 있었다. 이렇게 국력 차이가 나는 도시국가들이 모여 성립된 것이 델로스동맹이었기 때문에 매년 필요한 지출 비용도 가맹국의 국력에 따라 분담하여 내기로 결정했던 것이다.

다만 분담금이 얼마였는지, 그것이 여러 가맹국의 경제력에 따라 어느 정도 부담이 되었는지는 알려져 있지 않다. 그리스의 도시국가가 지닌 경제력은 일정 시기 아테네를 제외하고는 알려져 있지 않기 때문에 분담금 또한 얼마였는지 알 수가 없다.

아무튼 분담금 비율은 그 도시국가가 지닌 경제력의 10퍼센트를 넘지 않았을 것이다. 페르시아제국이 속국에 매년 부과했던 공납금이 10퍼센트를 넘지 않았기 때문이다. 만약 델로스동맹이 가입한 도시국가에 그 이상의 분담금을 부과했다면 가맹국은 그럴 바에는 페르시아의 지배를 받는 편이 낫다고 생각했을 것이다.

아무튼 분담금이 없는 펠로폰네소스동맹과 비교하면 분담금을 의무로 내야 하는 델로스동맹의 차이는 분명했다. 그리고 이 차이가 훗날 확연하게 드러나게 된다. 아테네 쪽에서 생각해보면 분담금을 부담하더라도 델로스동맹이 충분하게 기능하면 에게 해 전역에 거대 경제권을 확립할 수 있고 그곳을 시장으로 삼는 나라들도 번영할 수 있었다. 그러나 인간은 모두가 똑같은 생각을 하지 않는다.

델로스동맹의 분담금을 징수한 '금고'를 델로스 섬에서 아테네로 옮기는 일은 페리클레스가 기원전 454년에 결정하고 다음 해에 곧바로 실행했다. 이에 항의한 동맹국은 하나도 없었다. 동맹을 결성하고 24년 동안 가맹국 모두 아테네의 주도권을 용인했기 때문에 아테네로 '금고'를 옮기는 것에 반대하지 않았던 것이다. 그런데 5년 뒤 이루어진 '칼리아스 강화'로 인해 변화가 생겼다.

'칼리아스 강화'는 페르시아와 아테네 사이에 체결된 상호 불가침 조약으로 페르시아와 델로스동맹 사이에 체결된 강화가 아니었다. 그러나 이 강화가 성립되면서 델로스동맹에 가맹한 나라들은 이제 페르시아의 위협에서 벗어났다고 생각했다. 델로스동맹도 결성된 지 30년이나 지났다.

기원전 448년 페르시아와 아테네 간 상호 불가침 조약인 '칼리아스 강화'가 성립되고 나자 델로스동맹에 가입한 나라들 사이에서 분위기가 조금씩 바뀌기 시작했다. 2년 뒤인 기원전 446년 아테네와 스파르타 사이에 체결되어 있던 5년 휴전협정이 끝났다. 그리스의 도시국가들은 모두 이 사실을 알고 있었다. 도시국가들은 다시 전란의 시대가 시작될 수도 있다고 생각하며 긴장했다.

또한 이해는 49세의 페리클레스에게 혹독한 시련이 시작된 때였다.

미래 그리스의 평화를 토의하는 회의

최초 움직임은 아티카 지방 동쪽 에우보이아 섬에 위치한 도시국가에서 일어났다. 델로스동맹에서 탈퇴하겠다고 통고하고 분담금을 낼 수 없다고 알려온 것이다. 다음으로 움직인 것은 역시 델로스동맹 가맹국으로 아티카 지방 서쪽에 위치한 메가라였다. 더구나 메가라는 동맹을 탈퇴하고 분담금을 낼 수 없다는 통보에서 그치지 않았다.

페리클레스는 재빨리 동맹 탈퇴에 대해 제재 조치로 메가라 상선의 피레우스 입항을 금지시켰다. 여기에 불만을 품은 메가라는 아테네에 대한 대항책으로 스파르타에 군대 파견을 요청했다. 그러자 휴전협정이 끝나기만 기다렸다는 듯이 스파르타 군대가 침공해 왔다.

몇 번이고 되풀이해서 말하지만 스파르타의 국정을 결정하는 것은 2명의 왕이 아니라 시민집회에서 매년 선출되는 5명의 '에포로스(감독관)'였다. 이들은 펠로폰네소스 반도 입구에 위치한 메가라가 아테네에서 이탈하면 그것만으로도 스파르타의 안전이 강화된다고 생각했을지 모른다. 스파르타 군대를 거느린 것은 2명의 왕 가운데 한 사람인 플레이스토아낙스[Pleistoanax]였다. 왕이 군대를 통솔한다는 것은 스파르타가 정규군을 파견했다는 의미였다. 스파르타가 진심을 드러낸 것이다.

단련된 스파르타 전사 집단은 일단 움직이기 시작하면 빠르게 행동했다. 곧바로 메가라를 통과해서 아티카 지방으로 들어갔고 엘레우시스까지 몰려갔다. 엘레우시스 신앙으로 유명한 이 도시에서 아테네까지는 불과 20킬로미터밖에 떨어져 있지 않았다. 그리스 도시국가들은 과연 이 기회에 스파르타가 아테네를 공략할 것인지에 관심을 집중했다.

그런데 플레이스토아낙스는 계절이 가을로 접어든다는 이유 같지 않은 이유를 내세우며 전투 한 번 하지 않고 그대로 군대를 되돌려 스파르타로 귀국하고 말았다. 5명의 에포로스는 격노했고 왕을 퇴위시켰다.

역사가 투키디데스는 얼핏 보기에 스파르타 왕의 행동이 불가사의하지만 실은 페리클레스에게 매수되었기 때문이라고 말했다. 그러나 나는 두 가지 이유에서 투키디데스의 주장에 동의하지 않는다.

첫째, 퇴위를 당했지만 플레이스토아낙스는 그 후에도 스파르타에서 계속 살았던 모양으로 훗날 그의 아들이 스파르타 왕에 취임했다. 또한 그가 페리클레스로부터 돈을 받았다고 해도 스파르타에서는 사용할 수가 없었다. 오랜 세월에 걸쳐 실속과 강건함 하나로 살아온 스파르타인은 돈을 어떻게 쓰면 좋을지조차 몰랐다. 파르테논을 뛰어넘는 거대한 신전을 세우겠다고 생각한 스파르타인이 한 명도 없었던 것처럼 말이다.

둘째, 플레이스토아낙스라는 왕의 출신이다. 이 사람은 제2차 페르시아전쟁 때 '바다의 살라미스와 육지의 플라타이아이'라고 일컬어질 정도로 유명했던 플라타이아이전투에서 승리하고 테미스토클레스와 함께 그리스를 구한 영웅으로 칭송받았던 파우사니아스의 아들이었다. 그리고 어릴 때 일어난 비극이었지만, 자신의 아버지가 '에포로스'의 간계에 걸려 굶어 죽은 사실을 잘 알고 있었다.

아티카 지방 침공은 '에포로스'의 계획이었다. 왕에게는 그것을 실행으로 옮길 권한밖에 없었다. 그래서 일단 침공은 했지만 '에포로스' 제도에 대해 이전부터 반감이 있었기 때문에 더 이상의 군사행동을 하지 않고 귀국을 선택한 것이 아닐까 상상해본다. 비록 그 대가가 퇴위였다 하더라도.

어쩌면 엘레우시스 교외 어디선가 페리클레스와 플레이스토아낙스 두 사람이 비밀리에 회합을 가지고 대화를 나누었을 수도 있다. 아테네인과 스파르타인이라는 차이가 있지만 두 사람은 동시대를 살았고, 페리클레스는 스스로 스파르타의 또 다른 왕인 아르키다모스와 친구 사이라고 말했다. 거기다 페리클레스는 인간을 꿰뚫어보는 데 탁월했다. 그는 엄청난 부자였기 때문에 매수에 필요한 돈은 부족하지 않았을 것이다. 하지만 상대는 스파르타 남자, 그것도 왕이었다. 설득을 위해 '돈'이 아니라 '언어'를 사용했을 것으로 생각된다.

스파르타 군대가 귀국했기 때문에 메가라 문제는 당장 신경 쓸 필요가 없었다. 페리클레스는 에우보이아 문제를 해결하는 데 집중할 수 있었다. 말이 필요 없었다. 군대를 일거에 투입하여 제압 작전을 실시했다.

에우보이아는 그리스 본토와 좁은 해협으로 나뉜 섬이다. 섬이라고 해도 땅이 넓기 때문에 도시국가만 5개나 있었다. 바다에서는 50척의 삼단 갤리선, 육지에서는 5,000명의 중무장 보병으로 에우보이아를 공략했기 때문에 총 1만 5,000명의 군대가 투입된 작전이었다. 전투는 삽시간에 끝났다.

아테네에 반기를 들었던 주민에 대한 처벌은 반기를 든 정도에 따라 당시 그리스 수준에서는 온당하다고 생각되는 범위에서 결정했다. 델로스동맹에서 탈퇴하겠다고 하면 어떻게 되는지 다른 동맹국에게 알릴 정도면 충분했다. 그러나 이때 아테네가 보여준 강경책에 대해 그리스에서 비난이 들끓었다. 현대식으로 말하면 '제국주의적'이라는 것이었다.

비난의 선봉은 '펠로폰네소스동맹' 내에서 스파르타의 뒤를 잇는 강국인 코린토스였다. '미래 그리스의 평화를 토의하는 회의'라는 이름의 회의가 스파르타에서 열린 것도 코린토스가 강하게 요구했기 때문이었다.

아테네에 대한 코린토스의 적의는 어제오늘 이야기가 아니었다. 그 기원은 30년 전 제2차 페르시아전쟁 당시로 거슬러 올라간다. 아테네는 테미스토클레스의 노력이 결실을 맺어서 처음으로 '해군'의 이름에 어울리는 해상 전력을 가지게 되었다. 그리고 이전까지 그리스 제1의 해군국이었던 코린토스는 그 때문에 제2위로 떨어지고 말았다.

이 차이는 곧바로 살라미스해전에 참가한 배의 수로 나타났다. 아테네의 200척에 비해 코린토스는 40척에 불과했다. 당시 해군력은 해운 능력을 의미했기 때문에 교역에서 차이가 났고 교역으로 얻은 경제력은 해군에 투자되어 다시 해군력이 증강하는 순환 관계가 성립했다.

살라미스에서는 서로 협력해서 승리를 거두었지만 그 후 30년 동안 코린토스의 제1위 탈환은 이루어지지 않은 채 세월만 흘렀다. 물론 코린토스는 아테네가 주도한 델로스동맹에 참가하지 않았다. 코린토스가 교역을 중심으로 하는 도시국가지만 펠로폰네소스 반도에 위치한다는 것이 이유였다. 대신 교역에 무관심한 스파르타가 맹주로 있는 펠로폰네소스동맹의 일원이 되었다.

아테네와 코린토스 두 나라 모두 교역을 중심으로 삼았지만 주요 '시장'이 겹치지 않았을 때, 즉 아테네는 동쪽의 에게 해, 코린토스는 서쪽의 이오니아 해로 나뉘어 있었을 때는 서로에게 적개심을 드러내지 않았다. 그랬던 것이 '칼리아스 강화'가 성립된 이후 사정이 크게 변했다. 페르시아 지배를 받던 시리아와 이집트에 전진기지 구축을 위한 토지를 획득하는 것조차 어려워진 아테네가 새로운 시장 개척을 위해 서쪽으로 눈을 돌렸기 때문이다.

이 움직임은 코린토스 만에서 이오니아 해로 나가는 출구, 그것도 가장 좁아지는 해역을 앞에 둔 북쪽 해안에 있는 나우팍투스(후대의 레판토)를 아테네가 장악하고 그곳에 기지를 세우면서 분명해졌다. 아테네는 그 기지에 삼단 갤리선 20척을 주둔시켰지만 코린토스 만을 봉쇄하지는 않았다. 그러나 마음만 먹으면 본국에 지원군을 요청해서

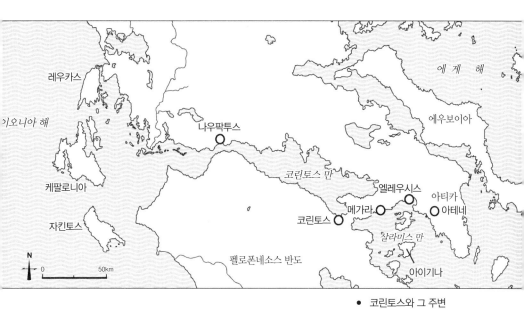

레우카스

에 게 해

기오니아 해

나우팍투스

에우보이아

케팔로니아

코린토스 만

엘레우시스

아티카

메가라

아테네

코린토스

자킨토스

살라미스 만

N

0   50km

펠로폰네소스 반도

아이기나

● 코린토스와 그 주변

봉쇄가 가능했다.

분노한 코린토스는 먼저 메가라를 선동해서 반反아테네 기치를 들게 만들었다. 코린토스와 메가라는 코린토스 만뿐 아니라 살라미스 만과도 면해 있는 국가로 동일한 이해관계를 갖고 있었다. 그러나 이방법은 스파르타 왕이 페리클레스에게 설득당해 군대를 철수시켰기 때문에 실패로 끝났다.

코린토스는 이제 그리스 전체 도시국가가 모인 회의를 개최한 뒤 그 자리에서 아테네의 '제국주의적' 행태를 탄핵하고 아테네의 진출을 저지할 수밖에 없다고 생각했다. 회의 개최지를 스파르타로 결정한 첫 번째 이유는 스파르타를 필두로 한 펠로폰네소스동맹 전체가 아테네에 압력을 행사하기 위함이었고, 두 번째 이유는 스파르타에 책임감을 갖도록 호소하기 위함이었다.

실제로 스파르타는 아테네와 체결했던 5년 휴전협정이 끝난 지금 뭔가 하지 않으면 그리스 전체가 혼란에 빠질 수도 있겠다고 걱정했다. 스파르타 남자들은 우스꽝스러운 사람들로 다른 나라에 대해 무관심하지만 책임감만은 강했다. 스파르타 왕을 상대로 설득에 나선 페리클레스가 쉽게 성공할 수 있었던 것도 이런 점을 잘 파고들었기 때문이 아니었을까 싶다.

아무튼 이런 이유로 기원전 446년 겨울 스파르타에서 개최된 '미래 그리스의 평화를 토의하는 회의'에서 아테네는 피고석에 앉게 되었다. 의장은 페리클레스와 친구 사이인 스파르타 왕 아르키다모스였다. 페리클레스가 아테네 대표단을 통솔했다는 확실한 증거는 없다. 이때 회의가 어떻게 진행되었는지를 알려주는 기록이나 사료도 없다. 그러나 회의가 끝난 뒤 발표한 '공동성명'을 보면 '페리클레스가 대표단에 참여했다'고 생각할 수밖에 없다.

스파르타와 아테네의 공존

그리스 전체의 30년간 평화를 선언한 평화조약인 '30년 강화'에서 나온 '공동성명' 내용은 다음과 같다.

그리스 세계는 앞으로 스파르타와 아테네, 2대 세력권으로 양분하기로 결정한다.

육지의 강자 스파르타는 '펠로폰네소스동맹'의 맹주로서, 바다의 패자
아테네는 '델로스동맹'의 주도국으로서.

스파르타가 에게 해에서 아테네 패권을 처음으로 공식 인정한 것이
다. 이전까지 스파르타의 '델로스동맹'에 대한 태도는 불참가였다. 스
파르타가 인정했다는 것은 '펠로폰네소스동맹'의 가맹국 전체, 즉 코
린토스도 인정했음을 의미했다.

이러한 회의의 공식 결정 사항은 아테네에 엄청난 이익을 안겨주
었다. '칼리아스 강화'가 성립된 이후 페르시아의 침략에 대한 방위를
목적으로 결성된 델로스동맹의 존재 이유가 희미해지고 있던 때 '델
로스동맹'에 새로운 존재 이유를 부여했기 때문이다. 이제 '델로스동
맹'은 협력을 통해 페르시아의 위협을 막겠다는 목적을 지닌, 에게 해
도시국가와 섬의 모임이 아니었다. 아테네 패권이 미치는 세력권이라
는 점을 스파르타가 인정하면서 '델로스동맹'은 에게 해 전역의 대명
사가 되었다.

이렇게 의미가 바뀐 '델로스동맹'은 페르시아의 위협이 사라졌다고
해서 탈퇴하거나 분담금 지불을 기피할 이유가 사라졌다. 이는 아테
네가 반항하는 도시국가에 대해 강압 정책을 사용할 수 있게 된 덕분
이기도 했다. 이때 회의에서는 다음과 같은 사항도 결정되었다.

'펠로폰네소스동맹'과 '델로스동맹'으로 양분된 그리스 세계는 두 세력

이 서로 상대 세력권으로 침범하지 않으며, 탈퇴하거나 반기를 드는 나라가 구원을 요청하더라도 응하지 않는다.

이렇게 되자 아테네에 불만을 품고 스파르타에 구원을 요청했던 메가라도 원래 집으로 돌아갈 수밖에 없었다. 즉 두 도시국가는 델로스동맹으로 돌아가 이전과 동일하게 분담금을 지불해야 했다. 두 나라 배가 피레우스에 입항하는 것을 금지한 아테네의 조치 역시 철회되었다. 그러나 이 회의에서 가장 쓴맛을 본 것은 코린토스였다.

코린토스의 요청으로 개최되었지만 회의에서는 나우팍투스의 아테네 영유권을 공식 인정했다. 이후 코린토스 배는 아테네 해군기지가 된 나우팍투스 앞바다를 통해 지중해 서쪽으로 나갈 수밖에 없었다. 코린토스는 펠로폰네소스동맹에서 스파르타 다음가는 강국이었다. 그런 코린토스의 요청을 동맹 맹주인 스파르타가 물리쳤다는 것은 스파르타가 그에 상응하는 무엇인가를 얻었음을 의미한다. 아마 이 건도 다른 의제와 마찬가지로 실제로는 스파르타와 아테네 사이의 뒷거래로 결정된 것이 아닌가 싶다.

스파르타는 지난 10년 동안 헬롯들의 반란 때문에 골머리를 앓았다. 반란을 일으킨 그들을 산으로 밀어붙인 것까지는 좋았다. 하지만 용맹을 자랑하는 '스파르타 전사'도 들판에서는 무적이었지만 공성전은 매우 서툴렀다. 이 탓에 헬롯들의 제압에 애를 먹었는데 헬롯들은 산을 내려오는 조건으로 시민에 버금가는 대우를 요구했다.

그러나 그들에게 시민권을 부여하면 리쿠르고스의 '헌법'을 준수할 때 비로소 성립되는 스파르타 국가체제 자체가 붕괴되고 만다. 시민은 곧 전사여야 한다는 법 하나만 지키며 살아온 스파르타인이었다. 오랫동안 농노로 살아온 헬롯에게 시민권을 확대하는 것은 절대할 수 없는 일이었다. 그래서 도달한 타협책이 산에서 내려오면 안전은 보장하겠지만 스파르타 영토인 라코니아 지방에서 떠나라는 것이었다.

헬롯들은 그 제안을 받아들였지만 조건을 하나 달았다. 그것은 전원이 같은 곳으로 간다는 조건이었다. 그런데 1만 명이 넘는 난민을 받아줄 곳은 쉽게 찾을 수 없었다. 그 때문에 스파르타는 곤란한 상황에 놓였는데 구원의 손길을 내민 것이 회의에 참석했던 아테네 대표였다. 구원의 손길이라고는 하지만 공짜가 아니었다. 국외로 추방된 헬롯들이 나우팍투스로 이주하는 것은 가능하지만 이를 위해 나우팍투스에 대한 아테네 영유권을 공식 인정해주어야 한다는 것이었다.

스파르타와 아테네 사이에 체결되었던 5년 휴전협정이 끝난 것을 계기로 열린 '미래 그리스의 평화를 토의하는 회의'에서 아테네는 원래 탄핵 대상이었다. 하지만 회의가 끝난 후 가장 많이, 확실한 이익을 얻은 쪽은 아테네였다. 페리클레스는 패한 것처럼 보이지만 관점을 달리 하면 실제로 이긴 것은 자기가 되게끔 판정을 바꾸는 화법의 달인이었다. 이 때문에 실제로 회의를 주도한 사람은 페리클레스였으리라 추측하는 것이다.

회의가 끝난 뒤 곧바로 실현된 것은 헬롯들의 나우팍투스 이주였다. 이 회의 의장 역할을 맡았던 사람이 예전부터 페리클레스와 가까웠던 스파르타 왕 아르키다모스였다는 점을 잊어서는 안 된다.

사랑하는 사람, 아스파시아

　　　　　페리클레스는 궁극적인 민주정치를 실현했으며 최고의 문화유산인 파르테논을 건립한 업적으로 후세에 성인처럼 칭송받는 인물이다. 그러나 그는 공인으로서만이 아니라 개인으로서도 엄청난 남자였다. '엄청난 남자'라는 말을 좀 더 고급스러운 언어로 바꾸면 '기존 관념이나 기존의 가치관에서 자유로웠던 남자'가 된다. 페리클레스는 50세가 가까워졌을 무렵 정치뿐 아니라 사생활에서도 '엄청난 일'을 저질렀다.

　연애하는 것 자체는 엄청난 일이 아니다. 연애 상대가 다른 계급에 속한 여자라고 해도 아테네에서는 전혀 문제될 것이 없었다. 페리클레스의 친구로 비극 작가였던 소포클레스는 2명의 아이를 낳은 애인과 그냥 연인 관계를 유지하면서, 아내와도 이전과 동일한 생활을 계속했다. 당시 아테네에서는 이런 생활이 '일반적'이었다.

　그런데 페리클레스는 달랐다. 성가시다는 이유로 2명의 아들을 낳은 아내와 이혼한 뒤 연애 상대와 결혼하여 한집에서 살았다. 이러면 아테네 사회에서는 '엄청난 일'이 되고 만다. 게다가 상대 여자는 외국인 이오니아 지방의 도시 밀레토스에서 태어난 직업여성이었다.

　고대에 그리스에서 태어나고 싶은지 아니면 로마에서 태어나고 싶은지 물었을 때, 남자로 태어난다면 어디든 좋다고 대답할 것이다. 그러나 여자로 태어난다고 하면 주저 없이 로마를 선택할 것이다. 로마 여성들은 재산권을 인정받고 연회에서 남자들과 동석해서 사회생활을 만끽할 수 있었다. 그러나 아테네나 스파르타를 포함한 그리스에서는 여자로 태어나서 좋을 것이 하나도 없었다.

기혼이나 미혼을 불문하고 제3계급 이상의 남자를 남편이나 아버지로 둔 여성은 축제일에 신전까지 행렬에 참가하는 것 외에 외출 기회조차 없었다. 생활필수품을 사는 것은 집에 있는 노예의 일이었고 그 밖에 필요한 물건이 있으면 상인을 직접 집으로 불렀다. 길거리에서 찾아볼 수 있는 여성은 노동자계급에 속한 이들이었다. 차라리 구멍가게를 하는 여자들이 훨씬 더 많은 자유를 누렸다.

그렇다면 중상위 계급에 속한 여자들은 집에서 무엇을 하며 시간을 보냈을까. 이것만은 호메로스의 시대, 그러니까 신화 전승 시대와 조금도 달라지지 않은 채 베틀 앞에 앉아 있어야 했다. 호메로스가 쓴 『오디세이아』의 주인공 오디세우스의 아내 페넬로페처럼 베틀을 앞에 두고 남편의 귀환을 기다려야 했다. 아이들 양육도 집안일과 함께 여성에게 중요한 일이었다. 아테네의 지적인 홈 파티인 '심포지온'이 자택에서 열려도 그 집 여주인은 인사조차 하러 나오지 않았다.

반면에 남자는 하루 종일 바깥일을 봐야 했다. 아이는 학교에 가고 젊은이는 육체를 단련하기 위해 팔레스트라에 갔다. 어른이 되면 아고라(시장)에서 대화에 열중하고 때로는 아크로폴리스 언덕에서 열리는 시민집회에 출석했다. 교역 때문에 해외로 나가거나 징병되어 전쟁터에 가는 사람도 있었다. 요컨대 남자로 태어나면 지루해 죽을 이유가 없다.

페리클레스 시대 아테네는 궁극적인 민주정치를 실현했지만 여성의 권리는 약에 쓰려고 해도 없었다. 이런 사회에서는 특정 종류의 여성이 필요하다. 춤추고 노래하고 악기를 연주하며 남자들의 대화 상대가 될 정도로 교양을 갖춘 여성 말이다. 여기에 더해 육체적으로도 아름다우면 금상첨화였다.

그리스에서는 이런 종류의 직업여성을 '헤타이라 hetaira'라고 불렀다. 대부분 아테네 출신이 아닌 외국에서 태어난 그리스 여성이었다. 아테네의 '프롤레타리우스'인 제4계급으로 태어난 여성이 작은 가게를 운영하는 일은 있을 수 있어도 헤타이라가 되는 것은 '엄청난 일'이었다.

고전시대 아테네를 대표하는 3대 조각가인 페이디아스, 미론, 프락시텔레스의 손으로 제작된 여신이나 여성 조각의 모델은 대부분 '헤타이라'였을 것이다. 아무리 예술가라지만 전혀 모르는 남자 앞에 완전한 나체로 또는 얇은 천만 걸친 모습으로 서는 것은 아테네 양갓집 규수라면 도저히 받아들일 수 없는 일이었다. 하지만 남자 모델 구하기는 전혀 걱정할 필요가 없었다. 팔레스트라나 고대 올림픽 경기에서 얼마든지 찾을 수 있었고, 그들 중 누구 하나를 고르는 것이 힘들 정도였다.

페리클레스가 사랑했던 여성은 '아스파시아'라는 이름을 가진 '헤타이라'였다. 나는 이 사실을 예전부터 알고 있었는데 바티칸 미술관에서 그녀의 얼굴을 처음 보았을 때 우선 놀랐고 다음에는 미소를 짓고 말았다.

고대 사회에서 3대 미남으로 꼽히는 남자는 페리클레스와 그 뒤의 알키비아데스, 그리고 로마제국의 초대 황제였던 아우구스투스였다. 이들은 각각 고요하고 편안한 아름다움, 위험한 아름다움, 냉철한 아름다움을 잘 드러낸 남자였다. 한 명도 단순한 미남이 아니었다. 바로 그 페리클레스가 사랑한 여자였다. 그래서 나는 페이디아스가 제작한 아테나 여신이나 그도 아니면 미론의 비너스와 맞먹는 미녀일 것이라고 생각했다. 그런데 통통하고 귀여운 여자였다.

확실히 아스파시아를 미녀라고 평가한 사료는 없었다. 그러나 교양이 풍부하고 소크라테스를 비롯한 당시 아테네 지식인들과 대등하게 이야기를 나눌 수 있는 여자였다고 기록되어 있다. 뒷머리가 조금 튀어나온 것을 제외하면 완벽한 미남이었던 페리클레스는 예술가들이 모델로 희망했던 미녀보다 대등하게 이야기를 나눌 수 있는 여자를 사랑했던 것이다. 또한 두 사람은 25년의 나이 차가 있었다. 함께 살게 된 때는 아스파시아가 25세 무렵이었던 듯하다. 당시 그리스에서 20대 중반이면 이미 젊은 여자가 아니었다. 페리클레스는 성숙한 여자를 사랑했던 것이다.

아테네 최고 권력자가 헤타이라를 직업으로 가진 여자와 부부생활을 하는 것만으로 '엄청난 일'이었지만 그들의 생활 모습은 더욱 '엄청난 일'이었다. 페리클레스는 아스파시아에게 아테네 양갓집 여성의 생활방식을 요구하지 않았다. 심포지온을 싫어한 페리클레스도

가까운 친구들은 자택으로 초대해 모임을 가졌다. 그 자리에는 언제나 아스파시아가 함께했다. 동석했을 뿐 아니라 남자들과 대화에 참여했다.

페리클레스는 남자들이 아스파시아를 찾아오는 것도 온전히 인정했다. 빈번하게 찾아온 남자들 가운데는 아스파시아와 동갑인 소크라테스도 있었다. 철학자의 길을 걷던 시기의 소크라테스는 제자라고 칭하는 소년들까지 데리고 왔다. 그래서 페리클레스는 공무를 마치고 집에 돌아오면 종종 아내가 젊은이들에게 에워싸여 대화에 열중하는 모습을 봐야 했다. 그럴 때 페리클레스는 손님들에게 인사하고 늘 하던 대로 사랑하는 사람을 안아주었을 뿐, 그 자리에 남아 이야기 무리에 끼어드는 일은 없었다. 페리클레스는 아스파시아와 손님들을 둔 채 자기 방으로 물러났다고 한다.

그리스 역사 연구자들 가운데는 페리클레스가 소크라테스에게 흥미를 가지지 않은 것을 문제 삼는 사람들이 많다. 그러나 시민집회 자리에서 "네가 아무것도 모른다는 사실을 알라"고 말한다면 그것만으로 야유 받고 퇴장당했을 것이며 심지어 도편추방 당하지 않았을까. 국민은 국정 담당자에게 철학적으로 심원한 사색을 요구하지 않는다. 구체적이고 유효한 해결책을 원할 뿐이다.

페리클레스는 철학자인 아낙사고라스와 친구 사이였기에 철학 자체에 무관심하지 않았다. 그러나 그에게 철학은 '여가'지 '일'이 아니었다. 따라서 그가 죽고 1년 뒤에 태어난 플라톤은 국정을 철학자에게 맡겨야 한다고 말했다. 페리클레스가 그 이야기를 들었다면 먼저 크게 웃었을 것이고 이어서 이렇게 중얼거리지 않았을까. "한번 해보든지."

정치 언어와 철학 언어는 다르다. 페리클레스는 정치 언어의 고수였고 그보다 25세 연하였던 소크라테스는 훗날 페리클레스의 나이가 되었을 때 철학 언어의 고수가 되었다. 그러나 두 사람 모두 서로에게 관심을 갖지 않았고 영향도 받지 않았다는 점에서 비슷하다. 그리고 목표는 달라도 원하는 방향으로 타자를 유도해가는 화법을 구사했다는 점 역시 비슷하다.

아스파시아와 함께 살게 된 이후 페리클레스는 또 하나의 '엄청난 일'을 저질렀다. 아테네 양갓집 여성의 일상적인 생활방식은 집 안에

틀어박혀 외출하지 않는 것인데 페리클레스는 아스파시아를 집 밖으로 끌어냈다. 공물을 들고 신전으로 참배 가는 정도가 아니었다. 장엄하고 화려한 모습을 서서히 드러내고 있는 파르테논 건축 현장에 데리고 가서 건축 총감독인 페이디아스의 설명을 듣고 세 사람이 함께 의견을 주고받았다. 그 광경을 보고 여성에게는 의견을 들을 가치가 없다고 생각해온 아테네 남자들의 눈이 휘둥그레진 것도 무리가 아니었다.

페이디아스는 페리클레스 저택에서 열리는 모임에 늘 참석했기 때문에 여러 차례 아스파시아와 의견을 주고받을 기회가 있었을 것이다. 그러나 보이지 않는 곳에서 이야기를 나누는 것과 보이는 곳에서 이야기를 나누는 것은 크게 다르다. 페리클레스는 사랑하는 여자에게 파르테논 신전을 보여주며 자랑하고 싶었던 것이 아닐까.

고대부터 현대까지 페리클레스에 대해 내려진 평가 가운데 하나는 그가 귀족적인 생활방식을 고집했다는 것이다. 여기서 귀족적이라는 말은 고귀한 태생이나 화려한 생활과는 전혀 관계가 없다. 참된 의미에서 '귀족적'이라는 말은 많은 사람이 하고 싶어 하면서도 세상 눈초리 때문에 하지 못하는 것을 태연하게 그러나 품위를 지키면서 해치우는 경우를 가리킨다.

민주정치 체제를 제대로 기능하게 만들기 위해 리더까지 민주적일 필요는 없다. 아니, 페리클레스가 단순히 선한 의지 하나만 가진 민주주의자가 아니었기 때문에 아테네 민주정치가 기능할 수 있지 않았을까. 아무튼 "형태는 민주정치였지만 실제로는 혼자 통치했다"라고 표현되는 것이 황금시대의 아테네였다.

아스파시아는 페리클레스의 생애 마지막까지 충실하고 우아한 반려자였다. 두 사람이 정식으로 결혼했다는 확실한 증거는 없다. 만약 하려고 했다면 장애는 없었을 거라 생각하지만, 동시대 사람들이 기록한 사료를 보면 '애인'이나 '첩'이라고 표기한 예가 많다. 기존 관념에 사로잡혀 있던 당시 지식인들은 위대한 페리클레스의 아내 전력이 '헤타이라'였다는 사실을 받아들이기가 쉽지 않았을 수 있다.

아무튼 두 사람 사이에 아이가 태어났다. 그때만은 천하의 페리클레스도 '아차' 싶었을 것이다. 예전에 그가 제안해서 시민집회가 가결한 법 가운데 아테네 시민권은 양친 모두가 아테네에서 태어난 경우로 제한한다는 것이 있었다. 아스파시아는 이오니아 지방의 밀레토스 출신이었다.

아버지와 동일한 이름을 가진 그의 아들이 아테네 시민권을 취득할 수 있었던 것은 페리클레스와 전처 사이에서 태어난 자식 2명이 병으로 세상을 떠난 뒤였다. 그것도 페리클레스가 국가에 공헌한 것이 많다는 이유로 시민집회가 특별하게 인정했기 때문에 가능했다. 아들 페리클레스는 아버지가 죽은 뒤에 '스트라테고스'에 선출되었지만 별다른 업적을 남기지 못하고 죽었다. 천재의 아들은 천재가 아니었다.

아스파시아는 사랑하는 사람의 죽음을 지켜본 뒤 29년을 더 살았다. 그러나 그랬기에 사랑하는 사람이 전력을 다해 막으려고 애썼던 도시국가 아테네의 쇠퇴를 지켜봐야 했다. 아스파시아가 세상을 떠난 것은 기원전 400년이었다. 기원전 400년은 아테네가 스파르타에 패하고 4년 뒤이자, 아테네에서 사형선고를 받은 소크라테스가 독배를 마시기 1년 전이다.

변화하는 델로스동맹

기원전 448년에 성립된 '칼리아스 강화'에 따라 오리엔트 대국인 '페르시아와의 동거'는 현실화되었다. 또한 기원전 446년 겨울에 스파르타에서 개최된 전체 그리스 회의에서 성립된 '30년 강화'에 따라 그리스 세계의 강국인 '스파르타와의 동거'도 실현되었다. '동거'는 상호 불가침을 의미하기에 아테네가 영토 확장에 대한 의욕이 있어도 두 나라가 각각 관리하는 지역으로는 쉽게 진출할 수 없었다.

그러나 아테네는 페르시아처럼 소아시아 외에도 광대한 영토를 지닌 국가가 아니었고, 스파르타처럼 일국 평화주의를 견지하며 경제력 향상에 전혀 무관심한 나라도 아니었다. 아테네는 정치적으로는 참주 정치라고 비난받았지만 오랜 기간에 걸쳐 시민들의 지지를 누렸던 페이시스트라토스의 예에서 보듯이, 경제력 향상에 매우 민감한 사람들이 모인 도시국가였다. 그 아테네를 통치했던 페리클레스가 새로운 시장 개척에 열을 올린 것은 당연했다. 그렇지만 페르시아나 스파르타의 분노를 피해야 했으므로 시선이 북쪽과 서쪽으로 향한 것은 당연했다.

이에 앞서 필요한 것은 지반을 공고하게 만드는 일이었다. '지반'의 대상은 국내와 델로스동맹 두 가지였다. 국내에서는 '시민의 비렁뱅이화'라는 비판에 귀 기울이지 않고 단행한, 제4계급에 속한 사람들에게 국가 일을 하는 동안 급료를 지불한다는 법을 이미 제정했다. 이 정책은 무산계급이라고 한마디로 정리되는 경우가 많은, 그래서 매일 일을 해야 가족을 부양할 수 있다는 의미에서 훗날 로마인이 '프롤레타리우스'라고 부른 '제4계급'의 중산계급화였다고 생각된다. 페리클레스는 아무리 '혼자 통치했다'지만 민주정치 체제 자체를 전복시키는 짓 따위는 생각조차 하지 않았다. 그리고 민주정치 체제가 제대로 기능하기 위해서는 중산계급의 확립이 반드시 필요함을 알아차렸을 것이다.

또한 무산계급이 아닌 무자산계급이라고 해도, 이 계급의 중산계급화는 정치적 필요에만 국한된 일이 아니었다. 해군이 주요 전력으로 자리 잡으면서 안전보장을 위해 반드시 필요한 조치였다. 또한 경제 측면에서 볼 때 그들 한 사람 한 사람은 소액을 지출할지라도 숫자로 따지면 많은 소비 증대로 이어졌다. 페리클레스가 시민집회에서 '신들의 가호' 같은 말보다 정치·군사뿐 아니라 경제까지 많이 언급한 것을 보면 웃음이 난다.

이는 정치와 종교의 분리를 의미하는 '정교분리'라는 말은 애초에 존재하지 않았던 고대의 이야기다. '정교분리'의 필요에 대한 인식이 생겨난 것은 다신교 백성이던 그리스인이나 로마인이 사라진 이후 유럽을 지배한 일신교 시대로 들어선 이후일 것이다.

이제 국내 지반을 공고하게 만들었으니 아군의 지반을 튼튼히 하기 위해 델로스동맹을 개혁해야 했다. 델로스동맹의 경우 스파르타 회의 이전과 이후가 크게 달라진다. 그 회의에서 '델로스동맹'은 곧 아테네 세력권이라고 인정했다. 페리클레스는 이 결정을 최대한 활용했다.

우선 가맹국이 각각 국력에 따라 군선을 제공하고 분담금을 내는 이전 시스템을 폐기했다. 대신에 작은 도시국가까지 포함하면 300개가 넘는 전체 가맹국을 크게 셋으로 나누었다.

첫째, 평상시에 100척, 무슨 일이 생기면 200척까지 진수 가능한 해군력을 자랑하는 아테네.

둘째, 평상시나 긴급사태가 벌어졌을 때 아테네의 5분의 1에 해당하는 군선을 제공하는 것이 가능한 레스보스, 키오스, 사모스 같은 비교적 큰 섬들. 이 세 섬은 아테네와 마찬가지로 분담금이 면제되었다.

셋째, 위의 4개 도시국가를 제외한 가맹국 전체. 여기에 포함된 도시국가나 섬에는 군선 제공이 면제되는 대신에 국력에 따라 정해진 분담금을 매년 내는 의무가 부과되었다.

이어서 아테네는 분담금 징수 시스템도 바꾸었다. 에게 해 전역을 5개 구역으로 나누고 각 구역마다 아테네에서 파견한 전문 관료가 찾아가 징수한다는, 능률을 중시하는 시스템으로 바꾸었다. 동맹의 '금고'가 이미 델로스 섬에서 아테네로 이전되었기 때문에 분담금은 모두 아테네로 모였다.

카리아 징수 구역: 제2차 페르시아전쟁 당시 페르시아의 속국 카리아

가 지배하던 지방으로 전쟁 이후 키몬의 적극적인 전법에 따라 사실상 아테네 지배 아래 들어갔고, '칼리아스 강화'에 따라 페르시아가 키프로스 섬과 교환하는 조건으로 아테네의 지배를 공식 인정한 지방이다. 카리아 징수 구역은 소아시아 서쪽 해안 남부에 위치했다. 이 구역에는 역사가 헤로도토스가 태어난 할리카르나소스, 의학의 아버지로 꼽히는 히포크라테스가 본거지로 삼았던 코스 섬, 이 시기부터 대두하기 시작한 로도스 섬이 포함되어 있다.

이오니아 징수 구역: 이오니아 지방의 중심지로 주요 도시인 밀레토스, 에페소스를 비롯하여 번영을 구가하던 항구도시가 집중되어 있다. 아마 분담금 액수가 가장 많았으리라 짐작된다.

헬레스폰토스 징수 구역: 에게 해에서 오늘날 다르다넬스 해협이라 부르는 헬레스폰토스 해협을 통과해 마르마라 해로 들어가 비잔티온에 이르는 해역 양쪽에 자리한 도시국가들을 포함한다. 이 구역은 주식인 밀을 흑해 지방에서 수입하는 통로에 해당하기 때문에 아테네에 매우 중요한 곳이었다.

트라키아 징수 구역: 트라키아, 마케도니아라는 두 왕국을 배후에 둔 에게 해 북부 지방이다. 이 일대는 광산 자원이 풍부해서 예전부터 아테네인의 해외 자산이 집중된 지방이기도 했다.

도서 징수 구역: 에게 해 중앙부에 흩어져 있는 렘노스, 미코노스, 델로스, 낙소스 등 여러 섬들을 포함한다. 이 섬들을 순회하며 분담금을 징수하는 일을 맡은 아테네 관료의 노고가 심했을 것이다.

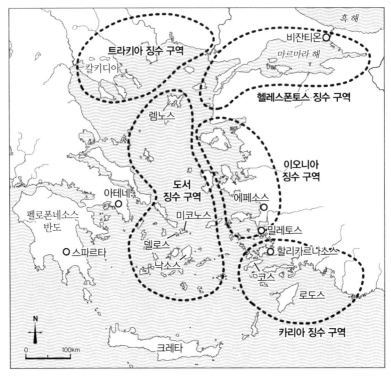

* 델로스동맹의 분담금 징수 구역

'델로스동맹'이라는 명칭은 예전과 변함없이 그대로 사용되었지만 내실은 32년 전 창설 당시와 비교해서 크게 변했다. 페르시아에 대한 방위를 목적으로 한 동맹에서 아테네 패권 아래에 있음을 가맹국이 모두 인정한 동맹으로 변화했다. 여기서 기회를 포착하는 데 뛰어난 페리클레스의 흔적을 엿볼 수 있다.

그러나 페리클레스는 국가는 다르지만 주민은 그리스인인 가맹국에 대해 강압 정책이 유효하지 않다고 생각한 모양이었다. 아무리 비판을 받고 중상모략의 대상이 되어도 언론과 행동의 자유를 존중했던 페리클레스였다. '델로스동맹'은 상당히 부드러운 형태로 유지되었다.

분담금만 내는 도시국가도 군선을 보유할 수 있었다. 자체 부담으로 군사력을 유지하는 것을 금지하면 종속 관계가 명확해진다. 그러나 속국임을 명시하는 것은 독립을 지향하는 그리스인의 기질을 고려할 때 현명한 방법이 아니었다. 단 규모는 그 나라 연안을 경비하는 수준으로 제한하는 것이 당연했다. '해상보안청' 수준의 해군력이라고 해도 근해에서 긴급사태가 발생하면 당당하게 참전했다. 이때는 아테네인 사령관의 지휘를 받았다.

또한 아테네 외항인 피레우스 일대는 그리스 세계에서 가장 규모가 크고 가장 잘 정비된 조선소가 있었고 델로스동맹에 가맹한 국가라면 누구나 배를 만들 수 있도록 개방되어 있었다. 모든 가맹국에게 개방된 것은 조선 설비만이 아니었다. 제2차 페르시아전쟁에서 승리한 직후부터 테미스토클레스가 시작한 수도와 외항 사이 7킬로미터 정도

거리를 연결하는 아테네와 피레우스의 일체화는 그 이후 30년 동안 아테네를 에게 해의 거대한 통상 센터로 변모시켰다. 덕분에 에게 해역이라는 거대 경제권은 '비즈니스 센터'도 갖추게 되었다. 델로스동맹 가맹국 사람들은 주문한 상선이 건조되는 동안 피레우스와 아테네 사이를 왕복하면서 비즈니스에 전념할 수 있었다.

이처럼 군사동맹인 '펠로폰네소스동맹'과 달리 변모한 '델로스동맹'은 설명하기가 쉽지 않다. 군사동맹이기도 하고 경제동맹이기도 했으며 인재 교류 동맹이기도 했기 때문이다. 압도적인 힘을 자랑하는 아테네 해군이 주도하는 에게 해에서 적은 물론 해적과 같은 무법자들도 자취를 감추었다. 그러자 뛰어난 경제 감각을 지닌 아테네인의 주도 아래 에게 해 세계라는 거대 경제권에서 투자와 교역이 크게 활성화되었다.

문화도 예외가 아니었다. 파르테논 신전 건축 공사의 총감독은 아테네 출신인 페이디아스였지만 신전 공사를 담당한 두 건축가는 이오니아 지방의 도시인 밀레토스 출신이었다. 페리클레스 시대를 대표하는 2대 조각가로 페이디아스와 미론이 손꼽힌다. 이들 가운데 페이디아스는 집단 조각상이라는 '교향곡'에 그의 재능을 집중했다. 반면 오늘날 원반 던지는 조각상으로 유명한 미론은 '독주곡'의 명수였다고 할 수 있다. 페이디아스는 아테네에서 태어나 자랐지만 미론은 아테네 시민이 아니었다.

『펠로폰네소스전쟁사』를 쓴 역사가 투키디데스는 아테네인이었지만 그 이전에 페르시아전쟁을 기록한『역사』를 쓴 역사가 헤로도토스는 이오니아 지방의 할리카르나소스 출신이었다. 소크라테스와 플라톤은 아테네 출신이지만 제자들의 출신지에 대해서는 전혀 관심이 없었다. 아테네인도 아니면서 아테네 정치체제의 역사를 다룬『아테네인의 정치체제』를 저술하여 아테네에서 꽃을 피운 아리스토텔레스는 마케도니아 출신이었다.

'델로스동맹'은 살라미스해전을 승리로 이끌며 토대를 만든 테미스토클레스와 그 기반 위에 동맹을 형성한 아리스티데스, 두 사람의 '작품'이었다. 동맹은 그대로 31년 동안 유지되었다. 그 후 바통을 이어받은 것이 변화한 '델로스동맹'으로, 이것이야말로 페리클레스의 '작품'이었다.

예술가나 역사가, 철학자의 '작품'은 후세까지 전해지기 때문에 그에 대한 평가도 오랜 생명을 유지할 수 있다. 페리클레스의 또 다른 '작품'인 파르테논 신전을 2,500년 후에 태어난 우리가 감상하고 있는 것만 봐도 그렇다.

그러나 정치가의 '작품'은 후세까지 전해지지 않는다. 따라서 그에 대한 평가 또한 유효기간이 얼마인가에 따라 정해질 수밖에 없다. '델로스동맹'은 변화 이후 42년 동안 유효했다. 패권국 아테네의 힘이 건재했고 그 아테네를 지지하는 레스보스, 키오스, 사모스도 사고나 다름없는 1건의 사건 외에는 델로스동맹 내에서, 다시 말해 아테네의 패권 아래에서 머물렀다.

'펠로폰네소스동맹'이 무엇이었느냐고 물으면 군사동맹이었다고 쉽게 대답할 수 있다. 그러나 '델로스동맹'이 무엇이었느냐고 물으면 대답하기 힘들다. 먼저 변화 이전과 이후의 이야기부터 해야 하고 그 차이가 어떻게 생겼는지에 대해 생각해봐야 하기 때문이다.

'변하지 않는 국가 스파르타'와 '변화하는 국가 아테네'의 차이였던 것일까. 아니면 '갈구하지 않는 국가 스파르타'와 '갈구하는 국가 아테네'의 차이였던 것일까. 스파르타의 '갈구하지 않는' 삶의 방식은 군사와 경제에만 국한되지 않았다. 스파르타는 지적으로도 '갈구하지 않는' 삶의 방식을 택했다. 이에 대해 청빈을 주장하는 사람들이 있는데 과연 그 주변 사정까지 알고 말하는 것인지 궁금할 따름이다.

새로운 시장 개척

그리스인 가운데 특히 아테네인 남자들은 이전부터 진취성이 넘쳤고 그 때문에 해외로 모험을 떠나는 것을 전혀 주저하지 않았다. '델로스동맹'의 변화 이후 에게 해 세계는 아테네인에 의한 인적·경제적 투자가 한층 활성화되었을 것이다. 그리고 이 '움직임'을 더 적절하고 더 현실적인 방향으로 유도하는 것이 페리클레스의 책무였다.

그러나 시대가 변했다. 모험을 떠나 일하기 좋은 땅으로 가서 그곳을 식민도시화하면 끝났던 300년 전과 달라졌다. 페리클레스 시대 아테네 역시 해외로 진출하는 모습에서 변화가 생겼다. 좋은 땅은 이미 식민도시화가 되어 있었고 나폴리와 타란토, 시라쿠사처럼 독립국으로서 오랜 역사를 갖고 있었다.

그래서 페리클레스는 식민지화가 가능해 보이는 땅에 아테네 시민을 이주시키고 기지를 건설했지만 그 이상의 영토 확장에 매달리지는 않았다. 대신 새롭게 식민도시화한 지역 주변에 이미 존재하고 있는 도시국가와 동맹 관계를 맺었다. 이는 적절한 후보지가 적기 때문에 짜낸 고육지책에 불과했지만 그럼에도 문제가 발생했다.

서쪽에서 아테네가 식민지화한 최초의 땅은 장화 모양을 한 이탈리아 반도의 발바닥 부분에 위치한 투리이^{Thurii}였다. 그리고 그 바로 옆에는 이미 시바리^{Sibari}라는 이름의 도시국가가 존재하고 있었다. 이 시바리의 주민 대표가 아테네까지 찾아와서 아테네에 의한 투리이 식민지화를 부당한 침략이라고 항의했다.

페리클레스는 이를 특유의 방식으로 해결했다. 투리이는 아테네 시민이 건설한 식민지이므로 본국인 아테네에서 원조를 하겠지만, 아테네 시민뿐 아니라 다른 그리스인에게도 개방된 곳이라고 대답한 것이다. 이 설득은 효과가 있었다. 시바리의 대표는 아테네가 외국에서 온 그리스인으로 넘치는 것을 목격했다. 그리고 자기 눈으로 확인한 것처럼 아테네가 화려하게 번영할 수 있었던 것은 외국인에 대한 개방 정책의 성과라고 생각했다. 페리클레스는 시바리에 투리이와 동맹을 맺으라고 권유했다. 그리고 투리이에 이미 명령을 해두었다면서 이참에 타란토와도 우호 관계를 구축하기 바란다는 말을 덧붙였다.

타란토는 해외 모험에 관심이 없었던 스파르타인이 유일하게 건설한 식민도시였다. 타란토는 건국 이후 300년 이상 지난 당시 남이탈

● 남이탈리아와 시칠리아

리아 최강 도시였다. 이 강국과 적대 관계를 유지할 이유가 없었던 시바리스는 페리클레스의 충고를 받아들였다.

그러나 페리클레스의 참된 의도는 따로 있었다. 남이탈리아와 시칠리아 섬의 그리스인들은 아테네가 투리이를 기지화하여 서쪽으로 진출하는 정책에 대해 경계심을 품었다. 페리클레스는 그들에게, 아테네는 군사력을 동원해 영토 확장을 하려는 게 아니라 그저 동맹 관계 체결을 지원하는 것뿐이라는 메시지를 전한 것이다. 실제로 얼마 지나지 않아서 남이탈리아의 그리스인 식민도시와 아테네 사이에 동맹 작전이 개시되었다. 그리고 성공했다. 이것이 현대 학자들이 비판하는, '제국주의자 페리클레스'가 주도한 서진 정책의 실상이다.

에게 해 북부로 향하는 북진 정책도 비슷한 방법으로 진행되었다. 거점을 기지화하고 주변과 동맹을 체결하는 방법이었다. 상대가 이런 종류의 온건 정책에 익숙하지 않았던 점도 작용해서 그로부터 10년 동안 만족스러울 정도로 성공을 거두었다.

동맹이란 군사력을 동원해 정복한 패자와 체결하는 것이 아니라 정복되지 않은 상대, 즉 대등한 관계에 있는 상대와 체결하는 것이다. 그런데 실제로는 대등하지 않았다. '펠로폰네소스동맹'의 맹주 스파르타와 가맹국 사이의 육군 전력, '델로스동맹'의 아테네와 가맹국 사이의 해군 전력 하나만 보아도 엄연한 차이가 있었다.

그렇지만 겉으로는 '대등'했기 때문에 각 가맹국은 서로 대등하다고 생각하고 싶어 했다. 계속 대등하다고 '생각하고 싶어 하면' 실제로 그렇다고 '생각하게' 된다. 이것이 인간의 마음이다. 스파르타는 동맹이 지닌 이런 숙명에 대해 주도권을 발휘하지 않고 회피했다. 아테네는 주도권을 발휘하는 대신 그에 대한 대가를 제공해서 가맹국을 통합하려고 생각했다.

이런 종류의 동맹, 그러니까 스파르타식이나 아테네식 동맹의 유효성에 의문을 품은 로마인은 훗날 동맹이 아닌 다른 방식으로 아군을 획득하는 방법을 찾아냈다. 시간이 걸리더라도, 먼저 정복부터 하고 그 후에 로마가 정복한 도시까지 길을 뚫거나 상하수도를 부설해서 편입시켰다. 패배자를 로마로 흡수하는 방식이었다. 제국시대 로마에서 살았던 그리스인으로 『플루타르코스 영웅전』의 저자인 플루타르코스는 이렇게 썼다. "로마 흥성의 최대 요인은 패배자까지 동화시켰던 그들의 삶의 방식이었다." 대등한 국가 사이에 체결하는 동맹이라는 이름의 관계에 대해 로마인은 로마제국이라는 형태로 '해답'을 내놓은 셈이다.

그런데 변화 이후 5년이 지난 델로스동맹 내에서 첫 사고가 발생한다. 델로스동맹 가맹국인 사모스와 밀레토스 사이 관계가 험악해진 것이다.

사모스 섬 사건

현대에는 2,500년 전보다 해안선이 크게 후퇴했기 때문에 당시의 지형을 상상하기조차 어렵다. 하지만 고대 밀레토스는 해양 도시로 폭이 10킬로미터에 이르는 넓은 만과 면해 있었다. 그 맞은편 해안에는 프리에네priene라는 이름을 가진 항구도시가 있었다. 그때까지 프리에네는 밀레토스와 우호 관계였다. 그런 프리에네를 사모스가 자국 영토로 삼으려 한 것이 사건의 발단이었다.

사모스 섬은 아테네의 5분의 1 정도 해군력을 지닌, 델로스동맹에 참가한 세 섬 가운데 하나였다. 밀레토스는 사모스가 자기네 영토와 10킬로미터 정도 떨어진 프리에네에 진출하는 것이 두려웠다. 항구도시로서 가진 장점이 감소할 것이 뻔했기 때문이었다.

밀레토스는 아테네로 사절을 파견해서 이 사모스의 침략에 대해 탄원했다. 페리클레스는 반지름이 50킬로미터도 되지 않는 지역에서 일어난 이 불상사에 대해 사모스 대표를 불러서 의견을 듣고 재결裁決을 내렸다. 재결은 사모스의 침략 행동을 금지한다는 것이었다.

이 재결은 아테네 내의 페리클레스 반대파에게 빌미를 제공했다. 페리클레스는 자신의 애인 아스파시아의 출신지인 밀레토스 편을 들었다는 비판을 받아야 했다. 이런 아테네 내 목소리에 힘을 얻은 것인지, 처음부터 재결에 불만을 가졌던 사모스의 태도가 악화되었다. 아테네에서 귀국한 대표를 맞이한 사모스 섬 주민들의 감정도 싸늘해졌다.

사모스 섬은 제2차 페르시아전쟁 이전에는 페르시아 해군기지였다. 하지만 전쟁 이후 아테네 해군기지가 건설되었고 그로부터 40년 가까운 세월이 지났다. 동맹국 내에 설치된 기지였지만 이런 경우 감

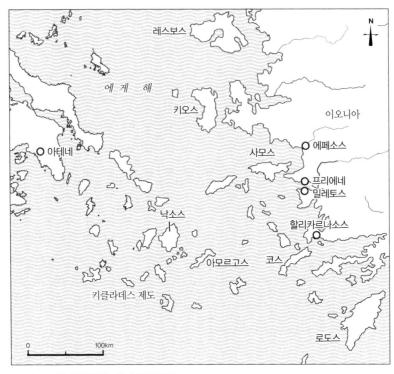

● 사모스 섬과 밀레토스, 에게 해의 섬들

정이 상한 주민이 먼저 고려하게 되는 방법은 기지를 이전하는 것이었다.

그러나 사모스도 그리스의 다른 도시국가처럼 인구가 적었다. 겨우 군선을 전력화할 정도였고 기지를 습격할 정도는 아니었다. 그래서 바로 근처 페르시아 영토에서 살고 있는 그리스인 남자들을 병사로 고용했다. '칼리아스 강화' 이후 페르시아가 더 이상 적이 아니라는 생각도 했을 것이다. 이렇게 모은 용병을 동원해 아테네 해군기지를 습격했다. 기지에 있던 아테네 병사들은 상상도 하지 못했던 사태에 적절하게 대응하지 못하고 대부분 포로가 되고 말았다.

사모스 쪽은 이들 포로를 죽이지도 않았고 그렇다고 수용하지도 않은 채 페르시아 지방 장관에게 맡겼다. 즉 아테네를 완전히 적으로 삼을 마음은 없음을 드러낸 것이다. 이는 이오니아 지방 페르시아 영토에 사는 그리스인에 대해 적이지만 적이 아니고 비즈니스 상대지만 동지는 아니라는 복잡한 심정을 드러낸 셈이다.

사태가 이렇게 전개되자 아테네는 실력 행사에 나설 수밖에 없었다. 사절이 왕복하고 시민집회에 찬반을 묻는 등 사건 발발로부터 2년이 흘렀다. 결국 아테네는 삼단 갤리선 60척을 보내기로 결정했다. 1만 1,000명이 넘는 병력을 통솔한 지휘관은 2명의 '스트라테고스'였다. 한 명은 55세인 페리클레스였고 나머지 한 명은 페리클레스의 친구이자 그리스 3대 비극 작가 가운데 하나인 소포클레스였다.

이 아테네 해군을 맞이해 싸울 사모스 해군을 이끈 인물은 철학자인 멜리소스^{Melissos}였다. 이는 그리스 도시국가들이 엄격한 시민개병

제도를 실시했기 때문에 직업이 무엇이든 조국 방위에 나서는 것이 시민의 의무라는 인식을 공유하고 있었다는 사실을 잘 보여준다.

다만 페리클레스는 2,500년 후 영국인으로부터 "상당한 정도는 되지만 그 이상은 아니다"라는 평가를 받은 '무인'이었다. 그를 제외하면 비극 작가와 철학자가 지휘하는 전쟁이었다. 훗날 율리우스 카이사르처럼 "왔다, 보았다, 이겼다^{veni, vidi, vici}"가 되지 않았으며, 그것은 애초부터 가능한 일도 아니었다.

해전과 봉쇄 끝에 결국 사모스가 손을 들었다. 그때가 기원전 439년 봄으로 8개월이 걸린 셈이다. 항복한 사모스 섬은 페리클레스가 요구한 것을 모두 받아들였다. 페리클레스는 먼저 사모스를 에워싸고 있는 성벽의 철거를 요구했다. 또한 사모스가 그때까지 자국 영토로 지배하던 낙소스 섬 근처 아모르고스^{Amorgos} 섬을 이후 아테네 영유로 귀속시킬 것을 요구했다. 그리고 이 전쟁에서 아테네 쪽이 부담한 전체 비용인 1,400탈란톤을 분할 지불할 것을 사모스에 요구했다. 아울러 이번 반란의 주모자들은 사모스 섬에서 추방하고 바다 건너 맞은편 해안에 있는 페르시아 영토에 속한 도시로 보내서 페르시아 황제의 보호 아래에 맡길 것을 요구했다.

그러나 사모스 해군은 그대로 남겨두었다. 페리클레스가 델로스동맹에서 사모스를 떼어낼 생각이 없음을 보여준 것이다. 또한 페르시아의 지방 장관에게 맡긴 아테네인 포로들이 곧바로 석방된 점이나 사건 주모자들을 페르시아의 처분에 맡긴 점 등으로 보아 페르시아 황제와 페리클레스 사이에 내밀한 연락이 오갔을 것이라는 짐작이 들지만 역사적 증거는 없다.

페리클레스와 동시대를 살았던 페르시아 황제 아르타크세르크세스는 20년 전까지 테미스토클레스를 정치 고문으로 두었던 사람이었다. 그는 아테네와 마찰을 일으킬 마음이 전혀 없었고 10년 전에 성립된 '칼리아스 강화'를 적극 추진했던 왕이기도 했다. 페리클레스는 스파르타 왕 아르키다모스를 포함하여 가상 적국의 지도자와도 서로 마음이 통하는 사이였고, 그 친분 관계를 적절히 활용할 줄 아는 정치가였지 싶다.

"왔다, 보았다, 이겼다"까지는 아니었지만 사모스 제압은 에게 해 전역에 아테네 해군의 강력한 힘을 다시 확인시킨 전쟁이었다. 실제로 그때까지 델로스동맹에 가맹하지 않았던 비잔티온이 곧바로 가맹을 신청했다. 이전까지 참가하지 않았던 도시국가의 가맹 신청은 이후에도 계속 이어졌다.

8개월 동안 떠나 있었지만 사모스 제압을 마치고 아테네로 귀환한 페리클레스에 대한 시민의 지지에는 아무런 영향을 미치지 못했다. 해전이라지만 살라미스해전처럼 정면으로 격돌한 것은 아니었다. 따라서 희생자도 적었다. 전쟁 비용 또한 분할이기는 하지만 사모스가 지불하기로 했다.

그럼에도 반대파는 입을 다물지 않았고 다음과 같은 말로 페리클레스를 비웃었다고 한다. "저 양파 머리는 이렇게 큰소리를 친다던데. 아가멤논이 트로이를 공략하는 데 10년이 걸렸지만 자기는 8개월밖에 걸리지 않았다고." 페리클레스는 대응하지 않았다. 아무튼 민주정치를 운용하는 나라의 지도자는 보통 신경으로는 견딜 수 없는지 모른다.

페리클레스에게도 기쁨이 있었다. 다음 해인 기원전 438년 마침내 페이디아스의 작품인 아테나 여신상이 막 완성된 파르테논 신전 안에 안치된 것이다. 웅장하고 화려한 예술작품은 이로써 웅장하고 화려한 신전을 완성시켰다. 파르테논 신전 내의 아테나 여신상은 예술을 이해할 줄 아는 사람뿐 아니라 아테네 시민 전원이 의지하는 마음의 지주가 되었다. 착공으로부터 9년 뒤의 일이었다. 물론 아크로폴리스 전역의 건설 공사는 그 이후 시작되었고 이를 위해 다시 6년이 필요했다.

결국 예술가 페이디아스와 정치가 페리클레스에게 파르테논 신전을 중심으로 한 아크로폴리스 전체의 건설은 모든 것을 쏟아부은 일이었다. 페르시아 군대의 침공으로 불탄 지 42년이 지나 재건된 것이다. 그것도 이전과 비교할 수 없을 정도로 크고 화려하고 신성한 영역으로 말이다.

강국이 되기도 어렵지만 그것을 유지하는 일 역시 평범한 노력만으로는 부족하다. 챔피언이 되는 것과 챔피언 자리를 유지하는 것의 차이와 유사하다. 페리클레스는 햇살을 받아 빛나는 파르테논을 멀리서 지켜보았지만, 그의 마음속 눈은 에게 해 북방 일대로 향해 있지 않았을까. 그곳은 바로 '델로스동맹' 분담금 징수 구역 중 '트라키아 징수 구역'과 '헬레스폰토스 징수 구역'이었다.

에게 해의 북쪽

'트라키아 징수 구역'은 전통적으로 아테네인의 해외 자산이 집중된 곳으로 광물 자원이 풍부한 것으로 알려졌다. 그래서 이 지역은 아테네에 매우 중요했다. 현대식으로 말하면 아테네인의 권리와 이익 보호가 중요했다. 그런데 이때 '보호'는 이미 가진 이권의 보호에 국한되지 않았다. 이 지역에 대한 새로운 참여를 장려했기 때문에 아테네의 경제력을 향상시킨다는 의미에서 매우 중요했다.

칼키디아(현재 할키디키 또는 칼키디케) 지방이라고 불리는 이 지역의 배후에는 마케도니아와 트라키아라는 두 왕국이 존재했다. 두 왕국은 그리스 세계와 비교하면 후진 지역으로 아직 통일된 힘으로 남하할 여력을 갖고 있지 않았다. 그러나 후진 지역이었기에 남자들은 공포를 알지 못했고 내륙에 사는 주민들은 늘 바다로 나가는 출구를 찾았다. 이런 기세를 억제하기 위해서라도 칼키디아 지방에 대한 아테네의 패권을 확실하게 해둘 필요가 있었다.

당시는 명확한 국경선이 존재하지 않던 시대였기 때문에 산맥이나 호수, 하천 등이 국경선 역할을 했다. 마케도니아 왕국과 트라키아 왕국을 나눈 것은 오늘날에는 말라붙은 하천지대가 되고 말았지만 고대에는 존재했던 호수와 그 호수에서 에게 해로 흘러드는 강이었다.

그 동쪽 강변에 암피폴리스^{Amphipolis}라는 이름을 가진 작은 도시가 있었다. 페리클레스는 마케도니아와 트라키아 두 왕국의 경계에 위치한 이 도시에 눈독을 들였다. 그리고 아테네 시민들을 대거 그곳으로 이주시켜 식민도시로 만들었다. 암피폴리스를 거점으로 삼으면서 명

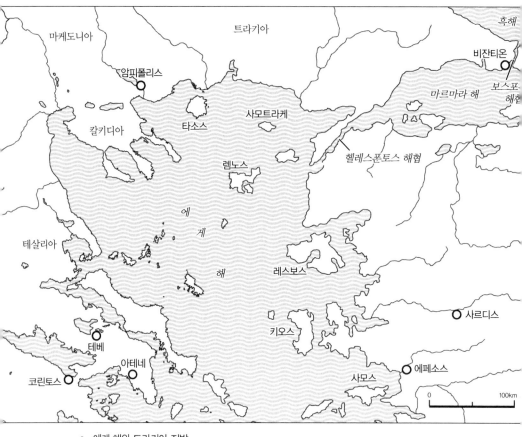

마케도니아

트라키아

흑해

비잔티온

암피폴리스

칼키디아

타소스

사모트라케

마르마라 해

보스포
해ㅎ

렘노스

헬레스폰토스 해협

테살리아

에
게

해

레스보스

사르디스

키오스

테베

아테네

에페소스

코린토스

사모스

0   100km

● 에게 해와 트라키아 지방

확한 두 가지 이점이 생겼다.

첫째, 암피폴리스의 배후에 삼림지대가 펼쳐져 있다는 점이었다. 그래서 삼단 갤리선의 건조에 필요한 목재를 쉽게 조달할 수 있었다.

둘째, 아테네 패권을 확립하는 과정에서 이 지역이 배후에 도사린 두 왕국을 자극할 염려가 적은 곳이라는 점이었다. 따라서 식민지를 건설하기 위해 그곳에 살던 선주민을 쫓아낼 필요가 없었다. 선주민은 그대로 둔 상태에서 이주해 간 아테네인을 더하고, 여기에 주변에서 새롭게 유입되는 이주민도 막지 않는, 페리클레스식 식민도시가 되었다. 이후에도 페리클레스식 방법은 계속되었다. 암피폴리스와 그 주변 도시가 동맹 관계를 맺었던 것이다.

아테네는 농업국이자 자급자족 경제생활을 하는 스파르타와 달랐다. 아테네는 수출과 수입으로 살아가는 나라였기 때문에 영토 확장보다는 우호 관계에 있는 도시를 연결해서 만드는 네트워크가 더 도움이 될 터였다. 게다가 이런 작은 도시국가는 '델로스동맹' 가맹국이기도 했기 때문에 군선이나 상선의 기항뿐 아니라 교역 상대였고 분담금이라는 현금 수입도 올려주는 상대였다.

이 일대에 대한 아테네의 패권 확립 전략은 기원전 437년 말에 일단 가닥이 잡힌 듯하다. 다음 해인 기원전 436년에 59세가 된 페리클레스가 흑해 원정을 단행했기 때문이다. 이해에 아테네 해군이 북쪽으로 간 목적은 델로스동맹의 분담금 징수 구역인 '헬레스폰토스 징수 구역', 즉 헬레스폰토스 해협에서 비잔티온까지 일대에 대한 아테네의 패권 확립이 아니었다. 이 지역 패권 확립은 '델로스동맹'에 가입하는 것으로 충분히 만족스럽게 정리되었기 때문이다. 따라서 북방 원정의 진짜 목적은 비잔티온 너머에 있는 흑해 연안 도시들을 시장으로 삼는 데 있었다.

이 도시들 모두 그리스인의 식민 활동으로 건설된 도시국가로, 그중에서 시노페와 트레비존드(현재 트라브존)가 유명했다. 물론 아테네의 교역 상대는 이미 오랜 역사를 가진 두 도시 외에 흑해 동쪽 해안에서 북쪽 해안에 이르는 캅카스(코카서스) 지방에서 크리미아 반도까지 망라했다.

아테네의 수출 품목은 포도주, 올리브유, 품질 좋은 마포, 당시 지중해 세계에서 최고급이었던 적색과 흑색 그림이 그려진 도자기, 그리고 역시 최고로 꼽히던 조선 기술이었다. 한편 아테네가 이 지방에서 수입한 2대 품목은 밀과 목재였다. 목재는 그리스 최강 해군을 유지하기 위해 반드시 필요했고 밀 또한 수도에만 10만 명이 넘는 인구가 살고 있는 아테네에 반드시 필요했다.

다만 삼단 갤리선 건조에 필요한 목재 조달지를 칼키디아 지방과 흑해 주변, 두 곳으로 삼은 데서 알 수 있듯이 페리클레스는 주식인 밀의 수입처를 흑해에 한정하지 않았다. 현대식으로 말하면 '수입 다변화'였다. 흑해 주변은 밀을 수입하는 세 곳 가운데 한 곳이었다. 스파르타인과 달리 쾌적한 생활을 사랑한 아테네인은 식량도 메마른 땅에서 생산된 국산으로 만족하지 않았다. 자급자족을 포기한 지 오래된 아테네에서 밀은 늘 첫 번째 수입 품목이었고 주요 수입처는 이집트와 시칠리아였다. 그러나 이집트와 시칠리아 모두 왕이나 참주가 지배하는 나라였기에 정변이 자주 발생했다. 정국이 불안해질 때마다 밀 수출이 금지되면 아테네는 곧바로 식량 위기에 놓일 수밖에 없었다.

페리클레스가 세상을 떠난 뒤 흑해는 시장으로서 중요성이 점점 커졌다. 흑해 시장이 중요해진 것은 흑해와 에게 해를 연결하는 헬레스폰토스 해협의 중요성이 증대되었기 때문이다. 도시국가 아테네의 생명선이라고 말해질 정도였다. '식량 안보'라고 불러도 좋을 이 정책 하나만 봐도 페리클레스가 얼마나 뛰어난 선견지명을 지닌 정치가였는지 알 수 있다.

페리클레스가 지휘한 흑해 원정에서 해전이나 지상전을 벌였다는 기록은 없다. 아마 100척이 넘는 삼단 갤리선단을 이끌고 흑해 주변 도시를 차례로 순회하면서 경제 협정을 맺었을 것이다. 그리고 오가는 동안 헬레스폰토스 해협 양쪽 해안에 있는 도시국가들에 아테네 해군의 위용을 보여주어 델로스동맹 가맹국이라는 연대감을 강화시켰을 것이다. 59세가 된 페리클레스의 원정은 전쟁보다 이런 모습이 잘 어울린다.

이 원정에도 부사령관 격인 '스트라테고스'가 함께했겠지만 누구였는지 알려져 있지 않다. 4년 전 사모스 원정 때 함께했던 비극 작가 소포클레스가 아닌 것만은 확실하다. 페리클레스는 '스트라테고스'에 연속해서 당선되었지만 소포클레스는 그 이후 당선되지 못했기 때문이다.

여기서 훗날 있었던 우스운 이야기 하나를 소개한다. 마케도니아의 왕이자 알렉산드로스 왕의 아버지인 필리포스가 언젠가 이렇게 말했다고 한다. "아테네에서는 매년 10명이나 되는 스트라테고스를 찾아내는 모양이야. 내 주변에는 언제나 파르메니온^{Parmenion} 장군 한 사람밖에 없는데 말이지." 이는 분명 빈정거림이었다.

　민주정치 아테네가 가진 독특한 관직인 '스트라테고스'는 정치와 외교, 경제에 더해 군대의 사령관이기도 했다. 10개의 '트리부스(선거구)'에서 매년 1명씩 선출되었기 때문에 모두 10명이었다. 물론 10명이 매년 적절하게 선출되었다는 보장은 없다. 아니, 그렇지 않은 경우가 많았다.

　페리클레스는 스스로 군사적 재능이 충분하지 않다는 것을 알고 있었지만 군사적 재능이 뛰어난 사람을 찾아내는 능력은 있었을 것이다. 페리클레스는 15세 연하인 포르미온^{Phormion}을 매우 교묘하게 활용했다. 그러나 해군 장군으로 매우 뛰어났던 포르미온도 혼자서는 아무것도 할 수 없었다. 페리클레스 시대에 전쟁이 적었던 것은 전쟁에 필요한 적절한 인재가 부족했던 것이 원인 가운데 하나였을 것이다. 페리클레스는 연속해서 '스트라테고스'에 선출된 이상 군대를 통솔할 임무가 있었는데, 30여 년에 걸친 통치기에 그가 군대를 이끌고 출전한 것은 사모스 섬 제압과 흑해 원정, 마지막으로 근해 출전밖에 없었다.

　사령관 수준의 인재가 부족하다는 이유로 전쟁을 피할 수 있다면 인간세계에서 전쟁이라는 거대한 악도 사라질 수 있을 것이다. 하지만 현실은 그렇지 않다. 전쟁에는 원하지 않았음에도 기어코 시작되고야 마는 성질이 포함되어 있기 때문이다.

　페리클레스가 흑해에서 귀국한 다음 해 곧바로 전쟁의 첫 번째 불길이 타올랐다.

전쟁은 변방에서

에피담노스^{Epidamnos}라는 지명을 듣고 금방 그곳이 어디인지 알아차릴 사람은 현재는 물론이고 당시 그리스에서도 거의 없었을 것이다. 에피담노스는 로마시대가 되면 디라키움^{Dyrrachium}으로 이름이 바뀌고 그리스를 횡단하는 에냐시아^{Egnatia} 도로의 기점으로 전략 요충지가 된다. 하지만 그보다 300년 전에는 그리스 세계에서도 서북쪽 맨 끄트머리에 위치한, 아드리아 해에 면한 작은 도시, 그리스 세계에서 별처럼 많은 식민도시 중 하나에 불과했다.

그래도 주민은 그리스인이었다. 10명이 모이면 곧바로 두 파로 나뉘어 다툼을 벌이는 그 그리스인이었다. 그리스 세계에서 흔히 볼 수 있는 이런 현상이 에피담노스에서도 발생했다. 여기서 패한 쪽이 가까운 코르푸 섬에 도움을 청했지만 거부당했다. 그러자 이번에는 코린토스에 도움을 청했는데 코린토스가 그것을 받아들였다.

코린토스는 비록 아테네와 큰 차이를 보이고 있었지만 그리스에서 두 번째로 해군력이 강한 국가였다. 코린토스 역시 해운 국가였고 교역이 중요한 나라였다. 코린토스의 주요 '시장'은 지중해에서 서쪽으로 가면 도달하는 남이탈리아와 시칠리아 섬이었다.

코린토스가 에피담노스 잔당의 구원 요청을 받아들인 데는, 이를 기회로 삼아 코르푸 섬을 격파하고 그곳을 지배하면 아테네에 잠식당하고 있는 서쪽 '시장'을 탈환할 수 있겠다는 계산이 깔려 있었다. 이렇게 해서 에피담노스는 뒷전으로 밀려나고 코르푸와 코린토스의 대결로 비화되었다. 그러나 예상을 깨고 해전에서 코린토스가 패하고 말았다.

패전이라고 해도 코린토스가 15척의 배를 잃고 철수한 것에 불과했지만 코르푸는 예상도 못 했던 승리에 크게 고무되었다. 포로 송환 요구에 응하지 않았으며, 심지어 코린토스 편에 가담해 싸운 외국 병사를 죽이거나 노예로 팔아치웠다. 이런 일은 그리스에서 쉽게 찾아볼 수 없는 야만 행위였다. 기원전 435년, 변방에서 일어난 전쟁은 이렇게 끝났다.

다음 해인 기원전 434년, 코르푸 섬과 비교할 수 없이 큰 나라인 코린토스가 자존심을 걸고 설욕전 준비에 몰두했다. 이번에는 반드시 승리하겠다며 그리스 전역에서 노 젓는 선원을 모집했다. 대규모 해군을 편성하기 위해 코린토스 전체가 들썩였다. 이를 안 코르푸는 두려움을 느끼고 아테네에 도움을 요청했다. 코르푸는 전권을 부여한 특사를 아테네로 보내어 다음 해에 코린토스와 치를 해전에서 아테네 해군이 도와주면 동맹을 체결할 용의가 있음을 밝혔다.

이 사실을 안 코린토스도 아테네에 사절을 파견했다. 이들은 그리스인답게 논리적인 주장을 펼쳤지만 참된 의도는 하나였다. 아테네에 참전하지 말라는 것이었다. 그런데 특사의 말투가 외교적으로 적절하지 못했다. 대놓고 말하지는 않았지만 "너흰 그 근처에 얼씬도 하지 마"라고 들리는 뉘앙스가 담겨 있었다. 페리클레스는 특사에게 차가

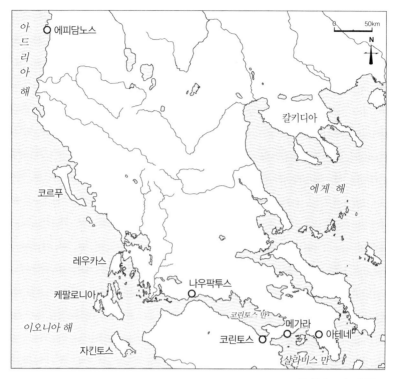

아
드
리
아
해

에피담노스

칼키디아

에게 해

코르푸

레우카스

나우팍투스

케팔로니아

코린토스 만

메가라

이오니아 해

코린토스

아테네

자킨토스

살라미스 만

● 코르푸 섬과 그리스 북동부

운 눈초리를 던졌을 것이다.

하지만 문제는 그리 간단하지 않았다. 이제까지는 변경에서 일어난 국지전에 불과했던 적대 관계가 그리스 전체로 확산될 위험이 있었기 때문이다. 그렇다면 61세가 된 페리클레스는 양쪽 사절의 말을 듣고 어떤 결단을 내렸을까.

먼저 코르푸의 요청을 받아들여 동맹을 체결했다. 즉 코르푸는 '델로스동맹'의 일원이 되었다. 코린토스 만 출구에 위치한 나우팍투스를 기지화하고 남이탈리아의 투리이를 식민도시로 만든 이후 페리클레스는 아테네의 '시장'을 서쪽으로 확대하는 방향으로 머리를 굴렸다. 코르푸 섬은 그런 우호적인 발판을 하나 늘릴 수 있는 기회였다. 이런 전략에 더해 동맹 관계까지 체결했기 때문에 코르푸 섬을 원조하기 위한 해군을 파견하기로 결정했다.

그런 한편 코린토스를 완전히 적으로 만드는 상황은 피하고 싶었다. 코린토스는 '펠로폰네소스동맹'에 가맹한 나라였다. '펠로폰네소스동맹' 맹주인 스파르타가 무거운 엉덩이를 털고 일어나 행동에 나서게 만드는 일은 피해야 했다. 그래서 현대 이탈리아 사람들처럼 "냄비는 주더라도 뚜껑은 주지 않는 방법"을 채택했다.

코르푸 원조를 위해 먼저 삼단 갤리선 10척을 보냈다. 그리고 재차 20척을 파견했다. 이는 현대 연구자들도 '0'이 하나 빠진 것 아닌가 하고 사료를 다시 보게 될 정도 규모였다. 게다가 페리클레스는 해군 지휘관에게 코린토스 해군과 직접 전투를 벌이지 말라고 엄명을 내렸다. 이런 이유로 기원전 433년 여름에 벌어진 코르푸 대 코린토스의 해전은 매우 우스꽝스럽게 전개되었다.

첫 번째 전투는 코린토스 쪽의 압승으로 끝날 듯이 보였지만 그렇지 않았다. 도망치던 코르푸 해군은 아테네 함선 10척의 뛰어난 리드 덕분에 손실을 입지 않고 도망칠 수 있었다. 3주간에 걸쳐 벌어진 두 번째 해전은 더욱 우습게 전개되었다. 해군 강국의 체면을 지키기 위해 이번에는 압승을 거두겠다고 결심한 코린토스는 150척이 넘는 선단을 편성해서 코르푸 섬을 향해 북상했다. 여전히 아테네 함선 10척의 보호를 받고 있던 코르푸 해군이 남하해서 코린토스 해군과 맞섰다.

그런데 전투를 벌일 바다에 거의 도착했을 무렵, 코린토스 해군에 한 가지 정보가 전달되었다. 아테네 해군이 펠로폰네소스 반도를 돌아서 이오니아 해로 들어와 코린토스 해군을 향해 접근 중이라는 소식이었다. 이 정보를 들은 코린토스 해군 사령관은 '0'을 하나 착각한 모양이었다. 그래서 접근 중인 아테네 해군이 20척이 아니라 200척이라고 생각했다. 20척이라면 선발대인 10척을 더해도 30척이었다. 코린토스 해군 사령관은 그럴 리가 없다고 생각한 듯했다. 아테네의 막강한 해군력을 알고 있었던 코린토스 해군 사령관의 착각도 무리는 아니었다.

150척으로는 200척의 아테네 해군에 상대가 되지 않는다고 생각한 코린토스 사령관은 전투도 하지 않고 퇴각을 결정했고 실제로 실행했다. 이렇게 해서 코르푸와 코린토스의 대결은 아무 일도 없이 무산되었다. 그런데 얼마 후 이 사실이 그리스 전체에 알려졌다. 소문은 늘 간략해지기 마련이다. 그리스에 퍼진 소문은 "아테네 해군이 접근하자마자 코린토스 해군이 꽁무니를 빼고 달아났다"였다.

체면을 구긴 코린토스는 격노했다. 이제 상대는 코르푸가 아니었다. 아테네에 대해 분노를 폭발시켰다. 아마 13년 전에 억지로 삼켜야 했던 쓴 약이 식도를 타고 역류해 오는 기분이었을 것이다. 13년 전 스파르타에서 개최된 그리스 도시국가 전체 회의에서 승인된 이후 나우팍투스는 여전히 아테네의 기지였다. 아테네가 손 안에 넣은 나우팍투스에 대한 코린토스인의 감정은 오늘날에 비유하면 영국이 쥐고 내놓지 않는 지브롤터에 대한 스페인 사람들의 감정과 비슷할 것이다. 게다가 아테네는 그 이후에도 '제국주의적' 방법을 버리지 않았고 한술 더 떠서 코린토스의 전통적인 '시장'인 서쪽 해역까지 손을 뻗치고 있었다.

그렇다고 전체 그리스 회의에서 결정한 것처럼 그리스 세계를 '펠로폰네소스동맹'과 '델로스동맹'으로 나누고 서로 세력권을 침해하지 않겠다는 결정을 위반했다고 항의할 수도 없었다. 아테네가 손을 뻗치고 있는 서쪽 바다와 그곳에 떠 있는 섬들은 육지 도시국가 연합체인 '펠로폰네소스동맹'의 세력권에 포함되지 않았기 때문이다. 그러니까 페리클레스는 남이탈리아에서는 타란토와 시라쿠사라는 두 강국의 세력이 미치지 않는 투리이를 식민도시로 만들고, 에게 해 북쪽에서는 트라키아와 마케도니아 두 강국의 경계에 위치한 암피폴리스를 식민도시로 만들어 이른바 '틈새'를 노렸던 것이다.

호메로스의 작품 『일리아스』에 등장하는 영웅들 가운데 여신 아테나가 누구보다 가장 사랑하며 원조를 아끼지 않았던 인물은 용감한 전사인 아킬레우스가 아니었다. 바로 트로이 목마를 생각해내서 10년 동안 승부를 내지 못한 트로이전쟁을 승리로 이끈, 그래서 지혜로운 장군이라 불린 오디세우스였다.

그 여신을 수호신으로 삼은 것이 도시국가 아테네였다. 1세대 전 테미스토클레스가 그랬던 것처럼 페리클레스 또한 너무나 아테네 남자다운 아테네인이었다. 하지만 코린토스인은 아테네인이 아니었다. 이들은 호메로스가 쓴 것처럼 "앞날을 읽어내는 능력은 없더라도 과거에 받은 수모는 잊지 않는" 성향을 가진 사람들이었다. 이제 이들에게 복수의 대상은 아테네였다. 그 원한을 푸는 과정에서 '펠로폰네소스 동맹'까지 끌려들어갈 위험이 있다는 사실은 머릿속에 들어 있지 않았다.

기원전 433년 가을이 막바지에 이른 무렵, 온 그리스의 조롱거리가 되어 굴욕에 몸을 떨어야 했던 코린토스에 원한을 갚을 수 있는 절호의 기회가, 유럽인의 표현을 빌리면 "은 쟁반에 담겨 운반되어" 찾아왔다. 그러니까 아테네에 대한 복수의 기회는 코린토스가 만들어낸 것이 아니었다. 전혀 예상도 못 한 방향에서 찾아온 것이었다.

확산되는 전선

왕국이 지닌 결함은 그 나라가 선진국이든 후진국이든 왕위를 둘러싼 집안싸움에서 벗어날 수 없다는 점이다. 이 무렵 마케도니아 왕국에서도 집안싸움이 일어났다. 왕의 동생이 반란을 일으킨 것이다. 반란뿐이었다면 마케도니아 왕국의 내전으로 끝났겠지만 기반이 붕괴될 것을 두려워한 왕은 국외에서 아군을 찾았다. 이때 국외는 마케도니아 남쪽에 있는 확실한 아테네 세력권인 칼키디아 지방이었다. 그중에서도 왕이 눈독을 들인 곳은 포티다이아라는 이름의 항구도시였다.

어째서 마케도니아 왕은 칼키디아 지방, 그것도 포티다이아에 주목했을까. '델로스동맹' 내에서 분담금 징수 구역을 따지면 '트라키아 징수 구역'에 해당되는 이 지역 주민들 사이에서 패권국 아테네에 대한 불만이 커지고 있다는 것을 알았기 때문이다. 그래서 마케도니아 왕이 아테네에 반대한다는 입장을 보여주면 그들은 자기편이 될 것이라고 판단했다.

현대 연구자들 가운데 이 지역에서 확산되기 시작한 아테네에 대한 불만을 그리스인의 강한 자주독립 기운 때문이라고 주장하는 사람도 있다. 그러나 불만은 고상한 정신에서 생기는 경우가 별로 없다. 대개는 평범한 것에서 발생한다. 칼키디아 주민의 불만은 '델로스동맹'에 가맹하는 것은 좋지만 분담금은 내기 싫다는 마음에서 생겨났다. 율리우스 카이사르의 말처럼 "인간은 그가 누구든 현실의 모든 면을 볼 수 없다. 대부분의 사람들은 보고 싶은 현실밖에 보지 못한다"였다.

이오니아 지방과 비교하면 칼키디아 지방은 에게 해 세계의 후진 지역이었다. '델로스동맹'이라는 거대 경제권에 포함되어 얻을 수 있는 이익을 생각하기보다는 분담금 지불이 싫다고 생각한 것이다. 거대 경제권에 포함되어 얻을 수 있는 이익은 명확하게 계산할 수 없지만 아테네가 부과한 분담금은 확실한 숫자로 표시되기 때문이다.

이런 식으로 사람 생각이 비약한다고 해서 놀랄 필요는 없다. 사람 마음이란 원래 그렇게 생겨먹었다. 마케도니아 왕이 뒤에서 밀어준다는 것을 알고 포티다이아 주민들은 힘을 얻었다. 그리고 아테네에 대항하기 위한 아군으로 아테네 때문에 얼굴에 먹칠했다고 생각하는 코린토스를 끌어들이려고 했다.

코린토스는 당연히 "은 쟁반에 담겨 운반되어" 온 절호의 기회를 붙잡았다. 다만 그리스 세계의 선진국이었던 코린토스는 포티다이아처럼 단순하지 않았다. 정규 군대를 파견하는 것은 14년 전 스파르타에서 개최된 그리스 전체 회의에서 결정한 '델로스동맹'과 '펠로폰네소스동맹'이 서로 상대 세력권을 침해하지 않는다는 규정을 위반하는 일이었다. 포티다이아가 있는 칼키디아 지방은 '델로스동맹' 세력권이었고, 아테네의 의표를 찌르고 싶은 마음이 간절한 코린토스는 '펠로폰네소스동맹'의 일원이었다.

그래서 코린토스는 '자원자'로 이루어진 군대를 편성해서 포티다이아로 보냈다. 스파르타를 제외한 펠로폰네소스 반도 전역에서 모여든 2,000명에 이르는 '자원자'들의 실체는 다르게 표현하면 '용병'이 적절할 것이다. 복무에 대한 급료를 코린토스가 지불했기 때문에 실제로는 코린토스 군대였지만 코린토스 시민이 참가하지 않았기 때문에 정규군은 아니었다. '펠로폰네소스동맹' 맹주 스파르타의 허가를 얻을 필요도 없는 형태로 파견한 것이다.

2,000명의 용병은 포티다이아까지 육로로 행군했다. 아테네가 에

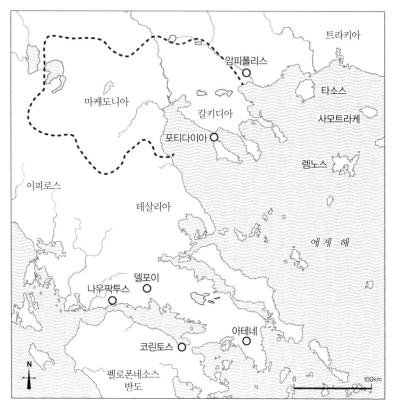

● 마케도니아와 칼키디아 지방

게 해의 제해권을 쥐고 있었기 때문이다. 배로 이동하면 아테네 해군에게 발각될 위험이 컸고 코린토스 배라는 것이 밝혀지면 코린토스의 관여가 명확해진다. 이 때문에 2,000명의 자원자들은 그리스를 북상해서 칼키디아 지방으로 가는 긴 육로를 선택했다.

그러나 코린토스가 움직이기 전에 아테네가 먼저 움직였다. 63세가 된 페리클레스는 사안의 중요성을 정확하게 파악했다. 전년에 있었던 코르푸 섬 지원과는 성격이 다른 문제임을 깨달았다. 칼키디아 지방의 일개 도시에서 일어난 반反아테네 기운이 '델로스동맹'에 가입한 다른 도시로 확산될 위험이 있었다. 분담금 지불 거부는 누구나 쉽게 이해할 수 있는 사안이었고 그래서 모두가 동의하기 쉬웠다.

기원전 432년, 그리스는 이미 여름에 들어선 5월이었다. 1,000명의 중무장 보병, 즉 정규군을 태운 30척의 삼단 갤리선이 피레우스 항구를 떠났다. 이들은 선발대였다. 계속해서 2,000명의 중무장 보병을 태운 40척의 삼단 갤리선을 출항시키기로 결정했다. 군대 지휘를 '스트라테고스'가 맡고 중무장 보병이 타고 있다는 사실은 해전보다 상륙작전을 염두에 둔 편성임을 의미했다.

모두 70척의 군선에 3,000명의 중무장 보병을 한꺼번에 보낸 것은 일개 항구도시를 제압하는 작전 치고는 대규모 병력이다. 그러나 그 지역을 여행해본 사람이라면 바로 알 것이다. 삼지창처럼 에게 해로 삐죽 돌출되어 있는 칼키디아 지방은 대열을 갖추어 공격하는 정규군보다 게릴라 작전에 더 적합한 곳이라는 점을 말이다. 그리고 정규군은 이기지 못하면 패하지만 게릴라는 지지만 않으면 이긴다.

또 하나, 해군력이라면 최강을 자랑하는 아테네였지만 거기에는 어찌해볼 수 없는 약점이 있었다. 바다에서 아무리 거세게 몰아쳐도 도망쳐서 몸을 숨긴 채 버티다 보면 언젠가는 제풀에 지쳐 물러갈 거라고 생각하게 만든다는 점이었다. 반대로 육군에게 공격당하면 도망쳐서 몸을 숨기거나 버틴다고 해서 적이 스스로 물러나지는 않는다. 이르든 늦든 시간문제일 뿐 적에게 항복하지 않는 한 적은 사라지지 않는 법이다.

그다지 자주 출전하지 않고 규모도 1만 명 정도밖에 되지 않지만 스파르타 전사 집단이 그리스에서 무언의 압력을 행사할 수 있었던 것은 전적으로 육지에서 공격하기 때문이었다. 현대식으로 말하면 공군 폭격과 지상군 공격의 차이라고 할까.

키몬 이후 이 결함을 메우기 위해 궁리해낸 것이 평원 전투에서 강한 중무장 보병을 '해병대'처럼 활용하는 전략이었다. 그러나 칼키디아 지방 같은 땅에서는 아테네 '해병대'도 힘을 발휘하지 못했을 것이다. 그리고 무슨 일이 일어나든 반드시 해결 방법을 찾아내는 테미스토클레스 급의 '스트라테고스'도 매년 배출되지는 않았다.

이렇게 그해 여름도 지나고 막 가을로 접어들었을 무렵, 아테네는 곤경에 빠졌다. 포티다이아에서 군대를 물리면 '델로스동맹'이 해체될 수도 있었기 때문에 애초부터 군대 철수는 논외의 문제였다. 아테네가 진심이라는 것을 안 마케도니아 왕은 포티다이아를 저버리고 아테네 측에 화해의 몸짓을 보내며 다시 접근해 왔지만 그것은 별로 도움이 되지 않았다. 이것이 사태 변화에 거의 영향을 미치지 못했다는 사실은 당시 마케도니아 왕국이 변경의 고만고만한 왕국에 지나지 않았음을 증명해준다.

이처럼 아테네가 곤경에 처했을 때 스파르타 또한 곤경에 빠져 있었다. 코린토스가 정식으로 참전하지 않았지만 '자원자' 형태로 아테네 군대를 상대로 전투를 벌이고 있는 것은 펠로폰네소스 반도의 주민들이었다. "앞날을 읽어내는 능력은 없더라도 과거에 받은 수모는 잊지 않는" 코린토스가 이 상황을 이용한 것은 물론이다. 스파르타 '에포로스(감독관)'를 상대로 뒤에서 공작을 벌이는 것은 그들에게 식은 죽 먹기였을 것이다.

'리쿠르고스 헌법의 수호자'를 자처하는 5명의 '에포로스'는 스파르타 국가체제를 유지하겠다는 의욕에 불타는 보수주의자였고 당연히 내셔널리스트였다. 따라서 이들은 전통적으로 반反아테네 파였다. 스파르타 내에서 아테네에 대한 '에포로스'의 적대적 목소리가 조금씩 높아졌다.

14년 전 스파르타에서 개최된 그리스 전체 회의에서 '30년 강화'라는 이름으로 불리는 스파르타와 아테네 사이의 '동거'가 성립되었다. 따라서 앞으로 16년은 더 존속해야 했다. 그러나 14년이 지난 기원전 432년에 아테네와 스파르타는 평화와 전쟁 가운데 하나를 선택해야 하는 현실을 맞이하고 말았다.

전쟁이라는 악마

코린토스를 제외하면 아테네와 스파르타는 이런 사태로 전개되는 것을 바라지 않았다. 그렇기에 14년 전 그리스에서는 유례를 찾아볼 수 없는 휴전협정을 '30년 강화'라는 이름으로 체결했던 것이다. 당시 협정을 엄수한다면 아테네 군대가 공격하고 있는 포티다이아를 포함한 칼키디아 지방은 '델로스동맹' 내에 있었기 때문에 스파르타가 맹주인 '펠로폰네소스동맹'은 관여할 처지가 아니었다. 그러나 그 지역에서 아테네를 상대로 싸우고 있는 것은 코린토스가 보낸 펠로폰네소스 반도의 주민인 '자원자' 2,000명이었다.

여기에 더해 사태를 복잡하게 만든 것이 메가라였다. 메가라는 포티다이아의 선전에 자극을 받았는지 '델로스동맹' 탈퇴를 표명했다. 메가라는 아테네가 수도인 아티카 지방 서쪽과 맞닿아 있고 좁은 지협을 통해 넓은 펠로폰네소스 반도와 이어져 있었다. 펠로폰네소스 반도에 속해 있지는 않지만 바로 바깥쪽에 위치하고 있어서 코린토스와 국경을 접했다.

코린토스는 메가라에 '델로스동맹'에서 탈퇴하고 '펠로폰네소스동맹'에 들어올 것을 권유했다. 아테네는 이웃 나라의 이런 움직임에 재빨리 선수를 쳤다. 메가라 배가 피레우스 항구에 기항하지 못하게 하고 교역 관계 단절을 선언했다. 그러나 이 조치는 스파르타 '에포로스'의 반反아테네 감정에 기름을 부은 꼴이 되었다. 이쪽에서 부른 것이 아니라 메가라의 요청을 받아들였을 뿐이고, 이제 '펠로폰네소스동맹'의 일원이 된 메가라를 대하는 아테네의 방식이 마음에 들지 않

● 메가라와 그 주변

는다는 것이었다.

그런데 아직 스파르타 내에는 아르키다모스 왕을 중심으로 아테네에 우호적인 무리가 존재했다. 그 결과 스파르타는 보기 드물게 국론이 둘로 분열되었다. 이런 경우 스파르타인은 델포이에 있는 아폴론 신전을 찾아가 여사제의 입을 통해 듣는 신탁에 의지했다. 아테네인이라면 개인적으로 신탁을 받으러 찾아가는 경우는 있지만 국가 차원의 사안으로 신탁을 받는 일은 없었다. 그러나 스파르타인은 나랏일도 신탁을 물었다.

그런데 평소에는 의미가 불명확해서 신관의 번역을 통해야만 이해할 수 있었던 여사제의 말이 이때는 무슨 까닭인지 확실했다. "만약 펠로폰네소스 반도에 사는 사람들 전체가 힘을 합쳐서 싸운다면 이긴다. 그리고 아폴론 신께서는 펠로폰네소스 사람들이 도움을 청한다면 들어주실 것이다."

'어라?' 하고 생각한 것은 현대의 우리만이 아니었다. 고대 그리스인 역시 이 신탁에 의심을 품었다. 당시에도 신들린 상태인 여사제는 물론이고, 그 여사제의 말을 번역해주는 것이 고유 업무인 신관을 매수하는 사례가 적지 않았기 때문이다. 그러나 스파르타인들은 고대사회에서 유명했던 델포이 신탁을 누구보다 성실하게 믿었다. 그런 그들이 매수의 손길을 뻗쳤을 것이라고는 생각하지 않는다. 그러나 코린토스인이라면 가능성이 높지 않았을까.

아무튼 델포이의 신탁은 스파르타 내부의 반▷아테네 세력에 힘을 실어주었다. 마침내 숙적 아테네를 쓰러뜨릴 기회가 왔다고 생각한 5명의 '에포로스'를 전면에 내세운 주전파의 목소리는 하루가 다르게 커져만 갔다.

각 나라의 신중파

그렇지만 아직 스파르타 내부에서는 신중파가 힘을 갖고 있었다. 이 파의 중심인물은 아르키다모스 왕이었다. 페리클레스와 한 살밖에 차이가 나지 않는 동시대 인물로 20대에 왕위에 올랐다. 그러나 재위는 시작부터 재난의 연속이었다. 대지진이 발생했고 이를 기회로 반란을 일으킨 헬롯을 제압하기 위해 왕위에 오른 후 15년 동안 고생했다.

아테네가 페리클레스 시대로 접어들자 이 스파르타 왕의 인생도 평온하게 바뀌었다. 왕의 주된 임무는 군대를 거느리고 전쟁터로 향하는 것인데 30년 가까이 전쟁터에 나가본 적이 없었다. 그동안 스파르타와 아테네라는 그리스 2대 강국 사이에 직접 전쟁이 일어나지 않았기 때문이다. 또한 페리클레스와는 개인적으로 그의 산장까지 방문하는 사이가 되었다. 그런데 30년 만에 양대 강국 사이에 긴박한 상황이 벌어진 것이다. 각국을 대표해서 선두에 서야 했던 두 사람의 마음은 어땠을까.

두 사람 모두 최고 엘리트 출신이었다. 아르키다모스는 리쿠르고스가 '헌법'을 만들기 이전부터 스파르타를 지배했던 왕가의 혈통을 물려받았다. 페리클레스도 솔론의 개혁 이전부터 존재했다고 알려진 아테네의 명문 가운데 명문, 알크마이온 집안에 속했다. 그리고 동년배였던 두 사람은 스파르타와 아테네가 긴급 상황에 놓인 기원전 432년까지 각국 최고 지도자로 계속 재임해왔다. 아르키다모스는 젊어서 왕위에 오른 뒤 32년 동안 스파르타 왕이었고, 페리클레스 또한 "형태는 민주정치였지만 실제로는 혼자 통치했다"라고 말하는 아테네에서 '혼자' 29년 동안 통치했다.

또한 두 사람은 기질도 비슷했다. 역사가 투키디데스가 소개한 두 사람의 연설을 읽고 깜짝 놀란 사실은 신이나 신탁, 운명 같은 것에 대한 언급이 '전혀'라고 해도 좋을 정도로 없다는 점이었다. 운명도 대부분 우리 인간에게 달려 있다는 듯이 말하고 있었다. 2,500년 전에 살았던 남자들 입에서 나온 말임을 생각하면 이들의 철저한 리얼리즘과 뛰어난 균형 감각에 경탄하지 않을 수 없다. 아마 이런 두 사람의 기질은 오랜 세월에 걸친 1인자 경험과 그 과정에서 축적된 책임감 덕분이 아닐까 상상해본다.

그런 반면 두 사람 모두 각자 '족쇄'가 있었다. 페리클레스의 '족쇄'는 아테네의 여론이었다. 민주정치를 채택한 나라였기에 당연히 여론을 무시할 수 없었다. 그러나 아테네의 시민집회에 모인 시민들의 여론 동향은 가까이는 보아도 멀리는 보지 못하는 성향이 있었다. 그래서 페리클레스는 가까운, 즉 눈에 보이는 실적을 내놓는 것과 그의 유일한 무기인 언어를 활용해 유도하고 조절해왔다. 그렇기 때문에 30년 동안 "형태는 민주정치였지만 실제로는 혼자" 최고 지위를 지속할 수 있었다. 그러나 긴박한 상황에 놓이면 일반 서민은 원래부터 부족했던 냉정함을 완전히 잃기 십상이다. 기원전 432년 가을부터 겨울까지 아테네에서는 페리클레스의 '족쇄'가 훨씬 무거워졌다.

한편 스파르타 왕 아르키다모스의 '족쇄'는 매년 5명씩 시민집회에서 선출되는 '에포로스'였다. 흔히 '감독관'으로 번역되는 이 5명이 감독하는 일은 장애를 갖고 태어난 아기를 낭떠러지에서 떨어뜨려 죽이는 것에만 국한되지 않았다. 그들이 진짜로 감독한 것은 두 왕가가 배출하는 2명의 왕이었다. 권력 전횡을 막는 것이 '에포로스'의 첫 번째 임무였기 때문이다. 이는 리쿠르고스가 스파르타만의 독자 제도를 고안해냈을 당시에는 분명한 의미가 있었다. 두 왕가가 지닌 권세가 막강했기 때문에 5명의 '에포로스'가 맡은 역할은 리쿠르고스가 만든 '헌법의 수호자', 즉 권력을 가진 자를 제어하는 역할을 상징하는 스파르타 특유의 관직이었다.

그로부터 200년이 지났다. 그사이에 '에포로스'에 의한 제어가 효과를 발휘한 탓인지 역대 왕들의 권력은 군대를 거느리고 전쟁터로 나가는 것에 국한될 정도로 약화되었다. 시민집회에서 의장을 맡고 있는 아르키다모스 왕이 신중론을 펼치자, 이어서 '에포로스' 하나가 격렬한 주전론을 전개했다. 오랫동안 지휘하는 지위에 있던 사람과 1년 임기인 '에포로스'에 선출된 병졸의 발언이 동일한 무게로 취급되었다는 것은 놀라운 일이다. 내정에 대한 것이라면 미경험자의 의견도 충분히 들을 가치가 있을 것이다. 그러나 아테네와 전면전에 대해 가부를 결정하는 중요한 사안이었다.

강력한 권력을 쥐고 있던 '에포로스'의 블랙리스트에 오르면 왕이라고 해도 용인되지 않았다. 원통한 죄를 뒤집어쓰고 죽음으로 내몰렸던 플라타이아이전투의 영웅 파우사니아스, 페리클레스의 설득으로 군대를 퇴각시켰다가 매수되었다고 고발당해 왕위에서 물러나야 했던 플레이스토아낙스의 사례가 그것을 잘 알려준다.

아테네에서 권력 행사가 용인되는 직위는 매년 10명씩 선출되는 '스트라테고스'였다. 당선만 된다면 연임이 가능했다. 한편 스파르타에서 실제로 권력을 장악한 것은 매년 5명씩 선출되는 '에포로스'로 연임이 불가능했다. 둘의 차이는 명확했다. 실제로 군대를 통솔하는 '스트라테고스'는 스스로 위험 부담을 안아야 하지만, 제어하는 일만 하는 '에포로스'는 스스로 위험 부담을 안을 이유가 없었다. '헌법의 수호자'라는 것만으로는 벌 받을 일이 없기 때문이다.

스스로 위험 부담을 떠안지 않는 존재에게 나라의 운명을 맡기는 스파르타만의 이 제도는 조금씩 결함을 드러내기 시작했다. 스파르타가 일국 평화주의로 일관했던 시대에는 왕이 쓴맛을 보기도 했지만 일단 나름대로 기능했다. 그러나 30년 후의 일이지만 이것은 국가체제로서 매력이 전혀 없다는 사실이 드러나고 말았다. 아테네가 패배한 이후 유일한 패권국이 된 스파르타는 그 패권의 유지조차 할 수 없었다. 스파르타의 국가체제 자체가 현대식으로 표현하면 '국제 경쟁력'을 갖추지 못했기 때문이다. 하지만 그것은 30년 후에야 밝혀질 터였다.

기원전 432년 겨울, 아테네와 군사 대결을 강하게 원했던 '에포로스'의 힘은 그것을 가능한 피하려고 했던 아르키다모스에게 늘 무거운 족쇄였다. 그래도 스파르타의 시민집회는 왕의 진언을 받아들여 아테네와 전쟁 회피를 위한 교섭을 승인했다. 그러나 교섭 내용을 보면 '에포로스'가 작성한 것이 분명해 보인다. 스파르타가 내놓은 것은 아테네가 거부할 것이 확실한 '회피 제안'이었다. 포티다이아에 대한 포위를 풀고 철수하라는 내용이었으므로 당연히 아테네 여론은 격앙되었다. '델로스동맹'을 해체하라고 요구한 것이나 마찬가지였다.

이처럼 두 나라 사이에서만 '공'을 던지고 받는 교섭은 다른 나라들에 스파르타와 아테네가 교착상태에 빠져 있다는 인상을 주고 말았다. 교착상태의 위험은 약소국이 돌발 행동을 저지를 수 있다는 것이다. 다음 해인 기원전 431년에 들어서자마자 아테네 북쪽에 위치한 도시국가 테베가 누구보다 먼저 움직였다. 다시 변방에서 사고가 발생했는데 이번에는 '사고'로 끝나지 않았다.

그리스 세계의 운명을 결정짓게 되는 펠로폰네소스전쟁이 발발한 것이다.

펠로폰네소스전쟁

그리스인의 역사 속에서 그들의 운명을 결정한 전쟁이 무엇이었는지 묻는다면 페르시아전쟁, 펠로폰네소스전쟁, 그리고 마지막으로 알렉산드로스에 의한 동방 원정이라고 대답할 수밖에 없다. 전체 3권으로 이루어진 『그리스인 이야기』 1권에서 페르시아전쟁, 2권에서 펠로폰네소스전쟁, 그리고 마지막 권에서 동방 원정을 다루려고 하는 것도 이 때문이다.

이토록 전쟁을 중요하게 생각하는 것은 전쟁을 서술하는 것 자체에 흥미가 있기 때문이 아니다. 누가, 언제, 어떻게 시작해서 어떤 식으로 전개되어갔는지에 따라 당사자뿐 아니라 다른 사람들의 운명조차 바꾸어놓는 인간 세계의 현상에 관심이 있기 때문이다.

페르시아전쟁은 두 번에 걸쳐 치러졌는데 기원전 490년에 있었던 '제1차 페르시아전쟁'은 간단하게 끝났다. 침공해 온 페르시아 군대가 마라톤에서 벌어진 전투에서 패하면서 물러났기 때문이다. 이 때문에 '페르시아전쟁'이라고 하면 10년 후에 재개된 '제2차 페르시아전쟁'을 가리키는 것이 역사적 상식이 되었다.

기원전 480년, 페르시아제국은 이번에야말로 그리스 전체를 정복하겠다는 목표로 대군을 이끌고 쳐들어왔다. 하지만 살라미스해전에서 완패했고 다음 해에는 플라타이아이 평원에서 완벽할 정도의 패배를 당하면서 그리스 쪽의 대승리로 막을 내렸다. 그리스에 손을 대면 크게 화상을 입는다는 것을 알게 된 오리엔트의 대국 페르시아는 실제로 이후 100년 이상 군대를 보내지 않았다.

이 대승리는 살라미스에서 아테네가, 플라타이아이에서 스파르타가 각각 가진 장점인 해상 전력과 육상 전력을 냉철하고 철저하게 활용하여 거둔 성과였다. 제2차 페르시아전쟁에서 그리스 2대 강국의 협동 체제가 기능했기에 대국 페르시아를 몰아낼 수 있었다. 실제 전투는 2년 만에 끝났기 때문에 전쟁이 '악'이 되는 이유 중 하나인 장기전이라는 폐해도 피할 수 있었다.

제2차 페르시아전쟁이 끝난 뒤부터 시작된 50년 동안, 정확히는 48년 동안 간간이 일어난 국지전을 제외하면 그리스인은 평화로운 반세기를 향유했다. 물론 그리스 도시국가들이 무장을 해제했다고 해서 평화가 실현된 것은 아니었다. 4년에 1번 행해지는 '올림픽 휴전'은 여전히 그리스인에게 필요했다. 따라서 반세기 동안 계속된 평화는 아테네와 스파르타가 이전보다 한층 강력해진 덕분이었다.

아테네는 계속 해군력을 증강했다. 언제나 보수적인 스파르타에서도 자기네 자랑인 육군 전력을 유지하는 데 반대하는 스파르타인은 없었다. 이로써 아테네가 이끄는 '델로스동맹'과 스파르타가 맹주인 '펠로폰네소스동맹' 사이의 성공적인 '동거'가 50년 동안 이어졌다. 이것이 평화 유지의 참된 원인이었다. 현대식으로 말하면 세력균형 상태의 확립이라고 해도 좋을 것이다. 하지만 기원전 431년, '펠로폰네소스전쟁'이 일어나고 말았다. 그리스 도시국가인 아테네와 스파르타 사이에 전쟁이 벌어진 것이다. 두 나라의 '동거'는 50년이나 계속되었기 때문에 그 이후에도 계속될 수 있었을지 모른다.

아테네는 해군 국가였고 스파르타는 육군 국가였다. 아테네는 기지 건설에 대한 욕망은 있었지만 영토 확장에 대한 욕망은 없었다. 영토가 확대되어도 그곳에 보낼 수 있는 사람이 충분하지 않았다. 스파르타도 일국 평화주의를 유지한 역사가 길었고 자국의 사회구조를 유지하는 데 만족하며 영토 확장에 대한 욕심을 갖지 않았다. 이렇게 보면 두 강국 간 이해관계의 충돌은 존재하지 않았다. 그래서 아테네의 1인자 페리클레스와 스파르타의 아르키다모스 왕은 전쟁을 원하지 않았다. 그럼에도 '펠로폰네소스전쟁'은 일어났다.

왜 전쟁이 일어났는지에 대해서는 앞에서 코르푸와 코린토스의 다툼으로 점화된 불길이 다른 지역으로 퍼져나가는 모습을 통해 살펴보았다. 연못에 돌을 던지면 파문이 바깥으로 퍼져나가는데, 전쟁은 이와 반대로 변경에서 일어난 사태의 파문이 중앙을 향해 모이는 사례의 하나인지도 모르겠다.

'펠로폰네소스전쟁'에 대해 쓰기 시작하는 단계에서 매우 어리석을 정도로 소박한 의문이 하나 생겼다. 아테네의 주요 전력은 해상에 있고 스파르타의 주요 전력이자 유일한 전력은 육지에 있었다. 바다에 발판이 있는 나라와 육지에 서 있는 나라가 어떻게 전투를 벌였을까? 두 나라는 실제로 정면으로 격돌한 적이 있었을까? 상세한 서술은 앞으로 하겠지만, 우선 답하면 '없었다'. '없었기' 때문에 27년 동안 승패를 가르지 못하고 전쟁이 계속되었던 것이다. 이쯤 되면 희극이라고 해야 할 것이다. 희극과 비극은 동전을 닮아서 앞뒤 관계다. 희비극tragico-comico이라는 말도 있다.

'펠로폰네소스전쟁'은 이 전쟁과 연관된 당시 3대 강국 모두의 운명을 바꾸어놓은 전쟁이었다. 기원전 404년, 무조건 항복을 할 수밖에 없었던 아테네는 해군을 버려야 했다. 그리고 '델로스동맹'이 해체당하면서 100년 동안 유지해온 그리스 세계의 패권을 완전히 상실했다. 그런데 승리한 스파르타는 아테네의 퇴장 이후 홀로 패권을 행사할 수 있었음에도 그럴 수 없는 상태가 되었다. 스파르타의 사회구조 자체가 시대에 뒤떨어졌기 때문이다. 페르시아는 전쟁이 일어나고 전체 전쟁 기간 중 3분의 1쯤 경과했을 때 등장해서 어부지리를 얻은 느낌을 주지만, 그 때문에 오히려 제국 전체의 통제가 붕괴하기 시작했다. 전제군주의 통제가 미치지 못하게 된 페르시아제국은, 70년 뒤지만 젊은 알렉산드로스의 동방 원정을 너무 쉽게 허용했고, 그 결과 아케메네스왕조 페르시아 자체가 멸망하고 말았다.

'펠로폰네소스전쟁'은 기원전 5세기부터 4세기에 걸쳐 살았던 모든 사람에게 크든 작든 영향을 미친 전쟁이었다. 거기에는 정치와 군사에 관심이 없었던 철학자 소크라테스도 포함되어 있었다.

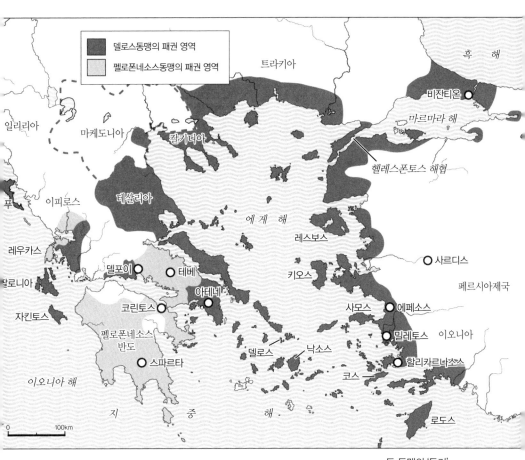

• 두 동맹의 '동거'

테베, 움직이다

기원전 431년 봄, 군대를 움직이는 계절이 되자마자 남하해 온 테베 군대는 주저하지 않고 플라타이아이를 목표로 삼았다.

테베는 도시국가 아테네의 영토인 아티카 지방 북쪽에 펼쳐진 보이오티아 지방에서는 강국이었지만 아테네와 스파르타를 양대 강국으로 꼽는다면 중간 정도 힘을 가진 도시국가 가운데 하나에 불과했다. 그래서 보이오티아 지방 전역을 지배하고 싶다는 욕망을 갖고 있었다. 따라서 이해의 움직임은 순수한 영토 확장 욕심에 의한 침략이었다.

그리스 세계는 전년부터 아테네와 스파르타가 서로 노려보고 있는 상태였다. 테베는 오랫동안 갖고 있던 영토 확장 욕망을 만족시킬 수 있는 절호의 기회라고 보았을 것이다. 그런데 왜 하필이면 플라타이아이를 목표로 정했을까.

아티카 지방, 보이오티아 지방이라고 해도 명확한 국경선이 그어져 있는 것은 아니었다. 게다가 당시 국경이란 국경 주변 땅까지 손안에 넣어야 비로소 명확해지는, 좀 귀찮은 성질이 있었다. 플라타이아이는 아티카 지방도, 보이오티아 지방도 아닌 곳에 있는 도시로 테베에서 남쪽으로 10킬로미터밖에 떨어져 있지 않았다.

플라타이아이는 전통적으로 아테네와 가까운 관계였다. 아테네는 존경하는 형님과 같은 존재로, 아테네가 군대를 파견할 때는 플라타이아이도 늘 병사를 보내 아테네인 '스트라테고스'의 지휘를 받아 싸웠다. 제1차 페르시아전쟁 당시 마라톤전투에서 아테네는 9,000명, 플라타이아이는 1,000명의 병사를 참전시켜 밀티아데스의 지휘를 받아 페르시아 군대를 격퇴하는 데 공헌했다. 제2차 페르시아전쟁 때 살라미스해전에서는 바다와 접하고 있지 않은 플라타이아이가 협력할 수 없었다. 하지만 다음 해 벌어진 플라타이아이전투에서는 8,000명을 참전시킨 아테네가 주도하는 좌익에 600명의 병사를 참전시켰을 뿐 아니라 병참에서도 협력을 아끼지 않았다.

테베가 아테네와 가까운 관계에 있는 플라타이아이를 노린 것은 스파르타와 일촉즉발의 상황 아래 있는 아테네가 원군을 파견할 여유가 없을 것이라고 보았기 때문이다. 또한 만약 플라타이아이 공략이 곤란해지면 스파르타가 도와줄 것이라고 생각했기 때문이다.

테베는 약 20년 전부터 '펠로폰네소스동맹'에 가입한 상태였다. 스파르타가 맹주인 이 동맹은 '델로스동맹'과 달리 분담금 지불 의무가 없었다. 따라서 그에 따른 벌칙도 없었다. 또한 스파르타가 군사행동에 나설 경우 원군 파견도 강제하지 않았다. 느슨한 모임이라는 느낌을 주는 '펠로폰네소스동맹'에 들고나는 것은 사실상 자유였다. 이 또한 아테네 쪽에는 없는 것으로 그리스 도시국가가 보기에 '펠로폰네소스동맹'의 매력이기도 했다.

여기까지 읽은 독자라면 전문 학자들처럼 이 시대의 '상황'을 느낄 수 있을 것이다. 뒤에서 코린토스가 줄을 당겨 조종한 것이 분명하다는 사실 말이다.

실제로 코린토스가 줄을 잡아당겼다. 앞날을 읽어내는 능력은 없어도 과거의 원한을 잊지 않는 코린토스의 선동에 테베가 움직였다. 다만 코린토스는 교활했다. 코린토스는 테베가 움직이면 자기 나라 군대를 보내겠다는 말을 하지 않았다. '펠로폰네소스동맹'에서 스파르타 다음으로 강국이던 코린토스는 대신에 스파르타가 움직이도록 만들겠다고 약속하고 테베의 등을 떠밀었다. 스파르타, 코린토스, 테베 모두 '펠로폰네소스동맹' 가맹국이었다.

이런 사정으로 테베는 아테네와 스파르타가 노려보고 있는 지금이야말로 좋은 기회라 여기고 플라타이아이를 공격한 뒤 아주 간단하게 점령에 성공했다. 성공한 첫 번째 이유는 플라타이아이 쪽이 허를 찔린 탓이다. 두 번째는 설마 300명이라는 소규모 병력으로 외국 공략에 나서지 않았을 것이라고 플라타이아이가 지레짐작하고 뒤이어 도착할 본대에 공포를 느꼈기 때문이다.

집 안에 숨어서 상황을 지켜보던 플라타이아이 사람들은 며칠 지나지 않아 테베 병사가 300명에 불과하며 곧이어 도착할 것이라고 생각한 본대가 도착은커녕 테베에서 출발조차 하지 않았음을 알게 되었다. 용기를 되찾은 그들은 손쉽게 점령 상태에서 벗어나 거리로 나가서 마음을 놓고 있던 테베 병사를 습격했다. 그 결과 테베 병사 몇 명이 죽고 대부분 포로가 되었다.

테베의 플라타이아이 침략은 코린토스를 통해 스파르타를 움직이기도 전에 실패로 끝나고 말았다. 이 사실을 안 페리클레스는 곧바로 플라타이아이로 사절을 보냈다. 사절은 페리클레스의 엄명을 가지고 출발했다. 그는 포로가 된 테베 병사의 처리를 신중하게 결정하고 아

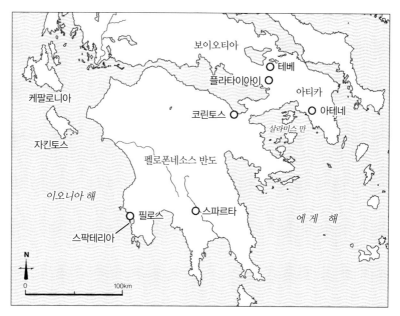

● 펠로폰네소스 반도

테네의 지령을 기다리라고 요구했다. 또 테베가 그대로 물러나지 않을 것이라고 생각한 페리클레스는 플라타이아이의 여자아이들 전원을 아테네로 피난시키라고 명령했다.

그러나 사절이 플라타이아이에 도착했을 때는 테베 포로 전원이 분노에 휩싸인 플라타이아이 사람들에게 살해당한 뒤였다. 그러자 이 사태에 분노한 테베는 스파르타에 사절을 파견해서 '펠로폰네소스동맹' 군대의 출동을 요구했다.

아테네가 테베를 공격한 것이 아니라는 사실을 근거로 신중한 대처를 주장한 아르키다모스의 발언은 그 직후 나온 '에포로스'의 강경 발언에 날아가버렸다. 스파르타는 과두정치를 채택했지만 국정 최고 결정 기관은 시민집회였다. 시민집회는 '펠로폰네소스동맹' 가맹국 병사로 편성된 동맹군을 아티카 지방에 파견하기로 가결했다. 아르키다모스는 '리쿠르고스 헌법'이 정한 '스파르타 왕의 임무', 즉 스파르타 정규군인 중무장 보병을 거느리고 출전하는 임무로 돌아갈 수밖에 없었다.

'30년 강화'라는 이름으로 불리는 아테네와 스파르타의 '동거'는 이렇게 절반 정도 지날 무렵 파탄이 나고 말았다. 이 세력균형 정책의 입안자였던 페리클레스와 아르키다모스 모두 바라지 않던 일이었지만. 이후 두 사람은 어쩔 수 없이 적대하는 두 나라의 지도자가 되어야 했다.

생각해보면 기원전 479년에 벌어진 플라타이아이전투 이후 48년 만에 스파르타가 주도하는 펠로폰네소스 연합군의 출전이었다. 당시 페르시아 군대를 상대로 싸울 때 우익은 스파르타, 중앙은 코린토스와 다른 도시국가, 좌익은 아테네가 맡았다. 그런데 48년이 지나 그때 우익과 중앙이 연합해서 좌익과 싸우는 그리스인끼리의 전쟁으로 바뀌고 말았다.

펠로폰네소스 연합군의 전력은 이랬다. 펠로폰네소스 반도 중무장 보병 2만 4,000명, 보이오티아 지방 중무장 보병 1만 명과 기병 1,000명으로, 합쳐서 중무장 보병 3만 4,000명에 기병 1,000명이었다. 이들을 지휘한 사람은 스파르타 왕 아르키다모스였다.

펠로폰네소스 반도에서 온 2만 4,000명 가운데 스파르타 병사 수가 얼마였는지는 알려져 있지 않다. 다만 왕이 통솔하는 스파르타 정규군이라는 점에서 용맹하기로 유명한 '스파르타 전사' 수가 5,000명은 넘었으리라 짐작된다. 이 정도 병력이 동원된 것은 48년 만의 일이었다.

또한 육군과는 별도로 코린토스가 주도하는 100척의 해군이 참전하기로 했다. 이 100척의 전선은 코린토스의 주장에 따라 아테네가 영유하고 있는 그리스 서쪽 섬들을 탈환하러 갔기 때문에 스파르타 왕의 지휘를 받지 않았다.

한편 아테네도 펠로폰네소스 연합군이 출동했다는 사실을 알고 곧바로 맞서 싸울 군대 편성에 착수했다. 아테네 시민과 아테네에 거주하는 외국인 중무장 보병이 모두 1만 3,000명이었다. 이 외에 창을 무기로 쓰는 기병 1,000명과 활을 쏘는 기병 200명이 있었다. 해군은 당연히 그리스가 자랑하는 삼단 갤리선 선단이 주력이었다. 평소 200척,

필요하면 300척까지 동원할 수 있었다.

아테네가 몸을 움직이면 '델로스동맹'도 함께 움직였다. 에게 해의 파도가 밀려오는 지역 도시국가 가운데 레스보스와 키오스를 제외하면 제공할 수 있는 배의 수는 적었을 것이다. 그렇지만 '델로스동맹'은 '펠로폰네소스동맹'에 맞서 몸을 일으켰다.

아테네는 바다 위에서 펠로폰네소스 연합군을 완파할 수 있는 병력이 있었지만 육지에서는 3만 4,000명 대 1만 3,000명으로 병력 수가 크게 부족했다. 해군에 4만 명을 할당해야 하는 아테네로서는 육상 병력 부족은 어쩔 수 없는 일이다. 페리클레스는 그래도 충분히 맞서 싸울 수 있다고 생각했다. 심지어 1만 3,000명의 병력 가운데 1,900명을 포르미온에게 내어주어 아직 제압이 끝나지 않은 포티다이아로 보내기까지 했다.

페리클레스가 생각한 전략은 싸우기는 하겠지만 정면에서 맞서 싸우는 것은 아니었다. 우선 일체화된 지 반세기가 지난 수도 아테네와 외항 피레우스의 방어에 치중했다. 압도적인 우위를 자랑하는 아테네 해군의 활용과 조국 방위는 분리해서 생각할 수 없었다.

나우팍투스와 코르푸에 아테네와 동맹 관계에 있는 가까운 섬들과 연대하여 이오니아 해에서 코린토스의 움직임을 틀어막는 역할을 맡겼다. 플라타이아이에는 테베 문제가 발생했을 때 아테네가 보낸 원군과 협력하여 보이오티아 지방에서 남하하는 테베의 보병 1만 명과 기병 1,000명을 막는 보루 역할을 맡겼다. 에게 해의 동맹도시들에는 아테네 외항인 피레우스에서 흑해까지 제해권을 사수하라고 명령했다. 그 목적이 인구가 10만 명이 넘는 아테네의 원활한 식량 보급임은 말할 것도 없다.

이때 페리클레스에게 한 가지 낭보가 전해졌다. 펠로폰네소스동맹 측에서 페르시아 황제 아르타크세르크세스에게 소아시아 서해안 일대의 페르시아 군대 출동을 요청했는데 황제가 거부했다는 소식이었다. 만약 페르시아 군대가 출동하면 이오니아 지방, 즉 '델로스동맹'의 주요 가맹국이 집중되어 있는 이 일대가 불안해진다. 그러면 아테네와 흑해를 잇는 식량 보급로도 큰 위기에 놓일 위험이 있었다.

전쟁 첫해

이 시기에 살았던 그리스인 대부분은 반세기 전에 싸웠던 '제2차 페르시아전쟁'을 기억하지 못했을 것이다. 전쟁 당시 아직 태어나지 않았던 사람도 많았다. 제2차 페르시아전쟁 때 페리클레스는 15세였다. 스파르타 왕 아르키다모스는 14세, 페르시아 황제 아르타크세르크세스는 15세였다.

앞의 두 사람은 미성년자였기 때문에 후방에서 학생 생활을 하고 있었던 반면, 아르타크세르크세스는 눈 아래에서 펼쳐진 살라미스해전을 아버지의 옆에서 지켜보는, 도저히 잊을 수 없는 체험을 했다. 그리스에 손을 대면 큰 화상을 입게 된다는 사실을, 그 전쟁으로 인해 인격 파탄에 이른 아버지를 보고 배운 사람이었다. 게다가 그 인격 파탄에 원인을 제공한 테미스토클레스를 영입해서 정치 고문으로 삼아 죽을 때까지 보살핀 사람이기도 했다. 이제 64세가 된 페르시아 황제는 펠로폰네소스동맹의 요청을 거절했다. 17년 전 체결한 페르시아와 아테네의 상호 불가침 조약인 '칼리아스 강화'를 지키겠다는 것이 페르시아 황제가 거부한 이유였다.

다만 페르시아 황제에게 출동을 요청한 것은 펠로폰네소스동맹이었는데 거기에 스파르타가 가담했을 것이라고는 생각하기 어렵다. 어느 학자는 코린토스가 독자적으로 움직인 것이 아닐까 하는 의견을 냈는데 나도 거기에 동의한다.

스파르타인이 외교 감각이 부족한 것은 사실이다. 게다가 그들은 지나치게 자존심이 강했다. 사전에서 자존심을 찾아보면 다음과 같이 설명되어 있다. "남에게 굽히지 않고 자신의 품위를 스스로 지키는 마음." 침공해 온 페르시아에 맞서 그리스가 단결해서 맞서 싸운 것은 기원전 479년 플라타이아이전투였다. 이 전투에서 승리를 결정한 주역은 아르키다모스와 혈연관계인 파우사니아스가 거느린 스파르타 전사들이었다. 그런 스파르타인이 당시 도주할 수밖에 없었던 페르시아 황제의 아들에게 반세기가 지난 후 뻔뻔하게 군대를 동원해서 도와달라고 부탁할 수 있을까.

스파르타인은 아테네인처럼 영리하지 않았다. 때문에 교활하지도 않았다. 자존심이란 어느 선까지는 죽어도 손을 내밀지 않겠다는 자세를 의미하기도 한다. 아무튼 이것으로 '펠로폰네소스전쟁'은 페르시아의 불참이 결정되면서 그리스인들끼리 싸우는 전쟁이 되었다.

기원전 431년 봄이 한창일 때, 스파르타 왕 아르키다모스는 펠로폰네소스 반도에서 2만 4,000명을 거느리고 아티카 지방을 침공했다. 이때 아르키다모스는 평화를 위해 재차 심복 하나를 페리클레스에게 보냈다. 다만 개인적이 아니라 공적으로 보냈다. 이 시기에 적대국 지도자와 개인적으로 접촉하면 두 사람 모두 변절자로 낙인 찍혀 반역죄로 고발될 위험이 있었다. 산장 방문 같은 일은 더 이상 허용되지 않았다.

그런데 아테네에는 자기네 영내에 군대를 거느리고 들어온 적과는 교섭을 금지하는 법이 있었다. 이에 따라 스파르타 왕이 보낸 사절은 쫓겨났고, 아르키다모스의 마지막 시도 또한 물거품이 되고 말았다.

페리클레스의 개전 연설

과두정치를 운용하는 나라인 스파르타에서도 전쟁을 시작할 때는 가부를 시민집회에 물었다. 아테네는 민주정치를 운용하는 나라였다. 적이 침공하여 눈앞에 나타나도 그에 맞서 싸울지 말지를 결정하는 것은 시민집회였다. 계획하는 것은 페리클레스였지만 그 계획에 찬성할지 말지는 시민집회가 결정했다. 그리고 그런 경우 상황을 설명하는 사람은 그해에도 '스트라테고스'에 선출된 페리클레스의 역할이었다.

"시민 여러분, 펠로폰네소스인에게 한 걸음도 양보하지 않겠다는 내 생각에는 변함이 없습니다." 이렇게 시작된 페리클레스의 연설은 한마디로 말하면 개전 주장이었다. 터질 듯한 '냄비'는 '뚜껑'을 열어서 내부 열기를 뺄 수밖에 없다고 생각했을지 모르겠다.

64세가 된 페리클레스는 아테네 시민을 유도하는 방법을 잘 알고 있었다. 먼저 못을 박았다. 이 자리에서 전쟁을 하기로 결정하면 그것이 아테네의 국론이 된다고 못을 박아서, 그 후 전쟁 상황에 따라 일어날 수 있는 반전론을 사전에 차단했다.

다음으로 전쟁을 일으킨 책임은 우리가 아니라 펠로폰네소스동맹 쪽에 있다고 주장했다. 15년 전 그리스 전체 회의에서 결정한 '델로스동맹'과 '펠로폰네소스동맹'의 '동거'는 아테네와 스파르타 두 나라의 책임 분담이었고, 그에 따르면 각 동맹 내 문제는 아테네와 스파르타가 심판 역할을 맡아서 해결해야 하는데, 스파르타는 자기네 동맹의 문제를 아테네에 억지로 떠넘긴 것이라고 말이다.

실제로 코르푸 섬과 포티다이아, 플라타이아이는 아테네 세력권에 속해 있었다. 그리고 그곳에 손을 뻗은 코린토스와 테베는 스파르타 세력권에 속해 있었다. 그렇기 때문에 스파르타에 대한 페리클레스의 비난은 논리적으로 옳았다. 그러나 스파르타는 애초부터 책임을 분담할 의지도, 능력도 없었다.

일국 평화주의로 일관해온 스파르타는 경제력 향상을 '꾀하지 않는' 것을 신조로 삼았다. 이는 다른 분야에서도 '꾀하지 않는' 것으로 연결되기 쉽다. 그리고 '꾀하지 않는' 생활 방식을 추구하다 보면 결국 꾀할 수 있는 능력이 약화된다. 육군 전력에서 압도적인 강력함을 자랑하던 스파르타였지만 외교 면에서 코린토스에 끌려 다니는 일이 많았던 것은 '꾀하지 않는' 사이에 능력 자체가 약화된 좋은 사례다.

스파르타는 코린토스가 일러준 대로 아테네 측에 피할 수 없는 요구를 하고 말았다. 이 요구를 수용하든지 아니면 전쟁을 해, 이런 느낌으로 아테네를 밀어붙였다.

페리클레스의 비난은 논리적으로는 옳았다. 그러나 현실적으로는 스파르타에 그들의 능력을 넘어서는 일을 요구했다는 지적을 피할 수 없다. 물론 개전을 유도해야겠다고 생각한 정치가라면 누구든 그렇게 말할 수밖에 없었을 것이다.

페리클레스 역시 정치가였다. 그래서 그의 연설 또한 전쟁을 시작하면 반드시 아테네가 이긴다는 방향으로 흘러갔다. 페리클레스는 아테네의 풍부한 자금력과 숙련된 기능자 집단인 아테네 해군의 강함을 승리 이유로 제시했다. 전쟁은 결국 그 나라 경제력에 영향받을 수밖에 없으며, 전쟁터로 나가는 병사도 베테랑이라면 전쟁 상황에 따라 우왕좌왕하지 않을 것이라는 의미였다.

그렇다면 정신력에 대해서는 어떻게 생각하는지 궁금해진다. 페리클레스가 말하는 '정신력'은 "1억 개의 불덩이가 되어 적을 향해 돌진하자"와 같은 부류의 정신력이 아니다. 그의 주장을 한마디로 요약하면 자기 조절 능력을 말한다. "우리 아테네인이 가장 경계해야 할 것은 적의 뛰어난 전략이 아니라 우리 내부에 늘 잠재되어 있는 자기 상실입니다." 따라서 그가 말하는 '정신력'이란 어떤 일이 일어나더라도 냉정함을 잃지 않는 것이다. 자산을 약탈당하더라도, 자산이 사람을 만드는 것이 아니라 사람이 자산을 만든다는 사실을 명심하며 참고 견디는 힘을 가리킨다.

그리고 최고사령관인 페리클레스는 대략이기는 하지만 전쟁 진행 방법을 시민들에게 밝혔다. 적은 육지로 오지만 우리는 바다에서 적의 본국을 치겠다고. 그는 다음과 같은 말로 마무리했다. "우리 아버지 세대는 지금보다 훨씬 불리한 상황에서 대국 페르시아를 패퇴시켰습니다. 50년 뒤 오늘날 우리도 그 시대처럼 침공해 온 적과 맞서 싸워야 합니다. 이제부터 시작되는 전쟁은 어디까지나 침공해 온 펠로폰네소스 연합군에 대한 방위 전투입니다."

정치 지도자로서 개전 이유가 자국 방위라고 주장하는 것은 당연하지만 한편으로 사실이기도 했다. 페리클레스의 연설이 끝난 뒤 행해진 투표에서 아테네 시민집회는 압도적 찬성으로 개전을 결의했다.

진심은 어디에?

그런데 그리스 전체의 주목을 받으며 시작된 '펠로폰네소스전쟁' 첫해인 기원전 431년, 전투에 임한 두 나라의 모습은 구경꾼 눈으로 볼 때 기묘했다. 스파르타 왕이 거느린 펠로폰네소스 연합군은 아티카 지방 북쪽 일대를 휩쓸었고, 아테네 해군은 펠로폰네소스 반도 동쪽 해안에 상륙해서 그 지방 일대를 휩쓸었다. 여기까지는 페리클레스가 시민집회에서 밝힌 전략대로 진행된 셈이다. 기묘하다는 것은 그 후의 모습이다.

아티카 지방을 침공한 스파르타 왕 아르키다모스는 침공 후 40일이 채 지나지 않아서 전투에 적합한 여름임에도 갑자기 귀국을 명령했다. 이유는 군량의 부족이었다. 분명 3만 4,000명에 이르는 병력을 먹이는 일은 쉽지 않다. 중간 규모 도시국가인 테베가 그것을 부담할 여유가 없다는 것도 이해가 된다. 또한 아직 수확기가 아니어서 약탈을 한들 별 도움이 되지 않을 터였다.

그렇지만 대군을 거느리고 왔다가 40일도 지나지 않아서 퇴각하는 것은 이상한 일이었다. 동행했던 '에포로스'가 거칠게 항의했지만 왕의 마음은 바뀌지 않았다. 보이오티아 지방 병사에게 귀국할 것을 명령한 후, 자신이 거느리고 온 펠로폰네소스 반도 병사들을 그대로 이끌고 스파르타로 돌아갔다. 이 사실을 안 아테네 해군 역시 더 이상 공격하지 않고 피레우스 항구로 귀환했다. 펠로폰네소스전쟁의 첫해는 이렇게 끝났다.

이쯤에서 페리클레스의 참된 의도를 알 것 같은 기분이 든다. 해군을 상륙시켜 적을 공격하라고 명령을 내렸지만, 아티카 지방으로 침공해 온 적에 대해 아테네는 소극적 대응으로 일관했다. 요새로 변한 플라타이아이를 굳게 지키라고 명령했을 뿐 그 외에 적과 맞서 싸우는 것은 금지시켰다. 정면충돌은 피한 상태로 서로 적지를 공격하는 전법을 일관되게 구사했다.

이럴 경우 전쟁은 소모전이 된다. 인력과 자금력을 계속 투입하는 전법이다. 오랜 기간 소모전을 지속하는 어리석은 짓을 64세의 페리클레스가 고려할 이유가 없다. 생각해보면 무책임하다고 말할 수밖에 없다. 그보다 한 살 연하로 예부터 친한 사이인 데다, '에포로스'와 종

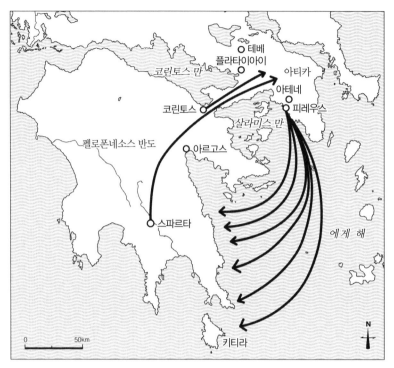

● 펠로폰네소스전쟁 첫해

종 충돌을 벌일 정도로 균형 감각이 뛰어난 스파르타 왕 아르키다모스도 의미 없는 소모전을 계속할 정도로 어리석은 사람이 아니었다.

두 사람은 개전을 앞두고 연락이 끊긴 상태였다. 그러나 두 사람은 동년배에다 오랜 친구 사이였다. 굳이 입 밖에 내지 않아도 이해할 수 있는 사이라고 말할 수 있다. 오랜 세월에 걸쳐 책임을 져야 하는 위치에 있었던 그들은 떨어져 있어도 상대방 생각을 짐작할 수 있었을 것이다. 그렇다면 다음과 같은 상상도 충분히 가능해진다.

아르키다모스는 매년 봄이 되면 펠로폰네소스 군대를 거느리고 북상해서 아티카 지방을 공략한다. 한편 아테네도 해군을 보내서 펠로폰네소스 연안 일대를 공격한다. 여기서 주의해야 할 점은 아테네의 페리클레스나 스파르타의 아르키다모스 모두 상대 국가에 결정적인 타격을 주지 않는 정도로 '적대행위'를 해야 한다는 것이다.

스파르타 왕의 아티카 지방 농경지 공격은 아테네 농업에 타격을 주지만 아테네는 별로 걱정하지 않는다. 아테네는 델로스동맹과 자국 해운 능력을 통해 외국으로부터 식량 수입이 보장되어 있기 때문이다. 스파르타 또한 펠로폰네소스 반도 연안이 공격받아도 거기에 피해를 입는 것은 피지배계급에 속한 농노들뿐이고 지배계급에는 아무런 피해가 없다. 스파르타 왕이나 아테네 최고 지도자 모두 상대국 피해가 결정적이지 않을 정도로 공격을 억제한다.

공격이 '결정적'이 되면 곧장 정면충돌로 이어질 가능성이 높다. 이 전략을 계속하며 2~3년 정도 정면충돌을 피하면 그사이에 터지기 일보 직전이던 냄비는 김이 빠지고 진정이 될 것이다. 그때쯤 상황을 봐서 두 나라는 5년 휴전협정을 맺는다. 그리고 5년이 지나는 동안 상황이 좀 더 안정되면 장기간 휴전인 '30년 강화'를 내놓는다.

전례도 있었다. 기원전 451년에 5년이라는 기간을 정해 체결한 아테네와 스파르타 사이의 휴전협정은 그 5년 뒤에 체결한 '30년 강화'라고 불리는 두 나라의 '동거'로 이어졌다. 게다가 그때의 '동거'를 준비한 사람 또한 페리클레스와 아르키다모스였다.

만약 이 상상대로 진행되었다면 '펠로폰네소스전쟁'은 쌍방 모두 다소 희생은 생겼더라도 27년이나 계속될 필요는 없었을 것이다. 페리클레스는 30년 동안 최고 지위에 있었으며 64세였다. 아르키다모스는 33년 동안 왕위에 있었으며 63세였다. 두 사람이 소모전을 끝없이 계속한다면 무책임한 일일 것이다. 만약 그것이 가능하다 해도 젊은 세대를 전혀 고려하지 않는 노인의 고집이 될 수 있다.

그렇지만 '펠로폰네소스전쟁'은 27년 동안 계속되었다. 페리클레스와 아르키다모스, 아니 그 누구도 예상하지 못했던 불행이 다음 해에 바로 일어났기 때문이다.

전몰자 추도 연설

전쟁 첫해가 끝난 겨울, 두 사람은 각자 자기 지위에 따른 책무를 수행했다. 스파르타 왕은 아마 아테네 해군의 공격을 받은 라코니아 지방을 시찰했을 것이다. 페리클레스는 수는 많지 않더라도 강한 인상을 남기기 마련인 전쟁 첫해의 전몰자를 위한 추도식을 진행했다.

아크로폴리스를 중심으로 한 수도 아테네를 둘러싸고 있는 성벽을 나서면 곧바로 시민을 위한 묘지가 펼쳐져 있다. 그리스나 로마 모두 화장 풍습이 있었기 때문에 묘지라지만 음습한 인상은 주지 않는다. 또한 아테네는 겨울에도 강하게 내리쬐는 햇빛과 바다에서 불어오는 서늘한 바람 때문에 습하지 않다. 묘지는 아테네에 체류하는 외국인을 포함한 사람들의 산책길로 활용되었다.

전몰자 전용 묘지 역시 다르지 않았다. 파르테논 신전을 멀리서 바라볼 수 있는 한구석에서 전몰자를 추도하는 의식이 거행되는 것은 아테네에서는 일상적인 일이었다. 행사에는 정부나 군대 고관들과 유족들이 참여하는 것이 당연하지만 일반 시민도 많이 참가했다. 나라를 위해 몸을 바친 사람들을 추도하는 것은 자연스러운 일이었다.

또 하나 자연스러운 것이 있었는데 전몰자 추도 연설은 그해의 '스트라테고스'가 한다는 결정이었다. '스트라테고스'는 병사를 전쟁터로 데리고 간 사람이거나 전쟁터에 보낸 사람이었다. 이런 이유로 펠로폰네소스전쟁 첫해 추도 연설은 페리클레스가 맡았다. 아마 오랜만이라고 생각되었으리라. 단상에 오른 페리클레스는 전몰자 추도 연설을 시작했다.

그러나 이 사람의 흥미로운 점은 상대의 의표를 찌른다는 데 있다. 페리클레스의 화술이 지닌 교묘함은 페리클레스 시대라고도 불리는 30여 년에 걸쳐 널리 알려졌지만, 화려한 수사법을 구사하며 이야기를 끌어가지는 않았다. 이런 자리는 오히려 말이 필요 없으며, 듣는 쪽도 그 점을 잘 알기 때문이었다.

페리클레스가 입을 열었다. 어떤 말도 이 죽음 앞에서는 불필요하겠지만 죽은 이들이 어떻게 나라를 위해 몸을 바쳤는지 다시 한 번 되새기는 것은 결코 불필요한 일이 아니라며 말을 이어갔다. 이어서 뛰어난 민주정치 선언문까지는 아니겠지만 2,500년 후 유럽 고등학교 교과서에도 실리는 연설이 시작되었다.

우리 아테네의 국가체제는 우리 스스로 만들어낸 것으로 다른 나라 체제를 모방한 것이 아닙니다. 이름을 붙인다면 민주정치(데모크라티아)라고 할 수 있을 것입니다. 나라 방향을 소수가 아니라 다수가 결정하기 때문입니다.

이 정치체제 아래에서 모든 시민은 평등한 권리를 갖습니다. 공무 참여로 얻을 수 있는 명예 또한 태어나고 성장하는 과정에서 주어지는 것이 아니라 그 사람의 노력과 업적에 따라 주어집니다. 가난하게 태어난 사람도 나라에 유익한 업적을 이룬다면 출신과 상관없이 명예를 얻을 수 있습니다.

우리는 공적 생활뿐 아니라 개인 일상생활에서도 완벽한 자유를 누리며 살고 있습니다. 아테네 시민이 누리는 언론을 비롯한 각 분야에서 보장된 자유는, 정부 정책에 대한 반대 의견은 물론이고 정책 담당자 개인에 대한 질투나 선망, 중상모략이 들끓는 것조차 자유라고 부를 정도로 높은 완성도에 이르렀습니다. 그렇지만 이런 소란 때문에 시민의 일상생활이 갈피를 못 잡은 채 결론에 이르지 못하는 일은 생기지 않습니다.

아테네에서는 일상의 노고를 잊게 만들어주는 교양과 오락을 즐길 기회가 많습니다. 전시라지만 축제, 경기, 연극제는 매년 정해진 날에 변함없이 개최되고 있습니다. 그리고 여기에 더해 이제부터 할 이야기 역시 우리 삶의 방식이 우리 경쟁 상대와 어떻게 다른지 보여주는 예가 될 것입니다.

그들의 나라는 외국인을 배제함으로써 국내 안정을 도모하지만, 아테네는 그와 정반대로 바깥에서 찾아오는 사람들에게 문호를 개방하고 있습니다. 외국인에게도 기회를 주면 우리나라가 다른 나라보다 번영한다고 확신하기 때문입니다.

아이들 교육을 보면 우리의 경쟁 상대는 아주 어릴 때부터 아이들에게 엄격한 교육을 시켜서 용감한 기질을 가진 사람으로 육성하겠다는 목표를 갖고 있습니다. 하지만 아테네에서는 그들만큼 아이들을 엄격하게 교육시키지 않습니다. 그러나 위기에 처했을 때 그들보다 못한 용기를 보인 적은 한 번도 없습니다.

우리는 시련에 대처할 때 그들처럼 비인간적이고 가혹한 훈련을 통해 얻어낸 결과로 마주하지 않습니다. 우리 하나하나가 지닌 능력을 토대로 결단과 실행력을 통해 대처합니다. 우리가 보여주는 용기는 정해진 법이나 관습에 얽매여 발휘하지 못하는 일이 없습니다. 각자가 일상생활 속에서 쌓아 올린 나름의 행동 원칙에 따라 발휘합니다.

현재 여러분이 마주하고 있는 아테네의 영광과 번영은 많은 무명의 사람들이 일구어낸 성과입니다. 이것이야말로 아테네다운 것이며 아테네에 영원한 생명을 안겨주는 것이다.

우리는 아름다움을 사랑합니다. 그러면서 절도를 유지합니다.

우리는 지식을 사랑합니다. 그러면서 유약하지 않습니다.

우리는 부의 추구에 무관심하지 않습니다. 그러나 그것은 우리의 가능성을 확장시키기 위함이지, 타인에게 보여주기 위함이 아닙니다.

아테네에서는 가난 자체를 부끄럽게 여기지 않습니다. 그러나 가난에서 벗어나려고 노력하지 않는 것은 부끄럽게 생각합니다.

개인의 이익을 존중하는 것은 그것이 공공의 이익에 대한 관심을 높일 것이라고 확신하기 때문입니다. 사익 추구가 목적인 사업에서 발휘된 능력은 공적 사업에서도 훌륭하게 응용할 수 있기 때문입니다.

아테네에서는 시민이라면 누구든 공적인 일을 할 수 있는 기회가 주어집니다. 따라서 정치에 무관심한 시민은 고요함을 사랑하는 사람으로 간주되는 것이 아니라, 도시국가를 떠받치는 시민의 의무를 이행하지 않는 사람으로 간주됩니다.

이것이 여러분이 매일 눈으로 보고 있는, 그리스인 모두의 학교라고 불러도 좋을 아테네라는 나라입니다. 전몰자들은 이 아테네의 영광과 번영을 지키기 위해 자신의 몸을 바쳤습니다.

이들의 귀한 희생에 국가가 보답하는 길은, 그 희생을 마음에 담아두는 것과 그들이 남긴 아이들을 어른이 될 때까지 교육하고 경제 면에서 도와주는 것밖에 없습니다.

그러나 아테네 시민 모두에게 약속할 수 있는 것이 또 하나 있습니다. 전시라는 점에서 해군과 육군, 양쪽 전력을 증강시켜야 하지만, 한편으로 시민의 일상생활이 예전과 다르지 않도록 유지하는 데 온 힘을 다하겠다는 것입니다. 그 모든 것을 이룰 때 아테네는 아테네라는 이름에 부끄럽지 않는 도시국가가 될 것이기 때문입니다.

이제 유족 여러분은 잠시 육친을 잃은 슬픔에 빠져도 좋습니다. 그러나 그 후에는 집으로 돌아가십시오. 다른 사람들과 마찬가지로 말입니다.

유족이나 그 뒤를 메우고 있는 시민들 사이에서 그 누구도 전몰자를 전쟁터로 내몬 장본인인 그를 향해 비난과 항의의 목소리를 내지 않았다. 아테네인은 이때도 언어라는 유일한 무기를 구사한 페리클레스에게 유도당한 셈이다.

전쟁 2년째인 기원전 430년, 여름이 되자마자 스파르타 왕 아르키다모스가 펠로폰네소스 연합군을 거느리고 아티카 지방으로 침공해왔다. 그런데 이해 아테네에서는 누구도 예상하지 못했던 일이 벌어졌다.

역병의 대유행

아테네는 선견지명이 뛰어난 테미스토클레스의 간절한 노력 덕분에 50년 전부터 시가지 전체가 성벽으로 에워싸여 보호받았다. 게다가 그 성벽은 피레우스까지 연결되어 있어서 아테네는 쭉 이어진 강력한 방어벽을 갖춘 그리스에서 유일한 도시이기도 했다. 아테네 이외의 도시에 성벽다운 성벽이 없었던 것은 성벽이라는 말만 들어도 알레르기를 일으키는 스파르타의 신경을 거슬리고 싶지 않았기 때문이다.

스파르타는 물론이고 코린토스, 테베에도 성벽이라고 부를 만한 것이 없던 시대였으므로 아티카 지방의 마을이나 도시에 방어벽이 있을 리 만무했다. 그것은 여름이 되자마자 침공해 온 스파르타 왕이 이끄는 펠로폰네소스 연합군 앞에 아티카 지방 농민들이 자기네 몸을 보호할 수단이 없음을 의미했다.

그렇지만 그들 또한 도시국가 아테네의 시민이었다. 페리클레스는 이들이 아테네 시내로 피난하는 것을 허용했다. 지난해 가을부터 난민을 받아들였기 때문에 그해 기원전 430년 여름 그리스 최대 인구를 자랑하는 아테네는 사람들로 차고 넘치는 도시가 되고 말았다.

식량은 부족하지 않았다. 흑해에서 피레우스에 이르는 식량 보급로가 여전히 제대로 작동하고 있었다. 그러나 시내로 들어온 난민들의 생활환경은 열악할 수밖에 없었다. 이들을 수용한 장소는 대부분 공공시설이었는데 당시 그리스인은 위생관념이 충분하지 않았다. 훗날 이야기이지만 이탈리아 반도를 여행한 한 그리스인이 다음과 같은 말을 남겼을 정도다. "그리스인은 무엇보다 먼저 신전을 세우는데 로마인은 먼저 도로를 뚫고 상하수도를 정비한다." 인류 최고의 문화유산인 파르테논이 장엄하고 화려한 모습으로 빛나고 있던 페리클레스 시대 아테네에서 하수도의 중요성을 생각한 사람은 거의 없었다.

그런 아테네에 무시무시한 역병이 덮쳤다. 그리스인은 의학의 아버지라고 불리는 히포크라테스를 배출한 민족이었다. 의료 수준은 높았을 것이고 의사도 많았다. 하지만 의사들은 난민 수용소에서 발생하여 부유한 사람들 집까지 기세 좋게 퍼져나간 전염병의 치료 방법을 찾아내지 못했다. 그도 그럴 것이 처음 보는 병이었기 때문이다. 멀리 에티오피아에서 이집트를 거쳐 피레우스 항구로 상륙한 것이 아닐까 하는 추측은 스스로를 위로하기 위한 소문에 지나지 않았다.

당시 28세였던 『펠로폰네소스전쟁사』의 저자 투키디데스는 훌륭한 현장 증인이다. 이 유례를 찾을 수 없는 현장 증인이 쓴 『펠로폰네소스전쟁사』 가운데 몇 쪽은 실록으로서 걸작으로 꼽히는데, 이 묘사에 비견할 수 있는 것은 1,800년 후 보카치오가 쓴 『데카메론』밖에 없다고 여겨질 정도다. 참고로 그리스인 시대 다음의 로마인 시대에 역병에 관한 훌륭한 실록이 없는 것은 열심히 하수도를 건설한 덕분에 대규모 전염병이 발생하지 않았기 때문이다. 아무튼 투키디데스가 남긴 증상을 기초로 현대 연구자들은 이해에 아테네를 덮친 전염병의 정체가 보카치오 시대의 흑사병이 아니라 장티푸스였을 것으로 추측한다.

아테네 시내에 사는 사람들 대부분이 걸렸다는 것은 사실이다. 투키디데스도 걸렸다가 완치되었다. 젊고 체력이 좋은 사람은 완쾌되었지만 어린아이와 체력이 약한 사람은 죽었다. 이 전염병이 그때까지 유지되던 아테네인의 기개를 완전히 붕괴시킨 것 또한 사실이다. 모든 신전은 신의 가호를 비는 목소리로 가득 찼고 늘 맑았던 아테네 하늘에는 신에게 바치는 희생 가축을 태우는 연기가 여러 갈래로 끊임없이 피어올랐다.

아티카 지방을 침공한 스파르타 왕 아르키다모스도 아테네 시내에 재앙이 덮친 것을 알았다. 왕이 출전하면 '에포로스'도 동행한다. 그 '에포로스'가 왕에게 이 기회에 아테네를 공격하면 간단하게 정복할 수 있다고 말했다. 그러자 아르키다모스는 우리 쪽 병사들까지 희생시킬 수 없다며 전군에 진을 걷고 귀국하라고 명령했다. 이렇게 해서 그해 아티카 침공은 한 달이 채 안 지나서 끝났다.

페리클레스는 스파르타 왕이 아티카 지방을 침공했다는 사실을 알고 곧바로 해군을 이끌고 적지로 향했다. 그리고 아르키다모스가 군대를 돌리자마자 늘 그래왔던 것처럼 피레우스 항구로 돌아왔다. 하지만 아테네인의 분노가 그를 기다리고 있었다.

집과 농경지와 가축을 약탈당한 난민들은 아테네로 피난해 열악한 생활을 견디고 있었다. 그런데 전염병까지 발생했다. 눈앞에서 픽픽 쓰러져 죽어가는 가족을 보면서 분노를 느낀 것은 당연했다. 분노한 것은 난민만이 아니었다. 오랫동안 아테네 시내에 살고 있던 사람들도 대규모 난민이 유입되면서 곤혹스러워하던 차였다. 그리고 그들이 자기 가족을 죽인 역병의 온상이라는 이야기를 듣고 곤혹스러움은 분노로 바뀌었다. 신에 대한 기도마저 효과가 없자 시민들의 분노는 페리클레스를 향했다.

탄핵

이럴 때 반드시 목소리를 높이는 사람이 나타나기 마련이다.

"누가 펠로폰네소스동맹과 전쟁에 뛰어들라고 권했는가?"

"페리클레스!"

"누가 저 많은 난민의 수용을 인정했는가?"

"페리클레스!"

"누가 역병이 곧 진정될 거라고 말했는가?"

"페리클레스!"

어느 나라에서인가 반정부 계통 언론이 실시했던 여론조사가 생각난다. 어떻게 질문하는가에 따라 답변이 달라진다는 사실을 잘 보여주는 사례였다. 아무튼 30년이라는 긴 세월 동안 "형태는 민주정치였지만 실제로는 혼자 통치했다"라는 말을 들었던 그 '혼자'는 하루아침에 아테네를 덮친 모든 불행의 원흉이 되고 말았다. 그에게 죄가 있다면 역병의 유행까지 예측하지 못한 것뿐이다.

그러나 그대로 당할 페리클레스가 아니었다. 65세가 된 그는 시민들 사이에서 타오르고 있는 비난과 의연하게 맞섰다. 시민집회를 소집해서 당당하게 반론을 전개했다.

나에 대한 여러분의 분노는 예상한 일입니다. 나는 여러분에게 개전의 가부를 묻는 시점에서 이미 개전이 옳다는 근거를 명확하게 제시했습니다.

따라서 오늘 시민집회를 소집한 것은, 불안에 시달리며 감정적이 된 여러분이 그때 기억을 떠올리도록 하기 위함입니다. 그리고 이를 통해 여러분이 얼마나 겁쟁이고 소극적인 기분에 휩싸여 있는지를 보여주려

합니다.

내 생각은 조금도 바뀌지 않았습니다. 도시국가가 있기 때문에 시민이 있을 수 있다는 생각 말입니다. 운이 좋아서 하늘 높이 날게 된 개인이 있더라도 하늘에서 내려와 날개를 쉬어야 할 때 조국의 국력이 쇠퇴했다면 다시 날아오를 힘을 얻을 수 없습니다. 국가의 역할은 비약하려는 개인이 가진 능력을 모두 펼칠 수 있도록 기반을 제공하는 것입니다.

따라서 통치자는 늘 우선시해야 하는 사항의 선택에 놓이기 마련입니다. 물론 개개인의 안전보다 국가 전체의 안전을 우선시하는 것이 당연하며, 그런 통치자의 생각에 대해 가부로 답할 권리를 가진 시민 여러분도 냉정한 마음으로 이 우선순위를 받아들여야 하는 것이 당연한 의무입니다.

이는 21세기를 살고 있는 우리가 보기에 민주주의를 운용하는 나라의 리더가 충분히 할 수 있는 말이다. 그렇다면 2,500년 전 '데모크라티아'를 만들어낸 아테네 사람들은 개인과 국가를 어떤 관계로 생각했을까.

국가와 개인이라는, 오늘날까지 여전히 해답을 찾기 어려운 대명제를 전면에 들고 나온 사람은 페리클레스와 동년배이자 친구였던 비극작가 소포클레스였다. 그 문제를 다룬 연극 「안티고네」는 이 시기가 아니라 12년 전 처음 무대에 올랐고, 공연을 본 사람들의 투표를 통해 그해 최고의 비극 작품이라는 영예를 안았다. 국가가 있고 나서 개인이 있다는 것은 정치가의 생각이고, 그 관계를 간단하게 규정할 수 없다는 것은 예술가의 생각일까.

한편 예술가 소포클레스도 '스트라테고스'에 선출되면 군대를 이끌고 전쟁터로 나갔다. 즉 국가를 우선시하는 페리클레스의 생각에 대해 그건 그리 간단한 문제가 아니라고 이의를 제기하더라도, 도시국가의 시민으로서 자기 책무를 다해야 한다는 것만큼은 이론의 여지가 없었다. 그리고 페리클레스 역시 친구의 다른 생각을 존중했다. 실제로 「안티고네」가 월계관을 쓴 다음 해에 두 사람은 '스트라테고스(사령관)'로서 사모스 섬 제압을 위해 함께 출항했다.

그러나 본질적으로 소포클레스는 예술가였고 페리클레스는 정치가였다. 예술가는 명제를 선택해서 그것을 최고의 형태로 만들어 보여주면 되지만 정치가는 그에 대한 해결책을 내놓아야 한다. 페리클레스는 도시국가 아테네가 있기에 아테네 시민이 있다는 생각을 일관되게 유지했다. 그래서 시민들에게도 도시국가 아테네 시민에 어울리는 발언을 해달라고 요구했다.

예상이 가능하든 불가능하든 언제고 재난은 찾아옵니다. 거기에 휘말릴 때마다 남에게 책임을 돌리는 것은 너무 불안한 나머지 자기 자신을 잃은 사람들이 하는 짓입니다. 이와 반대로 아테네 시민이라는 이름이 부끄럽지 않은 사람은 가장 중요한 것이 무엇인지를 잊지 않은 채, 불행을 참고 견디며 상황이 호전될 때까지 냉정함을 유지하면서 인내해야 합니다.

참고 견뎌내는 것은 여러분 한 사람 한 사람을 위한 일이자, 아테네라

● 소포클레스

그리스인 이야기 Ⅱ

는 도시국가를 위한 일이며, 개인과 국가 양쪽 모두의 운명을 결정하는 일입니다.

사람들은 페리클레스의 연설을 듣고 납득한 모양이었다. 시민집회는 더 이상 들끓어 오르지 않고 평온하게 해산했다. 그러나 집으로 돌아간 그들을 기다리고 있는 것은 병든 가족과 죽음을 한탄하는 여자들이었다. 이 비참한 광경을 목격한 남자들의 머릿속에서, 가까운 것만 보지 말고 먼 것도 보라는 페리클레스의 말은 순식간에 사라져버렸다.

다시 타오르기 시작한 분노에 불을 붙이는 사람은 어디에나 있다. 소집되지도 않았는데 열린 시민집회는 지난 30여 년 동안 누구에게도 내려지지 않았던 안건을 다수의 찬성으로 가결했다.

페리클레스를 '스트라테고스'에서 해임한다.
페리클레스에게 공금 악용 죄로 50탈란톤의 벌금을 부과한다.

공금을 악용했다는 것은 국가를 잘못된 방향으로 유도했다는 의미다. 어떤 비난과 비판이든 예의 귀족적인 정신으로 극복했던 페리클레스였지만 공금 악용 혐의만은 받아들이기 힘들지 않았을까. 한편 30여 년이라는 긴 세월 동안 그를 '스트라테고스'로 선출했던 선거구 아카만티스의 유권자들은 이때도 그를 저버리지 않았다. 페리클레스는 다음 해에 다시 '스트라테고스'에 당선되었다.

이 결과가 찬물을 끼얹는 역할을 했는지 모르겠다. 해임 소동과 공금 악용 소동은 그대로 가라앉았다. 다만 역사가 투키디데스가 쓴 것처럼 페리클레스 외에 다른 인물이 없다는 사실을 시민들이 재인식했기 때문에 소동이 가라앉은 것은 아니다. 단지 기세 좋게 타오르던 불길이 약해진 것뿐이었다.

이 점은 페리클레스 본인이 누구보다 잘 알고 있었을 것이다. 페리클레스를 밀어내는 일에 집착했던 클레온Kleon이라는 남자의 거친 말에 귀 기울이는 시민이 늘고 있었다. 또한 장티푸스로 추정되는 역병도 완전히 진화된 것이 아니었다.

다음 해인 기원전 429년, 평소처럼 여름이 찾아왔다. 스파르타 왕아르키다모스가 거느린 펠로폰네소스 연합군이 북상해서 아티카 지방을 공격했다. 한편 아테네 해군은 남하해서 펠로폰네소스 반도 해안 일대를 공략했다. 그리고 여름이 끝날 무렵 두 군대는 서로 약속이라도 한 것처럼 각자 나라로 돌아가는 일을 되풀이했다. 적어도 페리클레스의 전략이 그해에도 지속되었던 셈이다.

그렇지만 이런 소극적인 전법을 지속하기란 쉬운 일이 아니다. 인내력에도 한계가 있다. 이런 경우 국면을 전환해주는 기분 좋은 일이 일어나면 그것을 기화로 인내 역시 다시 상승곡선을 그릴 수 있다. 그해 여름 아테네는 오랜만에 낭보를 접했다.

오랜만의 승리

포르미온은 비록 사회적으로는 페리클레스와 소포클레스, 투키디데스처럼 상류계급에 속하지 않고 또한 '스트라테고스'에도 선출되지 않았지만, 페리클레스가 이미 10년 전부터 등용한 무장이었다. '스트라테고스(사령관)'가 아니었으므로 소규모 군대를 맡기기에 적합한 인물이었다. 비유하면 크기는 작지만 효율이 뛰어난 소형차였다. 포르미온은 전투 재능이 뛰어나지 못한 페리클레스를 군사적인 면에서 지원해온 인물이기도 했다. 태어난 해는 알려져 있지 않지만 페리클레스보다 15세 정도 연하였기 때문에 당시 50세쯤 되었다.

기원전 429년 봄, 포르미온은 코린토스 해군을 눈앞에 둔 이오니아 해에 배치되었다. 지난해부터 에게 해 북부 칼키디아 지방을 출발해 그리스를 동쪽에서 서쪽으로 반 바퀴 돌아온 참이었다. 그에게 주어진 것은 불과 20척의 삼단 갤리선이었다. 이 전력으로 코린토스 해군이 주력을 이룬 펠로폰네소스 연합 해군과 맞서 싸우라는 임무를 부여받았다. 이때 코린토스는 아테네 해군이 펠로폰네소스 반도 해안 일대를 공격하는 사이에 그리스 서쪽에 있는 아테네 세력권의 기지나 섬을 빼앗으려고 조금씩 행동에 나서고 있었다.

포르미온은 코린토스 만과 면한 아테네의 기지 나우팍투스에 도착하자마자 곧바로 거느리고 온 20척의 배를 숨겼다. 아테네 군선의 모습이 보이지 않는 지금이 기회라고 생각한 것인지 코린토스 항구를 뒤로 한 채 펠로폰네소스 연합 해군이 코린토스 만의 출구로 향했다.

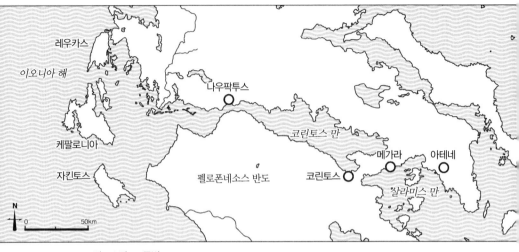

● 코린토스와 그 주변

이들은 만을 나가면 바로 나타나는 케팔로니아 섬을 공략 목표로 삼았다.

펠로폰네소스 연합 해군의 배는 모두 47척이었다. 그러나 중무장 보병을 가득 태우고 있어서 배 자체가 무겁고 움직임이 둔했다. 포르미온은 그 점을 놓치지 않았다. 그는 47척의 적선을 일정한 거리를 두고 뒤따랐다. 그리고 만 바깥으로 나가자마자 노 젓는 선원들에게 명령해 속도를 한 단계 올렸다.

20척은 곧바로 47척을 에워쌌다. 그냥 포위한 것이 아니었다. 포위망을 조금씩 좁혀갔다. 포르미온이 생각한 전법은 아군 배로 들이받아 적선을 침몰시키는 것이 아니라 움직임이 둔해진 적선끼리 스스로 충돌하게 만들어 침몰시키는 것이었다. 결과는 아테네의 승리로 끝났다. 적선 47척 중 침몰한 숫자는 알려져 있지 않지만 포획한 수가 12척에 달했다.

그러나 펠로폰네소스동맹에서 최고의 해군력을 가졌다고 자부하는 코린토스가 그대로 물러설 리 없었다. 2차전에서 코린토스는 77척을 끌고 나왔다. 아테네는 1차전과 마찬가지로 20척이었다. 다만 전장은 나우팍투스를 앞에 둔 코린토스 만 안쪽이었다.

포르미온은 전법을 바꾸었다. 2차전에서는 이전부터 아테네가 나우팍투스 해군기지에 주둔시킨 11척을 참전시켰다. 20척에 11척을 더해 31척으로 77척에 맞서 싸우는 것이 아니라 20척과 11척을 둘로 나누어 좌우에서 적을 공격하는 작전을 택했다. 적에게 접근하자마자 둘로 나뉜 아테네 함대가 원형 진을 짜서 포위할 계획이었다. 전투는 실제로 그렇게 전개되었고 2차전 역시 해상에서는 아테네의 상대가 없다는 사실을 증명했다.

페리클레스가 시민집회에서 되풀이해 강조한 것처럼 "해군이야말로 아테네의 안전보장을 위한 핵심이며 그것은 아테네 해군이 다른 나라가 쉽게 따라잡을 수 없는 수준까지 이른, 풍부한 경험을 가진 기능자 집단이기 때문이다"라는 말을 이번에도 정확하게 증명해 보였다.

아테네는 열광의 도가니에 빠졌다. 승리라는 점에서는 다를 것이 없겠지만, 그것이 주요 전력으로 거둔 승리라면 만족감에서 차이가 날 것이다. 페리클레스를 겨냥했던 분노도 사라지는 듯이 보였다.

죽음

그런데 페리클레스에게서 생명의 불꽃이 사라지려 하고 있었다. 여전히 현역 '스트라테고스'였기에 포르미온이 거둔 승리를 누구보다 빨리 알았을 것이고 기뻐하며 그를 맞이했을 것이다. 그러나 이 낭보도 생명의 불꽃을 다시 타오르게 할 수는 없었다.

66세의 나이는 죽어도 이상할 것이 없을 정도로 노령이라고는 할 수 없다. 소포클레스는 90세까지 살았다. 소크라테스가 사형선고를 받고 독배를 마셔야 했던 것은 70세 때 일이다. 플라톤도 80세까지 살았다.

평균수명이 짧았던 것은 유아 사망률이 높았기 때문으로, 야생동물과 마찬가지로 그 시대 남자들은 유소년기를 벗어나면 이후 각자의 체력과 행운에 따라 수명이 갈렸다. 히포크라테스 이후 고대 의학이 육체 저항력을 높이는 것을 최우선 과제로 삼은 것은 이 때문이다.

페리클레스가 장티푸스로 추정되는 역병에 걸려서 죽음에 이르렀다고 보는 역사가들이 적지 않다. 그러나 그 병 특유의 증상을 기록한 사료는 없다. 또한 역병이 널리 확산된 것은 1년 전 여름이었다. 그 후 다시 재발하긴 했지만 페리클레스가 죽은 것은 2년이나 지난 기원전 427년이었다.

1년 전 역병이 창궐하면서 페리클레스는 여동생 하나와 전처에게서 태어난 아들 둘을 잃었다. 이런 가정 내 불행이 그의 생명을 단축시켰다고 보는 연구자도 있지만, 국가를 위해 개인의 불행을 참고 견뎌야 한다고 말한 사람이 과연 혈육을 잃은 슬픔 때문에 생명이 줄었을까.

아마 반년 전 불거졌던 공금 악용, 즉 국정 운영을 잘못했다는 고발이 그의 자긍심에 깊은 상처를 주었으리라 생각한다. 페리클레스처럼 자긍심이 강한 남자에게 그런 비난은 절대로 잊히지 않는다는 점에서 그렇다.

병상에 누운 페리클레스의 옆에는 그의 건강을 걱정하는 친구들이 모여들었다. 이들은 그가 결코 홀로 죽게 만들지 않겠다는 듯이 매일 그의 옆을 지켰다. 그러던 어느 날 친구들은 그가 자고 있다고 생각했는지 그동안 페리클레스가 원정에서 거둔 여러 승리를 칭찬하는 이야기를 나누었다. 그때 페리클레스가 눈을 뜨고 말했다.

자네들이 그런 것을 중요하게 생각한다는 데 놀랐네. 승리한 '스트라테고스'의 업적 따위는 그해 사령관으로 선출되었다는 우연의 결과에 지나지 않아. 진정으로 칭찬받을 가치가 있는 업적은 내 정치적 전략 때문에 죽은 아테네 시민이 하나도 없었다는 것 아닐까.

플루타르코스가 전하는 이 에피소드가 만약 진실이라면, 페리클레스에게 편안한 죽음이 허락되지 않았던 것은 상상임을 전제로 앞에서 이미 말했던 구상이 제대로 실현되지 않은 탓이다. 시작할 수밖에 없었던 펠로폰네소스전쟁을 스파르타와 직접 대결을 적극 회피하는 형태로 2~3년 지속하다가 상황을 봐서 스파르타와 5년 휴전협정을 체결하고, 그 후 다시 상황 변화에 따라 '30년 강화'로 끌고 간다는 가설 말이다.

투키디데스가 쓴 것처럼 페리클레스는 펠로폰네소스전쟁이 시작되고 2년 반 뒤인 기원전 429년 가을에 세상을 떠났다. 도시국가 아테네의 번영 유지를 최고 목적으로 삼았던 페리클레스의 심모원려深謀遠慮는 도중에 좌절되고 말았다. 이것이 66세에 죽은 그에게 남은 유일한 미련 아니었을까.

게다가 그동안 심모원려의 파트너가 되었던 스파르타 왕 아르키다모스도 그 2년 뒤 세상을 떠났다. 페르시아전쟁이 끝나고 50년 동안 그리스가 평화롭게 지낼 수 있었던 데 공이 컸던 두 남자가 잇따라 세상을 떠났다. 그리고 비록 멀리 떨어져 있지만 그리스 세계의 평화 유지에 공이 있었던 페르시아 왕 아르타크세르크세스 또한 페리클레스가 죽고 4년 뒤 세상을 떠났다. 이제 주인공들이 모두 바뀌는 시대로 접어든 것이다.

아테네 시민들은 페리클레스가 죽었다는 소식을 별 감흥 없이 받아들였다. 정의로운 사람으로 인정받고 죽을 때까지 칭찬받았던 아리스티데스 때처럼 국장을 치러 그의 죽음을 추도하자는 말을 꺼내는 사람조차 없었다. 전몰자가 아니었기에 아테네 성벽 바깥 묘지 가운데 가장 좋은 자리인 국립묘지에 묻힐 수도 없었다.

아테네 시민들 대부분은 페리클레스의 죽음에 별로 애도하지 않았던 듯하다. 오히려 풍자희극 작가인 아리스토파네스가 웃음의 대상으로 삼은 것처럼, 무슨 일에서든 국민에게 먼저 다가오거나 국민의 바람에 귀 기울이지 않고 자신이 제우스 신이라도 되는 것처럼 질책하며 이끌었던 페리클레스가 마침내 죽어서 마음이 놓인다는 생각이 강했던 것 아닐까.

페리클레스의 죽음이 아테네에, 아니 그리스 전체에 종말의 시작이 되리라고 생각한 사람은 당시 아무도 없었다. 역사가 투키디데스가 그 점을 지적해 기록한 것은 종말이 시작된 때가 아니라 종말을 향해 급강하하던 시대에 『펠로폰네소스전쟁사』를 쓰기 시작했기 때문이다. 투키디데스는 페리클레스가 죽었을 때 29세였는데 당시에는 그렇게 생각하지 않았을 것이다.

죽은 다음에, 아니 죽고 얼마쯤 지난 뒤에야 비로소 그 사람에 대한 평가가 명확해진다. 페리클레스의 죽음을 슬퍼한 시 한 구절 남기지 않은 것이 기원전 429년의 아테네였다. 그러나 시는 남기지 않아도 걸작 비극은 남겼다. 페리클레스가 죽은 해에 소포클레스의 비극 「오이디푸스 왕」이 공연되었다. 예언으로 알게 된 정해진 운명과 맞서기 위해 평생 애썼지만 결국은 예언 그대로 일생을 살았던 인간의 슬픔을 깊이 파헤친 걸작이었다. 페리클레스는 늘 운명이란 신들이 정하는 것이 아니라 우리 인간이 개척해가는 것이라고 생각했다. 그러나 마지막에 이르러 생각했던 '대전략'은 그의 죽음으로 인해 중도에 좌절될 위기에 놓였다. 이것이 운명이 아니라면 무엇일까.

페리클레스와 소포클레스 두 사람은 동년배였고 친구였으며 '스트라테고스'로서 어깨를 나란히 한 채 원정에 나간 적도 있었다. 페리클레스에게 사령관을 맡기보다 비극을 쓰는 편이 아테네에 더 유익하다는 평가를 들었어도 변함없이 페리클레스를 지지했던 소포클레스였다. 아마 그는 병상에 누운 페리클레스의 곁을 지킨 사람 가운데 한 명이었을 것이다. 만약 페리클레스가 소포클레스의 최신작 내용을 알았다면 어떤 감상을 피력했을까 생각해본다. 평소처럼 냉소적인 말투로 "역시 자네는 군선을 거느리기보다 비극을 쓰는 편이 아테네에 더 유익해"라고 말했을지 모르겠다.

마지막으로 에피소드 하나를 소개한다. 페리클레스는 비판이나 비난, 중상모략에 익숙한 사람이었다. 그러나 그날의 남자는 집요했다. 공무가 계속되는 페리클레스 옆에서 거친 비판을 쏟아냈다. 그에 대해 페리클레스는 한 마디도 대꾸하지 않고 분노한 모습도 보이지 않았다. 로마의 '집정관'에게는 12명의 경호원이 함께했지만 아테네의 '스트라테고스'에게는 경호원이 없었다. 그래서 이 아테네 시민은 공무 수행 중에도, 공무를 끝내고 밤늦게 집으로 돌아가는 길에도, 등을 들고 길을 비추는 하인 하나만 거느린 페리클레스를 향해 비판과 비난, 중상모략을 퍼부었다.

집에 도착했을 때 페리클레스가 처음으로 입을 열었다. 그런데 그 남자가 아니라 하인에게 명령한 말이었다. "그 등을 들고 이분을 댁까지 모셔다드리게."

페리클레스가 그 남자에게 입도 벙긋 하지 않았던 것은 언론의 자유를 존중했기 때문이 아니다. 오히려 언론의 자유를 오용하는 어리석은 자에 대한 강한 경멸이 담긴 행동이었다. 화를 내지 않은 것은 스스로 어리석은 사람 수준으로 떨어지지 않기 위한 처신에 불과했다. 분노란 상대방이 대등하다고 여길 때 생기는 감정이다. 그런데 이토록 귀족적이고 이토록 비민주주의적인 남자 덕분에, 아테네 민주정치는 그 이전에도 그 이후로도 실현된 일이 없을 만큼 원활하게 작동했던 것이다.

• 아테네 중무장 보병 묘비

제2부

우중정치 시대

페리클레스 이후
: 기원전 429~기원전 404년(26년)

3

페리클레스의 죽음을 경계로 아테네가 우중정치 愚衆政治 시대로 접어들었다는 것은 그리스 역사에서 지배적 견해가 된 지 오래다.

대군을 동원하여 침공해 온 페르시아를 완벽할 정도로 격파하고 아테네에 황금시대의 길을 개척한 테미스토클레스가 활약한 것은 기원전 480년이었다. 그 노선을 계승하여 "형태는 민주정치였지만 실제로는 혼자 통치했다"라고 말해도 이상할 것이 없는, 그래서 아테네에 정치적 안정과 경제적 번영을 안겨주었을 뿐 아니라 문화 또한 활짝 꽃을 피운, 말 그대로 황금시대를 안겨준 페리클레스는 30여 년 동안 아테네를 다스렸다.

이렇게 '민주정치'가 작동한 세월을 합치면 50여 년이 된다. 이 50년 이후 '우중정치'를 거쳐 기원전 404년 펠로폰네소스전쟁에서 패배하기까지 25년이 걸렸다. 그러니까 아테네는 50년에 걸쳐 쌓아 올린 번영을 그 절반인 25년 만에 물거품으로 만든 셈이다. 도시국가인 아테네는 그 후에도 82년 동안 살아남았다. 그러나 그때 아테네는 오늘날 우리가 경탄해 마지않는 아테네다운 아테네가 아니었다.

그렇다면 아테네의 쇠락을 이끈 주범인 우중정치란 어떤 것일까.

데모크라티아^{demokratia} : 민주(중)정치

데마고기아^{demagogia} : 우중정치

두 가지 모두 그리스인이 발명한 말인데 얼핏 보면 서로 다른 정치 체제처럼 보인다. 그러나 둘 다 '대중^{demos}'이 주역이었다는 점에 주목할 필요가 있다.

왜 우중정치로?

도시국가 아테네의 주권자는 '시민'이라는 이름을 가진 민중이었다. 그렇기 때문에 주권재민이 된다. 최고 결정권이 '데모스^{demos}' 곧 '민^民'에 있다는 점에서 민주정치와 우중정치는 다를 것이 없다. 나쁜 정치의 표본으로 공인된 우중정치라 해도 민주정치가 존재하지 않은 나라에서는 태어날 수 없다는 말이다. '데모크라시'가 은화의 앞면이라면 '데마고기'는 뒷면이다. 뒤집는 것만으로 양상이 확 바뀐다. '민주정치'와 '우중정치'는 은으로 만든 돈의 앞뒷면일

뿐이다.

　페리클레스 시대에는 현명했던 아테네인이 그가 죽자마자 어리석은 사람들로 돌변하지는 않았을 것이다. 그렇지만 페리클레스 이후 아테네가 우중정치 시대로 들어선 것은 역사적 사실이다. 왜 그렇게 되었을까. 이 의문을 해명하기 위해서는 페리클레스의 죽음 외에 다른 요인을 찾아야 한다고 생각한다.

　왕정, 귀족정치, 민주정치, 공산정치 등 정치체제가 오늘날까지 어떻게 변해왔든, 그 과정에서 인류는 지도자가 필요 없는 정치체제를 발명한 적이 없다. 이 사실이 보여주듯이 민주정치든 우중정치든 리더가 필요했다. 다만 그 성격이 다르다.

민주정치의 리더: 민중이 자신감을 가지도록 만들 수 있는 사람
우중정치의 리더: 민중이 마음 깊은 곳에 품고 있는, 미래에 대한 막연한 불안을 선동하는 데 매우 뛰어난 사람

　전자가 '유도하는 사람'이라면 후자는 '선동하는 사람'이다. 전자는 긍정적인 면에 빛을 비추며 인도해가는 유형이지만, 후자는 부정적인 면을 폭로해 불안을 선동하는 유형의 지도자다. 따라서 선동자는 반드시 정치가에 국한되지 않는다. 오늘날이라면 시위를 이끄는 지도자나 언론, 웹web도 자각하든 그렇지 않든 훌륭한 '데마고그(선동자)'가 될 수 있다.

　그렇다면 페리클레스가 남긴, 아테네인을 불안하게 만든 요인이 있

었을까. 이성적으로 생각하면 없었다. 내정은 민주정치가 정착한 지 이미 오래되었고 유도의 명수 덕분에 정치체제는 안정되어 있었다. 반대파는 언제나 존재했다. 그러나 30여 년에 걸쳐 페리클레스 시대라고 불리는 정권이 장기간 지속되었다.

외치에서는 아테네가 무시할 수 없는 페르시아와 스파르타라는 두 강국과 상호 불가침이라는 형태의 동거가 성립되었다. 페르시아와 스파르타도 강국으로 발돋움한 아테네와 직접 대결이라는 모험을 할 마음은 없었다.

경제에서도 문제가 없었다. '델로스동맹'이라는 광역 경제권의 확립과 각지에 위치한 기지를 축으로 경제활동이 활성화되었고, 여기에 더해 가맹국의 분담금이 들어왔다. 아테네의 국가 재정은 장기간에 걸쳐 건전한 상태를 유지해, 페리클레스가 전쟁도 결국은 경제력으로 이길 수 있다고 말할 수 있을 정도였다.

문화에서 아테네는 이미 그리스의 '학교'가 된 상태였다. 그리스 세계 전역에서 아테네를 목표로 삼는 사람들이 끊이지 않았고, 그 사람들까지 포함한 문화와 문명의 커다란 꽃이 페리클레스 시대 아테네에서 활짝 피어났다.

군사 면에서도 아테네는 당시 지중해 세계에서 최고의 해군력을 자랑했다. '해군'이라는 개념은 테미스토클레스가 고안해내고 페리클레스가 완성시킨 것이 아닐까 생각한다. 그 이전 지중해에는 상선이나 해적선만 존재했을 뿐이다. 아테네는 육군 전력 또한 소수정예를 추구하는 스파르타를 제외하면 그리스에서 가장 많은 병력을 전쟁터로 보낼 수 있는 힘을 가졌다.

고대 그리스는 시민개병 세계였다. 시민권을 가진 20세 이상 성인 남자만이 국정 참여라는 시민에게 부여된 권리를 행사할 수 있었고 조국 방위라는 의무를 가졌다. 스파르타는 그런 의미의 시민이 1만 명 전후인 데 비해 아테네는 5만 명에서 6만 명쯤 되었다. 페리클레스 시대에는 6만 명이 넘었을 것이라고 말한다. 스파르타는 농업에 종사하는 헬롯이나 상공업에 종사하는 페리오이코이에게 시민권을 부여하지 않았다. 반면에 아테네는 로마인이 프롤레타리우스라고 불렀던, 가진 자산이 없기 때문에 매일 일을 해서 식량을 구해야 하는 최하층 사람들에게까지 시민권을 주었다. 그래서 그들에게도 병역을 부과할 수 있었다.

200척의 삼단 갤리선을 해군 전력으로 만들기 위해서는 1척당 최저 200명을 승선시켜야 했는데 모두 합치면 4만 명이 필요했다. 아테네가 평소 200척을 출항시킬 수 있었던 것은 민주정치를 시행해 다른 나라보다 많은 병사를 징병할 수 있었기 때문이다.

그렇다면 이런 아테네를 자랑스럽게 여긴 아테네 시민에게 어떤 불안이 있었던 것일까. 눈앞에 닥친 불안은 장티푸스로 추정되는 역병의 유행과 아티카 지방으로 침공해 온 스파르타 왕이 거느린 펠로폰네소스 연합군이었을 것이다. 그러나 역병은 언젠가 진정된다. 적어도 페리클레스는 그렇게 말했다. 아티카 지방 침공 또한 페리클레스는 잠시만 기다리면 된다고 말했다. 그렇게 말한 사람이 페리클레스라는 점에서 아무 대책 없이 마냥 견디라는 뜻이 아님을 그때까지

30여 년간 그를 겪어온 아테네 시민들은 잘 알고 있었다.

그렇다면 불안의 원인은 무엇이었을까. 역병과 적군의 침공으로 불이 붙은 그들의 불만은 사람이라면 많건 적건 늘 지니고 있는 불안과 연결되고 말았다. 이것의 정체는 지금 내가 가진 것이 내일이 되면 사라질지 모른다는 우려였다. 이 불안이 근거가 희박하고 건설적이지도 않다고 단정 짓기는 쉽다. 그러나 불경기가 찾아올 것이라고 생각하면 정말로 불경기가 되고 만다는 주장과 마찬가지로, 불안에 시달리기 시작한 사람의 마음을 거꾸로 되돌리기는 어려운 일이다.

페리클레스의 존재가 빛났던 것은 언어를 활용한 유도로, 인간에게는 지극히 자연스러운 감정인 장래에 대한 막연한 불안을 가라앉히는 데 탁월했기 때문이다. 한편 아테네 최초의 데마고그로 알려진 클레온은 그 불안 때문에 생긴 지도자들에 대한 불신을 증폭시켜 자기보다 뛰어난 사람들에 대한 원한이나 분노를 선동해내는 데 매우 뛰어난 사람이었다. 그가 많은 사람의 분노를 선동하는 데 성공한 것은 그 스스로 누구보다 미칠 듯이 분노했기 때문일 것이다.

이제 페리클레스는 떠났고 남은 사람은 클레온이었다.

선동자 클레온

클레온은 중무장 보병의 군장에 반드시 필요한 피혁 제조로 재산을 모았던 만큼 경영자로서 상당한 재능을 지닌 사람이었을 것이다. 클레온이 일약 유명해진 계기는 말년의 페리클레스를 향한 탄핵 연설 덕분이었다. 공금 악용, 즉 정책을 잘못 운용한 죄를 물어 벌금형에 처하는 것까지는 순조로웠다. 하지만 페리클레스를 30여 년에 걸쳐 연속 당선시켰던 '선거구'의 유권자들은 그때도 페리클레스를 저버리지 않았다. 클레온의 탄핵 등에 개의치 않고 페리클레스를 다시 '스트라테고스'에 당선시켰다. 덕분에 벌금도 유야무야되고 말았다. 그러나 그 6개월 후에 페리클레스는 죽고 말았다.

비록 병사였지만 페리클레스는 정치 무대에서 퇴장했다. 그리고 이 거물을 예리하게 몰아붙였던 클레온은 기성 권력에 반대하는 사람들의 리더로 확실하게 자리매김했다. 아테네의 양식 있는 사람들은 이런 전개가 위험하다고 보았다. 이에 그들은 스파르타에 반대하는 주전파 클레온의 대항마로 니키아스를 내세웠다.

페리클레스가 죽은 기원전 429년을 기준으로 클레온은 35세 전후였고 니키아스는 41세였다. 솔론의 개혁 이후 성립한 계급제도에 따르면 클레온은 아마 제4계급에 속했을 것이다. 1,000명에 이르는 노예를 부리는 은 광산을 소유한 니키아스는 틀림없이 제1계급에 속했을 것이다. 그러나 아테네에서는 제4계급 출신이라는 것이 개인의 삶에 거의 영향을 미치지 않았다. 파르테논 신전 건설 총감독을 맡았던 조각가 페이디아스나 그리스 3대 비극 작가 중 한 명인 에우리피데스도 노동자계급 출신이었다. 클레온 역시 몇 년 뒤 도시국가 아테네의 장관이라고 부를 수 있는 '스트라테고스'에 선출되었다.

페리클레스가 세상을 떠난 뒤 아테네의 국정 지도자 자리는 클레온과 니키아스, 두 사람이 나누어 가졌다. 그리고 클레온은 그로부터

7년 후 세상을 떠났고 니키아스는 16년 후 세상을 떠났다. 그사이에 아테네 정치는 예리하게 추궁하는 야당과 거기에 쩔쩔매면서 뭔가 대책을 내놓으려고 애쓰는 여당이 맡아 운영했다. 페리클레스가 죽은 뒤 아테네가 우중정치로 돌입했다는 견해가 옳다면 클레온과 니키아스 두 사람은 '우중정치 아테네'의 첫 번째 주인공일 것이다.

페리클레스 사후에 아테네가 곧바로 정면으로 맞닥뜨린 문제는 두 가지였다. 첫째는 스파르타 왕 아르키다모스가 거느린 펠로폰네소스 연합군의 아티카 지방 침공이었다. 이는 벌써 3년째였다. 둘째는 레스보스 섬의 반란이었다.

스파르타의 태도

페리클레스의 죽음을 알고서 스파르타 왕 아르키다모스가 무슨 생각을 했는지는 전하지 않는다. 스파르타인은 기록을 전혀 남기지 않는 사람들이었다. 그래서 아테네 쪽 기록에 따르면 페리클레스가 죽은 다음 해인 기원전 428년, 66세가 된 아르키다모스는 스파르타 왕으로서 임무를 수행했다. 세 번째 아티카 침공을 감행한 것이다.

스파르타에서 왕이 출전할 때는 '스파르타 전사'라고 통칭되는 용감무쌍한 정규 중무장 보병 집단을 거느리고 간다. 동시에 5명의 '에포로스' 가운데 2명이 동행하는 것이 관례였다. '에포로스'의 권한 중 가장 중요한 한 가지가 왕의 언동을 감시하는 일과 왕을 제어하는 일이었기 때문이다. 그리고 그해 아르키다모스와 동행한 '에포로스'는 이전의 두 차례 침공 때처럼 왕이 제멋대로 하게 내버려두지 않았다.

아르키다모스는 첫해에는 식량 부족을 이유로, 두 번째 해에는 역병 유행을 이유로 한 달 정도 약탈만 한 뒤 귀국했다. 그런데 세 번째 해에는 '에포로스'가 왕의 군사행동이 침공이 아니라 무력시위일 뿐이라면서 진정성을 갖고 침공할 때가 되었다고 말하며 왕을 압박했다. 사실이 그랬기 때문에 아르키다모스 왕은 전략을 바꾸었다. 페리클레스가 죽었으니 무력시위만 계속할 이유가 없어졌다고 생각했는지도 모른다. 그렇다고 '에포로스'의 충고를 그대로 따르지는 않았다. 아티카 지방을 공략하는 대신에 플라타이아이를 공격하기로 결정한 것이다.

플라타이아이는 제1차 페르시아전쟁 때 마라톤전투에 병사를 보낸 이후 60년 이상 아테네와 동맹 관계를 유지한 도시국가였다. 이 플라타이아이를 공격하면 아테네가 어떻게 나올까. 아르키다모스는 그것이 알고 싶었다. 플라타이아이를 공격하면 페리클레스가 죽은 후의 아테네는 과연 어떻게 반응할까.

반응 여하에 따라 이후로도 무력시위를 계속할지 아니면 군사 침공으로 바꿀지 결정할 참이었다. 그래서인지 아르키다모스는 서두르지 않았다. 플라타이아이를 포위하기 위한 목재 이중벽 공사가 끝나자마자 그해에도 곧바로 귀국했다.

레스보스 문제

레스보스 섬의 반란이라지만 섬 전체가 아테네에 반기를 든 것은 아니었다. 레스보스는 다도해라고 불리는 에게 해에서 남쪽에 떠 있는 크레타 섬과 로도스 섬을 제외하면 가장 큰 섬이었다.

그곳 주민은 단합이 잘 되지 않는 그리스인이었기 때문에 섬 내에 여러 개의 도시국가가 있었다. 아테네에 반기를 든 것은 섬 동쪽에 있는, 레스보스의 수도 역할을 하는 미틸레네^{Mytilene} 뿐이었고 나머지 도시국가는 동조하지 않았다.

어쨌든 레스보스는 키오스와 함께 '델로스동맹'의 주요한 가맹국이었다. 아테네와 두 섬은 독자적인 해군을 보유하고 있어서 '델로스동맹'의 다른 가맹국은 내야 하는 분담금을 면제받았다. 다시 말해 아테네가 해군을 출동시킬 때 이 두 섬도 참전해야 했다. 따라서 비록 하나의 도시국가에 불과하지만, 레스보스 섬에 불온한 공기가 떠돌기 시작한 것은 아테네 처지에서는 큰 사건이었다. '델로스동맹'의 향방을 좌우할 수 있는 문제였다.

왜 이 시기에 레스보스 섬 한쪽에서 반反아테네 불길이 타올랐는지에 대해 알려진 것은 없다. 분담금이 부과되지 않았기 때문에 경제 문제는 아니었다. 연구자들은 미틸레네 내부의 권력 다툼이 불씨가 되었다고 본다. 레스보스 섬 전역을 제패해서 섬 전체를 미틸레네의 영유지로 만들자고 주장하는 무리와 그러면 아테네가 인정하지 않을 테니 현상 유지를 하자는 무리 사이에서 벌어진 권력 다툼이었다. 이런

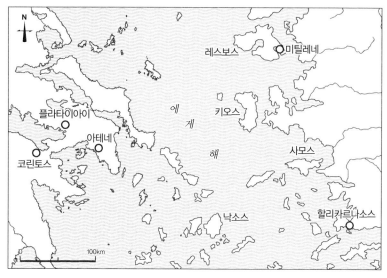

● 레스보스 섬과 그 주변

종류의 다툼은 그리스 중소 도시국가에서는 늘 일어나는 일이었다. 그런데 이 권력 다툼에서 승리한 쪽은 강경파였다.

게다가 이긴 쪽은 스파르타에 접근했다. '델로스동맹'을 이탈해서 '펠로폰네소스동맹'에 가입하겠다는 조건을 내걸었다. 실제로 스파르타에 교섭을 위한 사절을 파견하기도 했다. '펠로폰네소스동맹'의 해군 전력은 아테네에 비해 크게 열세였다. 레스보스는 해군을 보유하고 있었다. 그 레스보스가 아테네에서 이탈해 스파르타 편에 서면 '펠로폰네소스동맹'이 지닌 불리함을 줄일 수 있으므로, 동맹 맹주인 스파르타가 환영할 것이라고 보았다. 스파르타는 100척의 삼단 갤리선을 파견하라는 조건을 달아서 이 제안을 받아들였다.

스파르타가 입으로는 어떤 말을 하던 행동으로 옮기는 데는 매우 느린 나라임은 잘 알려진 사실이다. 또한 당장 '펠로폰네소스동맹' 해군은 코린토스에 의지할 수밖에 없었다. 그런데 그 코린토스가 자국 '시장'인 이오니아 해에서 아테네 해군과 충돌하는 것은 감수하겠지만, 아테네 '시장'인 에게 해로 원정에 나서 아테네 해군과 격돌하는 위험을 감수하려 할까.

레스보스의 일각에서는 페리클레스 사망 후 아테네에 권력 공백이 생긴 것을 좋은 기회라고 여겼지만, 이렇게 타오른 불은 활활 타오르지 못하고 꺼지기만 기다리는 상태가 되었다.

한편 아테네가 보기에 이는 그대로 넘어갈 문제가 아니었다. '델로스동맹'의 운명은 이제 아테네의 운명과 직결되었다. 미틸레네가 '델로스동맹'을 탈퇴하겠다고 공식 통보한 것은 아니었다. 그렇지만 '펠로폰네소스동맹'에 가맹하겠다고 공언한 사실을 두고볼 수만은 없었다. 불씨가 에게 해 동쪽에 흩어져 있는 가맹국으로 확산되기 전에 재빨리 진압할 필요가 있었다.

이때만은 아테네 여당과 야당의 의견이 일치했다. 아티카 지방으로 침공해 와 이번에는 플라타이아이를 포위하는 벽까지 세우고 있는 펠로폰네소스 동맹군에 맞서, 아테네는 그해에도 해군을 남쪽으로 보내 펠로폰네소스 반도 연안 일대를 공략하는 동시에, 에게 해를 횡단해서 레스보스 섬을 제압하기로 결정했다.

해군을 둘로 나누어 출동시켰다. 먼저 필요한 수의 삼단 갤리선을 준비해야 했다. 클레온은 자금 조달을 위해 부자들에게 특별세를 부과한 모양이었다. 200탈란톤을 모은 것을 보면 클레온의 '국세청'이 상당히 뛰어났음을 알 수 있다. 자금을 모았다고 해도 배에 태울 사람을 모집하는 문제가 남았다. 1척당 노 젓는 선원만 170명이 필요했다.

페리클레스 시대부터 이미 실행했던 일이지만, 배의 모터 역할을 하는 노 젓는 선원으로 제4계급에 더해 아테네에 살고 있는 외국인까지 포함하는 경우가 많았다. 외국인이라고 해도 출신지가 그리스의 다른 도시국가일 뿐이었기에 같은 그리스인이었다. 이 사람들의 아테네에 대한 충성심 또는 애국심을 신뢰할 수 있었던 것은, 이들에게 시민권을 부여하지 않고 또 부동산 소유를 인정하지 않았다지만 그 외의 모든 문호는 개방했기 때문이다. 아테네에 거주하는 외국인을 상대로 하는 임대주택 비즈니스의 성행도 페리클레스 시대 아테네가 가진 특색 가운데 하나였다.

한편 스파르타는 외국인의 유입을 완전하게 배제했다. 현재 진행 중인 펠로폰네소스전쟁에서 스파르타가 이기고 아테네가 패하면 페르시아전쟁 이후 계속 성장해온 그리스 세계의 인적·경제적 교류가 중단될 수 있다는 우려가, 아테네 거주 외국인이 아테네 쪽에 서서 참전한 이유였다.

아테네 시민권을 갖지 못한 사람들은 시민권 소유자만이 담당할 수 있는 중무장 보병이 될 수 없었다. 대신에 삼단 갤리선의 노 젓는 선원이 되는 것은 가능했다. 생각해보면 테미스토클레스가 만들어낸 아테네 해군은 하층민과 외국인을 병사로 만들 수 있다는 점에서 아테네 민주정치를 상징하는 존재였다. 민주주의자 페리클레스가 도시국가 아테네의 안전보장은 해군에 달려 있다고 단언한 것도 이 때문이다.

레스보스 섬의 미틸레네를 공략하는 전투는 살라미스해전이나 플라타이아이전투와는 성격이 달랐다. 아무리 격전을 벌인들 하루 만에 결론이 나는 전투와 달리 도시 공방전은 시간이 걸렸다. 결국 끝이 난 것은 다음 해였다. 불을 붙이는 역할을 맡았던 미틸레네와 동조했던 레스보스 섬의 다른 도시국가는 아테네에 무조건 항복을 선언했다.

여기까지는 일치된 행동을 보였던 아테네의 여당과 야당은 전후 처리를 두고 의견이 갈렸다. 클레온은 평소처럼 강경한 조치를 주장했다. 아테네에 반기를 들 경우 어떤 결과를 맞이하는지 '델로스동맹'의 다른 가맹국에 알릴 필요가 있으므로 강압적이고 잔혹한 조치가 필요하다고 주장했다.

첫째, 미틸레네와 거기에 동조한 곳의 영토는 모두 아테네 직할지로 삼고 그곳으로 아테네 시민을 이주시킨다.

둘째, 이들 도시국가의 성인 남자 전원을 반란분자로 보고 사형에 처한다.

셋째, 여자들은 모두 노예로 판다.

클레온의 대항마로 아테네의 양식파가 전면에 내세운 니키아스는 시민집회에서 과연 클레온에게 어떻게 대항했을까. 대항하지 않았다. 니키아스는 상대가 기세 좋게 나오면 두려움을 느끼기보다는 싫증을 내고 뒤로 물러나는 사람이었다. 정치 지도자로서 최대 결함을 지닌 인물이었다.

게다가 아직 페리클레스가 죽고 2년밖에 지나지 않았다. 시민집회에는 페리클레스를 지지하던 무리가 있었다. 그 가운데 한 명이 클레온에게 반론을 제기했다. 그와 같은 강경 조치는 오히려 다른 동맹국을 떠나게 만들 수 있다는 내용이었다. 클레온은 시민집회의 분위기가 바뀌었다는 것을 즉각 알아차렸다. 앞서 제시했던 제안을 철회하고 새로운 제안을 내놓았다.

첫째, 반란 주도자 전원을 넘겨받아 처형한다.

둘째, 미틸레네 도시 성벽을 철거한다.

셋째, 반란에 가담하지 않은 도시국가를 제외한 레스보스 섬 전체를 30개 구획으로 나누고, 그 땅을 아테네에서 이주한 아테네 시민에게 분할해서 판매한다.

이러면 레스보스는 아테네의 식민지가 되고 만다. 그렇지만 아테네 시민집회는 클레온의 두 번째 제안을 승인했다. 너무나 과격했던 첫번째 제안에 동요했던 시민들에게 두 번째 제안은 온건해 보였을지 모른다. 레스보스 섬이 가진 해군력은 이때 아테네 해군에 병합되었다. 또한 1,000여 명에 이르는 주모자 전원은 아테네에 대한 반역죄와 스파르타에 접근한 배신죄로 처형당했다.

아테네에 맞서 반란을 일으킨 동맹국은 레스보스 섬이 처음이 아니었다. 12년 전 사모스 섬에서 반란이 발생했다. 그때 페리클레스는 직접 군대를 이끌고 가 제압했는데 사후 처리 방법은 달랐다. 성벽 철거까지는 동일했지만 사모스를 아테네 식민으로 삼지 않았다. 전쟁 비용 배상은 분할 조건으로 부과했지만 사모스 섬의 독립은 유지되었다. 해군 역시 그대로 온존시켰다.

수십 명으로 추정되는 반란 주모자에 대한 조치도 사형이 아닌 섬 바깥으로 추방하는 것으로 끝냈다. 다만 섬 바깥 어디든 갈 수 있는 것이 아니라 가까운 곳에 있는 페르시아 영토에 속한 도시로 가서 페르시아 황제의 양해 아래 '감시받는 신분'으로 지낸다는 조건으로 추방했다. 또한 일정한 시간이 지나면 귀국할 수도 있었다.

기원전 439년 사모스에 대해 취한 조치와 기원전 427년 레스보스에 대해 취한 조치는 어떤 결과를 낳았을까. 사모스 섬은 이전과 마찬가지로 '델로스동맹'의 일원으로 남았고 아테네와 운명을 함께했다. 레스보스 섬은 동맹의 일원으로 남았지만 15년 후 아테네가 미증유의 국난에 시달릴 때 어느 도시국가보다 빨리 '델로스동맹'에서 탈퇴했다.

레스보스 제압 성공을 기뻐한 아테네는 직후 또 하나의 동맹국을 상실했다. 펠로폰네소스 연합군의 포위 작전에 맞서 1년 동안 버티던 플라타이아이가 결국 함락되고 말았다. 그사이에 플라타이아이는 몇 번이고 아테네에 원군 파병을 요청했다. 그러나 '페리클레스 이후'로 접어든 아테네는 그 요청에 긍정적인 대답을 보냈지만 결국 원군을 보내지 않았다. 제1차 페르시아전쟁 이후부터 굳건했던 동맹국을 저버린 것이다. 단지 레스보스 문제가 우선이라서 플라타이아이에까지 손을 내밀 여유가 없다는 것이 이유였다.

플라타이아이는 더 이상 견딜 수 없게 되자 아테네로 달아나려며 젊은이들을 비밀리에 탈출시켰다. 그 때문에 1년의 공방전 끝에 항복한 플라타이아이에는, 원래부터 작은 도시국가이기도 했지만 병사가 별로 남지 않았다. 몇 명이 남아 있었는지는 알려져 있지 않다.

승리한 펠로폰네소스 연합군은 항복한 200명의 플라타이아이 시민과 25명의 아테네 시민을 사형에 처했다. 25명의 아테네 시민은 펠로폰네소스 연합군이 아티카 지방을 처음 공격한 해에 원군으로 보내진 아테네 병사 가운데 살아남은 이들이었다. 모국 아테네는 플라타이아이를 버렸지만 이들은 플라타이아이를 버리지 않았던 것이다. 여자들은 전원 노예가 되어 팔려갔다. 플라타이아이 도시 전체는 파괴되고 불에 타 폐허가 되었으며, 테베 영토에 귀속되었다. 이로써 도시국가 플라타이아이는 지상에서 영원히 사라졌다.

이에 대해 아테네가 한 일은 예전에 아테네로 피난 왔거나 최근에 탈출해 온 플라타이아이의 젊은 남자 모두에게 아테네 시민권을 부여한 것뿐이었다. 이 사건으로 아테네는 다른 것도 상실했다. 아테네가 동맹 관계에 있는 다른 도시국가를 돕지 않을 수도 있다는 인상을 동맹국에게 심어주고 만 것이다.

확대되는 잔혹함

'페리클레스 시대'와 '페리클레스 이후'의 차이는 확연하다. 한마디로 말하면, 장기적인 시각을 가진 일관된 정책의 유무에서 갈린다. 그런데 그런 거시적이고 통일된 정책이 '없는' 시대였음에도 지엽적인 사안들만은 제멋대로 사방팔방 뻗어나가 작동했는데, 그 사례가 항복한 사람과 포로의 살해였다.

그리스인은 4년마다 올림피아에서 열리는 올림픽을 통해 휴전을 해야 할 정도로 늘 전쟁을 하는 민족이었다. 그러나 분노에 휩싸여 자기를 잊는 일은 별로 없었다. 전사자를 매장하기 위한 하루 휴전이나 포로 교환을 위한 며칠 휴전은 자주 있었다. 그들에게 현대인이 생각하는 인권 존중 개념이 있었던 것은 아니다. 그러나 항복한 사람을 마구잡이로 살해하는 행위는 그리스인이 야만족이라고 불렀던 다른 민족의 행태지 그리스인끼리 할 수 있는 행위가 아니라고 생각했다. 승자는 절대로 옳고 패자는 절대로 나쁘다고 생각하지 않았던 것이다. 승자는 그때그때 운에 좌우되는 일이 많다는 사실을 알고 있었으리라 생각한다. 아마 호메로스의 서사시나 그리스 비극이 '교과서' 역할을 했기 때문인지 모른다.

그리스인이 후세인 우리에게 남겨준 최고의 선물은 중용의 소중함을 알려준 것이 아닐까 싶다. '중용'이란 간단하게 말하면 좌우 어느 쪽으로도 휩쓸리지 않으면서 착지점을 찾아내는 마음가짐이다. '양식良識'에 해당하는 셈인데 영어로는 '굿 센스$^{good\ sense}$', 프랑스어로는 '봉상스$^{bon\ sens}$'다. '페리클레스 이후'로 접어들면서 아테네인뿐만 아니라 그리스인 전체가 양식이 없는 사람들로 변해버렸다. 아테네가 그리스 전체의 본보기라고 주장했던 페리클레스는 이미 이 세상 사람이 아니었다.

펠로폰네소스전쟁이 비극이었던 것은 아테네가 패했기 때문이 아니다. 그리스 전체가 패했기 때문이다. 그리스인은 자기들이 쌓아 올린 가치관을 스스로 붕괴시키고 말았다. 헤로도토스가 쓴『역사』를 읽고 밝은 느낌을 받는 것은 그리스인의 좋은 면을 집대성해서 묘사했기 때문이다. 투키디데스가 쓴『펠로폰네소스전쟁사』의 서술이 시종일관 어두운 것은 그리스인의 나쁜 면을 집대성해서 묘사했기 때문이다. 불과 반세기 만에 같은 민족끼리 전쟁을 벌이는 상황으로 바뀌었다고 생각하면 더욱 암울해진다.

페리클레스가 죽고 2년도 지나지 않아서 발생한 레스보스와 플라타이아이 사건은 펠로폰네소스전쟁이 계속되는 동안 빈번하게 발생한 불필요한 살육의 선례가 되었다. 게다가 이 '선례'를 만든 나라가 아테네와 스파르타였다는 점이 더욱 나빴다. '본보기'가 본보기가 되기를 포기했기 때문이다.

아테네가 불필요한 살육을 벌인 것은 클레온에게 선동을 당했기 때문이다. '페리클레스 시대'가 있었기에 '페리클레스 이후'가 존재할 수 있었던 아테네와 달리, '페리클레스 시대' 같은 것이 없었던 스파르타에는 '페리클레스 이후'도 당연히 존재하지 않았다. 따라서 스파르타에 변화가 생기지 않은 데는 고유한 사정이 있었다.

스파르타는 리쿠르고스 헌법 이후 일국 평화주의를 고집했는데 이를 뒤집어 보면 다른 나라에 대해 간섭하지 않는다는 자세와 일맥상통한다. 이런 스파르타의 불간섭주의는 스파르타 쪽에 가담한 약소국이 제멋대로 행동하는 것을 허용했다. 항복한 플라타이아이에 대한 가혹한 조치는 승리한 펠로폰네소스 연합군을 거느린 스파르타 왕 아르키다모스가 원한 일이 아니었다. 4년 전 플라타이아이 공략 작전에 참가하여 연합군의 일익을 담당했던 테베가 당시 사건을 끄집어내며 복수를 강하게 주장했기 때문이다.

4년 전 플라타이아이 공략전에 출전했던 테베 병사 300명은 플라타이아이인 손에 죽었다. 애초에 테베가 먼저 시작했다는 지적도 있었지만 승자가 되면 그런 말에 귀 기울이지 않는 법이다. 거기다 테베의 복수 욕망을 스파르타 왕과 동행했던 2명의 '에포로스'도 강하게 지지했다.

스파르타의 '에포로스(감독관)'가 아테네를 싫어한 것은 그들이 오랫동안 리쿠르고스 헌법 수호를 신조로 삼아온 사실과 관련이 있다. 헬롯이나 페리오이코이에게 시민권을 부여하지 않아서 늘 그들의 반란을 걱정하는 스파르타가 보기에 최하층 사람들까지 시민으로 포함시켜 민주정치를 운용하는 아테네는 늘 위험한 존재였다.

테베는 4년 전 살해된 300명의 병사에 대한 복수로 항복한 플라타이아이 시민 200명을 처형할 것을 요구했다. 여기에 25명의 아테네 시민까지 플라타이아이 시민 200명과 운명을 함께한 것은 왕과 동행했던 '에포로스'가 강하게 주장했기 때문이다. 아르키다모스는 이 주장을 받아들이지 않았다. 하지만 스파르타의 '헌법'인 리쿠르고스 법에 따르면 국가 방침을 결정하는 것은 세습되는 왕이 아니라 시민집회에서 1년 임기로 선출되는 5명의 '에포로스'였다. 그리고 역시 리쿠르고스 '헌법'에 따라 에포로스 5명 가운데 2명은 왕이 출전할 때마다 동행했다.

이처럼 아테네뿐 아니라 스파르타도 '페리클레스 이후'로 돌입했다. 먼저 모습을 드러낸 양상은 불필요한 살육이었다. 스파르타 왕 아르키다모스는 그 모든 일을 끝내고 귀국한 지 얼마 지나지 않아 심지가 다 탄 촛불마냥 세상을 떠났다. 적이자 친한 친구였던 페리클레스가 죽고 2년 만에 찾아온 죽음이었다.

다음 해인 기원전 426년에는 아테네와 스파르타 모두 야만 행위에 대한 반동인지 냉정함을 되찾았다. 그러나 기원전 425년에 들어서면서 곧바로 사고가 터졌다.

'장기적인 시각을 가진 일관된 정책'은 뛰어난 준마들이 끄는 사두전차를 타고 벌이는 전차경주와 닮았다. 고삐를 쥔 마부의 능력이 매우 중요한데 마부가 사라지면 고삐는 있어도 없는 것과 다를 바 없다. 둔한 말이라면 적당히 멈추겠지만 준마는 그렇지 않다. 아테네는 '페리클레스 이후'에도 준마였다.

스파르타의 패배

펠로폰네소스 반도 동남쪽 구석에 필로스^{Pylos}라는 이름을 가진 작은 도시가 있다. 스파르타가 속해 있는 라코니아 지방은 아니었지만 그 서쪽에 인접한 메세니아 지방에 속해 있기 때문에 스파르타의 우산 아래에 있다고 해도 좋았다.

한편 펠로폰네소스전쟁도 6년째로 접어들면서 아테네와 스파르타 모두 전선이 확대되고 있었다. 이 또한 마부가 없어서 벌어진 현상인데, 지금까지는 스파르타가 북상해서 아티카 지방을 공격하고 아테네는 남하해서 펠로폰네소스 반도 연안을 공격하는, 서로를 기피하는 작전이 계속되었다. 그런데 이제 양국이 여기저기 손을 대기 시작하면서 변화가 생겼다.

물론 아직 직접 대결은 피했다. 그러나 '필로스·스팍테리아^{Sphacteria} 전투'라는 이름이 붙은 이해의 전투에서 결국 두 나라 사이에 직접 대결이 이루어졌다. 이는 두 나라 모두 원하는 바가 아니었다. 어쩌다가 대결하게 되었다고 하는 편이 더 적절하겠다.

아테네 쪽은 다시 구원을 요청한 코르푸를 향해 3명의 '스트라테고스'가 거느린 해군을 보냈다. 아테네 해군은 코르푸로 가는 도중에 필로스를 점거하고자 데모스테네스가 지휘하는 5척으로 이루어진 부대를 남겨두었다. 이유는 두 가지였다. 첫째, 스파르타 영토인 라코니아 지방 서쪽과 이웃하는 곳에 아테네 기지를 설치해서 스파르타를 괴롭히기 위해서였다. 둘째, 지중해 서쪽까지 펼쳐진 아테네 '시장' 너머로 가기 위해 중계 기지를 확보해두려는 계획이었다.

이런 아테네의 의도를 저지하기 위해 스파르타가 출병하면서 직접 대결이 이루어졌다. 두 나라의 첫 직접 대결은 국지전 정도 규모였다. 아테네 쪽의 병력은 갤리선의 노 젓는 선원까지 포함해서 1,000명을 조금 넘는 숫자였다. 스파르타 쪽은 더욱 소규모였지만 그중에는 300명의 중무장 보병이 포함되어 있었다. 그리스에서 가장 용맹한 '스파르타 전사'들이었다. 스파르타는 300명이면 충분하다고 생각했을 것이다. 전투는 격전 끝에 데모스테네스의 작전이 효과를 발휘하면서 아테네가 승리를 거두었다.

스파르타에 충격이었던 것은 작은 도시인 필로스와 역시 작은 섬인 스팍테리아가 아테네 쪽에 붙었다는 사실이 아니었다. 일국 평화주의를 견지해온 스파르타는 원래 국외 영토에 대한 욕심이 없었다. 진짜 충격은 자기네 생각에 '호랑이의 아들'인 스파르타 전사가 절반이나 죽고 나머지 절반은 포로가 되었다는 점이었다.

몇 번이고 말했지만 스파르타는 시민권을 가진 자를 한정하는 폐쇄 사회였기 때문에 시민권 소유자만이 될 수 있었던 중무장 보병의 보충은 쉽지 않았다. 여기에 더하여 나라를 위해 끝까지 싸운 끝에 포로가 된 병사를 데리고 오는 것도 그들을 전쟁터로 내보낸 국가의 책무였다.

한편 아테네에서도 포로를 맞아 술렁대고 있었다. 당시 어린아이들도 익히 알던 '스파르타 전사'였다. 그런 전사들이 150명이나 포로가 되어 아테네로 끌려왔다. 그 모습을 본 시민들은 용감한 스파르타 전사들에게 그에 상응하는 예를 갖출 필요를 느꼈을 것이다. 수용소에 가두기는 했지만 족쇄를 채우지 않고 식사의 질과 양도 보장하는, 제네바 협정이 무색할 정도의 대우를 했다. 그러나 그런 것은 스파르타인에게 의미가 없었다. 스파르타는 재빨리 포로 송환을 조건으로 내세운 휴전협정 체결을 위해 아테네로 특사를 파견했다.

이때가 펠로폰네소스전쟁을 종식시킬 수 있는 좋은 기회였다. 만약 스파르타의 특사를 맞이한 사람이 페리클레스였다면 이 기회에 휴전이 성립되었을 것이다. 그리고 몇 년 동안의 휴전을 거쳐서 최종 평화, 즉 '동거'에 이를 수 있었을 것이다. 그랬다면 27년 동안 계속된 펠로폰네소스전쟁도 6년 만에 끝났을 것이다. 그러나 스파르타 특사를 맞이한 아테네 쪽 요인 가운데는 클레온이 포함되어 있었다. 스파르타 전사를 포로로 잡은 것만으로 스파르타를 상대로 전쟁에서 이기기라도 한 것처럼 생각한 아테네 시민들은, 클레온이 격렬하게 주장한 전쟁 속행 제안에 찬성해버렸다. 펠로폰네소스전쟁을 끝낼 수 있었던 기회는 물거품이 되어 사라졌다.

빈손으로 귀국할 수밖에 없었던 특사를 맞이한 스파르타에는 아직 두 가지 선택지가 남아 있었다.

첫째, 평원에서 싸우는 전투라면 무적인 '스파르타 전사'의 능력을 십분 활용하기 위해 온갖 수단을 동원하여 아테네를 육상 전투로 끌어내는 것이다. 그리고 그렇게 얻은 승리를 바탕으로 휴전을 제안하고 포로가 된 동포를 데려오는 방법이었다.

둘째는 첫째와 달리 '호랑이의 아들'인 스파르타 정규 병사를 더 이상 전쟁터에 내보내지 않는 것이다. 그렇지만 펠로폰네소스전쟁은 계속되고 있었다. '펠로폰네소스동맹' 맹주인 스파르타가 이후 전쟁터에 나가지 않는 것은 있을 수 없는 일이었다. 그래서 다른 스파르타인, 즉 비정규군을 보낼 생각을 하게 되었다.

스파르타인은 어릴 때부터 평생 이어지는 엄격한 훈련을 받았다. 육체의 유연성이라면 2년 정도밖에 군사훈련을 받지 않는 아테네인이 도저히 미칠 수 없는 완성도를 갖추고 있었다. 그러나 이것은 군사

측면에만 특화된 것이라서, 역사가 투키디데스의 말처럼 정보의 유연성은 결핍되어 있었다. 그래서 상황이 악화될 경우 적극적으로 나서기보다 안으로 움츠리는 성향을 드러내곤 했다. 이때도 마찬가지여서 스파르타는 두 번째 방법을 선택했다. 그것이 자살행위임을 스파르타에서는 그 누구도 생각하지 못했다.

사전에 '하극상'은 '지위가 낮은 자가 높은 자를 꺾고 오르는 것'이라고 나온다. 그때까지 스파르타에서는 왕이 군대를 통솔했다. 그런데 왕이 통솔하는 것은 정규 병사, 즉 '스파르타 전사'였다. 이것은 왕이 아닌 다른 스파르타인이 통솔할 경우 정규 병사가 아니어도 좋다는 뜻이다. 그러면 '호랑이의 아들'은 온존하게 된다.

이렇게 해서 항상 2명이어야 하는 스파르타 왕은 불가피한 상황이 아니라면 출전에서 배제되었다. 이후 왕의 출전 횟수는 극도로 감소했다. 브라시다스Brasidas의 대두는 이런 스파르타 국내의 변화가 낳은 최초 사례였다.

아웃사이더 등용의 시작

자국 기록을 남기는 데 관심이 없었던 스파르타였기에 대부분의 왕은 태어난 해가 명확하게 알려져 있지 않다. 그러니 일개 중무장 보병이던 브라시다스의 출생 시기가 불분명한 것은 당연하다. 다만 아테네 쪽의 흩어져 있는 기록을 모아보면 그가 기원전 425년부터 3년 동안 왕을 대신해서 스파르타 군대를 거느렸을 때

40대 후반이었을 것으로 추정된다.

　20세에 한 사람 몫을 하는 시민이 되고 30세에 책임지는 지위에 오를 자격을 얻는 것이 일반적이었던 고대사회에서, 40대는 특히 전쟁터 지휘관으로서 최적의 연령으로 여겨졌다. 40대는 체력도 있고 경험도 축적된 나이였다. 거기다 격렬하게 변하는 전장 상황에 따라 발휘해야 하는 순발력까지 갖추었다고 여겨졌기 때문이다.

　40대 후반에 접어든 브라시다스에게 부과된 임무는 다음과 같았다. 아테네와 벌인 지상전에서 생각도 못 했던 패배를 당했을 뿐 아니라 그 결과로 많은 병사가 포로로 잡혀갔다. 게다가 스파르타가 제안한 휴전까지 거부당했다. 이런 아테네에 어떻게 설욕할 것인지가 브라시다스에게 주어진 과제였다.

　당시 브라시다스의 처지는 비유하자면 이와 비슷했다. 회사 쪽은 경쟁사에 반드시 앙갚음을 해주고 싶다. 그러나 정규 사원으로 이루어진 무리를 보내면 실패로 끝날 경우 권위 실추라는 위험을 피할 수 없게 된다. 그래서 비정규 사원으로 구성된 무리를 보내되, 단 한 명의 정규 사원이 그들을 이끈다. 그 한 명이 '호랑이의 아들' 스파르타 전사였던 브라시다스였다.

　그러나 브라시다스에게도 유리한 점이 있었다. 정규 군대가 아니기 때문에 왕이 군대를 통솔할 때 반드시 동행해서 무슨 일이든 간섭하는 귀찮은 존재인 2명의 '에포로스'가 동행하지 않는다는 점이었다. 전략과 전술 모두 그가 결정해서 그 자리에서 실행하면 되기 때문에 전쟁터라는 '현장'에서 볼 때 훌륭한 장점이었다.

브라시다스에게 주어진 병사는 불과 700명이었다. 그것도 비정규군이라고 부를 수 있는 헬롯으로 구성된 700명이었다. 장비는 정규군인 중무장 보병과 다를 것이 없고 군사훈련도 받았다고는 하지만 농노 출신이었다. 여기에 스파르타 한 나라만이 아닌 펠로폰네소스동맹 군대로서 행동한다는 것을 보여주기 위해 펠로폰네소스 반도 각지에서 온 1,000명의 병사가 가담했다. 그 수를 합쳐도 1,700명이었다. 계약 사원과 파견 사원 1,700명을 거느린 유일한 정규 사원이 브라시다스였다.

아웃사이더 브라시다스는 강건하지만 융통성이라곤 찾아보기 힘든 전형적인 스파르타 남자와 상당히 다른 성격을 지녔던 듯하다. 그는 정규군이 아니기 때문에 뭐든 홀로 결정할 수 있는 자유와 병력의 규모가 작기 때문에 세밀한 작전을 펼칠 수 있는 장점을 최대한 활용하기로 결심했다. 이런 브라시다스의 생각은 아테네의 우산 아래 있던 칼키디아 지방을 침공하는 것으로 이어졌다.

칼키디아 지방은 페리클레스가 암피폴리스를 기지화해서 '델로스동맹' 안으로 완전히 끌어들이는 데 성공한 에게 해 북쪽 지대였다. 그곳과 그 동쪽에 인접한 헬레스폰토스 해협을 손안에 넣었기 때문에 에게 해를 아테네의 바다라고 부를 수 있었던 것이다. 아테네에 칼키디아 지방이 중요했던 또 한 가지 이유가 있었다. 배후지가 풍부한 삼림지대였기 때문이다. 그곳은 아테네 안전보장의 핵심인 삼단 갤리선을 만드는 데 반드시 필요한 목재 산지였다. 브라시다스는 아테네 경제권의 한 축에 말뚝을 박는 동시에 목재 원산지에서 아테네를 떼어낼 심산이었다.

설욕을 위해서는 재빨리 움직여야 한다는 데 스파르타 국정을 실제로 결정하는 5명의 '에포로스'도 동감한 듯하다. 그래서 뭐든 실행에 옮기는 데 굼뜬 스파르타로서는 보기 드물게 아테네에 대한 설욕전을 곧바로 전개했다. 아테네로부터 휴전을 거부당한 다음 해에 브라시다스는 곧장 1,700명을 거느리고 북상을 개시했다. 기원전 424년, 펠로폰네소스전쟁이 7년째로 접어든 시점이었다.

전선 확대

스파르타를 떠나 칼키디아 지방으로 가는 길은 그리스의 남쪽에서 북쪽으로 이어진 긴 여정이었다. 보통은 바닷길을 택했지만 브라시다스는 육로를 선택했다. 엄밀하게 말하면 바닷길을 선택하지 않은 것이 아니라 선택할 수가 없었다. 그랬다가는 출동한 아테네 해군에 발각되어 행선지가 밝혀지고 물고기 밥이 되기 십상이었다.

육로를 이용해 가는 것도 간단한 일은 아니었다. 그리스 중부에 펼쳐져 있는 아티카 지방은 펠로폰네소스전쟁 당시 아테네 쪽에 가담해 있었다. 그곳을 지나지 않고는 칼키디아 지방으로 갈 수 없었다. 식량 조달 문제도 있었다. 비록 1,700명이라도 이들을 먹여야 했다. 그 문제를 어떻게 해결했는지는 알려져 있지 않다.

거듭 말하지만 브라시다스는 왕이 아니었다. 거느리고 간 병사 역시 엘리트인 '스파르타 전사'가 아니었다. 왕이나 엘리트에게 허용되지 않는 야만 행위가 브라시다스나 1,700명의 병사들에게는 묵인되었을지 모른다. 아마 그들을 보낸 '에포로스'의 진심은 무슨 짓을 해도 좋으니 뭐든 해 달라는 게 아니었을까.

그러나 브라시다스는 일반적인 스파르타 남자가 아니었다. 식량 조달을 목적으로 폭력을 행사하면 약탈당하는 쪽이 결사적으로 저항하게 된다. 그러면 이쪽도 병사를 잃을 우려가 있다. 병력이 1,700명밖에 되지 않는 소수였기에 목적지에 도달할 때까지 한 명도 잃어서는 안 되었다. 또 당시는 과묵함이 스파르타 남자의 대명사였다. 이 점에서도 브라시다스는 전형적인 스파르타 남자와는 크게 달랐다.

적지인 테살리아 지방에 들어선 이후 행군 경로에 위치한 도시나 마을을 아무 일 없이 지나갔고 밤에는 성벽 바깥에서 야영을 했기 때문에 전혀 민폐를 끼치지 않았다. 상대방도 문제를 일으키지 않았기에 쉽게 길을 터주었다. 경우에 따라서는 요청하지 않았는데 식량을 내주기도 한 모양이었다. 이런 방법으로 브라시다스는 병사 하나 잃지 않고 테살리아 지방을 빠져나갈 수 있었다.

테살리아 북쪽부터는 마케도니아 왕국 영토였다. 당시 마케도니아는 아직 그리스의 변방 왕국에 지나지 않았지만 펠로폰네소스동맹 쪽 일원이었다. 그래서 마케도니아 영토 내로 들어가면 칼키디아 지방까지는 쉽게 갈 수 있었다.

마침내 브라시다스는 칼키디아 일대로 들어서서, 여전히 아테네와 계속 다투고 있는 포티다이아의 성벽 앞에 모습을 드러냈다. 이 사실

● 브라시다스의 행군 경로

이 전해지자 아테네에 경계경보가 울린 것은 당연했다. 아테네는 브라시다스의 참된 의도를 간파했다. 브라시다스의 목적이 아테네에 속해 있지 않는 포티다이아 원조가 아니라 칼키디아의 핵심 지역인 암피폴리스 공략에 있음을 알아차렸다.

아테네는 이 스파르타 남자의 행동을 저지하기 위해 즉시 2명의 '스트라테고스(사령관)'가 인솔하는 군대를 보냈다. 2명의 '스트라테고스'는 전투에 익숙한 에우클레스Eucles와 '스트라테고스'에 처음으로 당선된 34세의 투키디데스였다.

2명의 '스트라테고스'에게는 각각 다른 임무가 부여되었다. 육군을 인솔하는 에우클레스는 암피폴리스로 직행해서 전략 요충지인 그곳을 사수하라는 임무가 떨어졌다. 한편 7척의 삼단 갤리선을 이끄는 투키디데스는 타소스^{Thasos} 섬으로 직행해서 그곳을 기지로 삼아 칼키디아 지방 도시국가들을 아테네 쪽에 붙잡아두라는 임무가 맡겨졌다. 전쟁에 이기기 위해서는 아군이 많아야 했다.

젊은 투키디데스에게 외교라고 불러도 좋을 임무를 맡긴 것은 이유가 있었다. 이 젊은이가 아버지 때부터 트라키아 지방의 은 광산을 보유하고 있어 그 일대를 숙지하고 있고, 스스로 그 지방 도시국가에 대한 대책에 자신 있다고 말했기 때문이다.

여기까지는 아테네의 두 사령관이 틀리지 않았다. 틀린 것은 브라시다스를 일반적인 스파르타 남자라고 생각한 점이었다. 당시는 막 겨울로 접어든 시기였다. 그리스인은 겨울에는 전투를 하지 않기에 실제 전투는 다음 해에 일어날 것이라고 예상했다. 그래서 두 사람은 각자 도착하자마자 곧바로 했어야 할 일을 뒤로 미루었다. 그러나 브라시다스는 일반적인 스파르타인이 아니었다. 관례를 태연하게 무시할 수 있는, 스파르타인치고 보기 드문 사람이었다.

거기에 더해 전쟁터에서는 오로지 칼과 창으로만 승부한다고 믿는 그리스 동포와 달리 브라시다스는 언어도 훌륭한 무기라고 생각한, 별종이라고밖에 부를 수 없는 스파르타인이었다. 브라시다스는 대외적으로 펠로폰네소스동맹 연합군을 거느리고 있었다. 당시 진행되고 있는 펠로폰네소스전쟁은 아테네가 주도하는 '델로스동맹'과 스파르타가 맹주인 '펠로폰네소스동맹'이 싸우는 전쟁이었다.

이런 상황에서 브라시다스는 '델로스동맹'에 속한 칼키디아 지방을 침공하고는 침략자가 아니라 해방자로서 찾아온 것처럼 행동했다. 특히 아테네에서 이탈한다고 해도 그것이 바로 스파르타 영토가 되는 것으로 이어지는 건 아니라는 점을 강조했다. 전쟁터에서 아테네 정규군과 대결하면 그가 거느린 농노(헬롯) 병사로는 패배할 것이 뻔했다. 그래서 칼을 맞대지 않고 목적을 달성하기 위해 언론플레이를 펼친 것이다.

이것은 페리클레스가 평소 즐겨 사용하던 수법이었다. 그는 아테네가 기지로 쓰기 위해 영유한 도시에서 원주민을 몰아내고 아테네인을 보내 식민지로 삼는 일은 하지 않았다. 아테네에 매우 중요한 전략 요충지인 암피폴리스 역시 예전부터 살고 있던 주민과 새롭게 이주해 온 아테네 시민이 동거하는 형태였다.

브라시다스의 언론플레이는 당연히 원주민을 향한 것이었다. 그러나 새롭게 이주해 온 아테네 시민도 무시하지 않은 점은 실로 교묘했다. 이주해 왔다지만 이미 몇 십 년 동안 그곳에서 살아온 사람들이었다. 브라시다스는 선주민과 이주민을 구분하지 않고 전체를 향해 언론플레이를 전개했다.

첫째, 떠나고 싶은 사람은 아무 조건 없이 도시를 떠날 수 있게 해 준다. 가져가고 싶은 물건은 모두 가져갈 수 있고 데리고 가고 싶은 사람은 누구든 데리고 떠날 수 있다. 도시를 떠나는 기한을 5일 이내로 잡은 것은 당황하지 않고 준비할 수 있도록 정한 기간이었다.

둘째, 잔류를 결정한 사람은 당연하지만 이제까지 누렸던 모든 권리와 자산을 계속해서 소유할 수 있다. 게다가 이 또한 당연한 말이지만 '델로스동맹'에서 이탈해 독립 도시국가가 되면 분담금을 낼 의무에서 해방될 수 있다. 돈을 내지 않아도 된다는 것은 동서고금을 통틀어 가장 효과적인 설득 방법이다. 암피폴리스 주민 대부분이 잔류를 결정한 것은 자연스러운 일이었다.

브라시다스의 포고가 주민들 앞에서 낭독되는 그 자리에 아테네의 '스트라테고스'인 에우클레스도 있었다. '사수'하라는 명령을 받았지만 이런 상황에서 무엇을 할 수 있겠는가. 브라시다스를 위해 성문이 열리기 전에 자기들이 먼저 암피폴리스에서 나갈 수밖에 없었다.

'스트라테고스' 경험이 풍부한 베테랑이었던 이 사람은 어떤 형태로든 암피폴리스를 떠나는 것이 '델로스동맹'의 일각을 붕괴시키는 일임을 알았다. 즉 이대로 뻔뻔하게 귀국하면 아테네에서 어떤 일이 일어날지 알고 있었다. 그래서 거느리고 온 병사에게는 귀국을 명령하고 자신은 모습을 감추었다. 자살을 택한 것인지 아니면 어딘가 몸을 숨기고 살았는지는 알려져 있지 않다.

또 한 명의 '스트라테고스'였던 투키디데스는 브라시다스가 거느린 스파르타 군대가 암피폴리스를 향하고 있다는 소식을 듣고 암피폴리스 바로 남쪽에 있는 에이온Eion으로 달려갔다. 그러나 거기서 들은 것은 이미 암피폴리스가 브라시다스의 손에 함락되었다는 소식이었다.

사령관 투키디데스는 에이온을 사수하기로 결정했다. 그가 지휘하는 병사는 갤리선의 노 젓는 선원까지 포함해서 1,400명이었다. 여기에 암피폴리스에서 쫓겨난 아테네 병사를 더하면 브라시다스를 상대로 일전을 벌일 수 있다고 판단했다. 암피폴리스는 강을 낀 내륙 도시였다. 한편 에이온은 하구에 위치한 항구도시였다. 투키디데스는 암피폴리스를 장악한 브라시다스가 반드시 에이온으로 손을 뻗칠 것이라고 보았다. 따라서 에이온을 지켜내면 언젠가 암피폴리스를 탈환할 수 있으리라 생각했다.

교역을 중심으로 하는 아테네인은 바다로 나오는 출구를 당연히 중요하게 여겼다. 하지만 교역에는 전혀 관심이 없는 스파르타인은 그렇게 생각하지 않았다. 스파르타인 브라시다스의 머릿속에는 바다로 나가는 출구의 확보 따위는 들어 있지도 않았을 것이다. 그 시점에서 그의 머릿속을 채우고 있던 구상은 아테네에 매우 중요한 칼키디아 지방을 아테네에서 떼어내는 것이었다. 그러니 당시 브라시다스는 아테네의 젊은 사령관이 에이온을 사수하려고 애쓴다는 정보를 듣고 '네 마음대로 해'라고 생각했을 것이다.

그리고 브라시다스가 아니더라도 누구나 다음과 같은 전망을 예측할 수 있다. 암피폴리스가 아테네에서 이탈하면 칼키디아 지방 도시국가 대부분이 뒤따라 아테네로부터 이탈할 것이라고 말이다.

결국 투키디데스는 에이온 사수를 포기하고 아테네로 귀국했다. 책임감이 강했기 때문인지 아니면 아직 젊었기 때문인지 그는 자신을 맞이하는 아테네 시민의 분노가 얼마나 엄청날지 예상하지 못했다. 34세의 사령관은 귀국하자마자 고발당했고 20년 국외 추방이라는 처벌을 받았다. 도편추방조차 10년 국외 추방인데 20년은 가혹하다 싶을지 모르겠지만 사형을 당하지 않은 것만으로 다행이라고 생각하는 편이 옳을 것이다. 피고가 34세였기에 중형을 주장했던 사람들도 사형 대신 추방을 선택했을지 모른다.

역사가의 탄생

　　　　　하지만 이 시련은 희대의 역사가 탄생으로 이어진다. '스트라테고스'를 한 차례 역임한 것으로 정치생명이 끊긴 투키디데스는 이후 스스로 전쟁 당사자이기도 했던 『펠로폰네소스전쟁사』를 쓰기로 결정했기 때문이다.

　20년이나 계속된 추방 생활 동안 생계를 걱정할 필요는 없었다. 그는 거주지였던 타소스 섬 북쪽에 위치한 트라키아 지방에 은 광산을 보유하고 있었다. 거기서 들어오는 수입만으로 솔론의 개혁에 따른 계급 구분에서 확실하게 제1계급에 속하는 페리클레스나 니키아스와 맞먹을 정도로 부자였다.

　『역사』를 쓴 역사가 헤로도토스는 그리스 전체가 휘말린 페르시아 전쟁이 모두 끝나고 50년이 지난 뒤에야 집필을 시작했다. 그 헤로도토스에 뒤지지 않는, 역사 서술의 최고 걸작으로 꼽히는 『펠로폰네소스전쟁사』의 저자인 투키디데스는 전쟁이 한창 진행 중일 때 글을 쓰기 시작했다. '스트라테고스' 투키디데스는 죽고 역사가 투키디데스가 태어난 것이다.

'언제' '어디서' '누가' '무엇'을 했는지를 기록하는 역사는 이집트와 오리엔트에서도 예전부터 존재했다. 투키디데스의 위대함은 거기에 '왜'를 추가했다는 점이다. 아니, '왜'의 추구에 몰두했다는 점이다. 투키디데스는 34세 나이에 아테네 상류계급 사람이라면 당연한 진로인 정치가의 길이 막혔다. 이후 그가 삶에 대한 집념으로 드러낸 것이 세상 깊이 읽기가 아니었을까 생각한다.

그러나 아테네는 기원전 424년 겨울부터 다음 해 봄까지 추방된 사령관에 대해 신경 쓸 겨를이 없었다. 전투 한 번 해보지 못하고 스파르타의 아웃사이더에게 '델로스동맹'의 일각이 붕괴하고 말았기 때문이다. 아테네가 이 위기에 아연실색하며 불안에 빠지자 선동에 능숙한 클레온의 정부 비판이 시민집회의 공기를 뜨겁게 달구었다.

스파르타의 제안

이런 아테네에 의외의 곳이 구원의 손길을 내밀었다. 바로 스파르타였다. 브라시다스의 성과가 너무나 눈부셨기 때문에 그것만으로 스파르타 사회의 하극상이 시작될 수 있다는 위험을 느낀 사람이 있었다. 그래서 스파르타는 휴전 제안을 내놓았다. 앞날이 캄캄하다고 선동하는 클레온의 말에 동조하지 않았던 아테네인이 이 스파르타의 휴전 제안에 달려들었다. 제안 내용은 다음과 같았다.

'휴전 유효기간은 1년으로 한다. 그사이 아테네는 칼키디아 지방에 소유하고 있던 모든 권리를 인정받는다.' 즉 현상 동결이었다. '다만 이 휴전 기간 동안 아테네와 스파르타는 영속적인 평화 구축을 위한 협상을 계속한다. 또 휴전 기간 중에 모든 국가는 자국 군선이 다른 국가 해역 내로 통행하는 것을 금지한다. 다만 이 금지령은 상선에는 적용되지 않는다.' 이 또한 무역 중심 국가인 아테네가 바라마지 않던 좋은 조건이었다.

그렇다면 이 휴전으로 스파르타가 얻는 것은 무엇이었을까. 표면상으로는, 그러니까 조약에 명기된 것으로는, 1년 전 필로스·스팍테리아전투에서 포로가 되어 아테네에서 포로 생활을 하고 있는 '호랑이의 아들' 150명의 송환과 당시 상실한 필로스와 스팍테리아 땅의 반환이었다. 그러나 이면, 그러니까 조약에 명기되어 있지 않은 것이 아테네에는 특히 매력적이었을 것이다. 칼키디아 지방에 아무런 이해관계가 없었던 스파르타가 브라시다스와 그가 거느린 1,700명의 병사를 본국으로 소환하겠다고 약속했기 때문이다.

이런 조건에도 휴전에 반대한 것은 늘 강경노선을 주장하며 양보하지 않던 클레온과 그 일파뿐이었다. 기원전 423년 봄, 아테네 시민집회는 위의 조건에 따른 휴전협정 체결을 절대 다수의 찬성으로 가결했다.

이 사이 브라시다스는 겨울철임에도 현상 동결 따위는 모른다는 듯이 칼키디아 지방 붕괴 작전을 지속했다. 바다의 신 포세이돈의 상징인 삼지창처럼 에게 해를 향해 돌출해 있는 칼키디아 지방에 산재하는 아테네 쪽 여러 도시국가를 모두 제압하겠다는 기세였다.

그곳에 아테네의 대표단이 스파르타가 조인한 휴전협정서를 가지고 도착했다. 스파르타 시민인 브라시다스는 본국 정부가 조인한 협정에 따를 의무가 있었다. 그러나 아직 본국 정부로부터 귀국 명령을 받지 못한 상태였다. 그래서 브라시다스는 형식적으로 본국의 의향을 따르면서 실질적으로는 그것을 무효로 만드는 방법을 찾아냈다.

스파르타의 장군은 아테네의 대표단을 향해 말했다. "협정이란 거기에 명기되어 있는 기일 내에 도착을 해야 발효되는데 늦었기 때문에 이 협정 자체는 무효요." 아테네 대표단 도착이 휴전협정에 적힌 기일보다 조금 늦은 모양이었다. 이 대목에서 너무 감탄한 나머지 이 스파르타 남자가 2,500년 후에 태어났다면 훌륭한 변호사가 되었을 것이라는 생각이 들었다. 아테네 대표들도 브라시다스의 논리에 반박하지 못했다.

대표들이 빈손으로 돌아오자 아테네 시민들은 아연실색했다. 눌변인 스파르타 남자에게 달변인 아테네인이 졌다는 사실이 무엇보다 놀라웠다. 이렇게 해서 아테네가 간절하게 원했던 휴전은 물 건너가고 말았다.

그러나 브라시다스도 곤란에 직면했다. 군사력을 사용하지 않고 언론플레이로 붕괴시키는 작전을 쓰면 쓸수록, 붕괴 이후 그 도시들이 아테네 쪽으로 되돌아가지 못하게 만들기 위해 그에 상응하는 군사력이 더 많이 필요했다. 그러나 그가 거느린 병력은 1,700명뿐이었다. 스파르타는 아직 귀국 명령을 내리지 않았다. 또한 브라시다스의 원군 요청에도 아무런 대답을 내놓지 않았다. 곤란해진 브라시다스는 마케도니아 왕에게 도움을 청했다. 그러나 당시 마케도니아 왕은 전

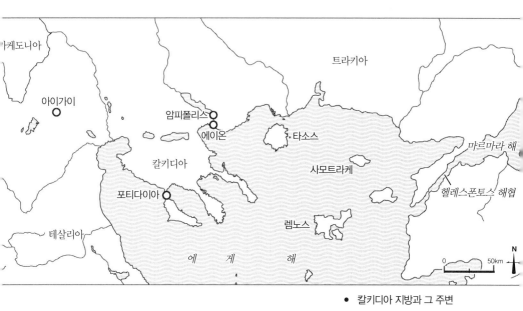

● 칼키디아 지방과 그 주변

혀 신용할 수 없는 사람이었다.

　브라시다스가 직면한 상황은 아테네 역시 알고 있었다. 또한 휴전이 이 남자 때문에 물 건너갔다는 사실도 알았다. 그래서 아테네는 이 기회에 브라시다스를 향해 본격적인 군대를 보내기로 결정했다. 삼단 갤리선이 50척이면 병력만 1만 명이 넘었다. 거기에 상륙전이 벌어질 것이 확실하기 때문에 해병으로 활용되는 경우가 많은 중무장 보병 1,000명을 추가했다. 모두 합치면 1만 1,000명의 병력이었다. 브라시다스가 보유한 병력은 1,700명이므로 아테네는 당연히 승리하리라 확신했을 것이다.

아테네 군대를 통솔한 것은 2명의 '스트라테고스'였다. 이들 가운데 한 사람은 아테네 정계에서 클레온과 대립관계에 있는 온건파 지도자 니키아스였다. 당시 아테네 군대는 선동가 클레온이 사사건건 비난을 퍼부어 온 사람들의 연합이었다.

칼키디아 지방에 도착한 아테네 군대의 전과는 실로 눈부셨다. 분담금을 내지 않아도 된다는 브라시다스의 감언이설에 넘어가 독립선언을 했던 도시국가 대부분이 다시 아테네 쪽으로 돌아오기로 결정했다. 브라시다스는 절망적인 상태에 놓인 것처럼 보였다.

그런데 적을 낭떠러지에서 떨어뜨리기 일보 직전까지 왔는데 아테네 군대를 지휘하던 2명의 '스트라테고스(사령관)'는 진을 해체하고는 귀국해버렸다. 표면적인 이유는 전투를 지속하기에 부적절한 겨울이 다가오고 있다는 것이었다. 그러나 실제로는 2명의 사령관 가운데 특히 니키아스가 스파르타를 더 이상 몰아붙이면 안 된다고 생각했으리라 짐작된다.

'펠로폰네소스전쟁'은 선전포고 없이 시작된 전쟁이었다. 이제까지 8년 동안 아테네와 스파르타는 가능한 한 직접 대결을 피했다. 필로스·스팍테리아전투는 '니어 미스near miss(폭격이나 사격에서 목표물에 근접했으나 명중하지는 않은 상태)'와 같은 사고였다. 스파르타는 이 전투에서 패배하고 필로스를 잃었을 뿐 아니라 '호랑이의 아들'인 중무장 보병 150명이 포로가 되고 말았다. 그럼에도 스파르타는 아테네에 선전포고를 하지 않았다.

칼키디아 지방에 대한 브라시다스의 침공은 스파르타 본국에 의한 군사행동이 아니었다. 브라시다스는 스파르타가 자랑하는 중무장 보병의 일원이었다. 그러나 그가 거느린 1,700명 가운데 특히 700명은 헬롯이라고 불리는 농노 출신이었다. 왕이 거느린 스파르타 정규군이 출전하면 주요 병력인 중무장 보병 1명에 헬롯이 7명씩 시종으로 따라붙었다. 이것이 이전까지 스파르타 군대의 기본 편성이었다. 요컨대 브라시다스 부대는 스파르타가 보기에는 스파르타 군대가 아니었지만 외국에서 보기에는 스파르타 군대가 분명한, 기묘한 존재였다.

아테네 군대가 브라시다스 군대를 괴멸시키는 것은 간단했다. 하지만 그럴 경우 이러한 관점 차이로 인해 스파르타와 직접 대결이 일어날 위험이 다분했다. 그런 상황에서 스파르타가 아무 대응도 하지 않는다면 다른 도시국가로부터, 특히 아테네를 적대시하는 코린토스로부터 겁쟁이라고 비난받을 것이 뻔했기 때문이다.

스파르타인은 자긍심을 먹고산다 해도 좋을 남자들이었다. 겁쟁이라는 비난을 받으면 평화든 공존이든 바로 걷어차버릴 남자들이었다. 47세가 된 니키아스는 멀리 보는 재능은 없었지만 가까운 것을 보는 능력은 있었다. 브라시다스의 부대를 격파해서 스파르타가 직접 대결의 장으로 나오게 만드는 상황만은 피하고 싶었다.

그러나 니키아스가 어떻게 생각하던 아테네 시민에게는 아테네 군대가 전황을 유리하게 이끌어놓고도 귀국해버린 상황만 보였다. 클레온은 시민의 이런 분노를 부채질했다. 클레온에게 선동당한 아테네 시민은 그를 다음 해의 '스트라테고스' 10명 가운데 1명으로 선출했다. 43세를 맞이한 클레온은 처음으로 '스트라테고스'가 되었다.

클레온은 니키아스가 이끄는 아테네 온건파에 한 방 먹이고 싶다는 생각으로 가득했다. 그래서 선거공약으로 내놓았던 암피폴리스 탈환을 목적으로 한 군사행동에 나서겠다고, 그것도 다른 '스트라테고스' 없이 홀로 군대를 이끌고 가겠다고 주장해서 받아들여졌다.

클레온이 통솔하는 아테네 군대 규모가 어느 정도였는지는 알려져 있지 않다. 아마 전년에 니키아스가 이끌었던 군대의 절반은 넘었을 것이다. 그때는 '스트라테고스' 2명이 통솔했지만 이번에는 클레온 혼자 지휘했기 때문이다. 그럼에도 병력이 브라시다스 부대의 5배에 이르렀다.

기원전 422년 9월, 바닷길을 따라 북상한 아테네 군대는 에이온에 상륙했다. 브라시다스가 관심을 두지 않았기 때문에 이 항구도시는 여전히 아테네 쪽에 남아 있었다. 그곳에서 강을 거슬러 올라가 브라시다스가 기다리는 암피폴리스로 향했다. 그런데 클레온은 암피폴리스로 가는 도중에 병사들의 신망을 잃고 말았다. 시민집회에서 시민을 향해 하는 말과 전쟁터에서 병사를 향해 하는 말은 달라야 하기 때문이다.

시민집회에서는 현 정부를 비판하며 유력자들을 향해 비난을 퍼붓는 것만으로도 시민들의 공감을 얻을 수 있다. 그러나 적을 앞에 둔 병사들에게 하는 말에는 병사 하나하나의 목숨이 달려 있다. 병사들이 사령관의 입을 통해 듣고 싶은 것은 자기들이 어떻게 행동하면 좋을지에 대한 아주 구체적인 이야기다. 또한 비판이나 비난은 사람들을 절망시킨다. 하지만 사령관은 병사에게 희망을 전해야 한다. 반드시 이길 수 있다는 희망 말이다.

그러나 클레온은 적을 앞에 두고서도 시민집회에서 하던 이야기 방식을 바꾸지 않았다. 그는 선동자(데마고그)로서 흔들림 없이 일관되게 살아왔다. 지금은 처지와 상황이 바뀌었지만 자기가 고수하던 방식을 바꾸지 않았다. 기회가 주어졌지만 거기서 벗어나지 못했던 것이다.

암피폴리스는 아테네가 칼키디아 지방의 요충지로 삼을 정도로 중요한 곳이었다. 여기를 두고 공방전이 벌어졌다. 그런데 기원전 422년 가을 암피폴리스 근교에서 벌어진 이 전투만큼 뭐가 뭔지 알 수 없는 사이에 끝난 전투도 없을 것이다.

브라시다스 쪽이 '장군은 있지만 병사가 없는' 상태인 것과 달리 클레온 쪽은 '병사는 있지만 장군이 없는' 상태였다. 어느 쪽이 이겼는지도 명확하지 않고 전사자도 별로 나오지 않았다. 분명한 것은 선두에 서서 돌진했던 클레온이 전사했고, 역시 선두에 서서 맞서 싸웠던 브라시다스는 중상을 입고 후방으로 옮겨졌다가 사망했다는 사실이다. 아테네 군대는 사령관이 전사한 것을 핑계 삼아 겨울철 바다가 거칠어지기 전에 곧바로 귀국했다.

클레온의 유일한 공적은 브라시다스를 길동무로 삼아서 죽어주었다는 점이다.

니키아스 강화

이해 기원전 422년 겨울, 일찍부터 아테네와 스

파르타 사이에 휴전 이야기가 오가기 시작했다. 클레온과 브라시다스라는 휴전을 방해하는 두 사람이 한꺼번에 죽었기 때문에 양국 온건파가 움직임을 보인 것이다.

다음 해 봄 아테네와 스파르타는 휴전협정 조인을 마쳤다. 역사적으로 아테네 쪽 조인자의 이름을 따서 '니키아스 강화'라고 부른다. 아테네와 스파르타 간 휴전협정 내용은 생략하고 여기서는 스파르타가 무엇을 얻었고 아테네가 무엇을 얻었는지에 대해 살펴보려 한다.

가장 먼저 4년 전 필로스·스팍테리아전투에서 패해 아테네에서 포로 생활을 하고 있던, 스파르타에는 '호랑이의 아들'인 스파르타 전사 150명의 귀국이 결정되었다. 이어서 아테네의 중계기지가 되었던 필로스와 그 부근의 섬들이 반환되었다. 스파르타는 자기네 영토인 라코니아 지방 서쪽에 인접한 이 지역이 아테네에 속해 있는 것을 그대로 방치할 수 없었다. 이것으로 스파르타는 원한 것을 모두 얻었지만 문제는 다른 곳에 있었다.

브라시다스가 거느리던 1,700명 가운데 700명, 그러니까 무장한 헬롯(농노)은 어쨌거나 스파르타 주민이었다. 그러나 나머지 1,000명은 펠로폰네소스동맹에 가입한 지방에서 온 병사들이었다. 따라서 브라시다스 부대가 아무리 스파르타의 비정규군이라고 해도 겉으로는 '펠로폰네소스동맹' 군대였다. '펠로폰네소스동맹' 맹주인 스파르타로서는 브라시다스가 죽었다고 해서 이 군대를 방치할 수 없었다.

스파르타는 스파르타인 브라시다스가 남긴 '흔적'을 어떤 형태로든 '펠로폰네소스동맹' 소속 도시국가들에 보여주어 그것이 불필요한

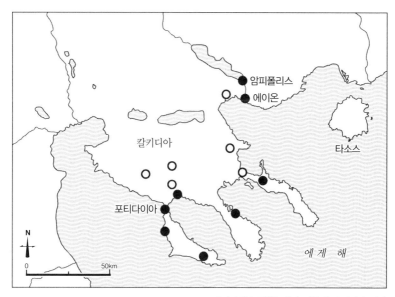

● '니키아스 강화' 체결 이후의 칼키디아 지방

원정이 아니었음을 증명할 필요가 있었다. 스파르타의 이러한 마음이 반영되지 않으면 조인이 이루어질 수 없기에 아테네도 타협할 수밖에 없었다. 그 결과 '니키아스 강화'의 내용은 기묘한 형태가 되고 말았다. 하지만 어쩔 수 없는 일이었다.

칼키디아 지방의 도시국가는 다음과 같이 분류된다.

지도에 ○으로 표기된 도시국가는 이후 아테네의 지배에서 해방된 독립국이다. 다만 '델로스동맹'에 대한 분담금은 56년 전 이 동맹이 결성될 때와 마찬가지로 정해진 금액을 아테네에 지불할 의무를 졌다.

지도에 ●로 표기된 도시국가는 모두 아테네의 우산 아래로 돌아가기로 결정한 나라다. 따라서 이들 도시국가가 아테네에 반기를 들 경우 제압할 권리는 온전히 아테네에 있으며, 스파르타는 이들에게 도움을 줄 권리가 없을 뿐 아니라 다른 도시국가들 또한 개입할 권리가 없다고 결정되었다.

평화협정의 유효기간 역시 성질 급한 그리스인치고 드물게 5년으로 잡았다. 또한 이 협정을 아테네와 스파르타가 진심으로 지킬 의지가 있음을 그리스 전체에 보여주기 위해 조인을 마친 협정서를 3부 작성해서 올림피아의 제우스 신전, 이오니아의 포세이돈 신전, 델포이의 아폴론 신전에 1부씩 봉납했다. 신에게 맹세한다는 의미였다.

그리스인에게 평화란

얼핏 보면 '니키아스 강화'가 성립되면서 아테네의 패권 아래 있던 칼키디아 지방이 브라시다스가 침공하기 이전 상태로 돌아간 것처럼 보인다.

신을 공경하는 마음이라면 누구에게도 뒤지지 않는 그리스 민족의 생각을 담아서 신 가운데 주요한 세 신 앞에 협정 준수를 맹세한 '니키아스 강화'였지만, 역사가 투키디데스는 이에 대해 '알맹이가 빠진 평화조약'이라고 혹평했다. 이 '평화'는 국가 형태를 비롯해 모든 점이 근본적으로 다른 두 도시국가가 그 차이를 진실로 이해하지 못하고 그저 단순하게 다가선 것에 불과한 타협의 산물이었기 때문이다.

다른 나라의 사람이나 물산이 들어오는 것을 극도로 싫어하며 폐쇄적인 일국 평화주의로 일관해온 스파르타와 사람과 물산의 교류를 통해 살아왔다고 해도 좋을 아테네는 서로 달랐다. 두 나라는 '패권'에 대한 생각조차 달랐다. 스파르타인에게 패권이란 타국 영토를 침략해서 자국 영토로 삼는 것이다. 일국 평화주의를 신조로 삼은 스파르타가 이런 종류의 패권주의에 무관심했던 것은 당연했다. 한편 아테네가 생각하는 '패권'은 영토가 아니라 아테네식으로 생각하고 행동하는 세계의 확대였다. 그래서 아테네는 기지를 얻으면 그것으로 만족하고 넓은 배후지 영토에는 관심을 기울이지 않았다.

이렇게나 다른 두 나라가 체결한 평화조약이 '니키아스 강화'였다. 그러니 '알맹이가 빠진 평화조약'이 된 것은 당연했다. 문제의 근본 해결책이 되지 못한 것이다. 오히려 문제가 해결되지 않은 상태에서 새로운 문제가 생기고 말았다. 아테네는 '니키아스 강화' 후에도 칼키디아 문제에 발목을 잡혔다.

브라시다스가 칼키디아 지방에 대한 아테네 패권을 붕괴시키는 데 성공할 수 있었던 것은 분담금을 지불하지 않아도 된다는, 인간이라면 누구나 민감하게 반응하는 지점을 건드렸기 때문이다. '니키아스 강화' 체결 이후 아테네 쪽으로 돌아온 각 도시국가를 대상으로, 아테네는 이런 차원 낮은, 그렇다고 경멸할 수 없는 문제를 처리하는 일부터 시작하지 않으면 안 되었던 것이다.

당시의 아테네 시민이라면 이 생각을 하는 것만으로도 우울해졌을 것이다. 이런 '평화'를 혹평한 아테네의 지식인은 투키디데스 하나만이 아니었다. 아리스토파네스도 '니키아스 강화' 직후에

『EIPHNH(평화)』라는 야유가 담긴 작품을 발표하여 이를 빈정거렸다. 그는 당시 20대 중반으로 풍자희극 작가로는 어렸음에도 데뷔 때부터 '유명 작가'였다. 페리클레스, 소크라테스, 클레온, 니키아스 그리고 그 후의 알키비아데스 등 많은 아테네 유명인이 아리스토파네스의 목표가 되었다. 『평화』라는 이름이 붙은 작품에서 아리스토파네스는 그리스인이 왜 전쟁에 몰두하는가 하는 문제를 다룬다.

전쟁이 그치지 않는 현상에 절망한 한 사람이 신들에게 해결해달라고 요청하기 위해 올림포스 산을 찾아갔다. 하지만 그리스인의 호전성에 정나미가 떨어진 신들은 주신 제우스를 필두로 모두 이사를 가고 헤르메스 신만 남아 있었다. 게다가 그곳에는 전쟁의 신이 찾아와 있었다. 그런데 전쟁의 신은 평화의 신을 동굴에 밀어 넣고 나오지 못하게 만들었다. 그래서 인간세계는 전쟁으로 날밤을 지새우게 되었다. 이것이 이 풍자희극의 줄거리다.

아테네인은 쾌적한 석조 야외극장에 앉아서 킬킬거리며 이 공연을 관람했다. 그러나 이 작품을 쓴 아리스토파네스는 물론이고 이 작품을 보면서 킬킬거리고 그해 디오니소스 축제 우승 작품으로 꼽은 아테네인조차 조롱의 대상이 자기들임을 잘 알고 있었다.

'니키아스 강화'는 아테네인에게 그들만의 힘으로 평화를 결정할 수 없다는 사실을 알려주었기에 우울한 기분이 드는 것은 당연했다. 웃음으로 넘기며 잠깐이나마 기분을 돌려야 할 정도로 암담했다. 사회 전체가 이와 같은 분위기에 빠졌을 때야말로 정치 지도자가 나설 때다. 아무리 '알맹이가 빠진 평화'라고 해도 당장 아테네에 필요하다면 현상을 냉정하게 분석해서 시민들을 설득하고 어두운 분위기를 걷어내는 것이 지도자의 역할이다.

니키아스에게는 현상을 분석하는 능력이 충분했고 그 분석은 언제나 옳았다. 그러나 관점을 바꾸는 등의 교묘한 방법을 사용해 그 분석의 결과를 설명함으로써, 우울한 기분에 휩싸인 시민들의 자신감을 회복시키고 그들에게 미래 전망까지 제시하려면 남다른 설득력이 필요했다. 니키아스는 그런 능력까지는 갖추지 못했다.

여기에 컵이 하나 있다. 안에는 물이 반밖에 남아 있지 않다. 니키아스의 방법은 물이 절반뿐인 모습을 시민에게 보여주고 이 정도 타결이라도 받아들이라고 주장하는 것이다. 그래서는 시민들 기분이 더 우울해지고 만다. 아리스토파네스의 희극을 예로 들자면 관람 중에는 킬킬거리며 웃지만 그것으로 기분이 밝아지는 것은 아니다.

또한 아테네 시민은 클레온과 같은 데마고그에 이제 질려버렸다. 비판만 일삼는 사람이 선두에 서서 행동해야 하는 지위에 올라봤자 전혀 도움이 안 된다는 사실은 이미 증명되었다. 펠로폰네소스전쟁도 어느덧 10년째에 접어들었다. 아테네인은 피곤했다.

젊은 지도자의 등장

이때 한 남자가 나타났다. 그는 컵에 아직 물이 절반이나 남아 있으니 마저 물을 부으면 되는데 여기에 대해 어떤 법도 정해진 것이 없고 아무도 그에 대해 말을 꺼내지 않는다고 주장하

	지성	설득력	육체 내구력	자제력	지속 의지	운	용모
페리클레스	100	100	90	100	100	90	100
클레온	10	50	70	10	10	20	10
니카아스	90	40	70	50	50	20	20
알키비아데스	100	100	100	100 또는 30	70	20	100

기 시작했다. 아테네 시민은 이제 막 30세로 국가 요직에 취임할 수 있는 나이에 이른 이 젊은이를 '스트라테고스'로 선출했다. 그를 정치와 군사를 담당하는 10명 가운데 1명으로 선출한 것이다.

나머지 9명 중에는 이미 '스트라테고스'에 연속해서 당선된 니키아스가 포함되어 있었다. 그러나 이 젊은이와 니키아스의 차이는 20년이라는 나이만이 아니었다. 두 사람은 아테네 시민에게 미래에 대한 전망을 보여줄 수 있는가 없는가에서 차이를 보였다.

위의 표는 『로마인 이야기』에서 율리우스 카이사르에 대해 쓸 때 재미 삼아 만든 것을 재활용한 것이다. 다만 카이사르의 경우 '운'과 '용모' 항목이 없었다.

로마인은 운명을 인간이 할 수 있는 바를 다한 다음 하늘의 뜻을 기다리는 것으로 생각했기 때문이다. 그래서 뭔가가 정해진 뒤에는 그것을 침착하게 받아들여야 한다고 여겼다. 반대로 그리스인은 아무리 인간이 할 수 있는 바를 다 해도 어쩔 수 없는 것을 운명이라고 생각했다. 그리스 비극을 보면 이 명제의 대행진이 아닐까 하는 생각까지 든다.

'용모'에 대한 개념 또한 로마인과 그리스인은 달랐다. 물론 로마인이 자기네 지도자가 궁상스러운 남자여도 상관없다고 생각한 것은 아니다. 자기들을 통솔하는 장군이 키가 크고 체구가 당당하다면 그 모습만으로 적과 맞서는 공포가 줄어든다고 생각한 점에서 그리스인과 다를 것이 없었다. 다만 용모가 뛰어나지 않다는 것이 부정적인 요인으로 작용하지는 않았다. 카이사르도 풍채는 뛰어났지만 얼굴은 미남이라고 말하기 힘들었다. 반면에 그리스인에게는 미남이라는 것이 중요한 요소였다. 그리스인이 보기에 아름다운 용모는 신으로부터 받은 선물, 신들로부터 사랑받는다는 증거였다.

참고로 이제부터 등장하는 알키비아데스는 소년 시절에는 순수한 아름다움, 청년 시절에는 발랄한 아름다움, 장년기에는 그 나이 대 남자만이 가질 수 있는 힘과 깊이가 있는 아름다움을 갖춘 모습으로 변해갔다고 한다. 그리고 그 아름다움은 나이를 먹어도 변하지 않았다고 한다. 이 남자를 이야기하면서 용모를 언급하지 않은 사료는 하나도 없다.

알키비아데스는 기원전 450년 아테네의 명문 중 명문으로 알려진 알크마이온 가문에서 태어났다. 아버지가 일찍 전사했기 때문에 3세 때 대부, 그러니까 아버지를 대신할 사람이 필요했다. 알키비아데스의 대부가 된 사람은 역시 알크마이온 가문이었던 페리클레스였다. 그런데 당시는 '페리클레스 시대'가 한창일 때였다. 아테네 정계의

'혼자'였던 페리클레스는 소년의 양육에 신경 쓸 시간 여유가 없었을 것이다. 또한 페리클레스라는 사람 자체가 아버지 역할을 하기에 어울리지 않았을 것으로 생각된다. 페리클레스는 상당한 자기중심주의자였다.

페리클레스는 상담을 하고 싶다는 소년에게 지금은 연설 준비로 안 된다며 거절하기도 했다. 그래도 소년 알키비아데스는 그가 아버지 대신이었기 때문에 페리클레스의 저택에 자주 드나들었다. 그런 소년을 늘 친절하게 맞이한 사람은 페리클레스의 애처 아스파시아였다. 알키비아데스 양육은 페리클레스가 아니라 아스파시아가 맡았다고 말하는 역사가도 적지 않다.

그 아스파시아의 주변에는 마찬가지로 젊은 소크라테스가 있었다. 그리스 역사상 가장 유명한 에피소드 중 하나인 철학자 소크라테스와 풍운아 알키비아데스의 교류는 아스파시아를 통해 이루어졌을 가능성이 높다. 아무튼 이 미소년이 언젠가 아테네를 이끌 것이라고 처음으로 간파한 사람은 소크라테스였다.

소크라테스

서양철학은 그리스철학에서 비롯되었는데, 소크라테스는 이 그리스철학의 문을 연 사람으로 꼽는다. 하지만 잘 알려진 것처럼 정작 그는 아무런 글을 남기지 않았다. 후세에 태어난 우리가 소크라테스의 언행을 알 수 있게 된 것은 전적으로 42년의 나이 차가 나는 젊은 제자 플라톤의 기록 덕분이다.

대학에서 철학을 배울 때 철학자로서 플라톤에게는 끌리지 않았다. 하지만 문필가로서 플라톤은 달랐다. 그의 글을 읽고 눈이 휘둥그레졌다. 초일류 문필가였다. 그래서 철학자 플라톤은 그를 전문으로 연구하는 학자들에게 맡기고 작가 플라톤을 통해 소크라테스에 접근해보려 한다.

플라톤의 수많은 저작 중에서도 걸작으로 이름이 높은『향연』은 다음과 같이 시작된다.

어떤 사람이 길에서 소크라테스를 만났다. 그런데 뭔가 이상했다. 평소 소크라테스는 언제 몸을 씻었는지 모를 정도로 불결하고 옷도 단정하지 않은 모습으로 다녔고 이를 아무렇지 않게 여겼다. 그런데 이날은 청결하고 말쑥한 모습이었다. 그 까닭을 묻자 소크라테스가 이렇게 대답했다.

"아가톤Agathon의 집에서 열리는 저녁 모임에 초대를 받았거든. 어제 아가톤의 비극이 연극제에서 우승했기 때문에 오늘 밤 축하연이 열리는 거지. 미남의 집에 가기 위해 나도 말끔하게 단장한 거야. 자네도 갈래?"

"좋지요."

"그럼 함께 가세."

상황은 이랬지만 소크라테스와 만난 아리스토데모스는 연회에 초대를 받지 않았다. 게다가 그 연회는 아테네 지식인들이 매우 좋아했던, 저녁을 먹고 난 뒤 포도주를 마시면서 한 가지 주제에 대해 토론하는 심포지온이었다. 소크라테스는 제자인 아가톤이 주최한 파티의 주빈이었기에 비록 아리스토데모스가 초대받지 않았더라도 자기가 데리고 가면 괜찮을 거라고 여겨 함께 가자고 제안한 것이다.

이렇게 해서 두 사람은 아가톤의 집으로 향했는데 도중에 소크라테스가 깊은 사색에 빠져들었다. 무아지경이었다. 그 경지에 빠지면 소크라테스는 그 자리에 우뚝 서서 누가 말을 걸든 무슨 일이 일어나든 상관없이 주변과 격리된 상태가 되어버렸다. 아리스토데모스는 그런 소크라테스의 모습에 익숙했는지 잠시 기다렸다. 하지만 소크라테스는 무아지경에서 한 발짝도 나오지 않았다. 아리스토데모스는 그를 남겨두고 혼자서 아가톤의 집으로 향했다.

아가톤은 소크라테스가 오지 않아 걱정하고 있다가 아리스토데모스의 설명을 듣고 그가 무아지경에 빠졌음을 알았다. 두 사람은 소크라테스가 사색에서 벗어날 때까지 내버려둘 수밖에 없었다. 얼마 후 싱글싱글 웃으며 걸어오는 소크라테스의 모습이 보였다. 그리고 비로소 그날 밤의 심포지온이 시작되었다.

다행스러운 것은 소크라테스에게 찾아오는 무아지경이 오랜 시간 지속되지 않았고 전투를 벌일 때도 일어나지 않았기 때문에 다른 사람을 곤혹스럽게 만들지 않았다는 점이다. 친구들이나 제자들은 '또 시작하셨군' 하는 정도 느낌으로 소크라테스가 사색에서 빠져나올 때까지 웃으면서 기다렸다. 확실히 소크라테스는 남달랐다. 그러나 사랑할 수밖에 없는 독특한 사람이었다.

그의 가르침에서 핵심은 '네가 아무것도 모른다는 사실을 알라'다. 하지만 소크라테스는 절대로 상대방에게 '아무것도 모른다는 사실을 알지 못하는 너는 어리석다'는 식으로 말하지 않았다. 오히려 '너는 아무것도 모른다는 사실을 알고는 있지만 미처 알아차리지 못했을 뿐이다'라는 이야기로 상대방이 그 사실을 알아차리도록 돕는 게 자기 일이라고 했다.

그리하여 편안하고 열린 마음으로, 여러 다른 사례와 비교하여 답을 찾는 소크라테스의 논법을 따라가다 보면 문득 자신도 모르게 막다른 길에 와 있음을 깨닫는다. 즉 내가 아무것도 모른다는 사실을 알게 되는 것이다. 이것이 대비를 통한 소크라테스의 독특한 '유도'였다.

이 소크라테스 '산파술'의 마력에 한번 포로가 되면 여간해서 빠져나올 수 없다. 완전히 사로잡히고 만다. 반대로 소크라테스 특유의 '유도'를 귀찮다고 느끼는 사람들은 질색하며 소크라테스를 멀리했다(실제로도 상당히 귀찮은 일이었다). 단지 싫어한 데서 그치지 않고 미워하기까지 했다. 소크라테스는 권력과는 무관했지만 적이 많았다. 풍자 희극 작가인 아리스토파네스가 풍자 대상으로 삼았던 당시 아테네 유명인 가운데 권력자가 아닌 사람은 소크라테스가 유일했다.

한편 플라톤의 『향연』을 살펴보면 그날 밤 심포지온에 참석한 사람은 모두 6명이었다. 먼저 집 주인이자 비극 작가였던 아가톤. 그 아가톤이 존경하고 친하게 지냈던 철학자 소크라테스. 아가톤의 친구이며 연인인 파우사니아스(당시 아테네에서 이 두 사람은 미남 커플로 유명했다). 의사인 에릭시마코스와 파이드로스. 그리고 3대 비극 작가의 마지막 주

● 소크라테스

자가 된 에우리피데스와 당시 아테네 연극계를 양분하던, 풍자희극이라는 새로운 분야를 확립한 아리스토파네스. 그날 밤 심포지온의 주제는 '에로스(사랑)'였다.

그들 사이에 펼쳐지는 설전을 따라가다 보면 쟁쟁한 멤버가 모였어도 심포지온은 역시 지루한 것인가 하는 생각이 든다. 그래도 참고 읽다 보면 후반부에 접어들자마자 장면이 갑자기 생기를 띠기 시작한다. 술에 취해 난입한 알키비아데스가 심포지온을 완전히 뒤집어놓기 때문이다.

이 유명한 장면의 소개는 잠시 뒤로 미루겠다. 『향연』이 플라톤 작품 가운데 최고 걸작으로 꼽히는 것은 알키비아데스가 술에 취해 소크라테스에게 진심 어린 애정 고백을 했기 때문 아닐까 싶을 정도다. 아무튼 이 고백은 단순한 소크라테스 찬미로 끝나지 않는다. 소크라테스 철학이 지닌 매력 전체가 이 고백 하나에 집약되어 있다. 소크라테스에 대해 알고 싶은 사람은 플라톤의 수많은 대화편에 도전하기 전에 먼저 『향연』부터 읽어보기를 권한다.

플라톤이 쓴 대화편 가운데는 『알키비아데스』라는 제목을 가진 작품도 있다. 알키비아데스가 아직 소년이지만 언젠가 아테네를 이끌고 갈 인물임을 간파한 소크라테스가 그에게 지도자가 되는 데 필요한 마음가짐을 알려주는 내용이다. 이 작품에서 알키비아데스는 아직 15세가 되지 않았다. 그렇다면 소크라테스도 35세 이전이었다는 말이 된다.

자기가 다른 사람보다 뛰어나다는 것을 자부하는 건방지고 재기발랄한 소년에게 소크라테스가 일러준 이야기를 한마디로 정리하면 자제력의 중요성이다. 이때 평소처럼 상반된 명제를 제시하고 그중 하나를 선택하게 만들면서 조금씩 상대를 몰아붙이는 소크라테스 특유의 유도법이 구사된다. 여기에 휘말린 알키비아데스는 작품 속에서 사랑스러울 정도로 솔직하고 천진스러운 태도로 일관한다. 제3자가 보기에 소크라테스의 매력에 완전히 넘어간 것처럼 비친다.

그러나 『향연』에 묘사된 에피소드가 실제 일어난 해는 알키비아데스가 34세, 소크라테스가 54세 때였다. 『알키비아데스』와 『향연』 사이에는 20년의 세월이 가로놓여 있는 셈이다. 이 20년 동안 소크라테스는 여전히 아무에게나 말을 걸고 가르침을 주는 인생을 보냈지만, 알키비아데스는 파란만장이라고 부를 수밖에 없는 격동에 찬 인생을 헤쳐 나가는 데 전념했다. 스승은 오로지 사색하는 철학자로 살았고, 제자는 행동해야만 성과를 얻을 수 있는 정치가와 장군으로 살았다.

청년 정치가 알키비아데스

기원전 420년, 알키비아데스는 요직에 오를 수 있는 나이인 30세가 되자마자 '스트라테고스'에 선출되었다. 그러나 이 젊은이는 그해에 정치적으로는 집정관, 군사적으로는 사령관인 10명의 '스트라테고스' 중 단순한 1명이 아님을 보여주었다. 매년 이 공직에 선출되다시피 했던 니키아스가 볼 때 클레온과는 상대가 되지 않는 성가신 라이벌이 등장한 셈이었다.

풍자희극 작가인 아리스토파네스에 따르면 2년 전 전사한 클레온의 성가심은 윙윙대며 날아다니다가 한 방을 노리는, 민중의 인기를 선동하는 벌과 같았다. 하지만 알키비아데스는 그런 행동을 일절 하지 않았다. 비판이나 비난이 아니라 대안을 내놓으며 도전하고 승부했다.

또한 피혁 제조업자였던 클레온과 달리 알키비아데스는 아테네인이라면 모두 알고 있는 명문 출신이었다. 대중은 동서고금을 막론하고 이런 귀한 혈통을 동경했다. 게다가 용모는 비교할 대상이 없을 정도였다. 알키비아데스의 아름다움은 어디에 있든, 누구와 함께 있든 눈에 띄었다. 이와 달리 니키아스는 궁상스럽거나 추하지는 않았지만 시민이나 병사 속에 섞여 있으면 눈에 잘 띄지 않는 평범한 용모였다. 민주정치 국가인 고대 아테네에서 여성에게 참정권이 주어졌다면 알키비아데스는 반드시 연속 당선되었을 것이다. 물론 그리스에서는 남자도 아름다움에 민감했다.

나이 또한 당시 니키아스는 50세, 알키비아데스는 30세로 20년 차이가 났다. 이것만으로도 니키아스가 불리했지만 진짜 불리한 점은 따로 있었다. 니키아스는 젊을 때부터 노인처럼 생각하고 행동한 사람이었다. 그 때문에 아테네 정계의 양식파 또는 온건파의 리더가 될 수 있었다. 이와 반대로 알키비아데스는 청년기부터 장년기에 이르기까지 좋든 나쁘든 영원한 젊은이처럼 생각하고 행동했다.

그러나 이 두 사람을 갈라놓은 가장 큰 차이는 현대식으로 말하면 긴축 노선과 성장 노선에 있었다. 니키아스는 시민에게 컵 속에 물이 절반밖에 남지 않았다는 현실을 보여주고 '니키아스 강화'를 이끌어냈다. 반면에 알키비아데스는 물이 아직 절반이나 남았으니 마저 물을 채우자고 주장하며 '정권 내 야당' 역할을 했다. 그리고 아테네를 누구에게 맡길지 결정할 권리를 지닌 시민은 10년이나 계속된 전쟁 상태에 절망하며 미래에 대한 불안에 시달리고 있었다.

'델로스동맹'의 일각을 이루는 칼키디아 지방 여러 도시국가가 아테네로 복귀한 것은 '니키아스 강화'로 승인되었다. 그러나 전에 이들은 분담금을 내지 않아도 된다는 브라시다스의 감언이설에 넘어가 아테네에서 이탈했다. 그들을 다시 우산 아래로 불러 모으기 위해서는 설득만으로 효과가 없었다. 강한 군사력을 보여주는 것 외에는 다른 방법이 없었다. 칼키디아 지방의 요충지이자 '니키아스 강화'로 아테네 쪽으로 돌아가는 것이 결정된 암피폴리스조차 주민들이 그 결정에 반대했을 정도였다. 이러면 전쟁 상태가 계속될 수밖에 없었다. 그러나 니키아스에게는 더 우울해질 시민에게 인내만이 승부를 결정지을 수 있는 무기라고 납득시킬 만한 설득력이 없었다.

알키비아데스는 아테네 쪽으로 귀환하는 것이 그들에게 이익이 된다는 것을 칼키디아 지방 도시국가들이 이해할 때까지 내버려두자고 말하지 않았다. 그는 페리클레스를 아버지로 여기고 성장한 사람이었다. 그는 '델로스동맹'이 도시국가 아테네와 운명을 함께한다는 현실을 완벽하게 이해했다.

그래서 막 30세가 된 '스트라테고스'는 동쪽뿐 아니라 서쪽으로도 눈을 돌려야 한다고 주장했다. 앞으로 아테네는 동쪽에 펼쳐진 에게 해뿐 아니라 서쪽에 펼쳐진 이오니아 해로도 진출해야 한다고 주장한 것이다. 현대식으로 말하면 다각화 작전이었다. 니키아스는 당연히 반대했다. 그래서는 아테네가 보폭보다 큰 걸음을 내딛게 된다며 강경하게 반대했다.

서쪽으로 눈을 돌리자는 정책 자체는 알키비아데스의 독창적인 제안이 아니었다. 살라미스해전의 승자였던 테미스토클레스가 이미 60년 전에 걸음을 떼어놓았고, 그 정책을 모든 면에서 계승한 페리클레스가 관련된 여러 나라를 쓸데없이 자극하지 않도록 배려하면서 착실하게 진행해왔다.

관련국 가운데 우선 고려해야 할 나라는 당연히 스파르타였다. 니키아스가 반대한 참된 이유도 스파르타를 자극하고 싶지 않다는 생각에서 나온 것이었다. 그러나 알키비아데스의 생각은 달랐다. 일국 평화주의 노선을 고수하며 주도권을 발휘하기 싫어하는 스파르타를 끄집어내기 위해서는 자극을 주는 쪽이 훨씬 효과적이라고 보았다. 과거 테미스토클레스가 해전에서 승리함으로써 스파르타가 육지에서 결전에 나서게 만든 것처럼 하는 것이 좋겠다고 생각한 것이다. 그리고 페리클레스가 페르시아와 '칼리아스 강화'를 체결해서 스파르타 역시 아테네와 평화 교섭에 나서게 한 것처럼 말이다.

다만 이 두 선배와 알키비아데스 사이에는 다른 점이 있었다. 그것은 알키비아데스가 스파르타를 직접 표적으로 삼았다는 점이다. 알키비아데스에게는 클레온이 가졌던 스파르타에 대한 강렬한 증오가 전혀 없었다. 그렇다면 알키비아데스 전략의 숨은 의도는 단순히 스파르타가 '나올 수밖에 없을' 때까지 걸리는 시간을 단축하는 데 있지 않았을까. 그런데 그렇다고 보기에는 '자극'이 너무 강했다. 자칫 아테네에 극단적인 모험이 될지 모른다는 두려움이 있었다. 그랬기에 의지가 굳은 사람이라고 말하기 힘든 니키아스조차 평소와 달리 집요하게 반대했던 것이다.

'스트라테고스'에 수없이 당선되었고 나이도 50세에 이른 아테네 정계의 거물 니키아스가 이렇게까지 반대하는데도 아테네 시민은 왜

'스트라테고스'에 처음 당선된, 그래서 정치 지도자로서는 아직 초보인 알키비아데스의 생각을 선택했을까. 아테네 시민은 니키아스에게서 자신들의 현실을 보았다. 이와 달리 알키비아데스에게서는 자신들이 원하는 모습을 보았다. 이것이 알키비아데스가 정계에 데뷔하자마자 아테네 시민의 아이돌이 된 이유였다.

조건 또한 모두 갖추어져 있었다. 우선 알키비아데스는 엄청난 부자였다. 니키아스의 재력 역시 그와 비슷하거나 그 이상이었다. 그러나 아테네의 양식을 대표한다고 자부하는 니키아스가 사재를 터는 경우는 작은 신전을 세우거나 기부를 하는 등 견실하지만 평범한 것에 그치는 때가 많았다. 이와 달리 알키비아데스는 별로 중요하지 않은 일에도 돈을 마구 썼다. 자신이 부자라는 사실을 모두 알고 있으니 씀씀이에 신경을 쓰는 것은 위선에 불과하다는 말을 공공연하게 내뱉었다. 그 말을 들은 부자들은 물론 서민들까지 그가 정직하다고 여겼고 그에게 호의를 품게 되었다. 민주정치 국가 아테네의 지도자인 이상 검소한 생활을 해야 한다는, 이전까지 지도자들이 보여왔던 태도에 반기를 든 것이 오히려 서민들의 호감을 산 셈이었다.

알키비아데스는 뛰어난 아름다움을 지녔다. 이는 그리스 세계의 아이돌이 되기 위해 가장 중요한 요소였다. 전성기 아테네를 대표하는 조각가로 페이디아스, 미론, 프락시텔레스가 꼽힌다. 앞의 두 사람은 페리클레스 시대에 살았다. 이들의 작품 경향은 한마디로 표현하면 군더더기 하나 없고 완벽하게 이상적인 아름다움이라고 할 수 있는데 그 때문에 차가운 느낌을 피할 수 없었다. 이 둘의 뒤를 이은 프락시

● 프락시텔레스가 제작한 헤르메스 신상

텔레스의 작품은 상당히 달랐다. 프락시텔레스는 강한 감동과 인간미가 넘치는 아름다움을 표현했다. '알키비아데스 현상'이라고 불러도 좋을 알키비아데스의 영향력이 조형예술 분야에까지 파급된 것 아닐까 싶을 정도다.

알키비아데스는 언행 전체에서 '내추럴'이라고 말할 수밖에 없는 타고난 자연스러움을 드러냈다. 민주정치 국가의 정치 지도자에게 중요한 무기는 언어를 구사하는 연설이다. 페리클레스도 시민집회에서 중요한 연설을 할 때는 사전에 초고를 쓰는 등 준비에 공을 들였다.

알키비아데스는 연설할 때 준비를 하지 않았다. 즉흥 연설이라서 논리에 어긋나 중단된 적도 있었다. 이런 경우 다른 사람이었다면 아테네 시민은 용서하지 않고 조소와 야유를 퍼부어 퇴장하게 만들었을 것이다. 그런데 알키비아데스에게는 다른 반응을 보였다. 뒤뚱뒤뚱 걷다가 넘어진 아기가 자기 힘으로 일어나려는 모습을 보는 부모처럼 알키비아데스를 지켜보았다. 연단 위에서 말을 멈추고 서 있다가 다시 이야기의 맥락을 찾아내어 연설을 재개할 때까지 인내심을 갖고 기다려주었다. L과 R의 발음 차이가 명확하지 않은 이 젊은이의 결점도 웃음 띤 얼굴로 들어주었다.

덕분에 알키비아데스의 연설을 흉내 내는 젊은이가 급증했다. 언어를 잘 골라 사용하면서 교묘하게 상대방 동의를 이끌어내는 기술을 가르치는 것이 직업인 소피스트들은 장사가 되지 않았을 것이다. 공짜로 가르쳤던 소크라테스와 달리 소피스트들은 보수를 받고 가르쳤기 때문이다.

알키비아데스는 고집이 세고 다혈질이었다. 경솔하다는 비난을 받을 정도로 주위 시선을 신경 쓰지 않고 실행했으며, 결과가 좋지 않을 경우 그 책임을 남에게 전가하지 않고 홀로 지는 당당함 또한 갖추었다. 기존 관념에서 완전히 자유로웠고, 둔감한 인간과 단순한 선인에 대한 멸시를 숨기지 않았으며, 무엇보다 양식 있다고 자부하는 사람들이 숨기고 있는 위선을 철저하게 혐오했다. 그래서 때때로 모든 것을 까발리는 탓에 그를 지지하는 사람들을 안절부절못하게 만들었다.

뛰어난 지성을 갖추고 있었지만 지중해성 변덕 또한 지니고 있어서 그 장점은 길게 발휘되지 못했다. 아테네 시민은 고삐에 매이는 것이 싫어서 이리저리 날뛰는 아름답고 야성미 넘치는 준마를 사랑하듯 이런 알키비아데스를 사랑했다.

그만큼 그에게는 적도 많았다. 적은 '니키아스 강화'가 물거품이 되는 것을 두려워하는 니키아스를 비롯한 아테네 온건파에 속한 사람들이었다. 유명 작가였기에 일반 아테네인의 생각에 민감했던 아리스토파네스는 『개구리』라는 작품에서 등장인물을 통해 이렇게 말했다. "아테네에서는 새끼 사자 같은 것을 키울 이유가 없었어. 하지만 이미 자랐으니 그를 받아들여야겠지."

아테네는 민주정치를 채택한 도시국가였던 것이다. 이는 역사적 인물을 평가할 때 태어난 환경과 시대를 무시할 수 없음을 보여주는 사례 가운데 하나다. 그리고 그렇게 자라난 새끼 사자가 시민집회에 내놓은 제안은 4국동맹 결성이었다. 시민집회는 이 안을 압도적 찬성으로 가결했다. 참고로 알키비아데스가 태어난 지 100년 후 또 한 명의 새끼 사자가 태어난다. 마케도니아 왕국 왕자로 훗날 알렉산드로스 대왕이라 불린 인물이다.

4국동맹

알키비아데스는 소크라테스가 직접 전수한 논리 진행 방식을 완벽하게 습득했다. '절대로 정면으로 공격하지 말고 처음에는 측면에서 공략하라.' 그래서 아테네에 와 있는 스파르타 사절을 시민집회에서 몰아세웠다. '니키아스 강화'로 결정되었음에도 칼키디아 지방의 여러 도시가 아테네 아래로 돌아오지 않는 것은 스파르타의 무관심 때문이라고 폭로했다.

시민들은 종잡을 수 없는 스파르타인의 태도에 격앙했다. 니키아스는 이 상황을 수습하기 위해 입을 열었다. 자기가 스파르타에 찾아가 그들의 참된 의도를 명확하게 밝혀내겠다고 주장했다. 니키아스는 자기가 반대하면서도 결국 그 일의 실현에 힘을 빌려주는, 어떻게 보면 좀 불쌍한 사람이었다. 어쩌면 속으로 이런 악담을 해댔을지 모른다. "악마에게 잡아먹혀라, 침묵할 줄 모르는 저 젊은 놈. 악마에게 잡아먹혀라, 젊은 놈에게 발언 기회를 주는 민주정치. 악마에게 잡아먹혀라, 저 젊은 놈의 주장을 실현하기 위해 스파르타로 가야 하는 나."

물론 양식 있는 니키아스가 이처럼 수준 낮은 말을 내뱉었을 리는 없다. 그러나 만약 이런 종류의 악담을 퍼부었다면 그의 정신 안정에 조금은 도움이 되지 않았을까 생각해본다. 스파르타에서 니키아스를

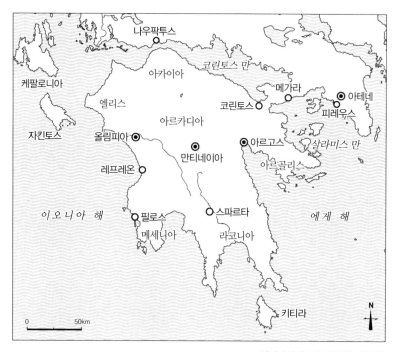

● 알키비아데스가 주창한 4국동맹

상대한 자들이 리쿠르고스 '헌법'의 수호자라는 굳은 신념을 가진 내셔널리스트이자 아테네를 싫어하는 2명의 '에포로스'였다는 점에서 더욱 그렇다.

결국 스파르타는 아테네의 불만을 인정하고 아테네 시민집회에서 가결된 4국동맹의 성립을 받아들였다. 아테네의 요구가 스파르타의 약점을 찔렀기 때문에 스파르타는 받아들이지 않을 수 없었다. 그러나 단지 그 때문에 납득하고 용인한 것은 아니었다.

'4국동맹'이란 이를 주장한 아테네와 펠로폰네소스 반도의 세 도시국가 간 동맹을 가리킨다. 나머지 3개국은 엘리스와 아르카디아 지방에 있는 만티네이아Mantinea, 아르고스가 수도인 아르골리스Argolis 였는데, 서쪽에서 동쪽 순으로 위치하고 있다.

지도에서 분명하게 알 수 있듯이, 이 동맹을 생각한 알키비아데스의 숨은 의도는 방어가 아니라 공격이었다. 즉 스파르타의 우산 아래 있는 펠로폰네소스 반도 안으로 밀고 들어가, 스파르타가 있는 라코니아 지방을 북쪽에서 포위할 뿐 아니라, 이를 통해 '펠로폰네소스동맹'의 두 강국인 스파르타와 코린토스 사이를 떼어놓으려 한 것이다. 그리고 이 강력한 단절 작업이 현실화될 것인지는 북쪽으로 코린토스와 인접하고 남쪽으로 스파르타와 인접한 아르고스의 태도에 달려 있었다.

아르고스 역시 그리스 도시국가답게 현실보다는 이상적인 삶을 추구하는 나라였다. 아르고스의 역사는 스파르타보다 오래되었다. 신화 전승 시대부터 존속해왔다는 자부심이 강해서 스파르타나 코린토스와 엮이는 것을 좋아하지 않았다. 그 결과 명예로운 고립을 유지하는 느낌을 주었다.

아르고스는 아테네나 스파르타를 비롯한 그리스 전체 도시국가가 대동단결한 '페르시아전쟁' 때 스파르타가 참가한다는 이유를 들어 그리스 연합군에 참가하지 않았다. '펠로폰네소스전쟁'이 시작되었을 때도 스파르타 쪽에 가담하지 않았는데 물론 아테네와도 손을 잡지 않고 중립을 유지했다. 이렇게 오랫동안 중립을 지켜온 아르고스를 어떻게 아테네 쪽으로 끌어들였는지는 알려져 있지 않다.

알키비아데스가 종종 아르고스를 찾았다는 기록이 있는 것으로 보아 연구자들은 그가 '교섭'한 결과일 것으로 추측한다. 당시 알키비아데스가 30세라는 젊은 나이였다는 사실은 그 가능성을 높여준다. 아테네 외항인 피레우스에서 아르고스까지는 배로 하루가 걸리지 않았다. 거기에 더해 알키비아데스는 많은 시민을 상대로 연설할 때 설득력도 뛰어났지만 얼굴을 마주하고 일 대 일로 대화할 때 설득력이 더 뛰어났다. 설득의 효과는 백발백중이었는데 이것은 추후에도 변하지 않았다.

아이디어를 낸 사람은 알키비아데스, 그것을 현실로 만든 사람은 니키아스라는 형태로 실현된 4국동맹은 매우 기묘한 동맹이었다. '니키아스 강화'는 아테네와 스파르타 사이에 체결된 휴전협정이었다. 반면에 '4국동맹'은 아테네가 다른 세 도시국가와 함께 스파르타를 가상 적국으로 상정해 체결된 동맹이었다. 그런데 스파르타는 이처럼 비논리적이고 자국에 불리한 동맹을 왜 용인한 것일까. 바로 알키비아데스가 스파르타의 약점을 공략했기 때문이다.

스파르타는 4년 전 브라시다스의 지휘를 받았던 헬롯(농노) 700명의 처우에 골머리를 앓았다. 이들은 브라시다스가 전사한 뒤 귀국했는데, 비록 헬롯 출신이어도 스파르타의 중무장 보병이자 정규군으로 출전해 싸웠기 때문에 병사로서 의식을 가지고 있었다. 그래서 귀국 이후 라코니아 지방의 농경지를 주겠다는 정부 제안을 거부했다. 이들은 더 이상 농노로 돌아가지 않겠다고 결심하고 스파르타 정규 병사처럼 수도 스파르타에 살게 해달라고 요구했다.

스파르타의 '헌법'인 리쿠르고스 법에 따르면 수도 스파르타에는 시민권을 가진 '스파르타 전사'와 그 가족만이 살 수 있다고 정해져 있었다. 만약 이들의 수도 거주를 인정해주면 다음에는 스파르타 시민권을 요구할 것이 불 보듯 뻔했다. 그러면 리쿠르고스 '헌법'에 근거해 엄격하게 규정된 스파르타 국가체제 자체가 와해되고 만다.

곤란해진 스파르타의 기득권 계급, 즉 스파르타 시민들이 생각해낸 방법은 이들을 국외의 어딘가로 격리하는 것이었다. 그러나 단순히 격리만 한다면 반란의 씨앗이 될 수 있었다. 그래서 이들을 병사 상태로 그대로 두고 시민권을 주지 않는 선에서 끝낼 수 있는 길을 찾았다. 그 결과 수비가 필요한 변경 기지로 보낼 수밖에 없었다.

브라시다스 아래에서 싸웠던 헬롯만 700명이었다. 여기에 펠로폰네소스전쟁 개전 직후 아테네 해군이 연안 일대를 공략했을 때 방위를 위해 차출한 헬롯을 더해 1,000명과 그 가족의 '격리'가 필요했다.

이들은 '네오다모디스Neodamodis', 의역하면 '해방 헬롯'으로 불리게 되었다. 스파르타는 이 조치를 통해 하극상 현상에 제동을 걸었다고 생각했을지 모르겠다.

'해방 농노'들이 보내진 곳은 펠로폰네소스 반도 서쪽에 위치한 레프레온Lepreon이었다. 스파르타는 이들에게 펠로폰네소스 반도 남쪽 끝을 돌아서 이오니아 해로 향하는 아테네 해군을 저지하라는 임무를 주었다. 하지만 군선 하나 없었기 때문에 격리가 진짜 목적임이 뻔히 드러났다. 이러한 배경을 안 아테네는 스파르타가 레프레온에 기지를 건설하는 것을 인정하는 대신 4국동맹 승인이라는 대가를 얻어낸 것이다.

도시국가 아테네의 최고 결정 기관인 시민집회는 이를 알키비아데스와 니키아스가 주도한 아테네 외교의 승리로 보았다. 두 사람 모두 다음 해 '스트라테고스'에 선출되었다. 기원전 419년, 막 성립된 4국동맹을 재빨리 활용한 쪽은 31세의 알키비아데스였다. 연구자들이 '알키비아데스전쟁'이라고 이름 붙인 이 전쟁은 그해 여름에서 가을 초반까지 이어졌다.

알키비아데스에게 주어진 병력은 중무장 보병 1,000명이었다. 사령관이기도 한 '스트라테고스'가 거느린 병력치고는 소규모였다. 그러나 그는 그런 데 신경 쓰지 않았다. 그는 1,000명의 병사를 이끌고 살라미스 만을 건너 펠로폰네소스 반도 동쪽 끝에 상륙한 후 반도 북쪽 변두리를 통과해 빠져나가 아카이아Achaea 지방의 이오니아 해변에 이르렀다. 4국동맹을 체결하며 아테네 쪽에 선 엘리스, 아르카디아, 아르골리스 지방 북쪽을 지나갔기 때문에 적과 만날 위험이 없는 행군이었다. 그렇게 쉬지 않고 달려 펠로폰네소스 반도 서쪽 끝 지역까지 공략했다.

코린토스는 이 사실을 알고 미쳐 날뛰었다. 당연한 일이었다. 코린토스의 '시장'은 이오니아 해 건너편 지중해 서쪽에 있었다. 그곳에 선단을 보내기 위해서는 넓은 코린토스 만을 지나가야 했다. 그러나 그 만 중간쯤에는 페리클레스 시대부터 이미 아테네 기지였던 나우팍투스가 위치하고 있었다. 여기에 더해 그 맞은편 곳을 아테네에 공략당한 것이다. 그리고 그곳을 빠져나가 이오니아 해로 들어가면 역시 아테네의 지배 영역인 케팔로니아^{Cefalonia}와 자킨토스 섬이 나타났다.

군선이든 상선이든 코린토스 배라면 항해 안전에 적신호가 켜진 셈이었다. 아테네의 태도에 따라 코린토스는 코린토스 만 안에 갇힐 위험마저 있었다. 머리끝까지 화가 치민 코린토스는 스파르타에 직접 호소했다. 펠로폰네소스동맹의 존재가 무엇인지 따져 물었다. 펠로폰네소스동맹에서 스파르타의 뒤를 잇는 강국이던 코린토스의 강경한 태도에, 동맹 맹주인 스파르타는 행동에 나서지 않을 수 없는 처지가 되었다. 아테네와 스파르타가 직접 대결하지 않는 기묘한 형태가 지속되었던 펠로폰네소스전쟁에 변화가 일어나기 시작했다.

한편 아테네에서도 형세가 바뀌기 시작했다. 속공으로 일관한 알키비아데스의 성공 덕분에 아테네의 '시장'이 서쪽으로 크게 확장되자 아테네 시민은 기뻐했다. 그런 한편으로 아테네인의 마음속에 두려움도 생겨났다.

젊은 알키비아데스의 화려한 언동을 보면 아테네 정계 전체가 그를 지지하는 것처럼 보였지만 실제로는 전혀 그렇지 않았다. 아테네 정계는 니키아스 일파와 알키비아데스 일파로 양분되어 있었다. 그렇지만 두 파 모두 스스로의 힘으로 과반수를 차지한 적은 한 번도 없었다.

양대 정당과 유권자에게 선택지가 있다는 점에서 민주정치 국가로서 이상적인 상황이라고 생각할 사람도 있을 것이다. 물론 논리적으로는 옳다. 그러나 아리스토텔레스는 "논리적으로는 옳아도 인간세계에서는 반드시 옳다고 할 수 없다"라고 말했다. 이 철학자는 34년 후에 태어났기 때문에 동시대인은 아니다. 지식인의 존재 이유 가운데 하나는 이미 존재했던 현상 속에서 중요하다고 여기는 것을 언어로 개념화하는 것이다. 때문에 논리와 현실의 양립이 보장 불가능하다는 것은 아리스토텔레스가 태어나기 전부터 이미 인간세계의 진실이었다.

그렇다면 당시 아테네의 실제 상황은 어떠했을까. 유권자는 두 파벌 사이에서 흔들렸다. 두 파 모두 과반수를 차지하지 못하는 상황은 한쪽이 진지하게 공세를 펼치면 언제든 라이벌을 쫓아낼 수 있음을 의미했다. 현대식으로 말하면 정국 불안이 지속되고 있었다. 그해 겨울에 치러진 다음 해 '스트라테고스'를 결정하는 선거에서 니키아스는 당선했지만 알키비아데스는 낙선했다. 젊은 사령관의 눈부신 성공을 아테네 중년층과 노년층이 질투했기 때문이 아니다. 전광석화와 같은 젊은 지도자의 성과에 오히려 불안함을 느낀 시민들의 심경을 반대파가 활용한 결과였다.

알키비아데스의 가장 큰 불행은, 자신이 시작한 것을 계속 해나가서 끝내도록 상황이 허락하지 않았다는 점이다. 게다가 이 불행은 평생 그를 따라다녔다. 민주정치 국가에서 태어난 새끼 사자의 숙명이라고나 할까. 아니면 페리클레스처럼 형태는 민주정치였지만 실제로는 혼자 통치한 것과 달리, 알키비아데스는 '혼자'가 될 역량이 없었기 때문인지도 모른다.

그리고 기원전 418년, 알키비아데스가 정권에서 멀어진 해에 아테네는 예상도 못 한 타격을 입게 된다.

만티네이아전투

마침내 스파르타가 왕이 이끄는 정규군을 출전시키기로 결심한 것은 코린토스의 분노를 무시할 수 없었기 때문만은 아니었다. 스파르타는 펠로폰네소스전쟁이 13년째로 접어든 그해에도 아테네와 정면충돌할 마음이 없었다. 스파르타의 무거운 엉덩이를 들어 올리게 만든 것은 코린토스가 아니라 아르고스였다.

명예로운 고립도 좋지만 명예가 있든 없든 고립을 지속하게 되면 무시할 수 없는 결함이 나타난다. 두뇌도 근육처럼 사용하지 않으면 퇴화하는 것처럼, 4국동맹의 성립은 아르고스로 하여금 뭘 해도 허용된다고 생각하게 만들었다. 그 결과가 동쪽에 인접한 에피다우로스Epidauros 지방 침략이었다. 스파르타가 보기에 불길한 사태였다. 아르고스는 국경을 접하고 있기 때문에 예부터 눈 위의 혹과 같았는데 에피다우로스까지 영유하면 그 혹이 더 커지는 셈이었다. 그것은 스파르타가 허용할 수 있는 범위를 넘어선 일이었다.

아르고스와 스파르타의 관계가 예부터 좋지 않았던 건, 인접한 나라끼리는 늘 사이가 좋지 않다는 공식에 따른 것만은 아니다. 아테네만큼 철저하지는 않았지만, 아르고스 역시 민주정치 체제를 채택한 도시국가였기 때문이다. 아르고스에는 노예가 있었지만 자유민은 모두 시민권을 가졌다.

한편 오랫동안 과두정치를 지속해 온 스파르타는 전투가 전업인 정규 시민에게만 시민권을 주었고 농업에 종사하는 헬롯이나 상공업에 종사하는 페리오이코이에게는 국정에 참여할 수 있는 권리인 시민권을 주지 않았다. 이 무리들 가운데 특히 헬롯은 인접한 아르고스를 늘 동경의 눈초리로 바라보았다. 따라서 스파르타 기득권층이 보기에 아르고스는 국경을 접한 데다 헬롯에게 불온한 마음을 품게 만드는 존재였다.

그 아르고스가 스파르타와 국경을 맞대고 있는 남쪽이 아니라 동쪽에 있는 에피다우로스를 향해 군사행동을 개시한 것이다. 판단과 행동이 늘 느린 스파르타였지만 이번만은 재빠르게 움직였다. 목적은 두 가지였다.

첫째, 아르고스라는 눈 위의 혹이 더 이상 커지지 않도록 하기 위해.

둘째, 아르고스에 호의를 품고 있는 헬롯에게 스파르타를 빠져나가 아르고스 쪽에 가담할 시간 여유를 주지 않기 위해.

한편 아테네는 이 사태를 두고 어떻게 대처했을까. 니키아스와 그 일파는 알키비아데스를 낙선시킨 뒤 아테네 정계를 장악했다. '니키아스 강화'가 존재하는 한 스파르타와 적대하지 않겠다는 이 사람들도, 4국동맹을 맺었기에 그 동맹의 일원인 아르고스를 도울 의무가 있음은 알고 있었다. 그 결과 스파르타와 아르고스 사이에 벌어진 전쟁이었지만 아테네와 다른 두 동맹국가가 함께 끌려 들어가는, 동맹이 지닌 부정적인 면이 그대로 드러난 전투가 되고 말았다. 이 전투를 그리스 역사에서 '만티네이아전투'라고 부르는 것은 펠로폰네소스 반도 중앙부에 위치한 아르카디아 지방의 도시 만티네이아와 가까운 곳에서 전투가 벌어졌기 때문이다.

스파르타는 왕이 거느린 정규군을 출전시켰고 아테네에서는 2명의 '스트라테고스'가 이끄는 중무장 보병을 출전시켰다. 그러므로 일반적으로 말하면 '펠로폰네소스동맹'과 '델로스동맹'의 직접 대결이었다. 만약 실제로 대결이 이루어졌다면 30년이나 질질 끌었던 '펠로폰네소스전쟁'은 그쯤에서 결판이 났을 수 있다. 하지만 그렇지 못했다. 거기에는 몇 가지 이유가 있었다.

첫 번째는 '니키아스 강화'를 스스로 붕괴시킬 마음이 없었던 스파르타가 아테네 군대와 직접 대결을 피했기 때문이다.

두 번째는 아테네 군대가 적 중앙에 포진하고 있는 스파르타 군대와 격돌할 가능성이 적은 좌익에 배치되었기 때문이다. 이는 참으로 어리석은 4국동맹 규약에 따른 포진이었다.

세 번째는, 이 또한 4국동맹의 어리석은 규약을 충실하게 지키기 위한 것이었는데, 군대 전체 지휘권을 아르고스에 양보했기 때문이다. 스파르타가 대결을 원한 나라는 아르고스였고, 아테네는 어디까지나 동맹국인 아르고스를 돕기 위해 군대를 출전시켰을 뿐이었다.

오랫동안 명예로운 고립을 유지했고 게다가 그리스에서 소규모 도시국가에 지나지 않았던 아르고스는 충분한 병력도, 축적된 전투 노하우도 없었다. 그런 아르고스가 왕이 직접 지휘하는 스파르타 정예가 포진한 적군 '중앙'과 격돌해야 했다. 더구나 펠로폰네소스 연합군 대 4개국 연합군의 대결이 된 이 전투에서 아테네를 포함한 4국동맹 군대의 총지휘까지 맡았다.

만약 아테네 군대 사령관이 테미스토클레스였다면 전투가 개시되기 전에 이래서는 패배할 것이라고 판단 내렸을 것이다. 그리고 재빨리 전략을 바꾸어 아테네 군대를 중앙으로 옮기고 총지휘권도 손안에 넣었을 것이다. 전투는 아군과 적군의 주력이 맞붙어서 승패가 결정된다. 이때 지휘 계통의 일원화는 단기간에 주력끼리 승부하도록 만들어 희생을 최소한으로 줄일 수 있는 유일한 방법이다. 그러나 알키비아데스 대신 니키아스 일파가 밀어서 '스트라테고스'에 당선된 두 사령관은 테미스토클레스와 같은 임기응변 능력이 없었다.

'만티네이아전투'는 양쪽 군대가 자기네 쪽에 유리한 전쟁터를 찾으며 시간을 보낸 끝에 시작되었다. 그리고 결과는 제3국 참전 무관이 처음부터 예측했던 대로 끝났다. 양쪽 군대 중 완전한 통제 아래에서 싸운 유일한 군대는 스파르타의 중무장 보병 3,584명뿐이었다. 어릴 때부터 무술을 익히며 자란 그들은 적에게 기회를 주지 않았다. 왼손에 든 방패는 자기의 왼쪽을 방어하는 것이 목적이다. 하지만 서로 접근해서 한 덩어리가 되어 싸울 때는 자기 왼쪽에 있는 동료의 오른쪽을 방어해줄 수 있다.

젊은 왕 아기스Agis가 이끄는 스파르타의 정예 병사들은 아르고스 군대를 단숨에 붕괴시켰을 뿐 아니라 자신들은 한 명의 전사자조차 내지 않는 완벽한 승리를 거두었다.

스파르타가 중심이 된 펠로폰네소스 연합군 전사자는 고작 300명 이었다. 이들은 모두 다른 나라에서 온, 잡병이라고 불러도 좋을 병 사들이었다. 반대로 아테네를 포함한 4국동맹 군대의 손실은 엄청났 다. 아테네 쪽에서만 1,100명의 전사자가 나왔다. 스파르타 전사의 맹 공격을 받고 괴멸 직전에 이른 아르고스 군대를 그대로 둘 수 없다며 2명의 '스트라테고스'가 선두에 서서 적에게 돌진한 결과였다. 두 사 령관은 그때 전사했다.

아테네는 전투에서 패했을 뿐 아니라 2명의 '스트라테고스'를 포함 해 많은 병사를 잃었다. 여기에 더해 스파르타를 펠로폰네소스 반도 남쪽으로 압박하고자 결성한 '4국동맹' 또한 허공에 날리고 말았다. 승리한 스파르타는 패배한 아르고스와 강화를 맺는 조건으로, 펠로폰 네소스 반도는 이 반도에 사는 사람들 것이며 앞으로 외부 도시국가 를 끌어들이지 않겠다는 약속을 받아냈다. 여기서 말하는 외부 도시 국가는 당연히 아테네였다.

아테네 시민들은 참담한 결과에 격앙했다. 2명의 사령관이 죽지 않고 귀국했다면 바로 재판에 회부되어 사형에 처해졌을 것이다. 그러나 두 사람은 죽고 말았다. 이에 따라 분노의 화살은 니키아스와 알키비아데스를 향해 날아갔다.

'4국동맹'을 생각해낸 사람은 알키비아데스, 그것을 실현시킨 사람은 니키아스였다. 그러니 이번 패배의 진짜 주범은 두 사람이라는 논리였다. 두 사람을 도편추방에 처하자는 쪽으로 시민들 생각이 움직이기 시작했다. 이런 분위기를 감지한 두 사람은 처음으로 손을 잡았다. 이대로 가면 둘 중 하나는 10년 동안 국외 추방을 당할 것이 확실했기 때문이다. 그런 사태를 막기 위해 다른 인물을 도편추방에 처하는 선수를 치기로 결정했다.

표적은 시민집회에서 말을 많이 해서 '미니mini 클레온'이라고 불리던 사람이었다. 그는 미니 데마고그였지만 그저 신에게 바치는 등을 제조하는 사람이었으며 이번 패배에는 아무런 책임이 없었다. 그렇지만 아테네 정계의 두 거물이 손을 잡고 도편추방에 필요한 3,000표 플러스알파를 끌어냈다. 등 제조업자는 도편추방에 처해졌다.

아테네 시민은 이 제도에서 풍기는 악취를 맡지 않을 수 없었다. 결국 그해 기원전 417년 도편추방 제도가 폐지되었다. 90년 동안 계속되며 많은 드라마를 만들어냈던 도편추방이 마침내 막을 내린 것이다.

그러나 두 거물이 의견 일치를 본 것은 자기들의 도편추방을 피하기 위해서만은 아니었다. 전력을 다해서 싸워 패했다면 기분만은 후련했을 것이다. 그게 아니라 아테네 군대는 그저 만티네이아에 휘말려 들어가 패배를 맛보고 말았다. 게다가 스파르타를 압박하기 위한

'4국동맹'은 불과 2년 만에 공중분해 되었고, 새롭게 스파르타의 힘을 깨달은 다른 도시국가들은 스파르타에 접근하기 시작했다.

아테네는 권위를 잃은 데 더해 권력마저 잃을 위험에 직면했다. 시민들은 무엇을 어떻게 해야 할지 몰랐다.

올림픽 시상대 독점

니키아스와 알키비아데스는 민심을 일신할 필요가 있다는 점에서 생각이 같았다. 이를 위해 무엇을 해야 할까. 두 사람 모두 엄청난 부자였기에 쏟아부을 수 있는 재산은 부족하지 않았다. 하지만 의견 일치는 여기까지였다. 그 후에는 서로 다른 길을 갔다. 두 사람은 각자 성격에 맞춰 아테네 민심의 일신을 꾀하기로 했다.

53세의 니키아스는 거액을 투자해 많은 아테네 시민을 델로스 섬에 초대했다. 그리고 아폴론 신전 앞에서 화려한 의식을 거행한 후, 참가한 사람들을 신전 안으로 데리고 들어가 도시국가 아테네에 신의 가호가 있기를 엄숙하게 기도했다. 결국 젊은 라이벌과 비교해서 자기의 신앙심이 더 깊다는 것을 부각시키는 데 성공했다. 그러나 행사에 참석한 사람들이나 델로스 섬에서 벌어진 화려한 이벤트 소식을 전해들은 사람들 모두 니키아스에 대해 보수적인 지도자라는 인상을 품게 되었다.

33세의 알키비아데스도 거액을 투자하기는 마찬가지였지만 투자한 곳이 달랐다. 올림피아에는 남신 아폴론이 아니라 주신 제우스에게 봉헌된 신전이 있었다. 그런 올림피아에서 개최된 고대 올림픽에 사두전차 일곱 팀을 데리고 갔다. 전차경주는 고대 올림픽의 마지막 날을 장식하는 종목이었는데 다른 종목보다 더 관중들을 열광시켰으며 당연히 내기도 걸렸다.

알키비아데스는 이전부터 말 사육장을 보유하고 있었다. 아마 이 사육장은 올림픽이 열리기 몇 개월 전부터 전쟁 출전을 준비하는 것과 유사한 상황이었을 것이다. 준마가 있다는 소식을 들으면 돈을 아끼지 않고 손에 넣었다. 우수한 기수를 찾아내는 데도 돈을 아끼지 않았다. 이런 사정을 알고 말이나 기수를 팔러 오는 이들이 많았다.

사두전차 한 팀을 출전시키는 데만 해도 상당한 돈이 들었다. 그런데 무려 일곱 팀을 출전시켰다. 고대 올림픽에서는 출전 팀 수 제한이 없었다. 그렇지만 일곱 팀이나 출전시킨 것은 고대 올림픽 역사상 한 번도 없던 일이었다. 일곱 팀의 출전은 역할을 분담하기 위해서였을 것이다. 3팀은 질주하고 4팀은 경쟁 상대를 방해하는 역할이다. 고대 올림픽에서는 전차경주뿐 아니라 모든 종목에서 뭘 해도 반칙이 아니었다. 네 마리 말이 끄는 전차경주에서 사상자가 나왔다는 이유로 이 종목이 폐지된 적은 없었다. 위험이 높은 경기였기에 관중들 또한 모두 일어서서 열광했던 것이다.

이해의 고대 올림픽에서 알키비아데스가 내보낸 일곱 팀 가운데 세 팀이 1~3위를 차지했다. 상상해보라. 모래먼지를 날리면서 메인 스타디움에 들어온 세 팀의 전차가 일제히 결승선을 향해 달리는 모습을. 선두 전차는 알키비아데스 본인이 고삐를 잡았을 것이다. 이렇게 해서 아테네는 이해 전차경주 시상대를 독점했다.

열광한 것은 올림픽 스타디움에 있었던 관중들만이 아니었다. 우승 소식은 곧바로 아테네에 전해졌고 아테네 전체가 들썩였다. 그뿐 아니라 시상대 독점 소식은 에게 해 전역으로 퍼져나가 레스보스와 키오스 섬까지 전해졌다.

델로스동맹의 중요한 가맹국인 두 섬 주민들은 자기들이 승리한 것처럼 환호성을 올렸고 신전에 많은 공물을 바치며 신에게 감사했다. 또 알키비아데스에게는 출전한 모든 말의 사료를 1년 동안 제공하겠다고 제안했다.

한편 아테네에서는 젊은이들만 열광한 것이 아니었다. 60세가 된 비극 작가 에우리피데스도 기쁜 나머지 평소 침통한 작품 스타일을 버리고 환희에 찬 시 한 편을 썼다.

오, 클레이니아스의 아들 알키비아데스여. 그대를 위해 노래한다.

이렇게 멋진 승리를 안겨주다니.

그리스인 누구도 이루지 못했던 아름답다고밖에 할 수 없는 승리를.

그것도 당당하게 싸우는 전차경주에서 1, 2, 3등을.

주신 제우스께서 올리브 잎으로 짠 관을 그대 머리 위에 올리시리라.

그리고 낭보를 전하는 자는 승리자인 그대 이름을 소리 높여 끝없이 외치리라.

그해 겨울 알키비아데스는 '스트라테고스'에 재선되었다.

플라톤의『향연』

플라톤이『향연』에서 묘사한 아가톤 저택의 심포지온은 아마 알키비아데스가 올림픽에서 우승하고 얼마 후에 열린 연회일 것이다. 연구자들에 따르면 이 심포지온은 아가톤이 쓴 비극이 그해 연극제에서 우승한 것을 축하하는 자리였는데, 그가 연극제에서 우승한 때는 기원전 416년 봄이라고 전하기 때문이다.

그해 알키비아데스는 34세, 소크라테스는 54세였다. 그리고 이 두 사람의 모습을 소재로 삼아 아테네 민중을 킬킬거리게 만든 풍자희극 작가로, 역시 이날 밤 심포지온에 참석했던 아리스토파네스는 30세 전후였다.

친구를 웃음거리로 만들어도 우정을 유지하는 데 지장이 없었던 당시 아테네의 개방성은 오늘날 우리가 보아도 부럽다. 이런 점에서『향연』은 전성기 아테네 지식인 사회를 고스란히 비춰준다고 하겠다. 그날 밤 향연은 '에로스(사랑)'라는 주제를 놓고 참석자들이 차례로 주장을 펼친 뒤, 끝으로 소크라테스가 정리하는 느낌으로 품위 있고 조용하게 마무리할 예정이었다.

그런데 엉뚱한 일이 발생해버렸다. 소크라테스가 이야기를 마친 직후 갑자기 집 바깥이 소란스럽더니 현관문을 난폭하게 두드리는 소리가 들려왔다. 누가 왔는지 알아보라는 아가톤의 지시를 받고 하인이 달려 나갔다. 시간이 흐른 뒤 술에 잔뜩 취한 알키비아데스가 하인과 동료의 부축을 받으며 나타났다. 그러고는 모두가 모여 있는 방 입구에 서서 이렇게 말했다.

"어이 반갑네, 친구들. 벌써 한 잔 걸치고 제법 취한 이 사람을 자네들 술자리에 끼워줄 텐가? 아니면 오늘 난 아가톤에게 화관을 씌워주러 왔는데, 그러고는 그냥 꺼질까?"

물론 자리에 있던 사람들은 알키비아데스를 맞아들였다. 그리스인의 저녁 식사는 한쪽 팔꿈치를 괴고 옆으로 비스듬히 누워서 먹는 것이 보통이었다. 알키비아데스는 화관과 리본으로 아가톤을 장식해준 뒤 샌들을 벗고 비스듬히 누웠을 때야 비로소 그 자리에 소크라테스가 있다는 사실을 알아차렸다. 그가 놀라서 외쳤다.

"세상에! 이게 무슨 일입니까? 소크라테스 선생님께서 여기 계시다니!"

그리고 이렇게 덧붙였다.

"용케 이런 자리를 찾으셨군요. 아리스토파네스 같은 익살꾼이나 익살 부리길 좋아하는 사람 옆이 아니라, 여기서 가장 잘생긴 사람 옆에 말입니다."

그러자 소크라테스가 아가톤을 돌아보며 말했다.

"자네 부디 날 좀 보호해주게. 이 친구를 향한 열정 때문에 나한테 몹시 심각한 문제가 닥쳤다네. 내가 이 친구를 흠모하게 된 뒤로, 난 다른 잘생긴 사람을 쳐다보거나 그 사람과 이야기를 나누지 못하게 되었다네. 내가 그러기라도 하면 이 친구는 시기와 질투에 사로잡혀 나를 학대하거나 날 가만 내버려두지 않는다네. 지금 나한테 해코지를 할지도 몰라. 그러니 제발 잘 지켜보고, 우리 사이를 화해시켜주게. 또 이 친구가 폭력을 행사하려들면 날 보호해주게. 난 이 친구의 격정적이고 정신 나간 짓에 다칠까 봐 두려워."

아가톤이 뭐라고 대답하기 전에 알키비아데스가 소리쳤다.

"나와 선생님 사이에 화해란 있을 수 없습니다."

그리고 계속 말을 이었다.

"아가톤, 리본 몇 개만 줘보게. 이 세상의 폭군이신 선생님의 경이로운 머리에 씌워드리게 말이야. 그래야 연극제에서 겨우 한 번 우승한 자네에게는 씌워주면서, 대화의 정복자이신 당신께는 씌워주지 않는다고 불평하지 못하실 테니까."

자리가 차분해진 것을 보고 알키비아데스가 말했다.

"여보게들, 자네들 하나도 안 취한 것 같군. 자네들은 마셔야 해. 우리 그렇게 하기로 했잖나. 아가톤, 큰 술잔 있으면 좀 가져오라고 하게."

알키비아데스는 가져온 술잔에 술을 가득 부어 먼저 쭉 들이켠 다음 잔을 채워 소크라테스에게 건넸다. 소크라테스도 단숨에 들이켰다.

여기서 그날 밤 심포지온 참가자 중 한 사람인 의사 에릭시마코스가 끼어들었다.

"알키비아데스, 이게 뭔가? 대화를 나누지도 않고 술 마시며 노래를 부르지도 않는 건가? 목마른 사람들처럼 마냥 술만 들이켤 텐가?"

그러자 알키비아데스가 말했다.

"반갑네, 가장 현명하시고 고귀하신 아버지의 고귀한 아들!"

에릭시마코스가 대답했다.

"나도 반갑네. 그래, 우린 이제 뭘 할 건가?"

알키비아데스는 계속 술을 마시면서 대답했다.

"자네한테 맡기지. '우리 상처를 치유하는 노련하고 지혜로운 의사' 께서 처방을 내리는 거야. 자네는 뭘 하고 싶은가?"

에릭시마코스는 알키비아데스를 향해 말했다.

"글쎄, 자네가 오기 전까지 우린 각자 돌아가며 '사랑'에 대해 이야기를 했다네. 다들 차례대로 자기 생각을 말했는데, 자네만 안 했으니 이번에는 자네가 이야기를 해보게. 그런 다음 자네가 원하는 어떤 걸 소크라테스 선생님께 부탁드리도록 하세."

"좋은 생각이네, 에릭시마코스. 하지만 술 취한 사람 이야기와 멀쩡한 사람 이야기를 비교하는 건 공정하지 못해. 그리고 친구들, 내가 꼭 알고 싶은 게 있는데, 좀 전에 선생님께서 하신 말씀을 자네들 정말로 믿나? 장담하는데, 사실은 정반대라네. 내가 선생님 앞에서 당신이 아닌 다른 누군가를 칭찬하면, 선생님은 날 가만 내버려두지 않으신다네."

소크라테스가 말했다.

"창피한 줄 알게!"

그러자 알키비아데스가 물고 늘어졌다.

"잠자코 계세요, 선생님. 선생님께서 여러 사람이랑 있을 때 난 다른 어느 누구도 칭찬하지 않을 겁니다."

에릭시마코스가 다시 끼어들었다.

"그래? 그럼, 자네가 좋다면 소크라테스 선생님 칭찬을 한번 해보게."

그러자 알키비아데스가 말했다.

"어떻게 생각하나, 에릭시마코스? 내가 자네들이 다 보는 앞에서 선생님을 공격하고 위해를 가할까, 어떨까?"

결국 소크라테스가 두고 볼 수 없다고 생각했는지 알키비아데스에게 말했다.

"자네 어쩌자는 건가? 나를 조롱하고 웃음거리로 만들겠다는 건가? 자네가 말하는 칭찬이 그런 뜻인가?"

알키비아데스가 대답했다

"난 진실을 말하려는 겁니다. 선생님께서 허락하신다면요."

소크라테스가 대답했다.

"진실을 말하겠다면 내 허락할뿐더러 권하기까지 하겠네."

이렇게 해서 알키비아데스는 소크라테스 찬가라고 해야 할까, 아니면 소크라테스에 대한 사랑이라고 해야 할까, 아무튼 고백을 시작했다.

선생님은 조각품 가게들에 진열되어 있는, 입에 플루트와 피리를 문 실레노스의 흉상들이랑 꼭 닮으셨다네. 그 흉상들은 가운데가 열리도록 되어 있는데, 그 안에는 여러 신들의 상이 들어 있지. 또 선생님은 사티로스인 마르시아스와도 닮으셨네. 본인 얼굴이 그들과 닮았다는 사실을 부정하진 못하시겠지요, 소크라테스 선생님? 아, 그리고 다른 닮은 점들도 있으시지요. 예컨대 선생님은 다른 사람을 괴롭히는 분이시죠. 이건 증인인 내가 보증할 수 있습니다. 또한 선생님은 플루트 연주자가 아니시죠? 그런데 선생님은 마르시아스보다 훨씬 훌륭한 연주자십니다.

마르시아스는 악기에 불어넣는 숨결의 힘으로 그야말로 사람들의 영혼을 매혹시키지요. 그의 음악을 연주하는 사람들도 마찬가지고요. 올림포스의 곡들이 마르시아스에게서 나왔기 때문이죠. 그가 그 곡들을 가르쳤지요. 그리고 그 곡들은 거장이 연주하든 불쌍한 피리 부는 여인이 연주하든 다른 곡들이 갖지 못한 힘을 가지고 있어요. 오직 그 곡들만 영혼을 지니고 있고, 또 신성하기 때문에 신과 신비를 갈구하는 이들의 소망을 드러낸답니다.

그런데 선생님은 플루트가 아니라, 말만으로 그와 똑같은 효과를 만들어내시죠. 그게 바로 그와 선생님의 차이점입니다. 아무리 연설을 잘하는 연설가가 이야기를 하더라도 그 사람은 우리에게 거의 또는 전혀 영향을 미치지 못합니다. 그런데 선생님은 그저 몇 마디 말씀과 단편적인 이야기만으로 듣고 있는 모든 여자와 남자 그리고 어린아이의 영혼을 사로잡고 놀라게 만드십니다. 심지어 남에게 전해 듣거나, 그마저 불완전하게 전달된 경우에도 말이죠.

자네들이 날 대책 없는 술주정뱅이라고 여겨도 어쩔 수 없네만, 난 언제나 선생님께서 하신 말씀에 영향받아왔고 앞으로도 늘 그럴 거라고 말할뿐더러 맹세까지 할 수 있네. 선생님 말씀을 들을 때면, 내 심장은 그 어떤 질펀한 술자리에서보다 더 심하게 쿵쾅거리고 눈물이 비 오듯 쏟아진다네. 그리고 다른 많은 사람들도 나와 똑같이 감명받는 걸 목격하지. 지금까지 난 페리클레스를 비롯해 여러 훌륭한 웅변가들의 연설을 들어봤네. 그런데 그들이 말을 잘한다고는 생각했지만, 이런 느낌은 한 번도 받지 못했어. 내 영혼은 아무런 감흥이 없었을 뿐 아니라, 노예같은 내 상태를 두고 분노가 치밀지도 않았지. 하지만 마르시아스 같은 이분은 날 항상 그런 길로 이끌고 가셨지. 내가 살아가고 있는 삶이 더 이상 견딜 수 없다고 느끼도록 말일세. 소크라테스 선생님, 선생님도 인정하시죠?

난 알고 있다네. 선생님 말씀에 귀를 틀어막지 않는다면, 저 세이렌의 목소리에서 벗어나지 못한다면, 내 운명은 다른 이들과 똑같으리란 걸. 선생님은 날 얼어붙게 만드실 테고, 난 이분 발치에서 늙어가야만 한다는 걸. 왜냐고? 선생님은 내가 이대로 살아서는 안 된다고 고백하게 만드시기 때문이지. 내 영혼의 소망은 무시하고 아테네인 걱정에만 매달리는 삶 말이야. 그래서 난 귀를 막고는 선생님을 뿌리치고 도망간다네.

자네들은 내가 성격상 그런 감정을 느끼거나 할 사람이 아니라 여길지 모르지만, 난 유일하게 소크라테스 선생님께 부끄러움을 느꼈다네. 선생님 말씀에 반박도 할 수 없고, 선생님이 시키시는 대로 하면 안 된다고 말할 수도 없으면서, 선생님 곁을 떠나면 내가 대중의 사랑에 매달려 정신을 못 차리게 되리란 사실을 잘 알고 있기 때문이지. 그래서 난 선생님한테서 도망쳐 달아나고, 그러다 다시 만나면 선생님께 했던 고백에 부끄러움을 느끼곤 하지.

난 선생님이 죽어버리면 좋겠다는 생각을 자주 했어. 하지만 그러면 기뻐하기보단 후회를 훨씬 더 많이 하리란 걸 잘 알아. 해서 난 어찌 할 바를 모르고 있다네.

나를 비롯해 많은 사람들이 이분 사티로스의 플루트 연주에 괴로워하는 건 바로 이 때문이라네. 그렇지만 다시 한 번 내 말에 귀 기울여보게. 내가 그 상이 얼마나 정확한지, 이분의 힘이 얼마나 놀라운지 보여 줄 테니. 자, 다들 들어보게. 자네들 중 누구도 이분을 제대로 알지 못해. 하지만 내가 이분이 어떤 사람인지 밝히겠네. 일단 시작했으니 계속해야지.

자네들, 선생님이 잘생긴 사람을 얼마나 좋아하시는지 아는가? 그런 사람들과 늘 함께 계시고, 또 늘 그런 사람들에게 푹 빠져 계신다네. 이게 겉으로 드러나 보이는 선생님 모습이야. 이런 점에서는 실레노스를 닮았지? 확실히 그래. 겉에 뒤집어쓴 가면은 실레노스랑 판박이야. 그런데 아, 이보게 친구들, 그 가면을 열었을 때, 그 속에 얼마나 대단한 절제가 깃들어 있는지! 참으로 놀랍게도, 선생님은 외모나 부나 명예 따위엔 아무런 관심이 없으시다네. 오히려 지독히 경멸하시지. 절대 그런 걸로 재능 있는 사람이라 여기지 않으셔. 인간은 이분께 아무런 의미가 없다네. 그건 것들을 무시하고 조롱하는 데 평생을 보내고 계시지. 그런데 내가 선생님의 겉모습을 열어젖히고, 선생님의 진정한 목적에 준하여 내부를 들여다보았을 때, 난 너무나 매력적인 아름다움을 지닌 눈부시게 영광스럽고 신성한 상들을 목격했다네. 소크라테스 선생님께서 시키시는 일이면 무엇이든 따를 수밖에 없을 만큼 말이야.

알키비아데스는 그 이후 자기의 아름다움을 무기 삼아 소크라테스를 자기 것으로 만들려고 한 적이 있었다며 그때 상황을 적나라하게 이야기했다. 두 사람이 함께 침실로 들어갈 기회를 만들었지만 결과는 아버지나 형과 밤을 함께 보낸 것과 마찬가지였다. 즉 추한 몰골의 중년 남성 소크라테스가 아테네 최고 미모를 자랑하는 젊은이의 유혹을 받고도 넘어가지 않았던 것이다.

그 때문에 추한 중년 남자보다 20세나 젊은 알키비아데스가 더 깊은 상처를 입었다. "뱀에 물린 상처의 고통은 그 이후에도 오래 지속되었다." 그러나 자존심에 상처를 입은 것까지는 괜찮았다. 젊은 알키비아데스는 소크라테스의 성격과 절제와 용기에 감탄할 수밖에 없었다.

이어서 소크라테스와 함께했던 두 번의 참전 경험도 이야기했다. 시민개병을 실시한 아테네에서는 솔론이 정한 자산에 따른 계급에 근거해 기병으로 참전할지 보병으로 참전할지 결정되었다. 그래서 알키비아데스는 기병으로, 소크라테스는 보병으로 함께 참전했다. 첫 번째는 소크라테스가 38세, 알키비아데스가 18세 때였는데 알키비아데스는 첫 출전이었다. 두 번째는 그 10년 뒤였다.

소크라테스는 전쟁터에서 젊은 제자를 더욱 놀라게 만들었다. 열악한 상황 아래에서도 불만을 참고 견디었으며 다른 누구보다 열심히 싸웠다. 부상당한 알키비아데스를 구해내기도 했고, 그들이 속해 있던 부대원 전원을 후방으로 안전하게 후퇴시키기도 했다. 게다가 그 공적에 대해 사령관이 포상하려고 하자 부대장인 알키비아데스에게 공을 돌렸다. 알키비아데스는 이때도 수치심을 느꼈는데, 소크라테스보다 자신의 출신 계급이 높았기 때문이다.

이처럼 소크라테스는 도시국가 아테네 시민의 의무인 병역을 충분할 정도로 완수해냈다. 알키비아데스에 따르면 소크라테스는 전쟁터에서도 '소크라테스'였다. 그는 전장에서도 평소처럼 가끔 사색에 빠져 무아지경에 들었다. 그러나 전투 중에 그러지는 않아서 병사들은 호기심 어린 눈으로 바라보았을 뿐이다.

알키비아데스는 계속해서 말한다.

선생님의 행로 대부분은 아마 다른 사람들과 유사할지도 모르네. 하지만 선생님이 옛날 사람이든 지금 사람이든 어느 누구와도 완전히 다르다는 사실은 참으로 놀라운 일이야. 브라시다스를 비롯한 사람들은 아킬레우스 같다고 생각할 수 있겠지. 또 페리클레스는 네스토르나 안테노르 같다고 할 수 있을 테고. 다른 유명한 사람들의 경우에도 마찬가지로 말할 수 있을 거야. 하지만 이 낯선 분은, 얼마나 멀리 떨어져 있든, 지금 사람들 사이에서든 옛날 사람들 사이에서든 어떤 닮은 존재도 찾을 수 없을 걸세. 내가 이미 언급한 실레노스와 사티로스까지 포함해서.

그리고 한 인물은 자기 자신뿐 아니라 그가 한 말로도 대표된다네. 앞에서 이 이야기를 한다는 게 깜빡했는데, 선생님의 말씀은 실레노스 흉상을 열었을 때 보이는 상들과 같기 때문이야. 처음에 말씀을 들을 땐 우습고 터무니없어 보이지. 장난스럽고 방탕한 사티로스의 거죽 같은 언어를 겉에 걸치고 계시니까. 선생님 말씀은 멍청이와 대장장이와 구두수선공과 갖바치의 무리투성이니까. 그래서 무지하거나 미숙한 사람은 비웃고 싶은 마음이 들 수도 있다네. 그런데 흉상을 열어젖히고 안을 들여다보면 그것들이 어떤 의미를 담고 있는 말씀들뿐임을 발견하게 되지. 가장 신성하고, 더없이 넓은 이해심과 미덕의 아름다운 상들로 가득하고, 오히려 고결하고 선한 사람의 의무 전부에까지 뻗어 있는 말씀들뿐이란 것을.

소크라테스가 이야기를 마친 알키비아데스를 향해 입을 열었다.
"알키비아데스, 자네는 전혀 취하지 않은 것 같네."

그러자 알키비아데스는 큰 웃음으로 화답했을 뿐이다. 절반은 스승에 대한 경애의 마음을 속 시원히 털어놓았다는 생각에서, 나머지 절반은 여전히 그를 그리워하는 자기 마음이 드러나고 말았다는 자조에서 비롯된 웃음이었다.

그때 집 밖에서 하루를 끝낸 사람들이 집으로 돌아가는 시끌벅적한 소리가 들려왔다. 자리에서 일어난 알키비아데스는 밖으로 나가 그대로 그 사람들 사이에 묻혀 사라졌다. 의사인 에릭시마코스와 파이드로스도 잠자리에 들어야 한다며 떠났다.

남은 사람은 아가톤과 아리스토파네스 그리고 소크라테스였다. 세 사람은 잠시 조용하게 이야기를 나누었다. 얼마 후 아리스토파네스는 집으로 돌아가겠다며 문을 나섰고 아가톤도 침실로 갔다. 소크라테스만이 돌아가지 않고 남아 있다가 날이 밝아올 무렵 리케이온으로 향했다. 플라톤의 『향연』은 이렇게 마무리된다.

리케이온은 아테네 교외에 있는 지명으로 청소년을 위한 체육단련장이 있어서 소크라테스가 거의 매일 찾는 곳이었다. 건물이 내려다

보이는 언덕에 앉아서 아침 햇살이 주위를 조금씩 밝힐 때 54세의 철학자는 무슨 생각을 했을까. 플라톤은 말하는 소크라테스에 대해서는 글을 남겼지만 침묵하는 소크라테스에 대해서는 글을 쓰지 않았다.

이탈리아어로 '파체 콘 세 스테소Pace con se stesso'라는 말이 있다. 직역하면 '자기와의 평화'가 된다. 일반적으로 '평화'는 타자와 구축하는 관계지만, 이 경우에는 자기와 '평화'를 구축한다는 점에서 다르다. 따라서 의역하면, '하고 싶은 모든 것을 할 수 있는 범위 내에서 해냈다는 평온한 마음'이라고 할 수 있다.

"잘 보낸 하루 후에 평안한 잠이 찾아오는 것처럼, 잘 보낸 일생 이후에 조용한 죽음이 찾아온다"라고 말한 레오나르도 다빈치는 '파체 콘 세 스테소'에 도달한 사람이었다. 소크라테스 역시 죽음을 앞두었을 때 자신이 할 수 있는 일은 모두 했다는 심경이었을 것이다. 70세 때 독배를 마시며 보여준 그 평온함에서 '자기와의 평화'에 도달한 사람임이 드러난다.

그러나 알키비아데스는 달랐다. 몸과 마음 모두 둘로 찢긴 상태에서 살았던 이 남자는 '자기와의 평화'를 확립하지 못하고 일생을 마쳐야 했다. 그는 철학과 정치 사이에서 둘로 분열된 채 생을 끝내고 말았다. 사실 철학과 정치는 별개의 것으로 서로 목적이 다르기 때문에 그럴 필요까지는 없었다고 생각한다. 소크라테스가 체현한 '철학'의 역할은 잘 살기 위해 필요한 것이 무엇인지를 제시하고 그것을 사람들에게 알려주는 것으로 끝난다. 한편 페리클레스가 체현한 '정치'의 역할은 사람들의 생활에 필요한 무엇인가를 제시하는 데서 그치지 않고, 구체적인 해결책을 내놓은 뒤 그것의 실현을 보여주어야만 끝난다.

소크라테스는 자기가 타인보다 뛰어나다고 생각해서는 안 된다고 가르쳤다. 천재나 만능이라고 과신해서는 안 된다는 것이 소크라테스의 가르침이었다. 그러나 그렇게 생각해야만 가능한 일도 있다. 남보다 뛰어나다고 자부할 때 비로소 다른 사람들을 이끄는 기개를 가질 수 있다. 조직이나 국가라는 이름의 공동체를 이끌어가겠다는 생각은 자부심에서 나온다. 자기가 하고 싶은 것만 생각하는 듯 보이는 창작자나 과학자가 큰 보수를 받지 않고 그 일에 일생을 바치는 것 역시 자부심과 자존심 때문이다. 그런 종류의 정신을 '노블레스 오블리주(뛰어난 자의 타자에 대한 책무)'라고 부른다.

'모른다는 사실을 아는 것'은 매우 중요한 마음가짐이 분명하다. 하지만 자신을 '양'이라고 생각하는 사람만 있다면 누가 양의 무리를 이끌겠는가. 물론 자기가 남보다 뛰어나며 천재이고 만능이라고 생각하는 것은 질투의 여신에게 복수를 당한 위험이 매우 높다. 다시 말해 자부심에 눈이 멀어 자멸의 길을 걸을 수도 있다.

여기서 소크라테스의 가르침이기도 한 '자제'가 등장한다. 이는 개인에게는 자기 조절에 불과하지만, 고대 지중해 세계 지도자들의 윤리이기도 했던 중용 정신이 되면 늘 자제하는 것이 좋은 것만은 아님을 알게 된다.

예를 들어 다이어트가 실패로 끝나기 쉬운 것은 매일매일 식사를 억제하다 보면 그로 인한 스트레스가 쌓이기 때문이다. 그보다는 어제 많이 먹고 마셨으니 오늘은 덜 먹고 마시겠다는 사고방식이 성공률을 높인다. 요컨대 전체 균형을 유지하는 것이 좋다는 뜻으로, 이런 방식을 지속하면 총체적인 제어의 실현에 이를 수 있다.

철인哲人 황제로 불리는 로마제국의 황제 마르쿠스 아우렐리우스는 도나우 강의 최전선에 있을 때, 낮에는 라틴어로 군단을 지휘하고 밤이 되어 홀로 남으면 그리스어로 『명상록』을 집필하며 하루를 둘로 나누었다. 로마제국 지도자들은 '일(네고티움negótium)'과 '여가(오티움ótium)'라는 개념을 세워 실천했다. 이 둘 사이에서 균형을 취하면 자제를 이룰 수 있었던 것이다.

페리클레스 또한 '지혜에 대한 사랑'이라는 의미를 지닌 철학에 관심을 가졌다. 소크라테스의 주장을 인간철학으로 본다면, 그는 자연철학이라고 불러야 할 방면에서 유명했던 아낙사고라스와 친밀한 관계를 유지했다. 정치가 '일'이었던 페리클레스에게 철학은 '여가'가 아니었을까. 또한 소크라테스와 페리클레스 사이에는 25세라는 나이 차이가 있었다. 소장 철학자였던 소크라테스는 페리클레스의 아내 아스파시아와 대화를 나누기 위해 그의 저택에 빈번하게 드나들었다. 그 시기에 이미 페리클레스는 모두가 인정하는 거물 정치가였다. 신예 철학자가 감당할 수 있는 존재가 아니었다.

이와 달리 아버지를 대신했던 페리클레스의 저택에 자주 출입하며 아마 그곳에서 소크라테스를 알게 되었을 것으로 추정되는 알키비아데스는 15세 전후의 사춘기 소년이었다. 이 감수성 충만하던 알키비아데스가 20세 연상의 소크라테스라는 독약을 마신 셈이었다. 이 책

초고 단계에서 원고를 읽어본 담당 편집자가 "소크라테스란 사람, 위험하네요"라고 말했는데, 진짜로 소크라테스는 위험한 현자이기도 했다. 이 또한 『향연』을 읽고 배운 것 가운데 하나다.

알키비아데스는 『향연』에서 지혜를 사랑하는 정신 활동의 숭고함을 드높이 찬양했다. 하지만 불과 2개월 후 그런 이들의 나라였던 아테네는 페리클레스 시대에는 존재하지 않던 만행을 저질렀다. 바로 멜로스 섬에 대한 조치였다.

멜로스 문제

멜로스(현재 밀로스) 섬은 에게 해 남쪽에 흩어져 있는 작은 섬 가운데 하나였다. 에게 해를 남쪽에서 에워싸는 느낌을 주는 크레타 섬과 가까웠기 때문에 펠로폰네소스전쟁이 시작된 이후 크레타와 마찬가지로 아테네나 스파르타 어디에도 가담하지 않고 중립을 지켰다.

중립을 지킨다고 해서 아테네가 불편해할 일은 거의 없었다. '델로스동맹'에 가입하지 않았으므로 분담금을 거두지 못한다는 것 외에는 딱히 문제될 것이 없었다. 군선이든 상선이든 기항해서 물과 식량을 자유롭게 보급할 수 있었다. 그런데 멜로스의 중립 상태가 15년 동안 계속되던 기원전 416년에 아테네의 태도가 바뀌었다. 크레타는 큰 섬이기 때문에 공략하기 어렵지만 멜로스는 작은 섬이었다. 아테네는 멜로스에 군대를 파견해 델로스동맹에 가입하라고 압박했다.

이때 멜로스에 눈독을 들인 사람은 니키아스였던 듯하다. 그가 델로스 섬에서 대대적인 기원 이벤트를 진행했을 때, 델로스는 아테네 쪽에 가담했는데 가까이 있는 멜로스는 왜 중립을 지키는지 의문을 품었을지도 모른다. 또한 서쪽으로 진출을 주장하는 알키비아데스에 대한 반발심 때문에 동쪽으로 펼쳐진 에게 해에 대한 아테네 패권을 더 확실한 것으로 만들겠다고 생각했는지도 모른다.

이렇게 해서 그해 여름 작은 멜로스 섬을 공략하기 위해 2,700명의 중무장 보병과 300명의 경무장 보병을 38척의 군선에 태워 보냈다. 이들 외에 레스보스와 키오스도 참전했기 때문에 아테네 단독 행동은 아니었고 어디까지나 '델로스동맹'의 군사행동이었다. 니키아스다운 방법이었다.

이에 대해 멜로스는 교섭으로 위기에서 벗어나려고 했다. 투키디데스의 『펠로폰네소스전쟁사』에서 이 광경을 서술한 대목은 백미로 꼽힐 정도로 뛰어난 전개를 보인다. 작은 나라가 큰 나라의 전횡에 맞서며 느끼는 무력함은 읽는 사람을 슬프게 만든다.

교섭 실패에도 멜로스는 굴복하지 않고 공방전을 시작했다. 결론이 나기까지는 그리 긴 시간이 필요하지 않았다. 여름이 끝나기 전 멜로스는 완전히 항복했다. 그런데 전후 처리 과정에서 아테네는 페리클레스라면 절대로 하지 않았을 일을 단행했다. 항복한 남자 모두를 그 자리에서 죽인 것이다. 그래서 포로는 없었다. 여자와 아이도 모두 노예로 팔았다. 그런 다음 희망자를 모집해서 사실상 무인도가 된 멜로스 섬에 이주시켰다.

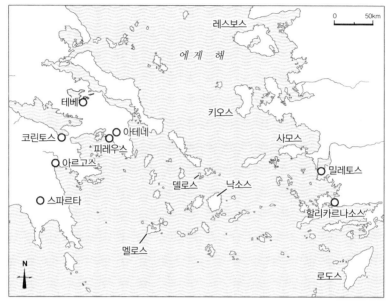

● 멜로스 섬과 그 주변

그러나 이 야만 조치는 페리클레스가 통치하던 아테네에서 행해지지 않았을 뿐 고대사회에서는 널리 행해지던 만행이었다. 로마가 패권을 장악하기 이전 고대사회에서는 승자가 모든 것을 얻고 패자는 모든 것을 잃는 것이 일반적인 전후 처리 방식이었다. 그렇지만 패권국은 다른 나라가 하니 우리도 한다는 식의 방법으로 패권을 유지할 수 없다. 다른 나라라면 고려하지 않을 관용적인 방식으로 대처할 때 비로소 패권국이 될 수 있다. 이겼기 때문에 양보한다는 것이 그렇다. 니키아스는 오랜 정치 경력이 있었지만 그런 긍지를 갖추지는 못했다.

게다가 이러한 방식에 아테네 시민 모두가 찬동한 것도 아니었다. 다음 해 봄에 개최된 연극제에서 에우리피데스의 『트로이 여인들』이 공연되었다. 비록 관객 투표에서 우승은 못 했지만 2등을 차지했다. 『트로이의 여인들』은 호메로스가 쓴 『일리아스』의 후일담이라고 해도 좋을 작품이었다. 10년 동안 계속된 그리스와 트로이 간 전쟁은 오디세우스가 고안한 목마 계책에 힘입어 그리스의 승리로 끝났다. 이 작품은 그 이후 트로이 여인들의 이야기를 다룬 비극이다.

이 작품에는 승리한 그리스 군대에 의해 파괴되고 불에 탄 채 지상에서 사라진 조국에 대한 슬픔, 아버지와 남편과 자식이 모두 살해된 여인들의 한탄, 그리고 트로이 장군 헥토르의 아내 안드로마케를 비롯한 왕가 여인들을 기다리고 있는 냉혹한 운명에 대한 절망이 담겨 있다. 고귀한 출신의 여인들은 그리스 장군들의 전리품으로 분배되었다. 이에 따라 그녀들은 조국을 뒤로한 채 그리스 장군을 따라가 타국에서 노예로 삶을 마쳐야 하는 운명에 처해졌다. 이것이 패전국 여인들을 기다리고 있던 운명이었다.

이 작품이 공연된 것은 기원전 415년 봄이었다. 그렇다면 집필이 이루어진 시점은 그전 해인 기원전 416년 가을에서 겨울일 가능성이 높다. 멜로스에 대한 아테네의 비정한 전후 처리가 이루어진 때는 기원전 416년 여름 막바지였다. 연극의 시대 배경을 트로이전쟁으로 바꾼 에우리피데스도 뛰어나지만 야외극장의 차가운 돌계단에 앉아 숙연하게 감상한 후 우수 작품이라고 표를 던진 아테네 시민도 뛰어나다. 또한 당시 아테네의 완벽할 정도로 보장된 언론의 자유에도 감동하게 된다.

니키아스나 알키비아데스 역시 관중석에 앉아 이 연극을 보았을 것이다. 술의 신 디오니소스에게 바쳐진 연극제는 아테네에서 봄마다 열리는 정기 행사였다. 거기서 우승한 아가톤이 자기 집으로 친구들을 초청해 향연을 개최할 정도로 가치가 높은 행사였던 것이다.

참고로 에우리피데스는 그리스 3대 비극 작가의 마지막 주자로 인정받는 극작가다. 그러나 아이스킬로스나 소포클레스와는 작풍이 크게 달랐다. 살라미스해전에 참전했던 아이스킬로스가 페르시아전쟁 시대를 체현한 작가였다면, 소포클레스는 페리클레스 시대를 상징하는 작가라고 할 수 있다. 이들의 작품 속 주인공은 주로 남자였다. 그런데 소포클레스보다 10세 연하인 에우리피데스의 작품에서 주인공은 대부분 여자다.

트로이 황태자비였다가 남편 헥토르의 전사와 트로이 멸망 이후 그리스 연합군 총사령관인 아가멤논의 전리품이 되어 미케네 궁정에서 노예로 살아야 했던 안드로마케. 배다른 아들을 사랑해서 자기는 물론이고 상대와 주변까지 파멸로 몰아넣은 왕비 파이드라. 자기를 버리고 다른 여자에게 달려간 남편을 향한 복수심에 불탄 나머지 둘 사이에서 태어난 아이를 죽여서 요리로 만들어 남편에게 먹인 왕비 메데이아. 이들이 그리스 비극의 새로운 주인공이 되었다.

아이스킬로스나 소포클레스의 주인공들은 운명을 받아들이면서도 과감하게 앞으로 나가는 남자들이다. 반면에 에우리피데스의 주인공들은 개인적인 고뇌에서 벗어나지 못하며 그 때문에 자신감을 잃는다. 예리한 감수성 탓에 상처 입는 쪽은 다른 사람이 아니라 바로 자기 자신이다. 슬픔을 가득 품은 채 이성을 향해 나아가는 감성을 떠올리게 만든다.

이쯤에서 알키비아데스가 떠오른다. 알키비아데스가 올림피아에서 열린 고대 올림픽에서 사두전차 경주 시상대를 독점했을 때, 에우리피데스가 누구보다 감격했던 것은 그가 작품에서 형상화하는 마음의 '동요'와 공명하는 부분이 있었기 때문 아니었을까. 참고로 아리스토파네스는 에우리피데스에 대한 혐오를 숨기지 않았다. 추락한 아테네인의 여성스러운 심정을 묘사했다는 것이 이유였다. 두 사람 사이에는 40세라는 나이 차가 있었다. 세대로 보면 에우리피데스는 페리클레스 시대에 속하고 아리스토파네스는 페리클레스 이후 시대에 속했다. 이 차이는 비극과 희극의 차이에서 유래한 것일까.

풍자희극 작가인 아리스토파네스는 작품 속 등장인물을 통해 이렇게 말한다. "젊음은 늙는다. 미성숙함도 성숙하기 전에 말라비틀어진다. 무지를 알라는 말 역시 학교 교과서에 실린 이후 사람들 마음에서 유연함을 잃게 만드는 데 도움이 될 뿐이다. 그 가운데 유일하게 변하지 않는 것은 인간들의 어리석음이다. 이것만은 영원히 변하지 않고 존속한다."

이런 말을 들으면 쓴웃음이 날 수밖에 없다. 아리스토파네스의 작품이 아테네 연극제에서 단골이 된 것은, 아테네인이 숙연하게 비극 감상하기를 즐겨했을 뿐 아니라 아리스토파네스의 작품 같은 아이러니와 유머 또한 좋아했기 때문이다. 에우리피데스가 아테네의 새로운 분위기를 체현했다면 아리스토파네스도 새로운 분위기를 만들어냈다. 지금은 아테네에 원기를 불어넣던 페리클레스가 죽고, 불안과 분노를 대변하던 클레온도 죽고, 니키아스와 알키비아데스의 시대로 접어든 상태였다.

델로스 섬까지 찾아가서 아폴론 신에게 기원한 것은 니키아스의 자유였다. 그러나 아테네 시민은 신에 대한 기원만으로 충분하다고 생각하지 않았다. 또한 고대 올림픽 시상대 독점을 통해 끓어올랐던 열광만으로 아테네가 직면한 상황을 타개할 수 있다고 생각하지도 않았다. 그리고 작은 섬에 불과한 멜로스 섬 정복 역시 문제를 해결해주지 못했다.

기원전 416년 겨울, 그해 시민집회는 사방이 꽉 막힌 듯한 무거운 분위기 속에서 열렸다. 아테네인은 어떻게 해야 할지 몰랐다. 이 답답하고 암울한 기분에서 해방될 수 있다면 뭐든 해도 좋다고 생각했다.

그해 겨울의 시민집회는 상황을 근본적으로 타개할 수 있는 길이 무엇인지를 둘러싸고 벌어진, 니키아스와 알키비아데스의 격렬한 토론장이 되었다.

시칠리아 원정

이 무렵 34세의 알키비아데스는 평소 지론인 서쪽 진출 외에 현상을 타개할 길은 없다는 생각을 굳힌 듯했다. 그러나 총론만 전개해서는 시민집회의 지지를 얻을 수 없었다. 서민은 추상적인 논리보다 구체적인 방안을 제시할 때 비로소 반응하기 때문이다. 그때 전혀 생각도 하지 못했던 먼 곳에서 외교사절이 아테네를 찾아왔다.

시칠리아 섬 내 서쪽에 위치한 도시 세제스타^{Segesta}에서 찾아온 사절이었다. 방문 이유는 아테네 군사력으로 시라쿠사에 타격을 입혀달라는 요청을 하기 위해서였다. 지중해 최대의 섬인 시칠리아에서 최고 강국인 시라쿠사가 작은 도시국가 세제스타에 직접 위협을 가한 것은 아니었다. 세제스타는 가까운 곳에 있는 셀리눈테^{Selinunte}와 영유지 분쟁이 일어났는데 셀리눈테 배후에 시라쿠사가 도사리고 있어서 쉽게 해결되지 않았다. 그래서 아테네에 군사행동으로 시라쿠사를 압박해달라는 요청을 하러 온 것이었다.

시칠리아 섬 각지에 자리한 도시국가는 모두 그리스인이 해외 진출에 열심이었던 300년 전 식민지로 개척한 곳으로, 그곳에 사는 사람들은 모두 그리스인이었다. 그래서 이들은 올림피아에서 열리는 고대 올림픽에 참가할 자격이 있었다. 영토를 둘러싼 분쟁은 그리스 본토의 명물이었기에 그리스인이 건설한 식민지에서도 자주 발생했다. 세제스타와 셀리눈테 사이에 일어난 것과 같은 분쟁은 어디에나 있었다.

당시 시칠리아와 인접한 남이탈리아 일대에 살던 그리스인은 경제적인 부분만 놓고 보면 본토 그리스인보다 풍요로운 삶을 누렸다. 메마른 토지를 가진 본토에 비해 서쪽의 식민도시들은 '대^{大}그리스'라고 총칭될 정도로 넓은 경작지를 갖고 있었기 때문이다. 아테네는 식량

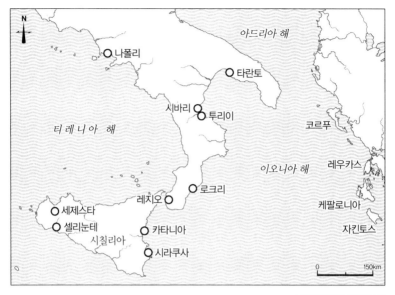

● 시칠리아와 남이탈리아

을 수입에 의존해야 했는데, 시라쿠사를 비롯한 이 '대그리스'에 속한 도시들은 수출이 가능할 정도로 농업 대국이었다.

　이런 이유로 아테네에 군사력 파견을 요청한 세제스타가 60탈란톤을 제공할 수 있다고 한 제안은 거짓말로 받아들여지지 않았다. 60탈란톤은 삼단 갤리선 60척을 건조할 수 있는 비용이었다. 거기에 더해 세제스타 사절은 신전에 봉납되어 있는 돈까지 제공할 수 있다고 말했다. 당시 그리스는 일반적으로 신전을 금고 대신 사용하는 관습이 있었다. 델로스동맹 금고는 델로스 섬의 아폴론 신전에 있었고, 스파르타도 필요 이상의 수입이 생기면 델포이에 있는 아폴론 신전에 맡겼다. 그리스인은 신이 보는 앞에서 도둑질을 할 사람은 없다고 믿었다. 이 믿음은 도난을 방지하는 데 상당히 도움이 되었다.

세제스타에는 2,500년이 지난 오늘날에도 장대한 신전 유적이 남아 있다. 아테네인은 규모가 거대한 신전이라면 그 안에 놓인 금고 역시 클 것이라고 생각했다. 이 세제스타의 출동 요청은 서쪽 진출을 생각하던 알키비아데스에게 필요한 재원을 보증해준 셈이었다. 당장 군대 출동에 필요한 비용은 아테네에서 지출하더라도 후에 세제스타에서 갚아줄 터였다. 34세의 젊은 지도자는 한층 더 강하게 서쪽으로 진출을 주장하며 시민집회에 가부를 물었다.

이에 대해 정면으로 반대하고 나선 사람이 니키아스였다. 54세의 베테랑 정치가는 그와 같은 무모한 원정은 젊은 세대라서 생각할 수 있는 것으로 자기는 동의할 수 없다며 그 이유를 열거했다.

첫째, 델로스동맹을 거느리는 아테네가 패권국임에는 분명하지만 스파르타가 맹주로 있는 펠로폰네소스동맹과 전쟁 상태에 있으며 게다가 칼키디아 문제도 해결하지 못하고 있는데 새로운 전쟁을 시작할 수는 없다.

둘째, 만약 시칠리아 원정이 성공리에 끝난다고 해도 시칠리아는 광대해서 델로스동맹의 가맹국 결속에 애를 먹고 있는 아테네가 시칠리아 전체를 통치한다는 것은 무리다. 그리고 현재 아테네에 필요한 것은 이미 소유한 것을 확실하게 장악하기 위해 애쓰는 것이다.

셋째, 시칠리아는 먼 곳에 있기 때문에 원정 비용을 부담하면 아테네 국고가 텅 비는 것이나 마찬가지다.

● 세제스타의 그리스 신전

니키아스는 이러한 반대 근거를 자신만의 방식으로 설명하며 경종을 울렸다. 니키아스가 제시한 이유는 하나하나 뜯어보면 옳았다. 그러나 아테네의 혹독한 현실을 보여주는 정론이었기에 그 이야기를 듣는 아테네 시민의 마음을 한층 더 어둡게 만드는 부정적인 영향도 있었다.

그러자 알키비아데스가 반론을 제기했다. 34세의 정치가는 우선 하나만 제외하면 니키아스의 지적이 옳다고 인정한 뒤 '그러나'로 이어지는 논법으로 이야기를 시작했다. 먼저 국가 중대사를 결정할 때 생각 차이를 세대 차이로 돌리는 것은 아테네인의 방식이 아니라고 했다. 이제까지 아테네는 중대한 일이 있을 때마다 젊은이와 베테랑을 구분하지 않고 모두 하나가 되어 대처해왔기 때문이라고 덧붙였다. 그러고 나서 니키아스에 대한 반론의 핵심으로 파고들었다.

분명히 아테네는 니키아스가 말한 것처럼 패권국이 확실합니다. 하지만 패권이란 획득하기만 한다고 해서 저절로 유지되는 것이 아닙니다. 유지에 성공할 때 비로소 패권국이라고 말할 수 있습니다. 그러기 위해서는 늘 주도권을 쥐고 있으면서도 사고와 행동의 유연성을 잃어서는 안 됩니다. 그 속에는 주어진 호기를 잘 활용하는 것 또한 포함됩니다. 다들 아는 것처럼 시칠리아는 멀리 떨어져 있고 광대한 섬이기 때문에 그곳으로 원정하기 위해서는 대군을 파견할 필요가 있고 비용도 많이 들 것입니다. 그러나 그곳까지 가는 해로의 안전은 아테네가 이미 확보하고 있습니다.

알키비아데스의 말을 현대식으로 해석하면 30대 중반의 지도자는 시민들에게 발상의 전환, 관점의 변경, 그리고 역발상의 필요성을 주장한 것이다. 즉 해결되지 않은 문제에 매달려 있기보다는 다른 문제를 해결해서 미해결 문제의 해결을 도모한다는 것이다. 정리하자면 '우리는 이제 불가능하다'고 말하는 니키아스와 '우리는 아직 할 수 있다'고 말하는 알키비아데스의 대립이었던 셈이다.

이 수준에 이르면 일반 시민들은 이해하지 못할 수 있다. 하지만 서민들도 구체적인 이야기에는 충분히 반응한다. 전쟁 비용을 세제스타가 부담한다는 것과 시칠리아까지 해로에 위험이 없다는 알키비아데스의 설명에 달려들었다. 지도에서 알 수 있듯이, 아테네에서 시칠리아로 가려면 먼저 남하해서 펠로폰네소스 반도 남쪽 끝을 돈 뒤 해안을 따라 항해하여 코르푸 섬까지 북상한 다음 그곳에서 서쪽으로 가야 하는 매우 먼 길이다. 여정 중에는 마실 물 등의 보급을 위해 섬들에 기항해야 하는데 그곳 모두 아테네와 우호 관계에 있었다.

코린토스는 유일하게 아테네 해군의 항해를 방해할 수 있는 해군력을 가진 국가였다. 그러나 나우팍투스에는 아테네 기지가 있고 아카이아 지방은 알키비아데스가 4년 전 중립화하는 데 성공했으므로 아테네가 마음만 먹으면 코린토스를 만내에 고립시킬 수 있었다.

이는 니키아스도 인정할 수밖에 없었다. 그러나 페리클레스가 죽은 뒤 아테네를 통치한다고 자부했던 니키아스는 젊은이가 멋대로 하는 것을 두고 볼 마음이 전혀 없었다. 그래서 알키비아데스에게 검을 겨누듯이 강하게 압박했다. "좋네, 알키비아데스. 하고 싶다면 하게나.

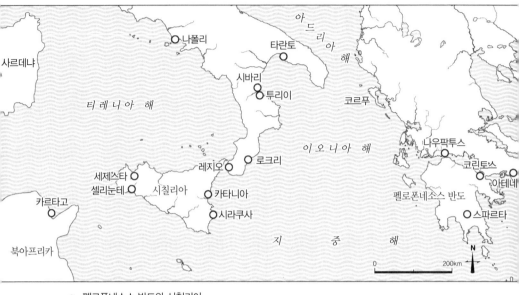

사르데냐

티레니아 해

나폴리

타란토

아
드
리
아

시바리
투리이

해

코르푸

나우팍투스

이오니아 해

코린토스

레지오
로크리

아테네

세제스타
셀리눈테

시칠리아

카타니아

펠로폰네소스 반도

카르타고

시라쿠사

스파르타

북아프리카

지　중　해

0　　　　200km

N

● 펠로폰네소스 반도와 시칠리아

다만 그러자면 100척의 삼단 갤리선과 5,000명의 중무장 보병으로 이루어진 대군이 필요할 거네. 그래도 하고 싶다는 건가?"

알키비아데스가 대꾸하기 전에 시민들이 먼저 대답했다. 입을 모아서 해보자고, 군선 100척과 중무장 보병 5,000명 정도는 준비할 수 있지 않겠느냐고 떠드는 시민들 때문에 시민집회는 후끈 달아올랐다.

니키아스는 문제의 중대함을 시민들에게 냉정하게 인식시켜서 알키비아데스의 제안을 뭉개려고 했다. 그러나 아테네인의 자부심에 상처만 내고 말았다. 이쯤 되자 니키아스는 아무것도 할 수 없었다. 시민집회는 만장일치로 3,000탈란톤이라는 거액의 임시 지불을 가결했다. 3,000탈란톤은 아테네 1년 치 국고 수입과 맞먹는 액수였다.

　이어서 시민집회는 시칠리아 원정군을 거느리고 갈 3명의 사령관을 선출했다. 알키비아데스, 라마코스^{Lamachus}, 니키아스였다. 3명 모두 다음 해 '스트라테고스'에 선출된 상태였다. 군대 사령관이기도 한 '스트라테고스'에 선출되었기 때문에 니키아스는 시칠리아 원정을 거부할 수 없었다. 이렇게 해서 니키아스는 또다시 반대하던 원정에 참여해야 했다.

　3명 가운데 라마코스가 포함된 것은 그의 전쟁 경험을 높이 샀기 때문이 아니었다. 니키아스와 알키비아데스, 두 사람은 대립할 것이 분명했다. 그러면 전략과 전술 모두 결정할 수 없을 것이다. 그래서 한 사람을 더해 2 대 1로 만들어 민주적으로 결정할 수 있도록 하기 위한 대책에 불과했다.

　게다가 이 3명은 위계 차이가 없었다. 동등한 자격을 가진 3명의 장군이 군대를 거느리면 지휘 계통 일체화는 희망 사항에 불과해진다. 하지만 시민집회가 결정한 사안이었다. 시민의 목소리를 신의 목소리로 여기는 것이 민주정치의 근간이지만 이때의 신과 시민 모두 지휘권 통일이라는 승리의 최대 요건에 대해서는 무지했다.

　시칠리아 원정을 결정한 후 아테네는 기분을 일신한 것처럼 활기가 넘쳤다. 피레우스에 있는 2개의 조선소는 쉬지 않고 조업에 매달렸다. 다수의 중무장 보병을 승선시켜야 했기에 종래의 삼단 갤리선보다 더 큰 배도 만들어야 했다. 가정에서도 여자들은 아버지와 아들이 입을 군복을 준비하기 위해 분주했다. 남자들은 창과 방패, 칼을 정비하느라 바빴다. 그 모습에 아이들도 눈을 번뜩이며 흥분했다.

　해가 바뀐 기원전 415년 봄, 모든 준비를 마쳤다. 아테네의 경제력, 기술력, 시민의 의지가 투입된 결정체가 사람들 눈앞에 모습을 드러냈다. 134척의 삼단 갤리선이었다. 이 가운데 100척은 아테네 소속 배였고 그중 40척은 병사를 많이 싣기 위해 평소보다 크게 건조되었다. 모두 반짝거리는 신형이었다.

　아테네 배 외에 34척은 동맹 관계에 있는 레스보스, 키오스, 코르푸에서 왔다. 레스보스와 키오스에서 온 배는 이미 피레우스 항구에 입항해 있었다. 코르푸 배는 코르푸 섬에서 합류하기로 했다. 군선인 삼단 갤리선 외에 수송용 범선 130척도 함께했다. 갤리선에는 노 젓는 선원이 많이 타야 하기 때문에 멀리 떠날 때는 반드시 필요한 무기와 그 외 물품을 수송선으로 옮겨야 했다. 이 수송용 범선들도 대부분 아테네 배였다.

　그리스의 도시국가 하면 중무장 보병이 떠오를 정도로 주요 병력은 중무장 보병이다. 이 중무장 보병도 5,100명이 투입되었다. 이들 가운데 2,200명은 아테네 시민 병사였고 그 외 2,900명은 동맹국에서 참전한 병사였다. 배를 보내지 못하더라도 병사는 보낸 것이다. 기병은 30기였다. 이들은 모두 아테네 부유계급에 속했다. 궁수와 투석병 등 경무장 보병은 1,300명이 참가했는데 이들 가운데 400명이 아테네 시민 병사였다.

　갤리선의 노 젓는 선원과 범선을 조종하는 선원 모두 아테네에서 숙련 기술자로 간주되는 시민권 보유자들이었다. 시민개병을 채택한 아테네에서 전쟁에 나가는 병사는 20세에서 45세까지 팔팔한 현역 세대 중에서 선발되었다. 이들을 포함해 동맹국 병사를 모두 합치면 어림잡아 3만 3,000명이 넘었다. 이들 가운데 아테네 병사는 2만 5,000명에 이르렀다. 아테네에서 시민권을 가질 수 있는 사람은 성인 남자였다. 당시 그 수가 6만 명 정도였으므로 전체 남성 시민 중 절반 가까이가 출전한 셈이었다. 게다가 이 수치는 1차로 출전한 병사 수였다. 아테네는 다음 해에 2차로 병사를 보내야 하는 상황에 놓인다.

이것이 바로 100척의 삼단 갤리선과 5,000명의 중무장 보병이 필요하냐고 묻던 니키아스에게 아테네 시민이 내놓은 대답이었다. 그리고 모든 국력의 투입이라는 고양된 마음까지 더해져 아테네는 벌써 승리를 거둔 것처럼 흥분했다.

헤르메스 신상 파괴 사건

그런데 출전을 1개월 앞둔 시기에 이상한 사건이 발생했다. 아침에 일어났더니 거리 집들 앞에 세워져 있던 헤르메스 신상 머리가 모두 잘려나간 것이다. 급하게 소집된 시민집회 분위기는 개회되기 전부터 소란스러웠다. 신에 대한 모독과 얽히자 지적인 문명을 창시한 아테네인도 머리끝까지 피가 치솟았다. 몇몇 시민이 외쳤다.

"알키비아데스와 그 일당의 짓이 분명하다."

술에 취한 알키비아데스가 동료들을 데리고 큰 소란을 일으킨 사실을 모르는 아테네 시민은 없었다. 그러나 다른 시민들 역시 소리를 높여 외쳤다.

"그럴 리 없다. 알키비아데스의 추방을 노린 반대파의 모략이다."

알키비아데스는 곧바로 이 사안의 중대함을 깨달았다. 두 시민이 자신을 고발했다는 말을 들었다. 단상에 오른 알키비아데스는 시민들 앞에서 분명하게 말했다.

"출전의 날이 눈앞입니다. 검찰관은 곧바로 수사를 개시해서 빠른 시일 내에 재판으로 흑백을 가려야 합니다."

이에 맞장구를 치는 시민들도 많았다. 그러나 불려 나온 검찰관들은 '사법에는 사법의 방법이 있다'는 말을 했을 뿐이었다. 결국 '사법의 방법'으로 수사가 진행되었지만 시간이 충분하지 않았다. 그래서 알키비아데스는 피의자가 되어 수사를 받는 상태에서 다른 2명의 사령관과 함께 출전할 수밖에 없었다.

출전

그리스의 6월은 1년 가운데 가장 쾌적하고 아름다운 계절이다. 햇볕이 부드럽게 내리쬐고 하늘은 티 없이 맑으며 바다에서 미풍이 불어와 하루 종일 피부를 부드럽게 스쳤다.

그날 피레우스 항구는 아침 일찍부터 몰려든 사람들로 북적거렸다. 출전하는 아버지나 남편, 아들의 무사 귀환을 비는 여자들은 사랑하는 육친의 옆에서 떨어지지 않았고 출전하지 않는 남자들도 동료의 출전을 축하하기 위해 달려왔다. 아테네 시민과 아테네에 거주하는 외국인 모두 한마음이었다. 아테네인에게 이번 원정은 국가의 총력을 기울인 것이었고, 외국인에게는 그 결과의 영향을 직접 받을 중대 사안이었다. 그래서인지 외국인 가운데 경무장 보병으로 참전한 이들도 적지 않았다.

출항 전의 기념식 역시 평소와 달랐다. 3명의 사령관은 각각 승선한 기함의 선수에 서서 황금으로 만든 잔에 포도주를 가득 따라 높이 들어 올린 다음 바다에 뿌렸다. 바다의 신 포세이돈에게 무사 항해를 기원하기 위해서였다. 포세이돈이 분노하면 폭풍우와 높은 파도가 덮칠 터였다.

먼저 범선들이 출항했다. 갤리선보다 바람의 영향을 더 많이 받는 범선이 먼저 출항하는 것이 관례였다. 130척에 이르는 수송선이 일제히 돛을 펼친 채 살라미스 섬을 우현에 두고 남하해 갔다. 이 모습을 확인한 뒤 비로소 원정군의 주력인 130척이 넘는 삼단 갤리선 무리가 출항했다. '스트라테고스(사령관)' 3명은 모두 갤리선을 타고 있었다. 출전을 배웅하는 사람들의 환성이 최고조에 이르렀다.

역사 편찬을 삶의 목적으로 삼았고 9년 전 스스로 '스트라테고스'를 경험했던 투키디데스는 그 모습을 이렇게 묘사했다. "그것은 아테네의 위대함과 아테네가 지닌 모든 힘을 그리스인 전체에 보여주는 거대한 군사 퍼레이드와 같았다." 참고로 투키디데스는 사령관이던 해에 스파르타인 브라시다스를 상대로 변명의 여지가 없는 실수를 저질러서 20년 동안 국외 추방에 처해졌다. 하지만 얼마 지나지 않아 20년 공직 추방으로 감형되었다. 덕분에 『펠로폰네소스전쟁사』라는 역사 문학의 금자탑을 쓸 수 있었다. 투키디데스는 당시 현장에서 그 퍼레이드를 지켜볼 수 있었다.

코르푸 섬까지 가는 해로에서는 아무 일도 일어나지 않았다. 계절이 좋았고 포세이돈이 화를 내지 않았기 때문이지만, 한편으로 알키비아데스가 보증한 것처럼 코르푸까지 해역은 아테네 영해를 항해하는 것과 다를 것이 없었기 때문이다. 그러나 모든 배가 합류하기 위해 코르푸 섬에 잠시 기항한 때부터 문제가 발생했다.

그리스와 시칠리아 사이에는 이오니아 해가 있다. 시칠리아로 가기 위해서는 코르푸를 출발한 뒤 남시칠리아의 항구도시에 기항해야 했다. 이를 위해서는 남이탈리아에 있는 항구의 기항 허가를 얻을 필요가 있었다. 코르푸로 가는 도중에 삼단 갤리선 3척으로 이루어진 부대를 미리 남시칠리아로 보냈다. 그런데 3척 모두 코르푸 섬으로 돌아와 나쁜 소식을 전했다.

타란토와 로크리^{Locri}는 기항 자체를 거부했다. 레지오^{Reggio}만이 기항을 허락했지만 도시와 가까운 항구가 아니라 도시에서 떨어진 어항만 가능하다는 조건을 붙였다. 여기에 원정군 병사가 도시로 들어오는 것을 금지한다는 조건까지 달았다. 이 남이탈리아 항구도시들은 페리클레스 시대에는 아테네와 좋은 관계를 유지했다. 페리클레스는 기지 설립과 아테네 시민의 이주만 요구했을 뿐 군대를 보내 공략하지 않았다. 하지만 원정 목적이 시칠리아 공략이라면 시칠리아 최대 강국인 시라쿠사가 목표임은 누구나 예상할 수 있었다.

긴 장화 모양을 하고 있는 이탈리아 반도 남쪽 끝에 이어진 항구도 시들은 멀리 있는 아테네와 가까워지면 가까운 시라쿠사를 적으로 삼아야 했다. 그래서 기항을 거부한 것이다. 이 도시국가들이 겉으로 내세운 거부 이유는 중립을 지키고 싶다는 것이었다.

나쁜 소식은 또 있었다. 3척으로 이루어진 척후부대는 시칠리아까지 가서 세제스타에 들렀는데, 그 과정에서 아테네를 방문해 군대 파견을 요청한 세제스타 사절의 약속이 새빨간 거짓임이 밝혀진 것이다. 당장 60탈란톤이 마련되고, 신전에 보관 중인 돈까지 제공한다는 약속은 사실이 아니었다. 실제로 신전에 '저금'되어 있는 금액은 30탈란톤뿐이었다. 이는 60탈란톤에다 플러스알파를 기대하고 대군을 편성한 아테네가 경솔했고 어리석었다는 뜻이 된다.

이런 나쁜 소식들은 세 사령관을 낙담시키기에 충분했다. 니키아스는 침통한 표정으로 상황이 이렇다면 귀국할 수밖에 없다고 했다. 라마코스는 성대한 배웅을 받으며 떠나왔는데 이대로 뻔뻔하게 귀국할 수는 없다며 벌컥 화를 냈다. 냉정했던 것은 세 사람 가운데 가장 젊은 알키비아데스였다. 그는 최소한 레지오까지는 가보자고 했다.

이렇게 해서 원정군은 남이탈리아 끝에 위치한 레지오까지 갔다. 도시에 들어가지는 않았지만 레지오와 시칠리아 사이에는 폭 3킬로미터인 메시나 해협이 있을 뿐이었다. 바로 눈앞에 시칠리아가 보였다. 레지오는 당시에는 레기온이라고 불렀고 현대에는 레조디칼라브리아라고 부른다. 그곳에서 앞으로 전략을 결정하기 위해 3자 협의가 진행되었다. 55세의 니키아스는 거의 사고 정지 상태였다. 동년배인 라마코스는 차라리 현재 병력으로 시라쿠사를 직격하자는 과격한 의견을 내놓았다.

이때도 냉정을 유지한 쪽은 알키비아데스였다. 그는 우회 작전을 주장했다. 천연 요새인 시라쿠사를 직접 공격하지 말고 먼저 시칠리아 도시국가들을 아군으로 끌어들여 시라쿠사 고립을 시도해야 한다고 주장했다. 그러고는 가라앉은 니키아스와 광분하는 라마코스를 내버려둔 채 홀로 작은 부대를 이끌고 시칠리아 도시국가 순례를 시작했다. 소규모 군대라면 상대방이 경계하지 않으리라 보고, 그런 상태로 설득에 나선 것이다.

이 작전은 제대로 먹혔다. 당시 시칠리아는 '대그리스'라고 불리기는 했지만 그리스 본토와 비교하면, 특히 아테네와 비교하면 변방이었다. 시칠리아의 작은 도시국가 주민들은 아름답고 세련된 말투를 쓰는 아테네의 젊은 장군이 찾아와 설득하자 쉽게 넘어갔다. 알키비아데스가 회유하려고 마음만 먹으면 상대가 한 명이든 수많은 시민이든 적이 없었다.

설득을 위한 알키비아데스의 여정은 시칠리아의 북쪽 해변부터 동쪽 해변까지 이어졌는데 최대 수확은 카타니아^{Catania}를 아테네 쪽으로 끌어들인 것이다. 카타니아는 도시국가로서 중간 정도 규모였지만 시라쿠사와 60킬로미터밖에 떨어져 있지 않아서 시라쿠사 공략을 위한 전초기지로 최적이었다. 그리하여 니키아스와 라마코스를 포함한 전체 원정군이 카타니아로 이동해 가 그곳에 원정군 사령부를 설치했다.

출두 명령

아테네에서 출발한 배 한 척이 카타니아 항구로 들어왔다. 그리고 설득을 위한 여행 준비로 바쁜 알키비아데스를 호출해서 한 통의 서류를 건넸다. 아테네 재판소에서 보낸 출두 명령서였다. 소환장을 건넨 사람과 함께 즉각 귀국하라는 명령이 담겨 있었다.

알키비아데스는 한 마디도 하지 않았다. 분노를 터뜨리거나 난폭한 행동을 하거나 하지도 않았다. 하인을 데리고 가겠다고 요청했고 받아들여졌다. 아테네 재판소는 '스트라테고스'를 묶어서 연행하는 일까지는 하지 않았다. 야영 중인 병사들이나 항구에 정박 중인 배의 선원들에게 그 사실을 알리는 것도 허용되지 않았다. 병사들을 동요시키면 안 된다는 것이 이유였다.

이렇게 알키비아데스를 태운 배는 대부분이 모르는 사이에 카타니아 항구를 빠져나갔다. 35세의 사령관은 시민들의 기대를 한 몸에 받으며 피레우스를 출항한 지 채 3개월이 지나지 않아 피레우스 항구로 돌아가야만 했다. 알키비아데스는 돌아가는 배 속에서 다음과 같은 사실을 알았다. 그를 고발한 두 사람은 클레온의 후계자로 꼽히는 데마고그들이고, 그것을 수리한 검찰관과 재판관은 니키아스 일파는 아니지만 알키비아데스를 적대시하는 사람임을.

여기에 더해 아테네인이 신에 대한 모독 행위(헤르메스 신상 파괴 사건)라면 피가 거꾸로 치솟아 말이 필요 없다는 식으로 엄벌에 처하기를 주저하지 않는 사람들임을 잘 알고 있었다. 아테네의 엄벌은 사형을 의미했다.

알키비아데스를 태운 배는 즉각 출두 명령을 받은 당사자를 태웠기에 다른 배처럼 연안을 따라 항해하지 않고 단숨에 이오니아 해를 횡단해서 피레우스 항구로 직행하는 항로를 선택했다. 그러자면 어딘가 기항해서 필수품을 보급받아야 해서 남이탈리아에 있는 투리이에 들렀다. 바다와 가깝기는 하지만 직접 면하고 있지 않아 대규모 함대의 기항에는 적합하지 않은 투리이는 페리클레스 시대에 이미 아테네의 식민도시가 된 도시였다. 아테네의 기지가 된 지 30년이나 지나 아테네인이라면 들르는 것이 당연했다.

알키비아데스를 태운 배는 투리이의 외항 역할을 하는 시바리에서 2~3일 기항하기로 했다. 알키비아데스는 밤에 배로 돌아온다는 조건 아래 행동의 자유가 허용되었다. 그런데 출항하기로 한 날 아침이 되었는데도 알키비아데스와 하인의 모습은 보이지 않았다. 결국 배는 피고 없이 피레우스로 돌아갈 수밖에 없었고, 이에 아테네 재판소는 결석재판을 열어 알키비아데스에게 사형을 선고했다. 알키비아데스는 국제 지명수배 신분이 되고 말았다. 그해 겨울이 될 때까지 알키비아데스의 소식을 들은 사람은 아무도 없었다.

앞서 살았던 그리스인으로부터 많은 것을 배우고 반면교사로 삼았던 로마인이 만든 로마법에는 전쟁터에 출전한 사령관은 어떠한 이유로든 본국으로 송환할 수 없다고 정해져 있다. 고소를 받아들이지 않는 것이 아니다. 수리는 하지만 그에 대한 수사나 수사 결과를 토대로 한 재판은 전쟁이 끝날 때까지 기다려야 한다고 정한 것이다. 만약 전쟁 중에 장군을 소환하는 그리스인의 방식을 로마인이 답습했다면 율리우스 카이사르가 이끈 갈리아전쟁은 존재하지 않았을 것이다. 북서 유럽 제패에 집중하던 10년 동안 율리우스 카이사르는 몇 번이고 수도 로마에 있는 반反카이사르 일파로부터 고발당했기 때문이다.

이제 원정군을 이끄는 주인공은 니키아스와 라마코스, 두 사람이었다. 이것저것 궁리해서 곧바로 실행으로 옮기는 밉살스러운 젊은이가 퇴장한 이후 두 사람 가운데 훨씬 거물이던 니키아스의 의견에 아무도 반대하지 않았을 것이다. 그러나 니키아스에게서는 어떤 활력도 찾아볼 수 없었다. 55세였던 니키아스의 정치 경력은 처음에는 선동가인 클레온에 반대하면서 쌓았고, 그다음에는 클레온 사후 등장한 알키비아데스에 반대하면서 쌓인 것이다. 이제 반대할 상대가 없어지자 그는 뭘 어떻게 해야 할지 몰랐다.

계절은 아직 가을이었다. '스트라테고스' 자리에 있는 이상 무엇인가 해야 했다. 그래서 니키아스는 이미 알키비아데스가 진행하던 시칠리아의 작은 도시국가들을 아테네 쪽에 가담시키는 전략을 이어나갔다. 그런데 이 전략은 열매를 수확하지 못하고 끝났다. 니키아스의 방식은 대군을 등에 업고 압박하는 형태였기 때문에 오히려 시칠리아인의 반발을 사고 말았던 것이다.

삼각형과 비슷한 시칠리아 해안가를 한 바퀴 돌았지만 상황은 바뀌지 않았다. 니키아스는 실패를 인정할 수밖에 없었다. 실패 인정은 방침의 전환을 가져왔다. 동료 라마코스가 주장했던 시라쿠사에 대한 직접 공격에 그는 찬성했다.

시라쿠사

그렇다면 아테네 군대의 목표가 된 시라쿠사는 그사이에 무엇을 하고 있었을까. 거의 아무것도 하지 않았다. 당시 지중해 서방의 강국을 꼽으면 시라쿠사와 카르타고였다. 두 나라는 아직 격돌할 상황까지는 이르지 않았다.

시라쿠사는 배후에 드넓은 평지가 펼쳐져 있는 농업 국가로 충분히 자급자족이 가능한 나라였다. 따라서 자국 방위를 위해 다른 나라와 동맹을 맺을 생각은 하지 않았다. 또 코린토스인이 식민 활동으로 세운 도시국가였지만 코린토스와 특별한 우호 관계도 맺지 않았다.

도심부는 천연 요새 위에 세워졌는데, 반도 같은 지형이 한쪽을 감싸고 있어 '큰 항구'라고 불린 넓은 만을 낀 시라쿠사는 천혜의 항구 도시였다. 요컨대 방어는 완벽했고 또 오랫동안 외부에서 공격해 온 적도 없었기에 시라쿠사 주민은 자국의 존망이 걸린 전쟁에 직면한 적이 없었다. 시라쿠사는 아테네가 대규모 원정군을 파견했다는 사실을 알았지만 처음에는 자기네가 목표인 줄은 상상도 하지 못했던 듯하다. 그런 시라쿠사에 전쟁의 먹구름이 몰려온 것은 알키비아데스가 시칠리아 작은 도시국가들을 돌아다닌 뒤의 일이었다. 그제야 비로소 자기네가 목표라는 것을 알아차렸다.

알아차렸다면 곧바로 적과 맞서 싸울 준비를 했으리라 생각하기 쉽지만 실제로는 그렇지 않았다. 당시 시라쿠사는 참주정치, 그러니까 왕정은 아니지만 한 사람이 통치하는 정치체제였다. 한편 주민은 그리스인이었다. 이것은 늘 나라가 여당과 야당 둘로 갈라져 싸우는 정치 투쟁이 끊이지 않았음을 의미한다. 시라쿠사의 야당은 스파르타식 소수 지배 제도 도입을 주장하는 사람들이었다. 이 일파를 이끈 사람은 헤르모크라테스^{Hermokrates}였다.

헤르모크라테스는 아테네 군대가 펠로폰네소스 반도를 돌아서 이오니아 해를 북상하기 시작했을 때 곧바로 시라쿠사 시민에게 경종을 울린 유일한 사람이었다. 그가 경종을 울렸지만 당시 정부는 움직이지 않았다. 그의 말에 귀를 기울이면 정권 타도로 이어지리라 생각했기 때문이다. 그러나 아테네 군대가 카타니아를 본거지로 삼자 움직이지 않을 수 없어졌다. 그리고 마침내 시라쿠사가 아테네 군대의 위협에 대항할 필요를 절실하게 느꼈을 때, 니키아스는 시칠리아의 작은 도시들을 회유하는 데 실패했음을 인정했다. 두 시기가 맞아떨어진 것이다.

이후 1년 반에 걸친 '시라쿠사 공방전'이 시작되었다.

시라쿠사 공방전

시라쿠사에 군사력이 없었던 것은 아니다. 비록

강력한 적과 맞서 싸울 정도는 아니었지만 그래도 시칠리아에서 최고 강국이었다. 다른 중소 도시국가를 제압할 군사력을 보유했기에 최강국이라 불릴 수 있었다. 다만 중무장 보병이 주요 전력인 그리스 본토 도시국가와 달리 시라쿠사의 주요 전력은 기병이었다. 필요한 경우 바로 2,000명의 기병을 소집할 수 있었다고 한다.

이러한 차이는 오랫동안 시민의식이 미성숙한 정치체제인 참주정 치를 유지해왔기 때문인데, 평야로 이루어진 지형도 그 원인 가운데 하나였을 것이다. 시가지 바로 뒤까지 이어진 평야는 말을 사육하기에 적합했다. 이 기병을 제외하면 필요할 때 소집할 수 있는 경무장 보병이 있었다. 다만 국가 자체가 풍요로워서 주민 수는 많았다. 물론 그리스인이 건설한 항구도시답게 해군도 있었다. 그렇지만 에게 해에서 대적할 나라가 없다고 일컬어지는 아테네 해군에 비하면 규모나 전투력에서 비교가 되지 않았다.

니키아스는 바다에서 시라쿠사 공격을 시작하기로 결정했다. 동료인 라마코스 역시 같은 의견이었다. 오늘날의 모터와 같은 노를 가진 삼단 갤리선 대부분이 그날의 상륙 작전에 투입되었다. 카타니아를 출항한 다음 곧장 남하한 후 시라쿠사에서 '큰 항구'라고 부르는 넓은 만내로 바로 돌입했다. 해안에 상륙하면 중무장 보병 5,000명은 물론이고 노 젓는 선원까지 해병으로 변신하는 것이 아테네 방식이었다. 기병이 포함되어 있었기 때문에 대형 갤리선에는 말도 실려 있었을 것이다.

이 기습 작전은 멋지게 성공했다. 시라쿠사 주민들이 공포라기보다

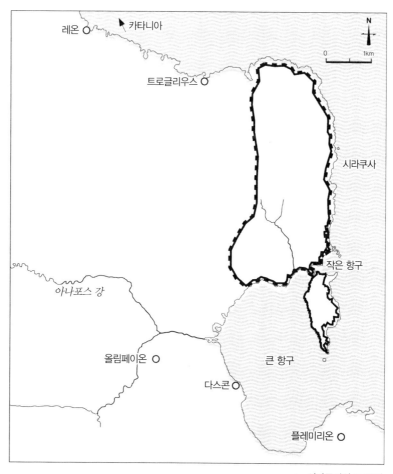

레온 ○

▲ 카타니아

N

0　　　1km

트로글리우스 ○

시라쿠사

작은 항구

아나포스 강

올림페이온 ○

큰 항구

다스콘 ○

플레미리온 ○

● 시라쿠사와 그 주변

는 놀라운 눈으로 지켜보는 앞에서 그리스 군대가 '큰 항구'로 밀려들어 상륙했다. 이들은 사전 계획에 따라 '큰 항구'로 흘러드는 아나포스Anapos 강(현재 아나포 강)에 걸려 있는 다리를 파괴했고, 그 가까운 곳에 있는 올림페이온까지 점거했다. 이를 통해 시라쿠사와 내륙을 연결하는 길 하나를 차단했다. 그 후 아테네 군대는 휴식도 없이 다스콘Dascon 땅에 진지를 건설하는 작업에 착수했다. 이를 통해 다스콘을 시라쿠사 공략을 앞둔 전초기지로 삼아 시라쿠사 시가지와 남쪽을 연결하는 길까지 차단할 수 있었다.

그때 아테네 군대는 내륙에서 온 시라쿠사 기병 1,200명의 습격을 받았다. 이에 맞선 아테네 쪽 기병은 40분의 1인 30명이었다. 그리고 전장은 아테네 쪽의 보병과 기병 전원을 활용해서 진형을 짤 수 있을 만큼 넓지 않았다. 그렇지만 아테네 병사들은 용감하게 싸웠다. 시라쿠사 기병대를 쫓아냈을 뿐 아니라 다스콘의 진지를 지켜냈다. 사상자가 260명이나 났지만 두 '스트라테고스'는 허용할 수 있는 범위라고 생각했다.

그 무렵 비가 거세게 퍼붓기 시작했다. 그래서 넓은 만의 맞은편에 있는 시라쿠사 도심부가 비에 가려 보이지 않았다. 그쯤에서 니키아스는 결단을 내렸다. 다스콘에 건설한 진지를 철거하고 전군을 배에 태워 카타니아로 돌아갈 결심을 했다. 겨울이 가까워졌고 비가 내리는 와중에 적지에 머무르면 위험하다는 것이 철수 이유였다.

시칠리아의 비는 내리다가도 곧바로 그치고 다음 날 아침에는 햇살이 환하게 비쳐 질척거리는 땅을 말렸다. 시칠리아 겨울은 트라키아나 마케도니아와 비교할 수 없을 정도로 온난한 날씨가 계속되었다. 적과 가까운 곳에 진지를 구축하고도 철수를 한 것은 적에게 상황 전환의 기회를 준 것과 다름없었다.

신중함은 좋다. 그러나 신중한 대처가 필요한 경우와 과감하게 돌파해서 승기를 잡아야 하는 경우를 구분하는 능력을 승부사 감각이라고 한다. 55세의 니키아스는 심리 면에서 이미 노인이 되어 있었던 모양이다.

본거지인 카타니아로 돌아온 니키아스는 아테네 정부에 편지를 보냈다. 전쟁 비용을 추가해달라는 내용과, 적과 비교해 아군 기병이 열세이므로 급히 기병을 보내달라는 내용이었다. 아테네 시민집회는 300탈란톤의 추가 비용 지출과 기병 280명의 추가 파견을 가결했다. 이 병력이 도착해도 시라쿠사와 아테네의 기병 전력은 1,200명 대 300명이었다. 40 대 1까지는 아니지만 4 대 1이었다. 기병 활동도가 높은 시라쿠사에서 니키아스가 이 차이를 어떻게 극복했는지는 알려져 있지 않다.

원정 1년째인 기원전 415년은 이렇게 끝났다. 그리고 이 시기 알키비아데스의 소식이 전해졌다. 결석재판에서 사형을 선고받고 국제 지명수배자가 된 35세의 알키비아데스는 스파르타로 도망가 있었다.

알키비아데스, 스파르타로

왜 하필이면 스파르타였을까? 알키비아데스는

아테네로 호송당하던 중 남이탈리아 투리이에서 며칠 동안 기항하기로 한 사이에 몰래 작은 배를 구해서 밤을 틈타 달아났다. 그런 다음 아테네와 동맹 관계에 있는 레우카스(현재 레프카다)와 자킨토스 섬으로 피했다가 펠로폰네소스 반도 서북쪽 끝에 상륙했다.

이 일대는 아카이아 지방이라고 불리는 곳으로 5년 전 알키비아데스의 노력으로 아테네 우산 아래 들어온 지역이었다. 그 성과로 '4국 동맹'이 태어났다. 다만 이 동맹은 2년 후 만티네이아전투에서 패하면서 공중분해 되고 말았는데, 그들은 그 이후에도 스파르타 쪽으로 돌아가지 않고 중립 상태를 지켰다. 펠로폰네소스 반도 내에서 스파르타 쪽에도, 아테네 쪽에도 서지 않고 중립을 지킨 것은 아카이아와 아르골리스, 두 나라밖에 없었다.

아카이아 지방에서 배를 버린 알키비아데스는 스파르타에 정치적 망명을 신청했다. 물론 대놓고 신청한 것은 아니었다. 그는 스파르타 국정을 이끄는 5명의 에포로스 가운데 한 사람을 회유하는 것부터 시작했다. 스파르타의 국정을 결정하는 것은 2명의 왕이 아니라 매년 시민집회에서 1년 임기로 선출되는 5명의 '에포로스(감독관)'였고, 이것은 그리스 전체에 널리 알려진 사실이었다. 또한 스파르타 국내에서도 이는 비밀이 아니었다. 시민집회에 5명의 에포로스가 입장하면 왕이 자리에서 일어나 맞이했기 때문에 비밀이 될 수 없었다.

스파르타의 시민집회는 20세부터 60세까지 현역 중무장 보병으로 이루어졌다. 이 말은 '에포로스'에 선출되지 않는 한 '스파르타의 전사'의 한 사람에 불과하며, 전쟁터에서는 왕의 명령에 복종할 의무가 있음을 의미한다. 그러나 일단 '에포로스'에 당선되면 그 지위에 있는 1년 동안은 왕에게 명령할 수 있는 권리를 얻고 실제로 행사할 수 있었다. 스파르타는 이런 방식을 통해 권력을 억제하면서 국정 안정을 유지할 수 있었다.

알키비아데스가 '에포로스' 중 한 사람을 목표로 삼은 것은 정치 망명이라는 목적을 더 빨리, 더 확실하게 실현하기 위한 전술에 불과했다. 그런데 그 방법을 보면 웃음이 난다. 목표로 정한 에포로스의 할아버지가 알키비아데스라는 이름을 가지고 있었다는 점을 들면서 자기네 두 사람이 혈연관계일지 모른다며 접근했기 때문이다. 이 방법은 실제로 효과가 있었던 듯하다. 그 에포로스는 알키비아데스를 위해 적극 나섰고 다른 에포로스들을 끌어들여 결국 전 아테네 사령관의 스파르타 망명이 실현되었다.

이면을 추측하자면 이렇다. 스파르타는 알키비아데스의 정치 망명을 승인할 아무런 이유가 없었다. 다만 자기네에게 가장 위험한 인물을 다른 국가가 아닌 자국에 머무르게 하는 편이 낫다고 생각해서 망명을 수용했을 것이다. 물론 알키비아데스가 '4국동맹'을 성립시킨 사람이고 비록 공중분해 되기는 했지만 그 동맹의 목적이 스파르타 고립이었다는 점을 잊지는 않았다. 그러나 알키비아데스는 아테네의 유력 정치가일 뿐 아니라 패배를 모르는 사람이었다. 아무튼 알키비아데스의 망명이 결정되었다.

물론 그렇다고 조용히 망명 생활을 보낼 알키비아데스가 아니었다. 곧바로 5명의 에포로스와 친밀한 관계를 구축했고 두 왕까지 포함한

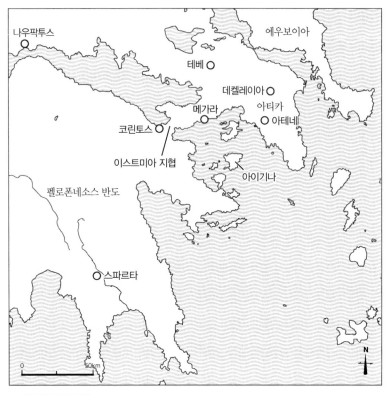

나우팍투스

에우보이아

테베

데켈레이아

메가라

아티카

코린토스

아테네

이스트미아 지협

아이기나

펠로폰네소스 반도

스파르타

0   50km

N

- 아테네와 그 주변

스파르타 정부 내에서 군사 고문이 되었다. 알키비아데스가 스파르타 인이 생각하지 못했던 제안을 한 덕분이었다. 그 제안은 좋은 의미든 나쁜 의미든 아테네에서 태어난 그에게 그다지 어려운 일이 아니었을 것이다. 역사가 투키디데스가 쓴 것처럼, 스파르타인은 그리스에서 유연성이 가장 부족한 사람들이었다. 이는 스파르타가 자랑하는 중무장 보병이 앞으로 나아가며 싸우는 전투에서는 무적이었지만 예측할 수 없는 방위에서 가해지는 불의의 공격에는 의외로 약했던 것과 비슷하다.

알키비아데스는 아티카 지방 북부에 위치한 데켈레이아^{Dekeleia} 지역을 점거해서 그곳을 스파르타 기지로 삼으라고 제안했다. 펠로폰네소스전투가 시작되고부터 16년 동안 스파르타는 거의 매년 봄이 되면 왕이 군대를 이끌고 북상해서 아테네 영토인 아티카 지방을 휩쓰는 작전을 계속하고 있었다. 아테네와 스파르타 사이에 일어난 펠로폰네소스전쟁은 실제로는 엿가락처럼 늘어진 전쟁이었다. 그래서 스파르타가 주도하는 펠로폰네소스 동맹군의 아티카 침공도 군사행동이라고 말하기보다는 약탈의 성격이 강했다.

스파르타인은 봄이 되면 스파르타에서 출발해 북상한 뒤 좁은 이스트미아 지협을 지나 메가라 영토로 들어가는, 아티카 지방까지 원정을 되풀이했다. 또한 가을이 되면 전투를 그치는 습관이 있었기 때문에 그때가 되면 같은 길을 되밟아 귀국했다. 알키비아데스는 데켈레이아를 기지로 삼으면 군이 군대 전체를 왕복시킬 필요가 없어지고 왕을 비롯한 지휘관만 왕복하면 된다고 주장했다. 스파르타 쪽은 그럴듯하다고 생각하고 알키비아데스의 제안을 받아들였다.

여태껏 아테네인에게 사랑받았던 알키비아데스는 이후 증오의 대상이 되었다. 당연한 일이었다. 전에는 1년의 절반 정도만 적을 견디면 되었지만 이제는 아테네에서 30킬로미터밖에 떨어지지 않은 데켈레이아에 스파르타 병사가 상주하면서 1년 내내 적의 위협에 노출되었기 때문이다. 농민들은 매일같이 적의 공포에 시달려야 하는 상황이 되었다.

또 한 가지 안이 제출되었는데 알키비아데스가 한 제안인지는 확실하지 않다. 상당한 두뇌의 소유자가 생각해낸, 악랄하다고 불러도 좋을 전례가 없는 전략이었다. 무인 기질을 가진 데다 보수적인 스파르타인의 머리에서 나왔다고 생각하기 어려운 것이었다. 그래서 연구자들은 알키비아데스가 관여했을 가능성이 높다고 생각한다. 그 안은 원군 파견을 요청해 온 시라쿠사를 두고 스파르타가 어떻게 대처하면 좋을지에 관한 내용이었다.

니키아스가 거느린 아테네 군대가 적지에 구축한 진지를 버리고 카타니아에 있는 본거지로 돌아간 겨울, 시라쿠사는 그 틈을 이용해서 스파르타로 원군 파병을 요청하는 사절을 보냈다. 이유는 두 가지였다.

첫째, 스파르타와 아테네의 대결인 펠로폰네소스전쟁이 계속되는 지금, 아테네가 시라쿠사를 공격하므로 스파르타는 시라쿠사를 도우러 와야 한다.

둘째, 스파르타와 시라쿠사 모두 기원을 더듬어 올라가면 도리아 민족이 세운 국가다. 따라서 이오니아 민족의 국가인 아테네에 맞서 공동전선을 펼쳐야 한다.

시라쿠사는 300년 전 코린토스인이 식민지로 삼아 세운 도시국가였다. 그리고 코린토스는 펠로폰네소스 반도에 위치하고 있으며 스파르타가 맹주로 있는 '펠로폰네소스동맹'에 가입한 국가였다. 따라서 스파르타가 자기네를 도울 의무가 있다는 것이 시라쿠사의 주장이었는데 10분의 1 정도는 이치에 맞았다.

그리스 역사는 호메로스가 묘사한 영웅전설 시대가 끝난 직후 큰 변동이 일어났다. 북방에 거주하던 도리아 민족이 대거 남하해 펠로폰네소스 반도로 이주하면서, 그 거센 흐름의 바깥쪽에 비껴 있어서 혼란을 면한 이오니아 민족과 그리스를 양분하는 시대에 접어들었던 것이다. 역사학자들은 이 시대를 그리스의 '중세'라고 부른다.

펠로폰네소스전쟁은 스파르타가 맹주인 '펠로폰네소스동맹'과 아테네가 주도하는 '델로스동맹'의 대결이었다. 그 때문에 '도리아 민족' 대 '이오니아 민족'의 대결이라고도 부를 수 있었다. 지중해 서쪽에 위치한 시라쿠사는 펠로폰네소스동맹에 가입하지 않았다. 그러나 모국인 코린토스가 도리아 계통 그리스인 국가이기 때문에 그들 역시 도리아 계통이라고 내세운 것이다.

펠로폰네소스전쟁이 시작된 16년 전에는 아테네 지도자 페리클레스나 스파르타 왕 아르키다모스 모두 그런 생각을 하지 못했다. 이렇게 민족 구별이 드러난 점도 전쟁이 장기화하면서 생긴 악폐 중 하나였다. 참고로 전쟁이 길어지면서 나타날 수 있는 또 한 가지 악폐는 종교다. 물론 다신교 세계였던 고대에는 그런 양상이 드러나지 않았다. 도리아 민족과 이오니아 민족 모두 올림포스 산에 거주하는 주신 제우스를 비롯한 신들을 신앙한다는 점에서 다르지 않았다. 따라서 중세처럼 '그리스도의 십자가 아래'라든가 '이슬람의 깃발 아래'와 같은 일은 일어나지 않았다.

아무튼 스파르타는 어떤 형태로든 시라쿠사의 요청에 응할 필요가 있었다. 당시 스파르타는 아테네와 정면으로 맞설 마음이 없었다. 아테네와 체결한 '니키아스 강화'를 지킬 생각이 있었기 때문이다. '니키아스 강화'에는 서로 상대국에 대해 직접 군사행동을 하지 않는다고 명기되어 있었다. 따라서 왕이 거느린 정규군을 파견할 수 없었다. 또한 스파르타는 '호랑이의 아들'인 1만 명 전후의 중무장 보병을 온전하게 지키고 싶었다. 국지전에 불과했던 10년 전의 필로스·스팍테리아전투에서 150명의 '전사'들이 포로가 되었을 때 그들을 무사히 귀국시키는 데 4년이 걸렸다는 사실을 스파르타인은 잊지 않았다.

그렇다고 시라쿠사의 요청을 냉정하게 거절할 수는 없었다. 도리아 계통 그리스인이라고 생각하기 시작한 펠로폰네소스 반도 주민을 실망시키면 '펠로폰네소스동맹' 자체가 붕괴할 수 있었다. 또한 스파르타가 움직이지 않으면 적인 아테네를 이롭게 할 뿐이었다.

고민을 거듭하던 스파르타 수뇌부는 9년 전 브라시다스 방식, 아니 더 정확하게 말하면 브라시다스 방식의 개량형을 선택한다는 결론에 도달했다. 당시 스파르타는 아테네를 밀어붙이기 위해 이해관계가 전혀 없는 칼키디아 지방으로 브라시다스가 거느린 헬롯(농노) 700명으로 이루어진 비정규 군대를 보냈다. 그것이 성공해서 아테네는 그 지방 요충지인 암피폴리스를 잃었고 그해 '스트라테고스'이자 최전선으로 파견되었던 투키디데스는 책임을 지고 20년 추방형에 처해졌다. 브라시다스는 전사했지만 그 후 오랫동안 칼키디아 지방은 아테네를 괴롭히는 화근 덩어리가 되었다.

폐쇄사회로 일관했던 스파르타는 시라쿠사를 배려해야 할 이해관계가 없었다. 그렇다고 해서 그대로 있을 수도 없었다. 그래서 브라시다스 방식을 다시 선택했다. 그러나 답습은 아니었다.

다시 아웃사이더

농노로 이루어진 병사를 거느렸지만 브라시다스는 정예 스파르타 시민이었다. 즉 스파르타 시민인 아버지와 스파르타 시민의 딸인 어머니 사이에서 태어난 아들이었다. 따라서 소년이 되자 곧바로 시작되는 무술 훈련을 위한 집단생활을 시작했다. 마지막에는 헬롯을 습격해서 살해하고 머리를 가지고 돌아오는 야만적인 통과의례까지 마쳤다. 그는 스파르타가 자랑하는 '호랑이의 아들' 중무장 보병이었다.

시라쿠사로 파견된 길리포스Gylippus는 달랐다. 이 남자의 아버지는 스파르타 시민이었지만 어머니는 헬롯(농노)이었다. '호랑이의 아들'의 수를 확보하느라 고심하던 스파르타가 출신 성분을 따질 때 한쪽 눈을 감았는지 길리포스는 소년 시절부터 엄격한 군사훈련을 받을 수 있었다. 다만 브라시다스처럼 시민집회에 참가할 수 있었는지는 알려져 있지 않다.

브라시다스는 700명에 이르는 헬롯 출신 비정규군 외에 1,000명의 펠로폰네소스 동맹군까지 거느렸지만 길리포스에게는 이런 종류의 병사도 주어지지 않았다. 그에게 내려진 공식 임무는 적극 참전해서 시라쿠사를 돕는 것이 아니라 시라쿠사에 전략을 알려주고 시라쿠사 병사들에게 싸우는 방법을 알려주는 것이었기 때문이다. 현대 선진국이 지상전 병력을 보내지 않고 현지 병사를 지도하기 위해 자기네 병사를 파견하는 일을 떠올리기 쉬운데, 고대와 현대는 방법이 다르다. 스파르타에서는 정규군을 거느리는 것은 왕이었고 왕이 출전하면 반드시 5명의 '에포로스' 가운데 2명이 동행하는 것이 상례였다. 그러나 브라시다스도 그러했지만 길리포스도 거느린 병력은 비정규군뿐이었다. 따라서 '에포로스'라는 '감독관' 없이 전략과 전술을 결정할 수 있다는 이점이 있었다.

브라시다스는 성공했고 길리포스 역시 그 선례를 답습했다. 그뿐 아니라 길리포스는 현지 군대의 지도라는 당초 임무를 크게 뛰어넘어 시라쿠사 군대의 선두에 서서 싸웠다. 시라쿠사에 거느리고 간 병사 수는 브라시다스와 마찬가지로 700명 전후였다. 길리포스와 그 부하들은 다음 해인 기원전 414년 봄에 출발하기로 결정했다.

기원전 414년, 전년 여름에 피레우스에서 출항한 아테네 군대는 시칠리아에서 처음으로 봄을 맞이했다. 그러나 '스트라테고스(사령관)'인 니키아스는 곧바로 군사행동에 들어가지 않았다. 지난겨울 아테네에 요청한 기병대의 도착을 기다리고 있었다. 그는 기병 전력의 차이, 즉 40 대 1의 차이를 무겁게 느꼈던 것이다. 기병을 태운 선단이 아테네 군대가 머무르고 있는 카타니아에 입항한 것은 4월 말이었다. 아테네 엘리트로 이루어진 250명의 기병에 말을 타고 활을 쏘는 일반 시민으로 이루어진 기병 30명을 더해 모두 280명이었다. 여기에다 사전에 기병 파견을 요청했던 시칠리아 내 세제스타에서 기병 300명, 낙소스에서 기병 100명이 도착했기 때문에 아테네 군대 기병 전력은 700명이 되었다. 시라쿠사 기병 전력과 비교해서 2 대 1까지 좁혀졌다.

이런 사정으로 군사행동을 시작한 때는 5월이었다. 이것으로 전투에 적합한 계절 중 2개월을 허비했다. 니키아스는 여기에 더해 전략도 바꾸었다. 전년 가을에 시도했던 해군을 활용해 '큰 항구' 내로 공격하는 작전을 버리고 북쪽에서 시라쿠사를 공격하는 지상전을 택했다. 북쪽에서 공격하기 위해 먼저 병력을 배에 태워 카타니아에서 레온으로 보냈다. 레온에 상륙한 다음 고지에 있는 성채를 점령했다. 그곳에서 '큰 항구'를 향해 장벽을 구축하고 시라쿠사를 넓게 포위하는 전략이었다. 그러나 곧 고지에다 비스듬하게 장벽을 구축하는 일이 어렵다는 것을 알아차렸다.

그래서 다시 전략을 변경하여 레온 남동쪽에 있는 항구 트로글리오스^{Troglius}에서 '큰 항구'로 이어지는 포위 장벽을 구축하려고 했다. 이 포위 장벽의 목적은 시라쿠사 도시 전체를 주변 지역과 차단하는 것이었다. 생각 자체는 옳았다. 바다에 면한 도시는 육지 쪽에서 공격하지 않으면 함락되지 않기 때문이다. 또한 현지에서 조달 가능한 재료

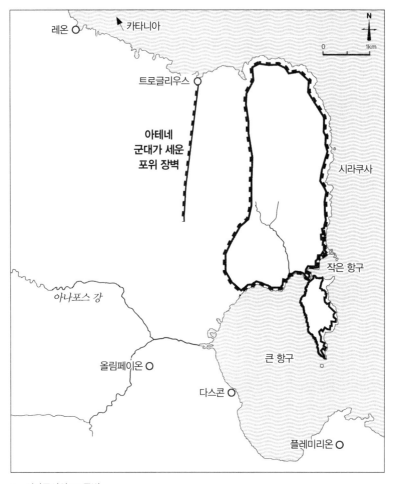

레온 ○

카타니아

트로글리우스 ○

아테네
군대가 세운
포위 장벽

시라쿠사

작은 항구

아나포스 강

올림페이온 ○

큰 항구

다스콘 ○

플레미리온 ○

● 시라쿠사와 그 주변

를 사용하여 전체 5킬로미터가 넘는 장벽을 구축하는 작업은 병력이 3만 5,000명에 이르렀기 때문에 인력이 부족하지 않았다. 그러나 이 생각을 현실화시키기 위해서는 두 가지 조건이 필요했다.

첫째, 충분히 예상할 수 있는 시라쿠사의 방해를 받지 않고 공사가 진행되어야 한다.

둘째, 이 전략의 최고 책임자가 어떤 일이 일어나도 동요하지 않고 일관되게 지속할 강한 의지를 가져야 한다.

이 작업은 초반에는 상당히 순조롭게 진행되었다. 기병 전력 차이를 좁힌 것이 큰 도움이 되었다. 작업을 방해하기 위해 시라쿠사 기병이 공격해 왔지만 그때마다 아테네 기병이 격퇴했다.

그리고 그곳에 길리포스가 도착했다.

용병 도착

후세에 태어난 우리가 '스파르타 남자'라는 말을 들었을 때 금방 머릿속에 떠오르는 사람은 페르시아 대군을 앞에 두고 테르모필레에서 옥쇄한 레오니다스, 플라타이아이전투에서 완벽하게 페르시아 군대를 괴멸시킨 파우사니아스, 아테네인 페리클레스와 친구가 되었던 아르키다모스 등이다. 모두 '남자 중의 남자' 또는 '남자의 귀감'이 되는 이들이다.

이들은 모두 스파르타 건국 이후 지속된 두 왕가에서 태어난 사람들이었다. 무술 훈련은 했지만 헬롯의 머리를 베어 가져와야 끝나는 통과의례는 면제받았다. 이들은 태어날 때부터 제왕 교육을 받았다. 신사(젠틀맨)로 성장한 것은 어쩌면 당연한 일이었다. 왕족 이외의 스파르타 남자들 역시 '스파르타의 전사'라고 불리며 그리스에서 용맹을 떨친, 거칠고 과묵하고 자긍심 강한 이들이었다.

어머니가 헬롯이던 길리포스는 이런 사람들과 달랐다. 온갖 고초를 겪으며 성장한 그는 남자의 귀감 따위는 필요 없다고 생각했을 것이다. 뭘 하든 결정하는 것이 느린 스파르타 시민집회는 기원전 414년 봄이 되어서야 길리포스의 시라쿠사 파견을 정식으로 결정했다. 목이 빠지게 기다렸을 길리포스는 즉시 스파르타를 떠났다. 다른 사람이었다면 곧장 시라쿠사로 향했겠지만 그는 그러지 않았다.

길리포스에게 주어진 병력은 갤리선 4척밖에 없었다. 그리스에서 노 젓는 선원은 상륙 이후 병사로 역할이 바뀌는 것이 일반적이었는데 1척당 최소 700명 이상이 필요했다. 그러나 길리포스는 비정규군에 더해 700명이 채 되지 않는 병력과 함께 출발했다. 그는 시라쿠사로 직행하지 않고 시칠리아 내륙부 도시국가를 먼저 돌아보았다. 병사를 모으기 위해서였다. 길리포스는 자기가 스파르타에서 정식 파견된 신분이라고 큰소리를 치면서 돌아다녔다.

세상을 잘 모르는 시칠리아 촌사람들도 스파르타라는 이름만은 알았다. 게다가 그들과 같은 시칠리아 내 도시국가 시라쿠사를 외국인 아테네로부터 지키기 위한 일이라는 말을 듣고 선뜻 참전을 결정했다. 이렇게 해서 스파르타를 떠날 때 700명이었던 병력은 3,000명으로 늘어났다. 길리포스는 북쪽에서 포위 장벽을 구축하고 있는 아테네 군대가 남쪽까지 신경 쓰지 못한다는 것을 알고는 3,000명을 거느리고 육로를 통해 남쪽에서 시라쿠사로 들어갔다.

시라쿠사 시민들은 3,000명의 병사를 보고 그리스 최강 육군 국가인 스파르타가 진심으로 도우러 왔다고 생각했다. 길리포스와 3,000명의 병사는 환호를 받으며 시라쿠사에 입성했다. 이렇게 되자 길리포스는 스파르타 정부가 그에게 부여한 임무를 훨씬 뛰어넘어 자연스럽게 시라쿠사 방위군 총대장이 되었다. 즉 현지 군대를 지도하는 것이 아니라 현지 군대를 이끌고 싸우는 위치에 올랐다. 시라쿠사 쪽도 길리포스로 충분하다고 생각했는지 그때까지 고군분투하며 시라쿠사 방위에 전념하던 헤르모크라테스를 해임했을 정도였다.

한편 길리포스가 입성한 다음 시라쿠사 방어 전략은 크게 변했다. 그리고 이는 그가 시라쿠사로 들어가기 직전에 일어난, 아테네 군대를 덮친 불행의 도움을 받은 것이기도 했다.

니키아스 홀로

아테네 쪽은 군대를 3등분하여 북쪽에서 남쪽으로 5킬로미터에 이르는 시라쿠사 포위 장벽 공사를 진행했다. 가장 남쪽, 즉 '큰 항구'와 가까운 쪽의 공사를 맡은 사람은 두 '스트라테고스' 가운데 하나인 라마코스였다. 그 주변은 시라쿠사 시가지와 가장 가까워 시라쿠사 쪽의 방해가 격렬했다. 시라쿠사가 주요 전력인 기병을 최대한 투입해서 방해 작전을 펼쳤기 때문에 그 일대는 공사보다 끊임없이 전투가 벌어지는 상황이었다. 격전이 이어지면서 아테네 쪽 희생자가 속출했다. 그리고 그 전투 와중에 사령관인 라마코스가 전사하고 말았다.

시칠리아 원정군이 피레우스를 출항했을 때 아테네 군대를 거느린 '스트라테고스(사령관)'는 3명이었다. 그 가운데 먼저 알키비아데스가 본국의 소환 명령으로 전선을 이탈했다. 그리고 1년 뒤 라마코스가 전사했다. 이제 남은 사람은 니키아스뿐이었다. 이런 경우 인간은 두 가지 유형으로 나뉜다.

첫째, 모든 책임을 홀로 져야 할 상황이 되면 이제부터 자기 혼자 결정할 수 있다고 생각하고 좋은 기회라고 여기는 사람.

둘째, 책임을 분담하는 사람이 없어진 상황에 불안을 느끼며 혼자 일을 진행할 수 없다고 생각하는 사람.

56세가 된 니키아스는 후자였다. 그래서 그는 처음부터 원정을 반대했던 것이다. 시라쿠사 공방전이 시작된 이후 그는 체면을 구기지 않고 귀국할 수 있는 방법을 끊임없이 찾았다. 이제 '스트라테고스'는 니키아스뿐이었기에 처음으로 아테네 군대의 지휘 계통 일원화가 이루어졌다. 문제는 그 일원화의 중심이 니키아스였다는 점이다.

시라쿠사 방위군의 사실상 최고사령관이 된 길리포스가 시라쿠사의 군사력을 파악하는 데는 그다지 시간이 걸리지 않았다. 시라쿠사 육군의 주요 전력은 누가 뭐래도 기병이었다. 따라서 그리스 본토 도시국가들이 주요 전력으로 삼고 있는 중무장 보병이 시라쿠사에는 거의 없었다. 시라쿠사는 시칠리아 최고 강국이었지만 보병은 보조 전력으로만 활용이 가능한 경무장 보병뿐이었다.

또한 해군이라는 이름에 어울리는 군선도 없는 것과 마찬가지였다. 물론 항구도시답게 배는 있어서 적선에 충돌하거나 적선을 방해하는 행위라면 얼마든지 할 수 있었다. 하지만 시라쿠사는 그때까지 이조차 활용하지 못하고 있었다. 길리포스는 군선이라기보다 상선이라고 하는 게 적절한 시라쿠사 선단의 선수 부분을 단단하게 개조하라고 명령했다.

이렇게 선단은 '작은 항구' 내에서 개조하도록 두고 길리포스는 육상 방해 작전에 집중했다. 시라쿠사 기병과 보병, 그를 따라온 3,000명까지 모든 병력을 투입했다. 다만 병력 전부를 포위 장벽 전선에 투입하지 않고 여러 군데로 분산했다. 포위 장벽은 전선이 이어져 있어야 비로소 효과를 발휘한다. 만약 단절되면 그것은 위력을 상실하고 만다. 포위 장벽이 절반 정도 완성되었을 때 1킬로미터를 파괴하자 그때까지 아테네 군대가 들인 수고는 물거품이 되고 말았다. 여기에 아테네 군대는 이미 지속적인 방해 작전으로 사상자가 계속 늘어나고 있는 형편이었다.

이 시기에 니키아스는 전선에 없었다. 병상에 있었다고 하는 걸로 보아 감기에 걸린 듯하다. 스트레스 때문이리라 짐작된다. 어쨌든 니키아스는 다시 전략을 수정했다. 지난해 가을에 시도했던 전략으로 되돌아갔다. 전체 병력을 해군 함대에 태우고 남하해서 '큰 항구'의 만내로 침공한 뒤 그곳에 기지를 구축하는 것이었다. 이 전략에서 기지 설치 장소를 변경했다. 지난해 기지를 건설했던 다스콘이 아니라 벼랑을 낀 플레미리온이라고 불리는 곳이었다.

　이러한 전략의 변경은 이해하기 힘들다. 다스콘이라면 만에 접한 저지대로 다수의 배가 상륙할 수 있지만 플레미리온은 높은 곳에 있었다. 적 기병 방어에는 유리할지 모른다. 하지만 선단을 상륙시킬 수 있는 모래사장이 아니었다. 나무로 만든 배는 오래 바다에 떠 있으면 썩는다. 시라쿠사의 여름은 북아프리카 열풍을 정면에서 받기 때문에 아테네보다 더웠다. 배 밑바닥 부식도 그만큼 빨리 진행되었다. 또한 벼랑 위에 있었기에 공격해 오는 시라쿠사 선단과 맞서는 데 많은 시간이 걸렸다. 벼랑에서 내려와서 배에 올라타야 했기 때문이다.

　플레미리온에 진지를 설치했을 때 얻을 수 있는 유일한 이점은 천연 요새라고 불리는 시라쿠사의 도심부와 1킬로미터밖에 떨어져 있지 않아 한눈에 들어온다는 점이었다. 이 1킬로미터 안쪽에 '큰 항구'가 포함되었고 그 바깥은 바다였다. 따라서 이 1킬로미터를 봉쇄하면 아테네 해군이 바다에서 시라쿠사를 마음껏 공격할 수 있다는 이점이 있었다. 시라쿠사 사람들이 그곳을 '큰 항구'라고 부른 것은 4킬로미터×3킬로미터나 되는 넓은 항구였기 때문이다. 따라서 이 만내로 시라쿠사 배가 들어오지 않고 플레미리온 진지 역시 적의 공격을 받지 않는다는 상황이 충족되어야 비로소 1킬로미터는 의미를 갖게 되고 자유롭게 시라쿠사를 공격할 수 있다.

　그러나 아테네의 '스트라테고스(사령관)'보다 스파르타의 총사령관 길리포스의 단수가 더 높았다. 길리포스는 '작은 항구' 내에서 개조를 마친 시라쿠사 선단을 곧바로 '큰 항구' 안으로 이동시켰다. 이들은 시가지를 방어하는 성벽 쪽과 가까운 모래사장으로 이동했다. 그런 다음 아테네 군대가 플레미리온에 진지를 구축한 직후를 노렸다. 길리포스는 직접 기병대를 이끌고 '큰 항구'의 모래사장을 크게 돌아서 공격을 퍼부었다. 그 결과 아테네 군대는 육지와 바다에서 동시에 적과 마주하게 되었다. 만 안쪽에는 시라쿠사 선단이 있고, 육지 쪽에서는 시라쿠사 기병대가 공격해 왔다. 적을 포위할 생각이었지만 오히려 포위를 당하고 만 셈이었다.

니키아스, 집으로 편지를 쓰다

니키아스는 현실을 인정할 수밖에 없었다. 그는 처음으로 모국 아테네에 현재 상황을 정확하게 기록한 편지를 보냈다. 어느 연구자가 영국인답게 아이러니를 담아서 'Nikias writes home'이라고 부른 편지를, 니키아스는 아테네의 전 시민을 향해 보냈다.

니키아스에게 아테네는 분명 '홈home'이었다. 이 경우 '홈'은 '집'이라고 번역하는 것이 적절해 보인다. 이제 니키아스와 예전부터 개인적으로 잘 알고 지냈던 역사가 투키디데스가 기록한 니키아스의 '집으로 보내는 편지'를 소개하려고 한다. 내용이 길어서 중간에 생략한 부분도 있다.

아테네 시민 여러분! 이제까지 내가 보낸 편지는 그때그때의 보고에 지나지 않았지만 이번 경우는 다릅니다. 여러분의 판단을 얻기 위해 지금까지 일어난 일 모두를 정직하게 쓰려고 합니다.

이제까지 우리는 시라쿠사 군대와 싸우며 전황을 유리하게 이끌었습니다. 그런데 스파르타인 길리포스가 시라쿠사에 들어온 이후 전황이 역전되었습니다. 시라쿠사 쪽의 방해가 격화되면서 포위 장벽 구축 공사도 중단할 수밖에 없었습니다. 게다가 그 이후에도 적의 공격이 점점 격렬해지고 있습니다. 최신 정보에 따르면 시라쿠사 쪽은 선단까지 참가시켜 육지와 바다 양쪽에서 공격을 준비하고 있다고 합니다.

적의 선단은 대비할 시간도 없이 우리 군대의 배를 향해 공격을 시작했고 그들과 맞서 싸우는 우리 해군은 매일매일 체력을 소진하고 있습니다. 적은 육지로 상륙할 수 있는 해변에 선단을 정박시키고 있기 때문에 두 가지 점에서 유리합니다. 첫째, 배에 승선해 출항하는 데 시간을 단축시킬 수 있습니다. 둘째, 공격을 마치고 돌아가면 곧바로 배를 육지로 끌어올려 말릴 수 있습니다.

이에 맞서 우리 군대는 승선해서 출항하는 시간을 단축시키려고 늘 배가 바다 위에 떠 있어야 하는 상황입니다. 그 때문에 배 밑바닥까지 항상 바닷물에 젖어 있고 이것은 배의 속도에까지 영향을 미칩니다.

게다가 우리에게는 물과 식량 조달이라는 문제도 있습니다. 물과 식량 조달을 위해 병사를 보내면 기다렸다는 듯이 적 기병이 공격해서 희생이 늘고 있는 실정입니다. 데리고 온 노예들이 도망쳐버려서 물과 식량을 조달하기 위해 노 젓는 선원을 보내야 합니다. 적과의 해전보다 이렇게 희생되는 노 젓는 선원의 손실이 더 막대합니다.

도망친 것은 아테네 노예들만이 아니었다. 동맹국 병사들이 데리고 온 노예들도 도망쳤다. 즉 아테네 해군의 노 젓는 선원들은 평소라면 노예가 했을 일까지 맡아서 해야 하는 상황에 놓였다. 한편으로 이들은 공격해 오는 적과 맞서기 위해 필사적으로 노를 저어야 했다.

편지는 계속된다.

여러분이 여기 시칠리아에서 노 젓는 선원을 보충할 수 없다는 사실을 알면 좋겠습니다. 시칠리아에서 우리 동맹국은 카타니아와 낙소스, 둘 뿐이지만 그들에게는 그런 능력이 없습니다.

갤리선의 노 젓는 선원 손실이 증가한다는 니키아스의 호소는 해군의 위력이 어디서 비롯되는지 잘 알고 있는 아테네 시민에게 따로 설명할 필요조차 없었을 것이다. 아테네에서 갤리선의 노 젓는 선원은 자산을 갖고 있지 않기 때문에 솔론이 정한 계층 가운데 제4계급에 속했다. 로마의 프롤레타리우스에 해당하는 사람들이었다.

그러나 그들의 임무는 선장의 명령에 따라 노만 열심히 저으면 끝나는 것이 아니었다. 경험을 축적하면서 얻은 임기응변과 고도의 기술력을 모두 갖추고 어떻게 노를 저어야 최대 효과를 얻을 수 있을지 생각하는 능력까지 갖춘 숙련된 기능자였다. 페리클레스는 종종 "수련을 쌓은 노 젓는 선원은 기능의 궁극적인 경지"라고 말했다. 이런 아테네의 노 젓는 선원이라면 바닷물을 흡수해서 무거워진 배라도 생각대로 움직였을 것이다. 따라서 노 젓는 선원의 희생이 늘어나는 것이 가장 큰 고통이라고 호소한 니키아스의 말은 정확했다.

여기에 더해 니키아스는 중무장 보병과 경무장 보병으로 이루어진 육군 전력의 손실까지 늘어나고 있음을 지적했다. 즉 포위 장벽을 구축할 때는 육군의 손실이 많았고 플레미리온의 벼랑 위에 진지를 구축한 이후에는 해군의 손실이 많았다.

니키아스는 마지막으로 시라쿠사에서 겪는 아테네 군대의 곤경을 인식하고 결정을 내려달라고 요청했다. 그 결정이란 다음과 같다.

이렇게 된 이상 아테네 군대가 시라쿠사에서 철수해 귀국하거나 아니면 내게 맡긴 병력에 뒤지지 않는 새로운 병력을 보내주면 좋겠습니다.

고대사회에서는 총사령관이라고 해도 개인 의지대로 군대를 철수시키거나 귀국시킬 수 없었다. 그것은 시민이 결정해야 할 사항이었다. 민주정치를 운용하는 아테네는 물론이고 과두정치를 운용하는 스파르타 또한 '에포로스'의 동의가 없으면 왕조차 아무런 결정을 할 수 없었다. 도시국가의 주권자인 '시민'의 승인 없이 멋대로 철수하면 도주나 전선 이탈이 되고 말았다. 즉 탈영병으로 간주되었기 때문에 모국으로 돌아가면 기다리고 있는 것은 사형이었다. 로마법이 제정되기 전까지 고대사회에서 전선에 나가 있는 사령관의 권한은 좁은 의미에서 전략·전술에만 국한되었다.

니키아스는 시민집회에 다른 것도 요구했다.

몸 상태가 좋지 않은 나를 해임하고 내가 현재 갖고 있는 지위와 내 어깨에 걸려 있는 책임을 대신할 수 있는 인물을 선출해서 조속히 보내주기를 간절하게 바랍니다.

'가급적 빨리 결정해달라' '내년 봄이 되면 적의 기세가 더욱 강해질 것이다' 등의 문구는 차라리 비명에 가까웠다.

아테네인은 긴급하게 시민집회를 소집했다. 그러나 거기서 다수표를 얻어 의결된 것은 모두 니키아스의 기대를 저버리는 내용이었다.

원군 파견

먼저 해임에 대한 그의 희망은 받아들여지지 않았다. 그뿐 아니라 새롭게 2명의 '스트라테고스'를 보낼 것이고 그중 니키아스를 최고사령관으로 임명한다고 했다. 몸이 불편하다는 점은 고려되지 않았던 모양이었다. 리더에게 '정년'은 없다는 아테네에서 56세라는 나이는 타당한 이유가 되지 못했다.

아테네 시민집회는 철수와 새로운 원군 파병 중 선택하라는 니키아스의 제안에 후자를 선택했다. 제2차 군대 파견이 만장일치라고 해도 좋을 정도로 가결되었다. 아테네 시민은 시라쿠사에서 아테네 군대가 겪고 있는 곤경을 이해하지 못했던 것일까? 아니, 잘 이해하고 있었다. 다만 이제까지 투입한 인력과 자금, 군비 전체를 고려할 때 여기서 물러날 수 없다고 판단했던 것이다. 호전적이라서 전쟁을 계속하는 것이 아니다. 물러나고 싶어도 물러날 수 없는 상태, 그래서 앞으로 나아갈 수밖에 없다는 생각이 전쟁을 계속하게 만드는 것이다. 시칠리아로 보낼 원군 규모에 대해 시민집회는 다음과 같이 결정했다.

먼저 대규모 병력이 될 제2차 파견에 필요한 비용은 국고에서 나와야 했으므로 특별 경비 지출을 시민집회에서 결정했을 테지만 얼마인지는 알려져 있지 않다. 대신에 원정군 규모는 알려져 있다. 제1차만큼은 아니지만 그에 뒤지지 않는 규모였다. 이를 통해 아테네 시민집회가 상당한 각오로 결정했음을 알 수 있다. 이렇게 제1차 원정군을 피레우스 항구에서 화려하게 떠나보낸 지 불과 1년 4개월 만에 제2차 원정군이 피레우스 항구를 떠났다.

삼단 갤리선은 73척이었는데 그 가운데 51척이 아테네 배였고 22척은 동맹국 배였다. 중무장 보병은 5,000명이었다. 그 가운데 1,200명이 아테네 병사였고 3,800명은 동맹국 병사였다. 궁수와 투석병, 창병 등 경무장 보병은 3,000명이었다. 이들 가운데 1,000명 정도가 아테네 시민이었다. 또한 삼단 갤리선을 움직이기 위해서는 1척당 700명의 노 젓는 선원이 필요했다. 노 젓는 선원만 합쳐도 2만 2,000명이 넘는 숫자였다. 이 외에 수송을 위한 범선들이 참가했을 것이다.

군선인 삼단 갤리선 중 아테네 배의 비중이 높은 것은 아테네가 그리스 세계 제일의 해군 강국이었기 때문에 당연하지만 동맹국에서 온 배도 30퍼센트 정도 차지하고 있다. 중무장 보병이나 경무장 보병으로 이루어진 육군 역시 제1차 때와 변함없이 동맹국에서 참가한 숫자가 많다. 이런 사실은 이 시기에 여전히 '델로스동맹'이 제대로 기능하고 있었다는 사실과 동맹에 가입한 나라들이 아테네를 저버리지 않았다는 사실을 보여준다. 그럼에도 아테네 단독으로 그 정도 병사를 투입할 수 있었다는 점은 놀랍다. 대충 계산해도 제1차와 제2차의 원정군을 합치면 3만 5,000명이 넘는다. 도시국가 아테네의 인구는 그리스에서 가장 많았다. 페리클레스 시대에는 시민권을 제한해야 할 정도로 증가했다. 당시 성년 남자는 6만 명을 넘었다고 한다.

지도자는 '정년'이 정해져 있지 않았지만 병사로 소집할 수 있는 사람은 병역 명부에 이름이 기입되어 있는 18세부터 50세까지, 아테네 시민권을 가진 남자로 국한되었다. 이 시기 56세가 된 소크라테스는 소집에서 제외되었다. 14세였던 플라톤도 미성년이었기에 제외되었다. 31세의 아리스토파네스는 확실하게 소집 명부에 등재되어 있었지만 이 희대의 풍자희극 작가에게나 후세 그리스 문화 애호자들에게 다행스럽게 소집되지 않았다. 이 시기에 그는 매년 새로운 작품을 발표했다. 참고로 당시 아테네에서는 전시라고 해도 매년 술의 신 디오니소스에게 바치는 연극제를 거행했다. 전시이기는 하지만 자숙하지 않고 연극이나 철학, 건축, 조형미술 등 문화 활동이 왕성하게 지속되었음을 의미한다.

아무튼 아테네 시민권을 가진 남자들 중 2명 가운데 1명이 시칠리아 원정에 참가했다. 플라톤의 『향연』 속 등장인물 가운데 시칠리아 원정에 참가한 사람은 없지만 아리스토파네스나 아가톤의 작품이 공연되는 야외극장에는 빈자리가 눈에 띄게 많았을 것이다.

기원전 414년 겨울, 시민집회에서 아테네의 남은 국력을 모두 투입한 것처럼 보이는 제2차 원정군을 이끌 2명의 '스트라테고스(사령관)'가 새로 선출되었다. 바로 데모스테네스와 에우리메돈^{Eurymedon}이었다. 둘은 나이 차이가 있었지만 모두 40대로 왕성한 활동을 하던 때였다.

두 사람 모두 테미스토클레스와 같은 천재형 장군은 아니었다. 그러나 견실한 성과를 거둔 장군이었다. 페리클레스가 죽은 뒤 삐거덕거리기 시작한 아테네가 급속히 추락하지 않은 것은 이들처럼 실무에 뛰어난 사람들이 있었기 때문이다. 또한 제2차 파병은 아테네가 나머지 병력을 모두 투입한 느낌을 주는 데 반해, 사령관의 경우는 이제야 총 예행연습을 하는 듯한 느낌을 준다.

그렇다면 왜 제1차 파견 때 이 두 사람을 보내지 않았던 것일까? 알키비아데스는 먼저 제안을 내놓은 사람이었고 니키아스는 그 알키비아데스를 견제하는 역할로 보냈지만 라마코스는 딱히 이유가 없었다. 라마코스가 아니라 데모스테네스나 에우리메돈 가운데 한 명을 보냈어야 했다. 특히 에우리메돈을 보냈어야 했다. 이 남자는 사령관 수준의 사람들 중에서 유일하게 시칠리아의 내정에 정통했기 때문이다.

아테네는 펠로폰네소스전쟁이 시작되고 4년째인 기원전 427년에 페리클레스 전략의 계승이라는 측면에서 재차 지중해 서쪽으로 진출을 시도한 적이 있었다. 그때 에우리메돈은 40척의 갤리선을 이끌고 3년에 걸쳐 시칠리아에 체류하며 섬 곳곳에 있는 중소 도시국가를 아테네의 우호국으로 만들기 위해 애썼다. 이 활동은 3년 후 중단되었다. 지중해 서쪽 진출에 별로 의지가 없었던 니키아스가 시민집회를 움직여 철수시켰기 때문이다.

서쪽으로 진출이 중단된 이후 시칠리아 원정까지 9년의 세월이 지났다. 그사이에도 에우리메돈은 착실하게 업적을 쌓았다. 그런 그이기에 아테네가 재차 서방 진출을 결행했던 기원전 415년 원정 때 니키아스, 알키비아데스와 함께 사령관으로 선출되었으면 좋았을 것이다. 그만큼 시칠리아 사정을 잘 아는 사람이 없었기 때문이다. 그런데 에우리메돈은 그전 해에 원인이 무엇인지 정확하지 않지만 고소를 당해서 벌금형에 처해졌다. 페리클레스 시대와 그 이후의 차이점 가운데 하나는 무턱대고 고소를 해서 재판장으로 끌어들이는 일이 빈번해졌다는 것이다. 아마 에우리메돈은 그 희생자 가운데 하나였으리라 짐작된다. 무엇인가를 이루면 적이 생기고 아무것도 이루지 못한 사람에게는 적이 생기지 않는다. 에우리메돈은 천재형 장군은 아니었지만 '뭔가'를 이룬 사람이었다. 아무튼 이 때문에 시칠리아 원정군을 통솔할 사령관 후보에서 배제되었던 것이다.

그렇다면 데모스테네스는 어째서 제1차 원정군을 통솔한 사령관으로 뽑히지 않았을까? 거기에는 다른 사정이 있었다. 11년 전에 일어났던 일이 원인이었다. 비록 국지전이지만 스파르타와 아테네가 직접 부딪친 것이 필로스를 둘러싸고 벌어진 전투였다. 이때 패배한 쪽은 스파르타였다. '호랑이의 아들'인 스파르타 중무장 보병 150명이 포로가 되어 아테네로 끌려왔다. 전쟁터에서 이기든지 죽든지 해야 한다고 훈련받았던 병사들인 만큼 포로가 된 것만으로 불명예였다. 한편으로 그들은 스파르타에 한 명이 아쉬운 '호랑이의 아들'이었다. 그래서 스파르타는 이들을 석방시키기 위해 아테네에 상당한 양보를 했던 쓰라린 기억이 있었다.

그때 필로스·스팍테리아전투에서 아테네 군대를 이끌고 스파르타에 승리를 거둔 사령관이 데모스테네스였다. 니키아스는 아테네 정계에서 친親스파르타 인사로 알려져 있었다. 스파르타와 '니키아스 강화'를 체결할 정도였다. 니키아스는 스파르타가 반감을 갖고 있는 데모스테네스가 알키비아데스와 함께 시칠리아 원정군 사령관이 되면 스파르타의 기분을 상하게 만들 우려가 있다고 판단했다. 이런 이유로 전투에 뛰어난 데모스테네스는 제1차 원정군에서 제외되었다.

아테네는 이것으로 충분하다고 생각하고 제1차 파병을 했음에도 불구하고 1년 4개월 후 다시 원군을 보내게 되었다. 그리고 제2차 파병에서는 군대를 이 두 사람에게 맡겼다. 아테네에는 두 사람 외에 '사령관'을 맡은 사람이 없었다. 아테네 시민집회는 여기까지 놀랄 정도로 빠른 시간 내에 결정했다. 니키아스의 편지가 효력을 발휘한 셈이다.

원군의 출항 시기도 결정되었다. 에우리메돈은 겨울철 운행이라는 불리함을 무릅쓰고 곧바로 10척의 갤리선을 거느리고 먼저 시라쿠사로 직행했다. 니키아스에게 원군이 간다는 사실을 알리고 원군이 도착할 때까지 버티게 만들기 위해서였다. 제2차 원정군 본대는 다음 해 봄 데모스테네스가 통솔해서 피레우스를 출항하기로 결정했다. 델로스동맹 동맹국에서 오는 병사가 아테네에 집결하기까지 시간이 필요했던 것이다.

그러나 원군이 다음 해 봄에 출발하면 시라쿠사에 도착하는 시점은 초여름이 되고 만다. 길리포스를 중심으로 공세로 전환한 시라쿠사가 기다려줄 이유는 없었다. 실제로 시라쿠사는 기다리지 않았다.

공방전 2년째

스파르타에서 온 길리포스는 겨울조차 허투루 보내지 않았다. 이미 그의 부하가 된 시라쿠사 요인을 불러서 봄이 되면 시작할 전략과 그에 필요한 준비에 착수하라고 지시했다. 전략은 단 하나였다. 아테네 군대의 주요 병력인 해군의 힘을 약화시키는 것이었다. 길리포스는 이를 위해 플레미리온에서 적들을 쫓아내는 것이 선결되어야 한다고 말했다. 시라쿠사 쪽에서 이유를 묻자 길리포스는 이렇게 대답했다.

첫째, 플레미리온은 현재 아테네 군선이 닻을 내릴 수 있는 유일한 해안이다.

둘째, 그곳은 아테네 군대가 원정을 오면서 가져온 모든 것을 저장한 본거지다.

셋째, 플레미리온을 손에 넣지 못하면 '큰 항구'를 손에 넣을 수 없다.

육군이라면 최강이지만 해군이라면 사실상 없었던 스파르타에서 태어난 그가 제해권이 무엇인지 정확하게 이해하고 있었다는 점은 놀랍다. 아마 길리포스는 스파르타 사회의 하층 출신이라서 스파르타인 대부분이 갖고 있는 기성관념으로부터 자유로웠고 그 때문에 상상력을 발휘할 수 있는 여지가 생겼을 것이다. 또한 시라쿠사 기병을 거느리고 아테네 군대의 식량 조달을 방해하면서 얻은 경험도 이 전략을 세우는 데 도움이 되었을 것이다.

이에 더해 길리포스는 다음 해 봄 시작할 대공세 때 시라쿠사 배들을 적극 활용할 것을 지시했다. '작은 항구' 내에 정박 중인 삼단 갤리선은 45척이었고 이미 '큰 항구' 내로 이동해 있는 갤리선은 35척이었다. 이 80척을 모두 투입해서 아테네 해군과 격돌하려고 했는데 여기에도 작전이 따로 있었다.

80척이라면 훌륭한 해군이지만 그 절반 이상은 상선으로 사용되던 배들이었다. 아테네 삼단 갤리선과는 건조 과정부터 달랐고 그것을 조종하는 선원이나 노 젓는 선원이 지닌 기능에서도 비교할 수 없을 정도로 차이가 있었다. 아무리 바닷물이 스며들어 배가 무거워졌다고 해도 아테네 배가 훨씬 빨랐다. 즉 떨어져서 싸우면 상대가 되지 않는다고 보았다.

길리포스는 시라쿠사 해군에 조종과 노 젓는 법의 숙달을 요구하지 않았다. 전력으로 적선과 충돌해서 침몰시키는 것만 생각하라고 명령했다. 시라쿠사 배는 길리포스가 지시한 대로 이미 선수와 그 주변 부분의 강화를 마친 상태였다. 선수 부분을 튼튼하게 개조한 배로 적선에 돌진해서 충돌하는 작전이었다. 스파르타의 아웃사이더는 시라쿠사로 입성한 뒤 바로 이런 점을 간파했던 듯하다. 시라쿠사의 '큰 항구'를 실제로 자기 눈으로 직접 보고 여기서는 동체 충돌 작전 외에 달리 방법이 없다고 생각했던 것이다.

시라쿠사인이 '큰 항구'라고 불렀던 건 그곳이 4킬로미터×3킬로미터의 넓이를 가진 만이었기 때문이다. 바깥 바다와는 폭 1킬로미터의 수로로 연결되어 있어서 파도가 잔잔한 만이었다. 2,500년 후인 오늘날에도 초보자를 위한 요트 훈련장으로 활용되고 있다. 한편 아테네 해군이 테미스토클레스의 지휘 아래 기능을 최대한 발휘해서 대승을 거두었던 살라미스해전은 넓은 바다에서 벌어진 전투였다. 고도의 기능자 집단이었던 아테네 해군이 가진 힘을 최고로 활용할 수 있는 전장은 파도가 잔잔한 만이 아니라 바람과 조류, 높은 파도를 염두에 두고 싸워야 하는 탁 트인 해상이었다. 파도가 잔잔한 바다에서는 고도의 기능을 갖춘 전문가와 경험과 훈련이 불충분한 아마추어의 차이가 그다지 문제 되지 않는다.

어느덧 시칠리아에는 겨울이 지나가고 봄이 가까워졌다. 그사이 아테네 쪽에서는 에우리메돈이 두 가지 정보를 얻어냈다. 이기는 말에 돈이 걸린다. 시라쿠사가 용감하게 싸우고 있음을 안 시칠리아 중소 도시국가들이 보낸 원군이 속속 시라쿠사에 도착하고 있다는 것이 첫 번째 정보였다. 이것은 시라쿠사 쪽이 기병 병력에 더해 경무장 보병 병력도 증가하고 있다는 뜻이었다. 두 번째 정보는 이 시기에 들어서 비로소 시라쿠사의 해상 병력이 얼마인지 규모를 정확하게 알게 되었다는 것이다. 이는 시라쿠사 공방전이 시작된 이후 아테네 군대 수뇌부가 정보 수집에 소홀했다는 뜻이었다. 아테네 쪽은 '작은 항구'에 대기하고 있는 배가 45척이나 된다는 사실을 모르고 있었다.

상황은 악화일로였다. 원군 도착을 기다려야 했지만 시라쿠사 쪽은 기다려주지 않았다. 기원전 413년 가을, 첫 시라쿠사 원정으로부터

1년 6개월이 지났다.

첫 번째 해전

플레미리온에 본거지를 둔 아테네 해군은 예상되는 시라쿠사 해군의 공격을 기다리지 않고 먼저 공세에 나섰다. 적 규모를 파악하고 거기에 맞춰 전술을 정했던 것이다. 먼저 해군 병력을 둘로 나누었다. '큰 항구' 내에 있는 시라쿠사 배 35척은 25척으로 맞서기로 했다. 동시에 '큰 항구'로 들어오는 '작은 항구'의 시라쿠사 배 45척에는 35척으로 대항하기로 했다. 합쳐서 80척에 이르는 시라쿠사 해군의 합류를 저지하는 전략이었다.

이때 아테네가 사용한 군선이 60척이었다는 것은 놀라운 일이다. 제1차 파견 때 134척과 에우리메돈이 이끌고 간 10척을 더하면 144척의 배를 활용할 수 있었다. 그런데 60척을 동원했다는 것은 1년 6개월 만에 적지 않은 배를 잃은 셈이다. 하지만 절반 이하로 줄었다는 것은 지나쳤다.

더 중요한 점은 잃은 배가 아니라 잃은 선원의 수라고 생각한다. 노 젓는 선원 수가 절반 이하로 줄었다고 해서 배에 태우는 노 젓는 선원을 줄일 수는 없다. 군용 갤리선이 제대로 기능하도록 하려면 노 젓는 선원을 줄여서는 안 된다. 170명이 움직이던 배를 70명만으로 움직일 수는 없는 노릇이다.

144척이 60척으로 줄어든 건 다음 세 가지 요인이 작용한 때문일 것이다. 먼저 1년 6개월 동안 잃은 배의 수를 뺀다. 다음으로 배들을 플레미리온으로 이동시킨 후 상륙이 어려워 해상에 떠 있어야 했는데, 그사이에 배 밑바닥이 썩고 침수되어 사용할 수 없게 된 배를 뺀다. 마지막으로 1척당 170명이 필요한 노 젓는 선원을 확보할 수 없는 배도 뺀다. 이렇게 해서 남은 숫자가 60척이 아니었을까. 니키아스가 '집에 보낸 편지'에서 노 젓는 선원의 손실이 고통스럽다고 한 것은 이런 의미를 담고 있었다. 이렇게 아테네는 불과 1년 6개월 만에 노 젓는 선원만 따져도 1만 6,000명의 시민을 죽음으로 몰아넣은 셈이었다.

물론 아무리 파도가 잔잔한 만 안쪽이든, 또 적의 4분의 3밖에 되지 않는 병력이든 바다에 나가기만 하면 그리스 최강이라 불리는 아테네 해군은 그 힘을 충분히 발휘했다. 숙련된 기능자 집단은 돌격밖에 모르는 시라쿠사 해군과 맞서 교묘하게 배를 조종하며 적선을 교란했다. 격돌해서 침몰시키는 것이 목적이던 시라쿠사의 배는 자기네끼리 부딪치며 침몰했다. 이로써 시라쿠사 해군의 합류가 저지되었다. 침몰을 면한 시라쿠사 배는 '큰 항구' 안쪽에 있는 북쪽 해변과 출발했던 '작은 항구'로 쫓겨났고, 그렇게 그날의 해전은 끝났다.

그렇지만 그날 전투에서 패한 쪽이 어디인지를 묻는다면 아테네라고 대답할 수밖에 없다. 해전에서는 이겼지만 플레미리온을 잃고 말았던 것이다.

이 시기 아테네 군대는 두 명의 '스트라테고스' 가운데 에우리메돈이 해전 지휘를 맡고 니키아스가 기지 방어를 맡았던 듯하다. 그런데 벼랑 위에서 해전의 향방에 몰두한 나머지 기지 방어를 소홀히 했다.

그때 기병과 보병을 거느린 길리포스가 공격해 왔다. 쫓겨난 아테네 병사들은 니키아스와 함께 벼랑을 내려와 해전에서 승리하고 돌아온 배로 도망쳤다. 아테네 군대는 탈 수 있는 배라면 무엇이든 올라타고 이미 적의 수중에 넘어간 플레미리온을 떠나야 했다.

그렇다고 계속 바다 위에 떠 있을 수는 없었다. 그래서 '큰 항구'의 북서쪽 해변에 상륙했다. 그러나 땅 위였다. 새로운 진지를 세워야 했다. 배를 상륙시키는 것은 가능했지만 배와 병력을 방어 시설이 전혀 없는 해변에 방치할 수는 없었다. 그날 밤 해전에서 싸운 병사와 벼랑 위의 기지에서 도망친 병사 모두 하나가 되어 해변을 넓게 둘러싼 방어용 목책을 세우는 공사를 하느라 한숨도 자지 못했다.

아테네 군대는 애초에 적을 포위할 생각이었지만 실제로는 포위를 당한 꼴이 되고 말았다. '큰 항구'인 넓은 만 북쪽에 시라쿠사 함대가 있었다. 남쪽 플레미리온 역시 시라쿠사 쪽에 넘어갔다. 동쪽으로 열린 바깥 바다와 경계는 1킬로미터 정도밖에 되지 않았다. 아테네 군대에게는 북서부 해변밖에 남지 않았다. 물과 식량 보급도 원활하지 않았다. 이 '출구 없는' 상황에서 원군이 오기를 기다리는 것은 위험했다. 무엇이든 돌파구를 찾아야 했다. 그 임무를 맡을 수 있는 전력은 해군밖에 없었다.

한편 길리포스 역시 아테네에서 보낸 원군이 이오니아 해로 접근하고 있다는 정보를 입수했다. 그래서 원군이 도착하기 전에 승부를 내기로 결정했다. 기원전 413년 봄이 끝나려고 할 무렵, 아테네와 시라쿠사의 두 번째 해전이 벌어졌다.

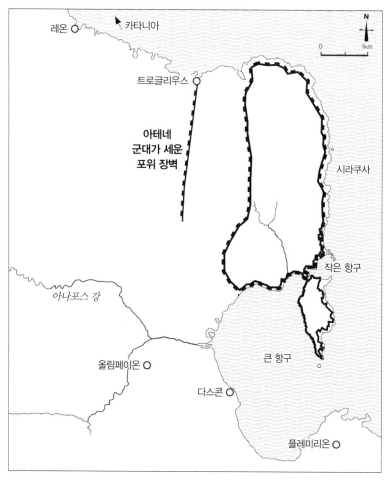

레온 ○

↖카타니아

트로글리우스 ○

아테네
군대가 세운
포위 장벽

시라쿠사

작은 항구

아나포스 강

올림페이온 ○

큰 항구

다스콘 ○

플레미리온 ○

● 시라쿠사와 그 주변

두 번째 해전

그사이 아테네 군대는 '큰 항구' 북서쪽 해변에 새로운 진지 건설을 마쳤다. 육지 쪽에는 방어용 목책을 둘렀고 해변에는 삼단 갤리선을 육지로 끌어올린 다음 가까운 바다 위에 수송선을 띄워놓고 닻을 내렸다. 배를 이용해서 바다에 방어 진형을 갖춘 것이다. 다만 수송선은 가까이 붙여놓지 않았다. 그러면 바람이나 파도 때문에 부딪칠 위험이 있었다. 그래서 배 사이에 적당한 간격을 두고 떨어뜨려놓았는데 거기에는 다른 목적도 있었다.

첫째, 해전이 벌어지면 주요 전력인 삼단 갤리선이 출격할 때 안전한 통로가 되어줄 터였다.

둘째, 수송선은 짐을 싣고 내리는 데 사용하는 크레인, 즉 기중기를 보유하고 있었다. 거기다 돌덩어리를 실어서 접근해 오는 적선 위로 날려 보내 침몰시키는 데 활용할 수 있었다.

여기에 더해 이름난 아테네 해군의 배 다루는 능력이 제1차전과 마찬가지로 발휘되면 승산이 있었다.

그런데 길리포스는 스파르타의 '아웃사이더'답게 기존 스파르타 전법과 전혀 다른 전법을 펼쳤다. 먼저 시라쿠사의 육군 병력인 기병대와 시칠리아 섬 여러 도시국가에서 지원한 병사를 이끌고 육지에서 아테네 진지를 습격했다. 그러자 아테네는 진지 방어를 위해 중무장 보병을 배에 태울 수가 없었다. 아테네 해군은 주요 전력인 중무장 보병이 없는 상태로 출격해야 했다.

아울러 길리포스는 시라쿠사 해군에 충돌해서 적선을 침몰시키기보다 아테네의 노 젓는 선원들에게 활을 쏘라고 명령했다. 삼단 갤리선의 동력인 노 젓는 선원들은 접근한 적선과 전투를 벌이는 보병이 갑판 위에서 자유롭게 움직이며 싸우기 쉽도록 갑판 아래에서 노를 저었다. 그래서 머리 위쪽은 보호가 되지만 배 옆구리 쪽은 무방비 상태가 되었다. 배 옆구리에 통풍이 잘되도록 구멍이 숭숭 뚫려 있는 것은 적선과 접근전이 벌어지면 노를 창으로 바꾸어 들고 그들도 전투에 참가할 필요가 있었기 때문이었다. 민주정치를 운용하는 아테네는 노 젓는 선원도 당당한 시민이었다. 시민이라면 조국을 방위할 의무가 있었다.

길리포스는 '장수를 쓰러뜨리려면 말을 쏘라'는 말을 2,500년 전 지중해에서 실천한 셈이었다. 이 작전을 위해 두 번째 해전에서는 시라쿠사의 배에 궁수와 창병이 많이 승선했다. 예상하지 못했던 '말을 쏘는' 전법으로 적이 공격해 오자 숙련된 기능자 집단도 혼란에 빠졌다. 적과 교전을 벌이면서 겨우 수습해 진지로 돌아오는 것만으로 하루가 지나갔다.

다음 날도 같은 일이 반복되었다. 3일째 역시 동일하게 전개되었다. 마침내 4일째 해전을 끝냈을 때 누가 승리했느냐고 묻는다면 시라쿠사라고 대답할 수밖에 없다. 아테네 쪽은 진지는 지켜냈지만 시라쿠사 해군에 별 타격을 입히지 못했다. 포위당한 상태는 전혀 개선되지 않았다.

원군 도착

　　7월 초, 마침내 기다리고 기다리던 원군이 도착했다. 데모스테네스가 거느린 제2차 원정군은 삼단 갤리선 73척, 중무장 보병 5,000명, 경무장 보병 3,000명으로 구성되었다. 병사 전체 수는 1만 3,000명에 육박했다. 졸병으로 데려온 노예까지 합치면 1만 5,000명이 넘었다. 진지 전체에서 환호성이 터져 나온 것은 당연했다. 맞이하는 쪽은 눈물을 흘렸고 도착한 쪽은 동료의 무사함에 기뻐했다. 아테네 진지는 늦은 밤까지 잠을 이루지 못했다.

　3명의 '스트라테고스' 또한 잠을 이루지 못했다. 43세의 데모스테네스, 미리 도착한 47세의 에우리메돈, 57세의 니키아스. 이 상황을 타개하기 위한 방법을 찾는 회의를 진행하느라 세 사령관은 잠들 수 없었다. 데모스테네스는 육지에서 전투하자고 주장했다. 그렇지만 거기서 승리를 거두어 시라쿠사를 육지에서 공격한다는 공방전 초기 전략으로 돌아갈 생각은 아니었다. 시라쿠사의 육군 병력을 괴멸시켜 트로글리우스까지 북상하는 길을 안전하게 확보하고 그곳에서 카타니아까지 철수하자는 주장이었다. 이 작전이 성공하면 전쟁에서 이기지는 못하더라도 포위된 상황에서는 벗어날 수 있었다. 에우리메돈은 동의했다. 니키아스는 동의하지 않았지만 반대도 하지 않았다.

　데모스테네스는 시라쿠사 육군의 주요 전력이 기병대임을 알고 중무장 보병을 총동원해 밤중에 기습 공격을 감행하기로 결정했다. 이것이 7월 중 언제 결행되었는지는 알려져 있지 않다. 이후 경과로 추정해보면 아마 도착 후 1주일에서 열흘 사이에 이루어졌을 것이다. 기습 자체는 훌륭했다. 그러나 자국 내에서 전투를 하는 시라쿠사 기병대는 지형을 잘 알고 있었다. 기동력이 뛰어난 기병과 중무장 보병이 싸우는 전투에서는 지리적 이점을 가진 편이 유리했다. 희생자가 많이 나온 쪽은 아테네였고 결국 이 공격은 실패로 끝나고 말았다.

이 실패로 데모스테네스는 마음을 정했다. 그는 니키아스를 압박했다. 이제 병사들을 구할 수 있는 방법은 전군 철수밖에 없다고. 당장이라면 배도 있다, 거기에 병사를 모두 태우고 '큰 항구'에서 탈출해서 일단 카타니아까지 철수할 수밖에 없다고 강력하게 주장했다. 에우리메돈은 찬성했다. 그런데 니키아스가 반대했다.

니키아스는 아테네 시민집회에 자기의 해임을 요구했고 받아들여지지 않았다. 그런 그가 이번에는 귀국에 반대했다. 진정한 이유가 무엇이었는지는 알려져 있지 않다. 아테네에서 전쟁을 지속할지 말지를 결정하는 것은 시민집회였다. 시민집회의 결정이 없는 상태에서 철수했을 때 생길 위험을 감수할 각오가 없었는지 모른다. 그게 아니면 그저 지금까지 그가 아테네 정계에서 쌓아온 경력에 흠집이 나는 것이 두려웠는지 모른다.

그러나 데모스테네스는 포기하지 않았다. 집요하게 계속 설득했다. 선배를 향해 거친 말까지 해가며 마침내 니키아스가 철수에 동의할 때까지 2주일 이상 설득을 계속했다. 이렇게 철수라기보다는 탈출이라는 표현이 적절한 작전을 거행하기로 한 날은 8월 27일이었다.

월식

　　　　　그런데 7월 27일 밤 개기월식이 발생했다. 달이 완전히 모습을 감추고 깜깜해지자 병사들은 공포에 떨며 우왕좌왕했다. 그리스인은 일식이나 월식이 자연현상임을 이미 알고 있었다. 페리클레스도 원정 도중 월식이 일어나자 흉조라고 생각하여 동요하는 병사들에게 자연현상임을 설명하고 진정시킨 적이 있었다.

　이때 니키아스가 원정에 관례적으로 동행하는 점성술사에게 그날 밤 일어난 개기월식의 의미를 물었다. 질문을 받은 점성술사는 최악의 흉조이며 그것이 풀리기 위해서는 9×3, 즉 27일이 필요하고 따라서 출발 역시 27일이 지난 뒤에 하는 것이 좋겠다고 대답했다. 이것은 그대로 니키아스의 의견이 되었다. 그래서 8월 27일로 결정되었던 출발일이 9월 23일로 연기되고 말았다.

　데모스테네스와 에우리메돈은 연기는 안 된다고 강력하게 반대했다. 카타니아까지 철수라고 하지만 이미 시칠리아 거의 대부분이 반아테네로 돌아섰기 때문에 카타니아에 계속 머무를 수는 없었다. 결국 카타니아로 철수하는 것은 아테네로 철수하는 걸 의미했다. 그러자면 넓은 이오니아 해를 횡단하여 펠로폰네소스 반도 남쪽을 돌아에게 해로 가는 긴 여정을 거쳐야 했다. 또한 그 모든 길이 바닷길인데 가을로 접어들면 바다가 거칠어진다는 것이 두 사람이 내세운 반대 이유였다. 세 사람은 모두 '스트라테고스'였지만 동격이 아니었다. 원군을 파견하기로 결정했을 때 아테네 시민집회는 니키아스를 수석으로 결정했다. 따라서 니키아스가 동의하지 않는 한 출발은 불가능했다. 게다가 철수가 연기되었다는 사실이 시라쿠사 쪽에 알려졌다. 도망친 노예가 전한 것인지 모른다. 노예에게는 시민권이 주어지지 않기에 병역이 면제되었다. 그들의 주요 임무는 고급 장교의 시중을 드는 일이었다. 최고 기밀을 알아낼 기회는 충분했다.

어쩌면 최고 기밀이 아니었을지 모른다. 개기월식을 흉조로 받아들이고는 덜덜 떠는 병사들을 달래기 위해 귀국을 계획 중이라는 사실을 넌지시 알린 부대장들도 있었을 테니까. 그러나 이것이 역효과를 초래했다. 병사들은 월식으로 인한 공포와 불안이 사라지기만 기다리기보다 곧장 귀국하고 싶어 했다. 이것은 보통 사람이라면 가질 수밖에 없는 감정이다. 그런 아테네 병사들을 향해 시라쿠사가 공격을 가해 왔다.

세 번째 해전

8월이 끝나갈 무렵부터 시라쿠사 해군은 아테네가 진지를 구축해놓은 해변 앞바다를 되풀이해서 오갔다. 탈출 행위를 저지하는 예행연습이라도 하는 듯이 보였다. 9월 초순, 마침내 에우리메돈이 두 동료의 동의를 얻어 시라쿠사 군대를 격파하기 위해 출동하기로 결정했다. '큰 항구' 내에서 벌어진 세 번째 해전이었다.

에우리메돈은 그날 아테네 해군이 즐겨 쓰는 전법을 사용했다. 아테네 해군의 배 다루는 기능을 최대한 발휘하기 위해 정면이 아니라 측면에서 적 선단을 포위하고 그 포위망을 조금씩 좁혀가는 방법이었다. 그러나 이것은 탁 트인 바다에서나 효과가 있는 전법이었다. '큰 항구'는 넓기는 했지만 어디까지나 만이었다. 그래서 해심이 얕았다. 덕분에 포위하는 속도가 늦었다. 평소처럼 시라쿠사의 배에서는 속도가 느려진 아테네 배의 노 젓는 선원들을 향해 집중적으로 활과 창을 날렸다. 아테네 해군은 도망쳐서 아군이 지키고 있는 해변까지 쫓겼다. 그러다가 얕은 여울 때문에 좌초하는 배가 속출했다.

그날 출동한 아테네 선단은 괴멸 상태에 빠졌다. 살아난 이는 만에 뛰어들어 아군에게 구조된 사람들뿐이었다. 진두에 서서 지휘하던 에우리메돈마저 혼전 중 전사했다.

9월 초 벌어진 이 해전의 결과는 아테네 군대에 심각한 영향을 미쳤다. 이제 월식이나 그에 따른 철수 연기 따위는 중요하지 않았다. 강행 돌파밖에 없다는 생각은 데모스테네스뿐 아니라 니키아스도 다를 것이 없었다. 이렇게 점성술사에 물어본 탓에 연기되었던 출발일인 9월 23일이 오기도 전에 상황은 급반전했다.

최후의 해전

9월 10일, 아테네 군대는 '큰 항구' 내에서 4번째이자 마지막이 된 해전을 치르기로 결정했다. 목적은 이미 적군 격파가 아니었다. 맞서 싸우기 위해 달려드는 적선 사이를 강행 돌파해서만 바깥으로 빠져나가는 것만이 최선이었다. 그날 아테네 군대는 데모스테네스의 지휘 아래 사용할 수 있는 모든 배를 투입했다. 그 수는

110척이었다고 전해진다. 시라쿠사 쪽은 그 무렵 도우러 달려온 코린토스 배를 포함해서 76척이었다. 희생을 각오하면 돌파는 충분히 가능했다.

시라쿠사 쪽은 곧바로 알아차렸다. 아테네 해군의 목적이 공격이 아닌 탈출임을 말이다. 그러면 110척 대 76척의 차이는 아무 상관 없었다. 아테네 군대의 발을 묶어두기만 하면 시라쿠사가 승리할 수 있는 상황에서 해전 경험 따위는 문제가 되지 않았다. 9월 10일, 가을 햇볕이 내리쬐는 바다에서 벌어진 격전의 결과 시라쿠사 쪽은 26척을 잃었고 아테네 쪽은 50척을 잃었다. 남은 배의 수는 아테네 60척, 시라쿠사 50척이었다. 배 숫자만 따지면 여전히 아테네가 유리했다.

그러나 니키아스에게는 60척에 최대한 병사를 태워서 다시 강행 돌파를 할 용기가 없었고 그것은 데모스테네스 또한 다르지 않았다. 무엇보다 격전을 치르고 살아남은 병사들에게 더 이상 싸울 기개가 없었다. 그들을 일으켜 세우고 유일한 생존의 길로 이끌 힘이 두 사령관에게는 없었다.

탈출

버리다시피 하고 떠났던 진지로 돌아온 병사들에게 출발 준비를 할 36시간이 주어졌다. 탈출로는 해로가 아니라 육로였다. '큰 항구'에 있는 진지를 버리고 육지를 따라 북상해서 트로글리우스까지 간 다음 그곳에서 카타니아까지 바다를 따라 가는 길을 선택했다.

육로를 통한 철수는 9월 12일 새벽에 결행하기로 했다. 60척의 배는 버리기로 했다. 아테네 해군이 자국 삼단 갤리선을 60척이나 방치한 것은 처음 있는 일이었다. 배 이외에도 버려진 것이 있었다. 병이나 부상으로 움직일 수 없는 병사들 역시 버려졌다. 이 또한 아테네 역사에 전례가 없는 일이었다.

바다를 통한 강행 돌파가 실패로 끝나고 36시간 후인 9월 12일 새벽, 아테네 군대는 진지를 뒤로했다. 거리로 따지면 5킬로미터 남짓이었다. 그러나 철수하는 것은 매우 어려운 일이었다. 자칫 패주가 되기 쉬웠다. 전열이 흩어져서 병사들이 각각 도망을 치면 적의 표적이 되고 말 터였다. 그래서 전위와 후위로 나누어 전위는 니키아스가 이끌기로 했다. 후위는 적의 추격이 집중되기 때문에 더 젊은 데모스테네스가 이끌었다. 당시 병사가 얼마나 남아 있었는지 정확한 숫자는 알려져 있지 않다. 아마 2만 명 정도는 남았을 것이다.

철수를 시작하자마자 북쪽으로 직행은 무리임이 밝혀졌다. 시라쿠사 쪽이 병사를 총동원해 바다에서 '기다리고' 있었던 것처럼 육지에서도 '기다리고' 있었다. 아테네 군대는 방향을 바꿀 수밖에 없었다. 서북쪽으로 방향을 틀었다. 북쪽으로 가려면 구릉지를 넘어가야 했지만 서북쪽은 아나포스 강을 따라가면 된다는 이점이 있었다. 그래서 먼저 서북쪽으로 가다가 북쪽으로 우회해서 카타니아로 향할 생각이었을 것이다.

시라쿠사의 추격은 맹렬했다. 아테네 군대와 시라쿠사 군대 사이에

그리스인 이야기 Ⅱ

적어도 두 차례나 전투다운 전투가 벌어졌다. 그때마다 아테네 병사 수가 줄어들었다. 첫날 6킬로미터를 전진했다. 둘째 날은 3킬로미터 밖에 전진하지 못했다. 그만큼 시라쿠사 쪽의 추격이 격렬해졌다. 게 다가 셋째 날 아나포스 강을 건너 북쪽으로 향하던 아테네 군대는 강 과 면한 벼랑 위에서 기다리던 시라쿠사 병사들이 쏘는 화살 세례를 받아야 했다. 두 번 돌파를 시도했지만 결과는 마찬가지였다. 결국 강 을 건너기를 포기하고 다시 방향을 돌렸다. 북서쪽으로 가던 길을 남 쪽으로 바꾸었다.

왜 방향을 바꾸었는지는 알려져 있지 않다. 시라쿠사 공방전에 참 가했던 아테네인이 여기서 전멸했기 때문이다. 귀국해서 현장을 증 언한 아테네인은 한 명도 없었다. 역사가 투키디데스가 남긴 당시 기 록은 이것이야말로 '파토스pathos'라고 생각될 정도로 슬픔이 묻어나는 묘사가 뛰어났다. 이때 45세였던 희대의 역사가는 다행히 귀국한 아 테네 동맹국 병사에게서 당시 상황을 전해들은 것이 아닐까 생각해 본다.

아무튼 아테네 군대는 후퇴로를 남쪽으로 변경했다. 시라쿠사의 추 격은 점점 더 거세졌다. 특히 데모스테네스가 이끄는 후위에 집중되 었다. 그것을 막으면서 전진하느라 전위와 후위는 8킬로미터나 떨어 지고 말았다. 이것이 아테네 군대에 마지막 일격이 되었다. 시라쿠사 기병이 후위 전체를 포위했다. 올리브 나무 사이에 숨어 있던 궁수들 은 울타리 안으로 뛰어든 양을 한 마리 한 마리 쓰러뜨리듯 아테네 병 사들을 효율적으로 사살했다.

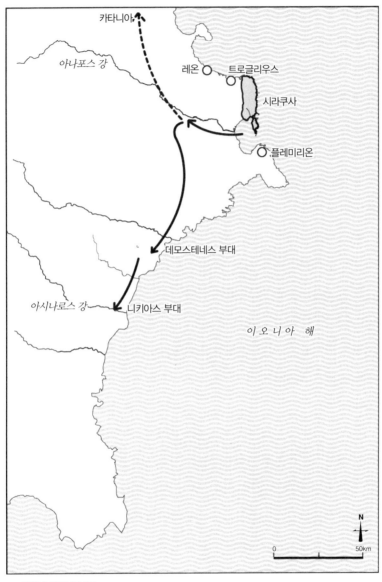

시라쿠사

플레미리온

데모스테네스 부대

니키아스 부대

이 오 니 아 해

카타니아

아나포스 강

레온

트로글리우스

아시나로스 강

0   50km

● 아테네 군대 후퇴로

마침내 데모스테네스는 기병을 거느리고 있던 대장으로 보이는 인물에게 회담을 요청했다. 그리고 전원의 생명과 자유를 보증해준다고 약속하면 항복하겠다고 말했다. 시라쿠사인은 약속했다. 후위 병사들이 전원 포로가 되었기 때문에 데모스테네스가 항복했다는 사실을 8킬로미터 앞서가던 니키아스의 전위가 알아차린 것은 다음 날 아침이 되어서였다. 아마 그 사실을 알려서 전위의 항복도 얻어내려고 시라쿠사 쪽에서 누군가가 알려주었을 것이다.

니키아스 역시 교섭에 나섰다. 단 그가 원한 조건은 이번 전쟁에서 시라쿠사가 지출한 금액에 대한 배상으로 2,000탈란톤을 지불할 테니 앞으로 철수를 방해하지 말아달라는 것이었다. 시라쿠사는 거부했다. 니키아스는 병사들에게 남진을 명령했다. 4킬로미터 정도 전진하자 바다로 흘러드는 아시나로스^{Asinarus} 강이 흐르고 있었다. 그 연안에 이르렀을 때 니키아스가 이끄는 전위는 시라쿠사 군대에 포위되고 말았다.

갈증과 배고픔에 시달리던 아테네 병사들은 시라쿠사 병사들이 화살을 쏘아대자 광란에 빠지고 말았다. 창과 방패를 내던지고 앞다투어 강으로 뛰어들었다. 정신을 놓고 강물을 마시는 아테네 병사들을 시라쿠사 병사들은 살육이라고밖에 표현할 길이 없는 방법으로 살해하기 시작했다. 이 참극은 시라쿠사 기병대를 거느리고 달려온 길리포스가 막기 전까지 계속되었다. 니키아스는 길리포스에게 조건 없는 항복을 제안했고 길리포스는 그것을 받아들였다. 육로로 철수를 시작한 지 8일째 일이었다.

아시나로스 Asinarus 강

종언

        포로가 된 아테네 쪽 병사 수는 7,000명 전후라고 전한다. 동맹국 병사까지 합치면 5만 명에 이르렀던 원정군 가운데 살아남은 병력이 7,000명밖에 되지 않았다. 포로 전원은 여자들과 아이들까지 가세한 시라쿠사인의 욕을 들으면서 시가지로 끌려갔다.

  시라쿠사 요인들은 데모스테네스가 항복 조건으로 내건 생명과 자유 보증을 지킬 마음이 전혀 없었다. 니키아스와 데모스테네스를 사형에 처하기로 결정했다. 게다가 바로 집행하기로 했다. 두 사람을 스파르타로 연행하게 해달라는 길리포스의 요청은 거절당했다. 길리포스가 없었다면 시라쿠사 쪽이 패했을지도 모르는데 은인의 요청까지 무시했다.

  만약 아테네의 두 '스트라테고스'가 스파르타로 연행되었다면 살아남았을 가능성이 매우 높다. 먼저 자기들이 타고난 전사라고 생각하는 스파르타인에게는 무사의 정과 같은 감정이 있었다. 또 필로스·스팍테리아전투에서 아테네 쪽에 포로가 되었던 스파르타의 중무장 보병 150명이 아테네에서 제네바조약과 비슷한 대우를 받은 사례가 있었다. 아테네나 스파르타는 포로의 이용가치를 알고 있었다. 그러나 시라쿠사인은 인간적인 감정은 차치하고 포로의 이용가치조차 몰랐다. 니키아스는 57세, 데모스테네스는 43세에 시라쿠사에서 삶을 마쳐야 했다.

  두 사람이 곧바로 처형된 것은 어쩌면 행운이었을지 모르겠다. 7,000명 정도의 포로들은 시라쿠사 교외에 있는 채석장에서 강제노동을 해야 했다. 채석장이라지만 야외에 있는 돌을 파내는 것이 아니었다. 지하로 파고 들어가는 것이었다. 이렇게 파낸 돌을 지상으로 옮겨야 했다. 지상에는 언제나 감시하는 시라쿠사 병사가 있었다. 밤이 되면 지상 부분은 철책으로 폐쇄되었기에 지하는 그대로 감옥으로 바뀌었다.

환자가 생기거나 철수 도중 입은 부상이 악화되어도 지하에서 나올 수가 없었다. 많은 사람이 좁은 공간에서 지내야 하는 열악한 환경에서는 건강한 사람도 병에 걸리고 만다. 이미 죽은 사람도 곧바로 지상으로 옮길 수 없었다. 바깥 공기가 들어오는 곳은 바위의 갈라진 틈뿐이었다. 환기가 잘 되지 않는 곳에서 땀과 죽음 냄새를 맡으면서 강제노동을 해야 했다.

12월의 어느 날, 포로 전원이 지상으로 끌려나왔다. 그렇다고 강제노동이 끝난 것은 아니었다. 아테네 시민 병사와 아테네 동맹국 병사를 나누기 위해서였다. 후자는 노예로 팔기 위해 데려갔다. 전자는 다시 지하로 끌려가 지하 갱도 내 감옥 생활이 계속되었다. 하루에 2번 소량의 물과 빵을 지상에서 던져주었다. 포로 중 아테네 시민권을 가진 사람이 몇 명이었는지는 알려지지 않았다. 연구자들은 7,000명 가운데 절반 정도가 아테네 시민이었으리라 추측한다. 그렇다면 3,000명이 넘는 아테네인이 기병과 중무장 보병, 노 젓는 선원이라는 계급 구분 없이 하나가 되어 잔혹한 나날을 견디다가 지하 갱도 내에서 죽어갔다는 말이 된다. 살아서 귀국한 아테네인은 하나도 없다고 전한다.

2,400년 전 아테네인의 묘지가 된 채석장은 오늘날에도 여전히 라토미아Latomia라고 불리며 남아 있다. 지금까지 채석이 행해지고 있으며 아래로 들어갈 수 있는데 내부에 발을 들여놓으면 서늘한 기분이 든다. 다만 그 냉기는 남아 있는 끌의 흔적을 보는 사이에 한기로 바뀐다. 벽면에 남은 끌의 흔적이 아테네 포로들이 남긴 것이라는 증거는 없다. 그러나 그들이 내는 고통스러운 신음 소리가 2,400년의 세월을 뛰어넘어 들려오는 듯하다.

이것이 나쁘게 시작되어 나쁘게 진행되다가 최악으로 끝난, 기원전 415년부터 기원전 413년까지 아테네가 시도한 시칠리아 원정의 '마지막'이었다.

4

우중정치 시대 후기

기원전 4 1 2 ~ 기원전 4 0 4 년 (9년)

참화가 알려지고

　　　　　나쁜 소식일수록 빨리 전해진다. 본국에 사는 아테네인이 원정군의 전멸 사실을 안 때는 기원전 413년 겨울 초입이었다. 당시 정보 전달 속도를 생각하면 전멸당한 직후 곧바로 알려진 셈이다. 불과 2년 반 전 대대적인 환송을 받으며 떠난 원정군이 한 명도 살아남지 못한 것이다. 역사가 투키디데스는 이 사실을 안 아테네인의 심정을 이렇게 표현했다. "한동안 믿을 수가 없었다."

　아테네만 따져서 삼단 갤리선 150척, 병사 3만 명, '스트라테고스(사령관)' 4명이라는, 아테네가 지닌 전력 거의 대부분을 투입했지만 결과는 너무나 참담했다. 희생자가 없는 집이 없다고 할 정도로 끔찍한 비극이었다. 슬퍼했다거나 분노했다는 표현보다 믿을 수 없었다는 표현이 맞을 것이다. 그러나 망연자실하고 있을 여유가 없었다.

시칠리아 원정이 파멸로 끝났기 때문에 그 이후 반드시 밀려올 거대한 파도에 휩쓸리지 않기 위해 가족을 잃은 슬픔을 잊고 일어서야만 했다. 예상되는 첫 번째 거대한 파도는 스파르타가 맹주로 있는 펠로폰네소스동맹의 공세 격화였다. 아테네가 약화되었기에 충분히 예상할 수 있는 일이었다. 따라서 그에 대한 대책을 강화해야 했다.

시라쿠사 공방전이 시라쿠사 쪽 승리로 끝날 수 있었던 것은 스파르타가 군사 고문 형태로 시라쿠사에 보낸 길리포스 개인의 공적 덕분이었다. 스파르타 자체는 국가로서 아무런 관여를 하지 않았다. 하지만 시라쿠사 공방전이 끝난 시점에서 그리스 양대 강국의 처지를 살펴보면 강해진 쪽은 스파르타, 약해진 쪽은 아테네였다.

게다가 2년 전부터 스파르타 왕 아기스가 거느린 펠로폰네소스 연합군이 아테네 시가지로부터 30킬로미터밖에 떨어지지 않은 데켈레이아를 기지로 삼아서 아티카 지방을 1년 내내 휩쓸고 다녔다. 그리고 시라쿠사의 결과를 안 직후부터는 해군 전통이 없는 스파르타가 무슨 생각이 들었는지 삼단 갤리선 건조에 손을 대기 시작해 아테네 영해까지 위협하기에 이르렀다. 물론 동일한 삼단 갤리선이라고 해도 아테네 배와 스파르타 배 사이에는 전력 차이가 확실했다. 그래도 방치해둘 수 없는 노릇이었다. 북쪽의 육군과 남쪽의 해군이 양쪽에서 공격해 오면 아테네 시가지는 고립되고 말 터였다.

예상되는 두 번째 거대한 파도는 델로스동맹 가맹국들 사이에서 나타나기 시작한 이탈 움직임이었다. 델로스동맹은 군사동맹인 펠로폰네소스동맹과 성격이 달랐다. 군사에 더해 경제와 문화를 공유하는 동맹이었다. 군사적 안전보장도 경제력에 달려 있다고 했던 페리클레스의 말은 여전히 아테네인 사이에 살아 있었다. 델로스동맹은 군사 면에 국한되지 않았다. 식량을 수입에 의존해야 하는 아테네인에게 먹을 것에 대한 안전보장이기도 했다. 펠로폰네소스동맹이 설사 붕괴하더라도 폐쇄사회였던 스파르타에는 그다지 영향을 주지 않을 것이다. 그러나 아테네에는 사활이 걸린 문제였다.

시칠리아 원정은 가맹국에도 막대한 피해를 끼쳤다. 삼단 갤리선은 아테네가 대부분 부담했지만 참전 병사 중 희생자 수는 아테네와 거의 맞먹었다. 물론 아테네 병사들은 죽을 때까지 채석장에서 강제노동에 시달려야 했다. 동맹국의 병사들은 2개월 정도 강제노동을 한 후 분리되어 노예로 팔려나갔기에 몸값을 지불하고 자유의 몸이 되어 귀국한 사람도 있었다. 그러나 동맹이란 하나가 되는 것이 이익이라고 생각하기 때문에 가맹을 하는 법이다. 시라쿠사에서 벌어진 참상은 가맹국들이 이후 아테네와 함께하는 게 이익이 되는지 의심하도록 만들었다.

델로스동맹의 주요 가맹국 중 하나인 키오스 섬이 스파르타에 사절을 파견했다는 정보가 아테네에 도착했다.

재기

도시국가 아테네가 재기하려면 우선 해군의 재기가 우선되어야 한다는 인식에 아테네 시민은 모두 동의했다. 당시에도 외항인 피레우스에는 군선인 삼단 갤리선 50척이 정박하고 있었다. 테미스토클레스가 창설한 이후 아테네 해군은 늘 삼단 갤리선 200척을 유지해왔다. 또한 테미스토클레스가 지휘해서 대승을 거둔 살라미스해전 이후 에게 해 제해권은 아테네 손안에 있었다.

시칠리아 원정에는 제1차와 제2차를 합쳐서 150척을 보냈다. 50척을 남겨둔 것은 에게 해를 지킬 병력을 남겨두어야 했기 때문이다. 그렇다면 아테네 해군의 재기를 위해서는 기존의 50척에 새로운 150척의 삼단 갤리선을 건조할 필요가 있었다. 또한 갤리선을 움직이려면 노를 저어야 했다. 1척당 노 젓는 선원 170명에다 배를 조종하는 선원과 전투 요원을 합쳐서 200명이 필요했으므로 150척을 운용하기 위해서는 3만 명이 필요했다. 아테네는 시칠리아에서 이와 동일한 숫자의 병력을 잃었는데 과연 그것이 가능할까?

재기와 같은 큰일은 나라 전체가 하나가 되어야 이룰 수 있다. 게다가 가능한 빨리 이루어야 했다. 사람들 마음을 일신하는 것이 우선되어야 했다. 그것을 눈에 드러나는 형태로 보여주기 위해서는 원정 책임을 물어 현 정부를 불신임하고 대신할 새로운 정부를 수립하는 길밖에 없었다. 도시국가 아테네의 최고 결정권은 '데모스(시민)'에게 있었다.

시칠리아 원정을 떠나기 전 아테네 정계는 니키아스가 이끄는 온건파와 알키비아데스가 이끄는 과격파로 양분되어 있었다. 이른바 양대 정당의 대립 상태였다. 그리고 두 사람이 함께 원정을 떠난 뒤 아테네 정부는 두 사람의 데마고그, 즉 민중 선동가의 영향 아래 있었다. 아테네는 이 정부를 불신임했고, 그 대신 선출된 것이 10명으로 이루어진 내각이었다.

연구자들은 이 내각을 '실무자 내각'이라고 부르는데 각 분야별 실무자는 눈에 띄지 않는다. 실제로는 온건파도 과격파도 아니며 선동가도 아닌 정치색이 엷은 10명이 위기관리 내각이라는 형식으로 선출되었던 셈이다. 그래서 오히려 '현자 내각'이라고 부르는 게 적절하다고 생각한다. 그중에는 그리스 3대 비극 작가로 알려진 소포클레스가 포함되어 있었다. 『안티고네』 『오이디푸스 왕』의 작가 소포클레스는 친구였던 페리클레스보다 16년이나 더 살았기 때문에 83세의 나이에 정계로 끌려나왔던 것이다.

이 '늙은 현자 내각'에서는 누군가 주도권을 장악할 필요가 없었다. 단지 그곳에 있어주기만 하면 좋았다. 국가재정이 바닥난 이 시기에 아테네의 재기 또는 아테네 해군의 재기를 이끈 주역은 민간이었기 때문이다. 그리고 그 성공 요인 중 하나는 아테네가 민주정치를 운용하는 국가였다는 점이다.

솔론의 개혁 이후 도시국가 아테네는 주민을 소유 자산에 따라 네 계급으로 나누었다.

제1계급: 넓은 토지를 소유한 자로 광산 소유주이기도 하며 해외 자산도 있는 부유계급. 이 계급에 속한 유명인은 페리클레스 시대 이후만 살펴볼 때 페리클레스를 비롯해서 니키아스, 알키비아데스, 비극 작가 소포클레스, 역사가 투키디데스 등이 있다.

제2계급: 전쟁에 참전할 경우 말과 마부 등의 비용까지 댈 수 있는 자산을 가진 사람들. 일반적으로 기병으로 참전했다. 아테네의 국정 담당자이며 전시에는 사령관이 되어 군대를 지휘하는 '스트라테고스'는 거의 대부분 제1계급이나 제2계급 출신이었다.

제3계급: 아테네의 중산층이라고 불러도 좋을 사람들로 그리스 도시국가의 육군에서 주요 병력인 중무장 보병을 맡아 시민의 의무인 조국 방위를 담당하는 남자들. 페르시아전쟁 최고 공로자인 테미스토클레스는 아마 이 계급 출신이었을 것이다. 따라서 '스트라테고스'에 선출된 이후에도 계속 '신참'으로 간주되었다.

시민집회에서 연설할 때 "건국의 아버지들이여, 그리고 새롭게 가세한 사람들이여"라는 말로 시작하는 것이 관례였던 로마에서는 신참을 '호모 노부스$^{homo\ novus}$'라고 불렀는데 차별의 의미가 담겨 있지 않았다. 하지만 그리스나 아테네에서는 '신참'이라고 하면 이단아라는 의미가 조금 담겨 있었다. 또한 제자로부터 수업료를 받지 않고도 생활에 지장이 없었던 소크라테스 역시 이 계급에 속했을 것으로 추정된다. 소크라테스는 전쟁터에 보병으로 참전했다.

제4계급: 무산계급은 생산은 하지만 일을 하지 않으면 먹고살 수 없을 정도의 자산밖에 없는 사람들을 가리키는 말이다. 로마인은 이런 사람들을 '프롤레타리우스'라고 불렀다. 여기서 '프롤레타리아'라는 말이 유래했다.

아테네에서는 활이나 투석, 투창의 기능을 가지고 참전하는 경무장 보병이 이 계급에 속했다. 무엇보다 이 계급에 속한 남자들은 아테네 해군의 주요 전력인 삼단 갤리선의 노 젓는 선원이 되었다. 다만 민주정치를 운용하고 있었기 때문에 속한 계급은 달라도 아테네 시민이라는 점에서는 모두가 동일했다. 즉 이들 모두 예외 없이 국정 참여 권리를 가졌고 조국 방위 의무를 졌다.

아테네의 재기는 아테네 해군의 재기에 달려 있다는 호소, 아니 그보다 아테네인의 공통인식에 가장 먼저 응한 이들이 제4계급에 속한 남자들이었다. 이들은 급료가 절반으로 줄어도 좋으니 종군하겠다고 신청했다.

부유계급인 제1계급도 뒤지지 않았다. 각 개인이 삼단 갤리선 1척을 건조하는 데 필요한 모든 비용을 내겠다고 결정했다. 모든 비용에는 노 젓는 선원과 배를 조종하는 선원의 급료도 포함되어 있었다. 이들은 자금을 기부하는 데서 그치지 않았다. 페르시아전쟁 당시 아테네는 삼단 갤리선 건조에 1탈란톤이라는 거금을 기부한 사람이 선장으로 그 배에 승선해서 200명에 이르는 선원을 지휘하며 싸운 사례가 있었다. 이러한 사례가 시라쿠사의 참화를 겪은 이 시기부터는 일상화되었다.

이런 역사적 사료를 읽으면 기분이 유쾌해진다. 자신의 생명이 걸려 있는 배를 건조하는 데 나 몰라라 할 사람은 없을 것이다. 그래서 이런 사례는 사람의 마음을 묘하게 자극해서 기쁘게 만든다.

이렇게 해서 150척의 새로운 배가 건조되었고 기존의 50척을 더해 아테네 해군이 다시 위용을 갖추었다. 사비를 털어서 배를 건조하고 스스로 선장이 되어 배를 지휘할 수 있는 부자들이 적지 않았던 모양이다. 그 이후 '트리에라르코스^{trierarchos}(삼단 갤리선 선장)'라는 말이 생겨났을 정도였다.

삼단 갤리선을 군선으로 만들기 위해서는 170명의 노 젓는 선원과 배를 조종하는 선원, 배 목수까지 더해 1척당 적어도 180명이 필요했다. 전투 요원까지 더하면 200명이 된다. 전투 요원은 중무장 보병이 담당한다고 해도 시칠리아 원정에서 3만 명 이상을 잃은 제4계급에서는 사람이 부족했다. 특히 안타까운 점은 노 젓는 선원의 부족이었다. 이 상황을 안 제2계급과 제3계급에서 노 젓는 선원이 되겠다고 지원하는 사람들이 속출했다. 기병이나 육군의 꽃인 중무장 보병도 말과 장창과 중무장 장비를 버리고 노를 손에 쥐고 자리에 앉았다. 이들 새로운 노 젓는 선원들에게 노 젓는 방법을 가르친 이들은 페리클레스가 '숙련된 기능자 집단'이라고 불렀던 제4계급에 속한 베테랑들이었다.

아테네 해군은 재기에 성공했다. 게다가 "믿을 수 없었다"라고 말했던 그날로부터 1년이 채 지나지 않아 재건을 이루어냈다. 그리고 이를 통해 전투에서 성과 또한 거두었는데 아테네 영해인 살라미스 만까지 침입한 스파르타 해군을 간단하게 쫓아냈다. 다른 그리스 도시국가들은 해상에서 아테네 해군이 최강이라는 사실을 새롭게 인식했다.

이렇게 아테네에 최악의 해였던 기원전 413년이 지나고 기원전 412년으로 접어들었다. 그리고 그해 전쟁터는 그리스 본토에서 벗어나 에게 해 동쪽 해역으로 바뀌었다.

에게 해의 동쪽

　　　　　　오늘날 우리는 그리스 역사에서 아테네뿐 아니라 그리스 전체의 운명을 결정한 '펠로폰네소스전쟁'이 기원전 431년부터 기원전 404년까지 27년 동안 아테네와 스파르타 사이에 일어난 전쟁이라고 알고 있다. 그러나 마지막 3분의 1에 해당되는 8년 동안 어째서 아테네와 스파르타의 대결 무대가 에게 해 동쪽으로 옮겨갔는지에 대해서는 지금까지 납득할 만한 설명이 없었다.

　아테네와 스파르타 모두 에게 해 서쪽 그리스 본토에 위치해 있다. '펠로폰네소스전쟁'의 3분의 2에 해당되는 18년 동안 시칠리아 원정 2년을 제외하면 전쟁터는 언제나 그리스 본토였다. 그렇다면 왜 에게 해 동쪽으로 옮겨갔을까?

　첫째, 아테네는 전쟁터를 옮길 수밖에 없는 확실한 이유가 있었다. 델로스동맹 주요 가맹국, 즉 군선 참여는 의무지만 분담금 지불은 면제된 도시국가는 아테네를 필두로 레스보스, 키오스, 사모스 섬이었다. 이 섬들과 근접한 소아시아 서쪽 해안 일대에는 에페소스, 밀레토스, 할리카르나소스 같은 이오니아 지방의 유명한 도시국가가 있었다.

　그리고 북쪽으로 향하면 헬레스폰토스 해협이 입을 벌리고 있다. 흑해 주변 지역에서 식량을 수입하는 아테네에 중요한 지역이 대부분 에게 해 동쪽 일대에 집중되어 있었다. 한마디로 '이오니아 지방'이라고 불리는 이 일대를 견고하게 지키기 위해서는 이곳에 진주 목걸이처럼 연결되어 있는 '델로스동맹' 가맹국이 이탈하지 않도록 막아야 했다. 시칠리아 원정 실패라는 요인이 아테네로 하여금 전쟁터를 옮기게 만들었던 것이다.

둘째, 아테네 쪽의 사정은 그렇다 쳐도 에게 해 동쪽에 이해관계가 없었던 스파르타는 왜 전쟁터를 옮긴 것일까? 당연히 의문이 든다. 아테네에서는 외국인을 만나는 일이 드물지 않았지만 스파르타는 그렇지 않았다. 스파르타는 폐쇄사회로 일국 평화주의를 견지하며 리쿠르고스가 정한 헌법을 지키는 것을 국시로 삼아 살아왔다. 영토 확장에 대한 야심도 없었다. 스파르타가 자랑하는 중무장 보병을 영토 확장을 목적으로 파병하는 일은 꿈에도 생각하지 않았던 나라였다. 그런데 그런 스파르타인에게도 인간적인 감정이 있었다. 라이벌인 아테네의 몰락을 지켜보는 것이 제법 유쾌하다는 감정이었다. 그리고 이런 감정을 파고든 것이 페르시아였다.

페르시아는 에게 해 동쪽과 이해관계가 얽혀 있었다. 80년 전으로 거슬러 올라간 기원전 490년, 이 일대는 페르시아제국 지배 아래에 있었고 그리스 본토까지 영토를 확장할 의욕을 불태우고 있었다. 그런데 페르시아 군대는 그해 일어난 제1차 페르시아전쟁 중 마라톤 평원에서 아테네 중무장 보병과 싸워 대패하고 철수했다. 그리고 10년 뒤에 일어난 제2차 페르시아전쟁에서는 페르시아 황제가 직접 지휘한 대군이 살라미스해전에서 아테네 해군에 완패했다. 그다음 해에는 플라타이아이 들판에서 스파르타 왕이 거느린 그리스 연합군에 완벽하게 패배했다. 페르시아 황제는 메소포타미아 지역까지 도망치듯 돌아갔다.

그 이후 페르시아 황제들은 그리스에 손을 대면 크게 화상을 입는

● 에게 해의 섬들과 이오니아 지방

다는 트라우마에서 벗어나지 못했다. 그로부터 60년이 지난 기원전 412년 당시 페르시아는 제2차 페르시아전쟁에서 패해 도망쳤던 황제의 손자가 지배하고 있었다. 트라우마는 여전히 남아 있었다. 그러나 제1차 페르시아전쟁 이전에 페르시아 영토였던 에게 해 동쪽 일대를 되찾고 싶다는 열망 또한 강했다.

영토를 되찾기 위해서는 이 일대에 영향력을 가진 아테네를 약화시켜 이곳에서 손을 떼게 만들어야 했다. 페르시아는 아테네가 시칠리아 원정에서 실패하며 상처를 입은 지금이 그 목적을 달성할 수 있는 호기라고 생각했다. 그러나 페르시아 스스로 나서지는 않았다. 다시 화상을 입는 일은 피하고 싶었던 것이다. 그래서 스파르타에 제안했다. 스파르타가 에게 해 동쪽까지 나오면 페르시아는 거기에 필요한 자금을 원조하겠다고 말이다.

물론 모든 것이 매끄럽게 진행되지 않았고 그 상황에 한 남자가 개입하기도 하지만, 대략 말하면 에게 해 동쪽으로 스파르타가 진출한 것은 스폰서의 의향에 따른 결과였다. 이렇게 아테네와 스파르타 사이에서 일어난 '펠로폰네소스전쟁'의 3분의 1은 지리상 아테네와 스파르타가 위치한 그리스 본토가 아니라 에게 해의 동쪽에서 진행되었다.

기원전 412년 여름, 아테네와 스파르타가 군사와 외교에서 대결하는 '전쟁터'가 된 이 일대에 알키비아데스가 모습을 드러냈다.

다시 알키비아데스

　　　　　　그보다 3년 전인 기원전 415년 여름, 알키비아데스는 3명의 사령관 가운데 하나로 시칠리아 원정군을 이끌고 아테네를 떠났다. 그러나 반년도 지나지 않아서 본국의 소환 명령을 받았다. 헤르메스 신상 머리를 자른 사건의 주범으로 재판을 받아야 했다. 당시 아테네에서 신에 대한 모독 행위는 거의 사형에 처했다.

　35세의 젊은 장군은 비록 악법이라도 자기 나라의 법이니 따라야 한다는 생각이 없었던 모양이었다. 그는 호송하던 배에서 탈출하여 스파르타 정부에 망명을 신청했다. 망명 신청은 받아들여졌다. 그렇다고 거기에 만족하며 망명 생활을 보낼 알키비아데스가 아니었다. 스파르타의 국정을 사실상 운영하는 5명의 '에포로스'를 손안에 넣고 주물렀고 아기스 왕에게 접근해서 스파르타의 정치와 군사 고문 자리를 차지했다.

　역사가 투키디데스에 따르면 스파르타인은 강건하지만 유연한 사고력이 부족했다. 스파르타는 여름이 되면 군대를 거느리고 아티카 지방을 휩쓸며 북상해서 가을에 다시 같은 길로 돌아오는 일을 반복했다. 이에 대해 아티카 북부에 위치한 데켈레이아에 기지를 만들어 그곳에 병사를 머물게 하고 왕과 부하만 매년 왕복하면 된다고, 그전까지 아무도 생각하지 못했던 제안을 하고 행동에 옮기도록 만든 장본인이 알키비아데스였다. 굳이 투키디데스의 지적을 떠올리지 않아도 이전까지 16년 동안 그런 방법을 생각하지 못했을 정도로 스파르타인은 고지식했다.

한편 아기스 왕은 여름부터 가을까지 정기적으로 스파르타를 떠나 있어야 했다. 고대 역사가들은 그때 알키비아데스가 왕비를 유혹했다고 말한다. 이에 대해 반론을 제기하고 싶다. 스파르타 여인들은 강건한 남자아이를 낳기 위해 근육과 뼈대가 튼튼한 몸이 요구되었다. 그렇게 몇 백 년을 살아왔다. 스파르타 남자에게 여자는 아이를 낳는 무기일 뿐이었다. 그래서 스파르타는 여성의 나체에서 최고 아름다움을 찾아낸 아테네인과 정반대 미적 감각을 가졌다. 스파르타 여인들은 남자들 시선에 노출되는 데 익숙하지 않았다. 다시 말해 남자들에게 자기를 내보이는 상황에 대한 면역이 없었다.

이런 상황에서 아테네 남자 중에서도 특히 아테네인스러운 알키비아데스가 등장했다. 30대 중반이라는, 이제 풋풋하지는 않지만 아직 완전히 성숙하지도 않은 아테네 최고 미남이 이성을 대하는 눈빛으로 바라보았다면 그런 눈빛에 면역이 없는 왕비는 어떻게 느꼈을까? 굳이 유혹할 필요조차 없었을 것이라고 생각한다. 현대 연구자들은 왕비가 아니라 다른 여자들도 있지 않았느냐고 불만스럽게 말한다. 그러나 왕과 친해지면서 다른 여자보다 왕비를 만날 기회가 더 많지 않았을까.

아무튼 왕비는 임신을 했다. 알키비아데스는 차려놓은 밥상을 걷어차는 것은 남자의 수치라고 생각하는 사람이었기 때문이다. 태어난 남자아이는 스파르타에서도 화제가 되었다. 그동안 아기스 왕과 왕비 사이에서 아들이 태어나지 않았기 때문에 왕의 사생활까지 간섭하는 '에포로스(감독관)'들도 대를 이을 아이가 태어나리란 기대를 포기하고

• 스파르타 여인상

• 프락시텔레스가 제작한 아테네 여인상

있던 상태였다.

그런데 아무리 생각해도 시간이 맞지 않았다. 통상 임신 기간과 왕이 스파르타에 머물던 시기가 들어맞지 않았던 것이다. 그러나 스파르타인은 의학 지식에 취약했다. 왕비도 시치미를 뗐다. 알키비아데스 또한 여자와 관련된 일에 관해서는 입 밖에 내지 않는 신사였다. 그래서 이 사건은, 뭐라고 말해야 좋을지 모르겠지만, 어쨌거나 첫 남자아이의 탄생을 기뻐하는 아기스 왕의 너그러운 판단 덕분에 풍문 수준에서 마무리되었다.

태어난 아이는 건강하고 옥처럼 귀여웠다. 스파르타에서는 예부터 장애를 가지고 태어난 아기를 절벽에서 떨어뜨리는 관습이 있었다. 이를 심사하는 이들은 5명의 '에포로스'였는데 그런 그들이 아무런 말도 하지 못했을 정도였다. 왕은 아기에게 스파르타의 유서 깊은 이름을 따서 레오티키다스라는 이름을 붙였다. 왕비는 시녀들밖에 없는 곳에서는 작은 소리로 알키비아데스라고 불렀다고 한다.

알키비아데스가 왕비와의 사이에서 일어난 문제 때문에 스파르타에 있을 수가 없어서 페르시아로 도망쳤다는 역사가들의 말은 틀린 것이다. 그가 스파르타를 떠나 소아시아 서쪽 해안으로 향한 것은 맞지만, 타고간 것은 스파르타 배였고 목적지는 사르디스였다. 또한 그를 기다리고 있던 사람은 페르시아 황제의 지방 장관이었다.

아마 알키비아데스는 스파르타 왕과 '에포로스' 모두와 합의하여 스파르타 외교사절로서 새로운 전쟁터로 변하고 있는 에게 해 동쪽으로 간 것이 아닐까 싶다. 다만 그것으로 끝내지 않는 것이 알키비아데스의 장점이자 단점이다. 이번에는 페르시아 황제로부터 그 일대를 위임받은 지방 장관인 티사페르네스Tissaphernes의 정치·군사 고문이 되었다. 참고로 현재까지 유일하게 남아 있는 알키비아데스의 초상은 스파르타에서 발굴된 모자이크 그림이다.

스파르타 망명 생활을 마치고 38세가 된 알키비아데스는 처음으로 에게 해 동쪽에 발을 들여놓았다. 그에게는 한 번 보면 바로 상황을 파악하는 능력이 있었다. 또한 자기 눈으로 본 현상과 보지 않았지만 들어서 알고 있는 정보를 연결하여 앞으로 일어날 일을 예측하는 능력이 있었다.

새롭게 알키비아데스를 고용한 페르시아가 왜 그의 사모스 행을 허락했는지는 알려져 있지 않다. 페르시아의 고귀한 출신인 티사페르네스는 알키비아데스보다 5세 어렸다고 한다. 오리엔트인의 나쁜 점은 스스로 영리하고 우월하다고 생각한다는 점이었다. 그래서 그는 알키비아데스가 다루기 쉬운 상대였을지 모른다.

사모스는 살라미스해전에서 승리한 직후부터 68년 동안 아테네 해군기지가 있던 섬이었다. 그사이에 아테네가 에게 해 제해권을 장악할 수 있었던 것은, 에게 해 서쪽에 위치한 아테네 외항 피레우스를 본거지로 삼는 본국 해군과 에게 해 동쪽에 떠 있는 사모스 섬에 상주하는 해군이 동과 서에서 마주보고 있었기 때문이다. 사모스 북쪽에는 키오스가 있다. 키오스 북쪽에는 레스보스가 있다. 이 두 섬 모두 독자적인 해군을 갖고 있었기 때문에 델로스동맹의 주요 가맹국이었다. 그러나 시칠리아 원정 실패에 동요한 이 두 섬에서 동맹 이탈 움

- 스파르타에서 발굴된 알키비아데스의 모자이크 초상화

직임이 나타났고, 키오스는 이미 스파르타에 접근하기 시작했다. 그래서 아테네에 사모스 섬의 중요도는 점점 높아졌다.

오랜 세월에 걸쳐 아테네 해군기지였던 사모스 섬에는 아테네인이 많이 거주하고 있었다. 알키비아데스는 이 사모스를 활동 재개의 발판으로 삼기로 결정했다.

정국 불안

한편 본국 아테네에서도 사태가 변하고 있었다. 시칠리아 원정군의 전멸을 안 직후 '믿을 수 없을' 정도의 충격에서 벗어나 시민 전원이 협력해서 아테네 해군의 재기를 이루었다. 그리고 절망과 불안의 시기가 끝난 뒤 찾아온 일종의 차분한 시기가 이어졌다.

물론 83세의 비극 작가 소포클레스까지 포함된 '늙은 현자 내각'이 앞으로도 계속될 수는 없었다. 강력하고 안정된 정부 수립이 필요하다는 데는 누구나 공감했지만 이를 위해 어떤 정치체제가 적절한지 고민할 정도로 민주정치 체제에 대한 불신이 분출되었다. 문학계만 봐도 역사가 투키디데스, 비극 작가 에우리피데스, 풍자희극 작가 아리스토파네스 등 민주주의에 반대하는 인물이 의외로 많았다. 페리클레스가 죽은 뒤부터 시작된 우중정치에 아테네 지식인층과 상류계급은 진저리를 쳤다. 일반 시민 역시 이와 비슷한 의문을 품었다. 그들은 시라쿠사 공방전이 참담한 결과로 끝난 것이 민주주의 체제였기 때문이라고 말해도 반론을 펼치지 못했다. 시라쿠사 원정과 전쟁 지속을 민주적으로 결정했던 것이다. 그 결과 시민 중 절반에 이르는 남자들이 귀국도 하지 못하고 타국에서 죽어야 했다.

이렇게 해서 처음에는 '400인 정권', 뒤이어 '5,000인 정권'이라고 불리는 정치체제로 바뀌어갔다. 6만 명이 유권자였던 '민주정치(데모크라티아)'에서 '과두정치(올리가르키아)'로의 이행이었다. 무자산계급이라도 20세 이상 모든 시민에게 결정권이 있었던 민주정치를 폐지하고 30세 이상, 그것도 자산이 있는 시민에게만 결정권을 주는 정치체제로 변했다. 여기까지 온 것은 전쟁을 끝내고 싶다는 바람이 있었기 때문이었다. 그 '생각' 자체는 옳았다. 또한 당시 민의도 반영된 것이었다.

기원전 411년 아리스토파네스의 작품 『리시스트라테』라는 풍자희극이 공연되어 대단한 갈채를 받았다. 오래 계속되는 전쟁 때문에 인내력의 바닥을 드러낸 아테네 여자들이 리시스트라테를 앞세워 스파르타 여자들까지 불러내 아테네와 스파르타 양국 남자들에게 전쟁을 그만두게 하기 위해 '섹스 스트라이크'를 결행한다는 내용이다. 전쟁을 지속하는 것은 남자들이니까 이제 여자들이 일어나 해결할 수밖에 없다는 것이었다. 로마와 비교하면 그리스 여성의 지위는 매우 낮고 약했기 때문에 효과적인 무기는 섹스를 거부하는 것 외에 없었다고 해도 수긍할 수밖에 없다.

그렇지만 '섹스 스트라이크' 원인인 아테네와 스파르타 간 대결 '펠로폰네소스전쟁'은 당시 이미 20년이나 계속되고 있었다. 이 전쟁 상태를 끝내기 위해서는 아테네와 스파르타가 강화조약을 맺는 수밖에 달리 방법이 없었다. 스파르타는 그 조건으로 아테네에 '델로스동맹'에서 손을 뗄 것을 요구했다. 즉 아테네에 제국주의적 노선을 버리라고 요구한 것이다. 그런데 군사동맹인 '펠로폰네소스동맹'과 달리 '델로스동맹'은 군사뿐 아니라 경제와 문화 등 여러 분야에서 인적 교류까지 포함된 동맹이었다. 해양 대국만이 아니라 경제 대국, 문화 대국인 아테네에 델로스동맹에서 손을 떼라고 요구한 것은 이런 사정에 대한 이해가 부족했기 때문에 나온 결과였다. '섹스 스트라이크' 정도로 해결될 문제가 아니었다.

전쟁 책임을 묻는 목소리가 터져 나오는 것은 전쟁이 장기화되고 그에 따른 이렇다 할 전쟁 성과가 없는 경우다. 이 시기에 '펠로폰네소스전쟁'은 이미 20년째를 지나고 있었다. '시작한 사람은 민주파인 페리클레스였고 그것을 계속한 당사자는 민주 정부였다. 시칠리아 원정 역시 민주적으로 결정했고, 물러나지 않고 계속한 결과 대참사로 끝난 책임 또한 민주 정부에 있다'는 비난이 쏟아졌다. 민주파가 이에 대해 반론하지 못하자 과두파의 기세가 거세졌다. 많은 사람의 생각을 모아서 결정했는데 나라 방향이 잘못되었으니, 선택된 몇몇 사람의 생각만 모아서 결정하면 그런 잘못을 피할 수 있다고 생각한 것일까?

모인 사람이 400명이든 5,000명이든 국민 전체가 아닌 소수가 지배하는 정치체제를 지향했다는 점에서는 다를 것이 없다. 후세 연구자들은 이 두 가지 형태에 대해 전자를 '과격한 과두정치', 후자를 '온건한 과두정치'라고 구별한다. 역사가 투키디데스는 도시국가 아테네가 지금까지 채택한 최고의 정치체제로 후자를 꼽았다. 이 사람들이 지향한 것은 페리클레스 시대에 확립한 철저한 민주정치 체제로부터 탈피하는 것이었다. 이에 따라 제도가 바뀌었다.

첫째, 선거권 연령을 20세가 아니라 30세로 끌어올렸다. 아테네에서 국가 요직에 오를 수 있는 시점은 30세 이후라고 정해져 있었기 때문에 피선거권은 과거와 다를 바가 없었다. 개혁된 것은 선거권이었다. 경험을 쌓고 사고력이 깊어진 남자라면 국정을 잘못된 방향으로 이끌지 않을 것이라고 생각한 모양이었다.

둘째, 국가공무원에게 지불하는 보수를 전면 폐지했다. 페리클레스가 이 제도를 도입한 것은 매일 노동을 해야 가족을 부양할 수 있는 무자산계급, 즉 노동자들이 공무에 참가할 수 있게 만들기 위해서였다. 이 사람들은 추첨으로 공직에 참여할 기회가 있었지만 일을 버리고 공직에 매달리기는 사실상 불가능했다. 결국 그들은 공직에서 사퇴했다. 그래서는 평등하게 주어진 기회를, 자주적이라고는 하지만 방기하는 셈이므로 1년 임기 중 생활비에 해당하는 금액을 국가가 급료로 보증하겠다는 것이 이 제도를 법제화한 페리클레스의 생각이었다. 그런데 이것이 전면 폐지되었다. 이로써 비록 1년이라지만 국가공무원이 될 수 있는 대상은 그 기간 동안 노동을 하지 않아도 생활비 걱정이 없는 자산계급에 한정되었다.

한편 삼단 갤리선의 노 젓는 선원 역시 페리클레스 시대에는 국가공무원이었기 때문에 나라에서 급료를 받았는데 그것까지 전면 폐지되었는지는 사료에 남아 있지 않아 정확하게 알 수 없다. 노 젓는 선원들은 당시 배의 모터 역할을 했다. 시라쿠사에서 동료들이 전멸한 뒤에 급료를 반으로 깎아도 좋으니 배에 타겠다고 결정한 이들은 아테네에서 최하층인 무자산계급에 속한 남자들이었다.

과두파 또한 시칠리아 원정에서 큰 타격을 입은 아테네가 재기하기 위해서는 아테네 해군이 재기해야 한다는 점에서 그들의 중요성을 인정했다. 노 젓는 선원이라는 동력 없이는 군선인 삼단 갤리선은 해전 참가는 고사하고 움직일 수조차 없었다. 거기에 그들 스스로 급료를 절반으로 줄여도 좋다고 말했다. 따라서 전면 폐지가 아니라 그 선에서 동결하지 않았을까 생각한다.

이로써 시칠리아 원정군 전멸에 아연실색했던 시기부터 1년 반이 지난 기원전 411년 6월 '400인 정권'이 출범했다.

그때 거기에 유일하게 반대의 목소리를 낸 무리가 사모스 섬을 기지로 삼고 있던 아테네 해군이었다. 당시 '델로스동맹'에서 가맹국 이탈이 표면화하고 있었기에 아테네 해군이 상주하고 있는 사모스의 중요도는 갈수록 높아지고 있었다. 본국 아테네를 진정시킨 '400인 정권'은 사모스를 그대로 방치할 수 없었다. 그래서 사모스에 있는 아테네 시민을 설득하기 위해 2명의 고관을 파견했다.

그런데 사모스에 도착한 고관 2명이 마주한 광경은 알키비아데스의 영향 아래 놓여 있는 아테네인이었다. 에게 해 동쪽 일대의 탈환을 노리는 페르시아나 그 페르시아와 동맹 관계를 유지하고 있던 스파르타 모두 알키비아데스에게 군중 앞에서 연설할 기회를 준 것이 큰 잘못이었다. 이야기가 시작되면 그것으로 끝이었다. 알키비아데스는 1 대 1에서 설득력도 뛰어났지만 대중을 앞에 둔 설득력은 당시 아테네에서 무적이었다. 이런 이유로 아테네에서 온 고관 두 사람은 결석재판이라고 하지만 사형이 선고된 국제 지명수배범과 얼굴을 맞대고 교섭을 해야 했다.

39세가 된 알키비아데스는 국제 지명수배가 되기 전 아테네 정계에서 민주파의 리더였다. 그의 아버지 역할을 한 사람은 페리클레스였다. 그런 알키비아데스에게 과두정치를 설득하려든 것은 희극이었지만, 알키비아데스는 곧바로 '노'라고 대답하지 않았다.

과두정치에 대한 반대로 들끓고 있는 해군 관계자들의 기분을 진정시키려고 노력은 하겠지만 거기에는 조건이 있다고 대답했다. 자신을 사모스에 상주하는 아테네 해군의 '스트라테고스(사령관)'로 추대하라는 조건이었다. 추대를 결정하는 것은 어디까지나 사모스에 있는 아테네 시민이라는 말을 듣고 과두 정부가 보낸 두 사람은 '오케이' 했다. 두 사람이 알키비아데스의 조건을 받아들인 것은 사모스의 반대를 진정시키는 일이 우선이라고 생각했기 때문일 것이다.

이렇게 해서 4년 전부터 범죄인으로 국제 지명수배를 당했던 알키비아데스는 아테네 해군의 공식 부대인 사모스 섬 주둔 해군을 지휘하는 지위를 차지하게 되었다. 사모스 섬의 아테네인들은 자신들이 과두정치에 반대하고 있었다는 사실은 잊은 채 알키비아데스를 자기네 '스트라테고스'로 선출했다.

이때의 알키비아데스의 행동에 대해 고대 역사가들은, 특히 투키디데스는 배신 행위라고 비난했다. 알키비아데스가 과두정치를 수용하고도 결국 그것을 붕괴로 이끌었다고 보았기 때문이다. 그러나 이 시기 알키비아데스에게 가장 중요한 문제는 아테네 공직에 다시 취임하는 것이었다. 당장 본국으로 돌아갈 수는 없겠지만 '스트라테고스'가 되면 실권을 장악할 수 있기 때문이었다.

알키비아데스는 아테네에서 과두정치가 성공하지 못할 것이라고 보았던 것 아닐까? 민주주의 체제는 페리클레스 시대부터 따져도 이미 50년 동안 지속되어왔다. 게다가 당시는 시민 전원이 힘을 합쳐야 하는 시기였다. 그러니 시민의 절반 이상을 사실상 국정에서 배제하는 정치체제가 오래 지속될 수 없다고 생각했던 것 아닐까? 또한 이런 경우 계급이나 남녀 구별과 상관없이 가슴 밑바닥에 숨어드는 감정도 무시할 수 없다.

아테네인이라면 누구나 시라쿠사 공방전이 아테네 쪽의 대참사로 끝난 원인 가운데 하나가 상대 쪽에 길리포스라는 이름을 가진 스파르타 무장이 있었기 때문임을 알고 있었다. 스파르타는 정규전에는 관여하지 않겠다고 말했다. 그러나 아무리 스파르타 내에서는 아웃사이더라고 해도 본국 정부의 허가 없이 길리포스 홀로 시라쿠사로 갈 수는 없었다. 또한 정규군을 거느린 스파르타 왕 아기스가 매년 아티카 지방 농경지를 공격하는 것도 아테네인의 반反스파르타 감정을 증폭시키는 데 일조했다.

이런 와중에 과두파는 스파르타에 접근하는 모습을 숨기지 않았다.

과두정치를 찬성하지 않는 아테네 시민도 스파르타와 대화가 양국 평화 구축에 도움이 될 것임은 알고 있었다. 그렇지만 마음 깊숙한 곳에 스며든 반反스파르타 감정까지 사라지게 할 수는 없었다. 따라서 아테네가 앞으로 정치체제를 결정하는 일에서 관건은, 민주정치나 과두정치의 문제가 아니라 아테네의 현실에 맞는지 맞지 않는지에 달려 있었다.

실제로 '400인 정권'은 4개월을 채우지 못하고 붕괴했고 뒤를 이은 '5,000인 정권'도 1년을 채우지 못하고 몰락했다. 기원전 410년, 아테네는 이전의 민주정치로 돌아갔다. 그러나 본국에서 펼쳐지는 정치체제를 둘러싼 혼란스러운 결과를 알키비아데스는 기다리지 않았다. 지휘권을 손에 쥔 그는 '400인 정권'의 붕괴를 기다리지 않고 사모스 섬에 주둔하고 있는 아테네 해군을 거느리고 바다로 나갔다.

그렇다면 알키비아데스는 다시 말을 갈아탄 것일까? 아테네에서 스파르타로, 그다음에 페르시아로, 이번에는 다시 아테네로? 만약 그렇다면 알키비아데스에 대한 판단은 간단하다. 그런데 그렇지가 않다. 연구자들은 그가 아테네와 페르시아를 저울질했다고 말한다. 그럼에도 역시 그가 아테네로 갈아탔다고 생각한다. 다만 말을 갈아타기는 했지만 페르시아와 완전히 결별하지 않고 이후에도 밀접한 접촉을 계속했다. 왜일까? 이것이 알키비아데스라는 남자를 판단하기 어려운 점이다.

40세에 가까워진 알키비아데스와 페르시아 황제로부터 에게 해 동쪽을 일임받은 35세의 티사페르네스 간 접촉이 어떻게 진행되었는지 보여주는 사료는 남아 있지 않다. 그래서 상상력을 발휘할 수밖에 없다. 알키비아데스와 티사페르네스 두 사람의 대화는 이렇게 진행되었지 싶다. 그리고 아테네 남자와 페르시아 남자가 대결한다면 소크라테스식 화법이 도움이 될 것이다.

"페르시아는 나와 당신이 태어나지도 않았던 70년 전에 영유했던 에게 해 동쪽 일대를 되찾고 싶은 거지?"

"그래, 그거야."

"그런데 아테네가 방해되니까 스파르타에 자금을 원조해서 그 일대에서 아테네를 배제시키려는 거지?"

"그렇게 생각할 수도 있겠네."

"하지만 스파르타의 힘을 빌려서 아테네를 배제한 뒤 그 일대의 지배자가 되었을 때 페르시아의 가장 중요한 문제는 그 지방에 사는 그리스인이 페르시아 지배를 감내하며 받아들일까 하는 것이겠지."

"그렇지."

"그렇다면 그 지방이 다시 아테네로 돌아가는 것을 막기 위해 스파르타를 쫓아낼 수는 없겠지. 페르시아는 혼자서 그리스인을 상대로 전쟁하는 게 싫을 테니까."

"그래, 그것도 맞는 말이야."

"그러나 에게 해 동쪽에 사는 그리스인은 레스보스, 키오스를 비롯한 섬들이나 에페소스, 밀레토스와 같은 육지 도시국가들 모두 교역으로 살아간다는 점에서 다를 것이 없어. 그들에게 충분히 비즈니스

할 수 있는 환경을 제공하지 않는 한 페르시아 지배를 감내하지 않을 테고 다시 아테네에 도움을 청할 수밖에 없을 거야.

그런데 그들에게 눈독을 들이는 스파르타는 비즈니스와 전혀 관계가 없는 나라지. 스파르타가 자국에서는 쇠로 만든 화폐 유통만 허용하고 외국인은 상인일지라도 입국을 환영하지 않는 폐쇄사회라는 건 알고 있겠지? 이런 상황에서 에게 해 동쪽에 사는 그리스인이 언제까지 스파르타 군사력을 등에 업은 페르시아의 지배를 감내하겠어?"

"으음."

여기서 알키비아데스가 공격의 방향을 바꾼다.

"에게 해 동쪽에 있는 그리스인 사회를 페르시아전쟁 이전으로 되돌리고 영토도 차지하고 싶은 페르시아에 가장 좋은 상황은, 아테네가 되었든 스파르타가 되었든 그리스 본토에 있는 도시국가의 세력이 약해지는 거야. 그러자면 두 나라의 국력이 강해지지 못하도록 서로 싸우면서 힘을 소모하게 만들면 좋겠지."

"뭐, 그건 그렇지."

"그럼 스파르타에 대한 자금 원조를 끊는 것이 가장 간단한 방법 아닐까?"

소크라테스식 대화법의 효과는 질문받는 사람이 계속 이어지는 질문에 하나하나 대답하다 보면 결국 뭐가 뭔지 모르게 된다는 점이다. 이제까지 자기 생각에 자신감을 잃는 것이다. 이것이 철학 분야에 머물러 있는 한 문제가 되지는 않는다. '안다'고 생각했다가 '모른다'는 것을 자각할 뿐이기 때문이다. 그러나 자기 이외에 많은 사람의 운명이 걸려 있는 경우에는 문제가 된다. '주도권'을 상대에게 넘겨주게 되기 때문이다.

물론 사모스에 주둔하는 아테네 해군 사령관이 된 알키비아데스와 페르시아 황제로부터 이 일대 탈환을 일임받은 티사페르네스 사이에 회담이 이렇게 전개되었을 리는 없다. 그렇지만 실제로 아테네 세력을 배제할 목적으로 결성된 스파르타와 페르시아의 공동전선은 알키비아데스가 이 일대에 나타나고부터 삐거덕거리기 시작했다.

첫 번째 원인은 자금 원조 대가로 여전히 '황제의 영토'라고 부르는 에게 해 동쪽 일대를 황제에게 양도한다는 내용을 계약서에 명기하라는 페르시아 측 요구를 스파르타가 거절했기 때문이다. 스파르타는 플라타이아이전투에서 승리하면서 살라미스해전에서 승리한 아테네와 나란히 제2차 페르시아전쟁의 2대 공로 국가가 되었다. 그 스파르타가 그리스인이 사는 지방을 페르시아에게 팔아넘기면 그리스 전체의 반감을 살 위험이 있었다.

두 번째 원인은 스파르타의 예측과 달리 페르시아 쪽 자금 원조가 부족했기 때문이다. 비용 대 효과라는 점에서 의심을 품었을지 모른다.

스파르타조차 해군이 필수불가결하다고 여기기 시작한 이 무렵, 스파르타는 해군력을 갖추는 데 시간이 걸린다는 사실을 비로소 깨달았다. 펠로폰네소스동맹 맹주여서 펠로폰네소스 반도 전역에서 많은 사람들이 모여들었고 그래서 인적 자원은 풍부했다. 그러나 페리클레스가 아테네 해군을 평가하며 표현한 '숙달된 기능자 집단'은 테미스토클레스 이후 70년에 걸쳐 축적된 성과였다.

숙달된 기능자 집단이 필요하면 외부에서 충원하는 수밖에 없었다. 스파르타가 그 점을 페르시아에 전달했을 때 페르시아는 아테네의 노 젓는 선원들이 받는 금액과 동일한 급료를 제시했다. 하지만 그 액수 는 아테네 하층민인 그들조차 일소에 붙일 정도로 적었다. 시칠리아 원정군이 전멸했다는 사실이 알려지자 그들은 급료의 절반만 주어도 바다에 나가겠다고 말했는데 바로 그 정도 금액이었다. 만약 그 몇 배 의 급료를 제시했다면 본국 아테네의 과두 정부 수립에 불만을 품고 있던 그들은 페르시아 쪽 요구에 따랐을지 모른다. 페르시아인의 결 여된 경영 감각에 대해 달리 할 말이 없다. 하지만 그것은 토지야말로 자원이라고 생각하는 페르시아인과 인간의 두뇌와 기능이야말로 자 원이라고 생각하는 그리스인의 차이에서 비롯된 결과일지 모른다. 여 하튼 이 시기 아테네 선원들에 대한 대대적인 스카우트는 실현되지 않았다.

이때부터 알키비아데스는 사모스에 주둔하는 아테네 해군의 출동 을 지휘했다. 이 출동은 아테네가 바다에서 무적임을 과시하기 위한 목적도 있었다. 그리고 스파르타에 대한 자금 원조의 비용 대 효과를 재고하라며 페르시아 쪽에 보내는 신호이기도 했다. 스파르타의 에게 해 동쪽 진출은 페르시아의 자금 원조가 없이는 이루어질 수 없었기 때문이다.

해군 장군 알키비아데스

한 나라 정부가 국민을 위해 반드시 이루어내야 하는 두 가지 책무는 안전과 식량의 보장이다. 펠로폰네소스전쟁이 시작된 이후 여름마다 스파르타 군대는 아티카 지방 경작지 공격을 반복했다. 이를 아테네가 꿋꿋하게 견딜 수 있었던 것은 '식량'의 주요 수입처인 흑해로 오가는 길을 여전히 아테네가 쥐고 있었기 때문이다.

그러나 시칠리아 원정 실패로 아테네가 약화되면서 페리클레스 시대에 고생하며 강화해놓은 '식량' 보급로에도 여파가 미쳤다. 물론 아테네는 헬레스폰토스 해협을 굳게 지키기 위해 해협이 가장 좁아지는 세스토스 항구에 18척의 삼단 갤리선을 상주시켜놓았다. 이 세스토스를 빼앗기 위해 16척의 삼단 갤리선으로 이루어진 스파르타 해군이 에게 해를 북상했다.

이때 스파르타 해군에 자금을 제공한 사람은 티사페르네스가 아니라 역시 페르시아 황제로부터 에게 해 동쪽 탈환을 일임받은 파르나바조스^{Pharnabazos}였다. 오늘날 터키 영토인 소아시아 서해안과 그곳과 인접한 그리스 영토인 레스보스, 키오스, 사모스 섬은 고대에는 에게 해 동쪽 일대로 인식되었다. 따라서 페르시아 궁정 역시 이 일대를 북부와 남부로 양분하여 페르시아제국의 지방 장관 두 명에게 각각 통치를 맡겼다.

소아시아의 리디아^{Lydia}와 카리아^{Caria} 지방 그리고 풍요로운 내륙 지방을 포함한 남부는 티사페르네스의 직할지였는데 페르시아전쟁 당시부터 그리스 정복을 위한 페르시아의 전초기지였던 사르디스를 본거지로 삼고 있었다. 그 북쪽에 펼쳐진 아이올리스^{Aeolis}와 프리기아^{Phryghia} 지방을 포함한 북부는 파르나바조스의 직할지였다. 따라서 헬레스폰토스에서 아테네 세력을 축출하는 작전을 펼치도록 자금을 제공한 쪽은 파르나바조스였다. 그리하여 아테네와 스파르타의 해상 격돌은 에게 해에서 마르마라 해로 빠져나가는 헬레스폰토스 해협에서 시작되었다.

첫 대결은 아테네 쪽 승리로 끝났다. 아테네가 승리한 데는 몇 가지 요인이 있었다.

첫째는 좁은 해협에서는 선원들의 숙련도가 그대로 발휘된다는 점 때문이었다.

둘째는 해군뿐 아니라 해운 전통도 없는 스파르타였기에 오랫동안 선원 전체를 통솔한 경험을 가진 함장이 없었고 바다 위 기상 변화에 대응할 수 있는 인재도 없었다는 점 때문이었다. 그래서 스파르타 해군은 폭풍우를 만나면 대응하지 못했다. 시라쿠사 공방전 때도 길리포스를 응원하기 위해 보낸 선단이 폭풍우를 만나 서쪽으로 가야 하는데 남쪽으로 표류하다가 북아프리카에 '불시착'한 일이 있었다. 기원전 411년 역시 16척이 강풍에 휘말려 제대로 공격조차 하지 못했는데 이것이 스파르타가 패배한 원인 가운데 하나였다.

셋째는 스파르타 해군이 헬레스폰토스 해협을 향해 북상한다는 것을 알고 그 뒤를 쫓은 알키비아데스의 사모스 해군이 제시간에 도착했기 때문이었다.

트라키아

흑　해

비잔티온 칼케돈

마르마라 해

프리기아

세스토스 아비도스 키지코스

헬레스폰토스 해협

에게 해

아이올리스

리디아

레스보스

포카이아

키오스

사르디스

사모스 에페소스

밀레토스 이오니아

낙소스

카리아

할리카르나소스

N

로도스

0　　　50km

● 에게 해 동쪽과 이오니아 지방 주변

세스토스의 아테네 해군과 사모스에서 온 아테네 해군이 어떻게 싸웠는지는 알려져 있지 않다. 그러나 대부분의 연구자들이 첫 대결에서 승리한 궁극 요인을 알키비아데스에게 돌리는 것은 이후 아테네와 스파르타의 해전 대부분이 이 국제 지명수배자의 전력과 전술에 따랐기 때문이다.

세스토스를 둘러싼 해전에서 승리한 아테네 해군은 쇠는 뜨거울 때 두드리라는 말처럼 기지로 돌아가지 않고 그대로 헬레스폰토스 해협이 보이는 양쪽 해안 전역과 그 북동쪽에 있는 마르마라 해 전역의 패권을 장악하기 위해 움직였다. 비잔티온을 아테네 쪽으로 되돌리지는 못했다. 그러나 그 맞은편 해안에 위치한 칼케돈Chalcedon은 아테네 쪽으로 돌아섰다. 헬레스폰토스 해협, 마르마라 해 그리고 보스포루스 해협의 안전만 확보되면 흑해에서 피레우스 항구까지, 아테네의 '식량' 보급로는 보장되는 셈이었다.

이렇게 도시국가 아테네는 시칠리아 원정에서 패배하며 입은 엄청난 손해에도 꺾이지 않고 해군을 재기시켰을 뿐 아니라 해군력도 되찾았다. 그런데 그 발목을 잡은 것은 본국 정부의 실정이었다.

새로운 세금이라는 실책

시라쿠사 공방전에서 패한 타격과 그 후 재기를 꾀하는 과정에서 아테네 국고는 텅 비고 말았다. 새로운 수입을 얻을 길을 찾던 과두 정권은 델로스동맹의 모든 가맹국에 새로운 세금을 부과했다. 배에 실은 화물 가치의 5퍼센트에 해당하는 금액을 델로스동맹 전체의 안전보장을 위한 비용으로 아테네에 지불하라는 법이었다.

시칠리아 원정의 결말을 알고 동요했지만 그래도 델로스동맹에 잔류했던 가맹국들은 재기한 아테네 해군의 힘을 확인했다. 그래서 처음에는 5퍼센트의 세금을 내겠다고 받아들였다. 그런데 이 새로운 세금이 아테네 상선에는 면제된다는 사실이 알려졌다. 가맹국들의 불만이 폭발했다. 불공평하다는 것이었다. 당연한 일이었다. 적재 화물에 대한 세금은 이제까지 델로스동맹 내에서 없었기 때문에 거기에 5퍼센트 과세를 하면 그 금액만큼 판매 가격에 반영하면 된다. 그런데 아테네 상선으로 운반된 물산과 다른 가맹국 배로 운반된 물산의 판매가격에 차이가 생기면 후자의 가격 경쟁력이 불리해진다.

불만이 격렬해지면서 아테네 정부는 이 새로운 세금 정책을 철회할 수밖에 없었다. 이 때문에 아테네 과두체제는 일관된 정략(스트라테지아)이 결여되어 있다는 사실이 폭로되고 말았다. 기껏 해군력을 만회해서 가맹국에 '델로스동맹'은 운명공동체임을 납득시키려고 했는데 그 절호의 기회를 잃고 만 것이다.

본국 정부의 헛발질로 알키비아데스의 주가는 한층 더 높아졌다. 애초부터 알키비아데스에 대한 아테네 민중의 지지는 높았다. 올림피아에서 열린 고대 올림픽 마지막 날, 네 마리의 말이 *끄*는 전차를 타고 1, 2, 3등을 독점해서 아테네를 열광시킨 알키비아데스를 아테네인들은 7년이 지난 뒤에도 잊지 않았다.

알키비아데스의 자유분방한 행동 또한 묘하게 민중에게 인기가 높았다. 아테네 유력 인물들 가운데는 부자면서도 소박한 생활을 하는 사람들이 많았다. 1,000명에 이르는 광부가 일하는 은광을 가진 니키아스 역시 화려한 생활을 전혀 하지 않았다. 최종 결정권을 '데모스(민중)'가 가진 민주정치 체제 아래에서 유력자들은 데모스의 반감을 사지 않기 위해 소박한 생활방식을 고수했던 것이다.

그런데 알키비아데스는 완전히 달랐다. '내가 부자로 태어난 것은 모두가 아는 사실인데 왜 감추며 살아야 하지?' 하는 식이었다. 그의 돈 씀씀이를 보자. 사두전차 경주 출전은 오늘날 '포뮬러 원'에 출전하는 것과 마찬가지였다. 그런데 우승 확률을 높이기 위해 일곱 팀을 출전시켰다. 그 결과가 시상대 독점이었다. 사두전차 일곱 팀과 그 외 마부들에게 들어간 비용은 막대했다. 이 모든 비용을 그 혼자서 부담했다.

이외에도 그의 생활은 화려했다. 옷이나 가구에 공을 들였다. 스승인 소크라테스의 충고에도 아랑곳하지 않았다. 그런데 오히려 이것이 '데모스'의 인기를 끄는 요인 가운데 하나였다. 사람들은 그가 정직하다고 생각했다. 그리고 아테네는 '데모스'에게 최종 결정권이 주어진 '민주정치' 국가였다.

트리에라르코스

그런 알키비아데스도 40대에 접어들고 있었다. 스파르타를 상대로 한 해전에 나선 이후 새로운 지지층이 생겨났다. '트리에라르코스(삼단 갤리선 선장)'라고 총칭되는 사람들은 자비로 갤리선을 건조해서 나라에 기부하고 스스로 그 배에 올라 해전에 참가했다. 아테네에서 부유층에 속한 사람들이었다.

이 남자들이 알키비아데스의 군사적 재능을 인정하기 시작했다. 심지어는 페리클레스의 재현이라고 생각하는 사람들마저 있었다. 알키비아데스는 페리클레스가 아버지 역할을 대신했고, 어머니 쪽 혈통을 따지면 아테네 최고 명문인 알크마이온 집안에 속해 있었다. '삼단 갤리선 선장'들이 보기에 알키비아데스는 자기들과 동일한 계급에 속한 사람이었다. 아테네 부자들이 생각하는 페리클레스는 민주정치 지도자이며 정국 안정의 상징이었다. 정국 안정만큼 부자들이 원하는 것은 달리 없다. 민주정치 체제와 과두정치 체제의 차이 따위는 이 대전제 앞에서 부차적인 문제였다. '트리에라르코스'들은 스스로 군선을 지휘하여 전쟁터로 나가면서 혼미를 거듭하는 과두정치보다 능력 있는 한 사람이 지휘하는 민주정치가 아테네의 안정에 더 좋다고 여기게 되었다.

이들의 지지에 더해 알키비아데스는 함께 사령관직을 맡을 수 있는 능력을 지닌, 장군 수준의 지지자도 갖게 되었다. 이들은 트라시불로스Thrasybulos, 테라메네스Theramenes를 필두로 한 알키비아데스와 비슷한 세대 남자들이었다. 이들은 원래 과두파에 속했는데 과두파 정부가 사모스에 파견 보냈다. 그곳에서 알키비아데스와 함께하면서 정치체제의 차이에 대해 더 이상 신경 쓰지 않게 되었다. 총사령관이 전략과 전술에 아무리 뛰어난 재능을 갖고 있더라도 그 전력과 전술대로 움직이는 부장 수준의 인물이 없으면 전투에서 이길 수 없다.

이렇게 해서 '국제 지명수배범'이었던 알키비아데스의 지지층은 본국 아테네보다 해외 아테네 기지에서 공고해졌다. 이들의 지지가 결정적으로 굳어진 것은 기원전 410년, 마르마라 해에서 스파르타 해군을 상대로 싸워 아테네 패권을 확실하게 만든 키지코스^{Kizikos} 해전이었다.

연전연승

스파르타의 자긍심이자 용맹함이 페르시아에까지 알려진 '스파르타의 전사'들, 즉 스파르타의 중무장 보병 부대가 강했던 것은 긴 창의 공격력과 방패의 방어력을 함께 구사할 수 있도록 한 사람 한 사람이 밀집해서 전진하기 때문이었다. 그 압박이 주는 공포는 현대에 비유하면 밀집해서 전진하는 전차 군단이 빚어내는 공포와 유사하다. 게다가 적과 접근전이 시작되면 한 사람 한 사람이 적확하게 거리를 두고 창과 칼로 종횡으로 싸우기 시작했다. 그러면서 밀집 형태는 끝까지 무너뜨리지 않았다. 스파르타가 그리스 도시국가 가운데 최강 육군을 가질 수 있었던 이유, 소년 시절부터 하루 종일 무술을 연마하며 얻어낸 성과가 바로 이 전투 방식이었다.

물론 무적이라고 불리는 이 스파르타 중무장 보병 부대에도 결함은 있었다. 움직임이 느렸다. 움직임이 '느리다'는 것은 예상할 수 없는 적의 공격에 대해 임기응변이 '늦다'는 것을 의미했다. 유연한 발상이라고는 약에 쓰려고 해도 없는 것이 스파르타라는 나라였다. 그래서 스파르타 해군은 중무장 보병 부대의 육지 전투 방식을 바다 위에서 그대로 답습하는 데 대해 전혀 의심을 품지 않았다.

알키비아데스는 이 부분에 주목했다. 그는 스파르타에서 망명 생활을 할 때 왕비를 임신시키기만 한 게 아닌 듯하다.

키지코스 항구에 정박한 스파르타 해군은 이 지역을 탈환하려는 아테네 해군과 군선 수가 비슷했다. 알키비아데스는 전투를 앞두고 자기가 지휘하는 아테네 해군을 셋으로 나누었다. 제1선단의 지휘는 자신이 맡았다. 제2선단의 지휘는 트라시불로스, 제3선단의 지휘는 테라메네스에게 맡겼다. 계절은 6월이었다. 전쟁터가 넓기는 했지만 외해가 아닌 마르마라 해에 국한되었다. 아테네 해군의 '숙달된 기능자 집단'이 실력을 발휘하기에 최고의 상황이었다.

먼저 제1선단이 단독으로 항구 입구로 접근했다. 정박 중인 스파르타 해군은 그 규모를 보고 간단하게 격파할 수 있겠다고 생각했다. 모든 배가 항구 바깥으로 몰려나왔다. 알키비아데스가 지휘하는 제1선단은 공격할 것처럼 공세를 취하다가 물러나고 물러나는 척 하다가 공세를 취하는 움직임을 교묘하게 되풀이했다. 이런 방법으로 스파르타의 모든 배를 항구 바깥까지 끌어내는 데 성공했다.

그러자 가까운 섬의 그늘에 숨어서 기다리던 제2선단이 왼쪽에서,

제3선단이 오른쪽에서 나타나 스파르타 배들을 포위했다. 동시에 이제까지 '미끼' 역할을 했던 제1선단도 유턴했다. 세 방향에서 포위하는 작전이었다. 나머지 한 방향은 포위할 필요가 없었다. 움직임이 둔하고 조종 능력마저 떨어지는 스파르타 해군에는 아테네 해군을 피해서 항구로 도망칠 수 있는 배가 없었기 때문이다.

키지코스해전 승리가 결국 과두정치의 막을 내리게 만들었다. 온건하다지만 소수 지배 체제였던 '5,000인 정권'은 이해에 붕괴했다. 그러나 역사가 투키디데스가 일컬은 '아테네 최고의 정부'가 1년도 지나지 않아 붕괴한 것은 한 번의 승리 때문만은 아니었다.

첫째, 과두파 내부에서 분쟁이 발생해 한 명이 암살되는 바람에 아테네 시민의 마음이 떠나고 말았다.

둘째, 아테네 시민은 민주정치 체제를 재검토할 마음이 강해졌다. 본국은 과두 정부였지만 사모스 섬만은 민주정치 체제에 대한 지지를 거두지 않았다. 따라서 스파르타 해군을 상대로 승리를 거둔 사모스의 아테네 해군은 본국 정부가 보면 반대파에 속했다. 그것을 지휘하는 알키비아데스가 민주파라는 사실은 잘 알려져 있었다.

사모스 섬이 과두 정부에 대한 불신을 분명하게 드러낸 기원전 411년부터 기원전 408년까지 3년 동안 에게 해 동쪽에서 아테네와 스파르타 사이에 벌어진 전투는 4회였다. 결과는 아테네의 4전 4승이었다. 본국 아테네 시민은 에게 해 반대쪽에 있는 사모스 섬을 단순한 해군기지로 보지 않게 되었다. 이 또한 당연한 일이었다.

다시 민주정치로

안타까운 일이지만 인류는 전쟁 자체를 싫어하지 않는다. 장기전이 되고 게다가 패색이 짙어진 전쟁을 싫어할 뿐이다. 따라서 명장이라고 불리는 사람들은 모두 단번에 승부를 결정할 수 있는 전투에 모든 것을 걸었다. 그것이 육지든 바다든 상관없었다. 마라톤의 밀티아데스, 살라미스의 테미스토클레스, 플라타이아이의 파우사니아스 그리고 그 후에 등장하는 알렉산드로스 대왕까지 모두 그러했다. 이 성향은 민족이 달라져도 변하지 않는다. 카르타고의 한니발, 로마의 스키피오, 카이사르 또한 그러했다. 패색이 짙어진 상태에서 장기전으로 가는 것만큼 자국민의 지지를 상실하는 일은 없다.

알키비아데스가 거둔 4전 4승은 본국 아테네 시민에게는 단순한 승리가 아니었다. 알키비아데스의 승리는 그리스 세계에서 여전히 최대 인구를 품고 있는 도시국가 아테네의 '식량' 보급로를 확보해주었다. 또한 해상에서 무적임을 보여준 것은 시칠리아 원정 실패로 이반 움직임을 보이던 델로스동맹 가맹국들이 그 움직임을 멈추도록 만들었다. 잊지 말아야 할 것은 델로스동맹이 광역 경제권이라는 사실이다. 그리고 그것을 주도하는 아테네는 현대 관점에서 수공업 수준이기는 해도 고대 관점에서는 뛰어난 제조업 국가이자 경제 대국이었다. 델로스동맹의 존속은 곧 아테네의 존속이라고 말해도 좋을 정도였다.

알키비아데스는 해전에만 치중하지 않았다. 외교에서도 적극적으로 움직였다. 다만 누구를 상대할 것인가 하는 점에서 본국 과두 정부와 차이를 보였다. 본국 과두 정부가 바라는 것은 '펠로폰네소스전쟁'의 종결이었다. 이 목표 자체는 옳았다. 그러나 이를 위해서는 스파르타와 화해할 수밖에 없다는 생각에서 벗어나지 못했다. 그런데 스파르타는 델로스동맹 해체를 요구하며 물러서지 않았다. 이 때문에 화해에 이를 수 없었다. 게다가 과두 정부가 노골적으로 스파르타에 접근하자 시민들은 반감을 갖기 시작했다. 한편 사모스에 있는 알키비아데스는 페르시아를 상대로 정했다. 에게 해 동쪽 일대로 스파르타가 진출한 것은 페르시아의 자금 원조가 없이는 불가능에 가까웠다. 그래서 스폰서와 직접 교섭에 나서기로 결정한 것이다.

이 시기 페르시아 황제로부터 일대 탈환을 명령받은 티사페르네스는 골머리를 앓고 있었을 것이다. 규모를 갖추도록 자금을 대었던 스파르타 해군이 아테네 해군에 연전연패를 당했기 때문이다. 티사페르네스는 페르시아제국의 신하였기에 책임을 추궁당할 위험도 있었다. 그래서 그는 페르시아 해군을 에게 해로 불러들여 약체인 스파르타 해군과 함께 싸워야겠다고 생각했다. 육군 대국이던 페르시아의 해군은 페르시아 영내에 있는 페니키아 배를 가리킨다. 티사페르네스는 소아시아 서남부 일대를 직할지로 삼고 있어서 이들을 움직일 수 있었다. 그리하여 실제로 아테네 해군의 2배가 넘는 페니키아의 선단이 에게 해로 들어왔다.

이를 안 알키비아데스는 주변에 있는 13척만을 거느리고 그곳으로 향했다. 티사페르네스와 회담하기 위해서였다. 이번에는 소크라테스식 대화법을 사용할 필요가 없었을 것이다. 이제까지 아테네 해군의 연전연승이 모든 것을 말해주었다. 살라미스해전을 떠올리게 만들기에 충분했다. 알키비아데스와 티사페르네스, 둘 다 태어나지 않았던 70년 전에 벌어진 해전이었다. 그때 페르시아 해군은 아테네 해군에 의해 산산조각 났다고 해도 좋을 정도로 격파당하고 말았다. 그때도 페르시아 해군의 주축은 페니키아에서 온 선단이었다. 살라미스해전이 반복되면 티사페르네스의 목은 날아갈 것이 확실했다.

티사페르네스와 회담을 마친 13척의 배는 페니키아 선단 사이를 빠져나와 사모스로 돌아갔다. 뒤에 남겨둔 밀정은 페니키아 선단이 13척의 뒤를 쫓는 듯이 보인다고 보고했다. 물론 그것은 페니키아 선단이에게 해를 뒤로하고 왔던 길로 돌아가는 것이었다.

본국 아테네에서는 4개월밖에 지속되지 못한 '400인 정권'에 뒤이어 성립한 '5,000인 정권' 역시 8개월이 지나 붕괴했다. 결국 과두정치가 붕괴하고 민주 정권으로 되돌아갔다. 그 민주 정권이 알키비아데스를 맞아들였다.

사랑했다, 미워했다, 그래도 바랐다

알키비아데스는 아마 기원전 408년부터 기원전 407년에 걸친 겨울 즈음에 귀국하겠다는 의지를 굳혔을 것이다. 그리고 실제로 기원전 407년에 복귀가 실현되었다.

그런데 아테네에는 국법을 어긴 자에게 사면을 해주고 귀국을 인정하는 법이 존재하지 않았다. 알키비아데스는 시칠리아 원정 중일 때 받은 본국 소환 명령에 불복하고 스파르타로 망명했기 때문에 결석재판을 통해 사형을 선고받았다. 귀국하면 곧바로 체포되어 사형에 처해질 위험이 있었다. 게다가 본국 농민들이 그를 미워하는 사실도 무시할 수 없었다. 스파르타는 망명한 그가 내놓은 제안을 받아들여 데켈레이아에 기지를 세웠다. 그 뒤로 아티카 지방 농민들은 7년 동안 수확을 하지 못했다.

상황이 이러했기에 본국 귀환을 신중하게 진행할 필요가 있었다. 이쪽에서 군사력을 동원해 강요할 것이 아니라 아테네 쪽에서 자원해서 받아들이게 할 필요가 있었다.

막 43세가 된 알키비아데스는 망명 생활 8년째인 기원전 407년, 귀국하기에 좋은 때라고 생각한 모양이었다. 그의 본국 귀환을 자기 일처럼 기뻐하는 사모스 섬에서는 아무런 문제가 없었다. 다만 에게 해 동쪽 일대는 그가 떠나더라도 스파르타에게 빼앗기지 말아야 했다. 그것이 지난 4년 동안 비록 사모스 섬의 아테네 시민만 참여해 선출했지만 '스트라테고스(사령관)'를 지냈던 알키비아데스의 책무였다. 그래서 20척의 배를 이끌고 그 일대에 산재한 델로스동맹 가맹국을 돌면서 방위 체제 정비를 명령했다.

한편 이것은 가맹국으로부터 분담금을 징수하는 일이기도 했다. 이렇게 모인 돈이 100탈란톤이었다고 전한다. 100탈란톤이면 군선인 삼단 갤리선을 100척 진수할 수 있는 큰 금액이었다. 부유계급의 기부에도 한계가 있었다. 100탈란톤은 오랫동안 계속된 전투 때문에 경제력이 약화된 아테네에 기쁜 수입이었을 것이다. 발칙한 사내였던 알키비아데스가 귀국 선물을 준비했던 셈이다.

알키비아데스는 이런 일들을 모두 마친 뒤에 비로소 아테네를 향해 뱃머리를 돌렸다. 기원전 407년 가을로 막 접어들었을 때였다. 아테네 외항 피레우스에는 소문을 들은 아테네 시민들이 기다리고 있었다. 알키비아데스는 곧바로 하선하지 않았다. 배 위에서 서성거리는 그를 향해 항구를 메운 아테네 시민들의 환호성이 터져 나왔다. 알키비아데스는 영웅처럼 환호를 받으며 8년 만에 고향 땅을 밟았다. 가는 곳마다 열광하는 시민들이 그의 주위를 에워쌌다.

급하게 소집된 아테네 시민집회는 압도적 지지로 다음과 같은 사항을 결의했다. '알키비아데스에게 씌워진, 헤르메스 신상 머리를 자른 사건은 불기소한다. 본국 소환 명령에 불복한 죄도 묻지 않는다. 망명지인 스파르타에서 군사 고문을 맡은 것도 불문에 부치고 몰수했던 자산의 전액도 반환한다.' 즉 그에게 씌워져 있던 모든 죄를 공식적으로 '없는 것'으로 만들었다. 그뿐이 아니었다. 시민집회는 다시 압도적 지지로 알키비아데스를 육군과 해군을 모두 지휘하는 아테네 군대 총사령관으로 선출했다. 조국 아테네는 알키비아데스가 바라던 것 이상으로 그를 환대했다.

그러나 시민의 환호를 받으며 하루하루를 보내던 알키비아데스는 과연 알아차렸을까? 8년 만에 본 아테네인의 마음이 이전과는 달리 상당히 거칠어졌음을 말이다. 거칠어졌다는 것은 쉽게 화를 낼 수 있음을 의미했다. 다시 말해 아테네인의 마음이 까칠하게 바뀐 것이다.

비극 작가 에우리피데스는 자기 작품에 대한 관객의 반응에 불만을 느끼고 마케도니아 왕의 초청을 받아 아테네를 버리고 떠났다. 소크라테스는 남았지만 소크라테스의 애제자였던 아가톤 또한 아테네를 버린 사람 가운데 하나였다. 그도 애인인 파우사니아스와 함께 마케도니아로 사라졌다.

플라톤의 작품 『향연』의 등장인물 중 이 시기 아테네에 남아 있던 사람은 63세의 소크라테스 외에 더 있었다. 5세 연하로 알키비아데스와 동세대였던 풍자희극 작가 아리스토파네스였다. 당연했다. 비극은 인간의 고상함을 묘사하지만 풍자희극은 인간의 열악함을 조롱하기 때문이다. 혼미를 거듭하는 아테네는 아리스토파네스에게 보물창고와 같았을 것이다.

아리스토파네스가 쓴 희극 『개구리』에는 매년 아테네에서 열리는 연극제를 봉헌하는 술의 신 디오니소스와 그곳에서 많은 연극을 상연해온 비극 작가 아이스킬로스와 에우리피데스가 등장한다. 연극 중 대화 역시 이 삼자를 중심으로 진행된다. 여기에 소개하는 내용은 그 마지막 부분이다. 장면은 아테네가 변하지 않으면 앞으로 연극제도 걱정이라는 디오니소스의 이야기로 시작된다.

디오니소스: 각자 알키비아데스에 관해 어떻게 생각하는지 말해보게. 도시가 지금 진통을 겪고 있으니까.

아이스킬로스: 아테네는 그에 대해 어떻게 생각합니까?

디오니소스: 어떻게 생각하느냐고? 아테네는 그를 그리워하고, 미워하

고, 다시 갖고 싶어 하지. 하지만 그대들 두 사람의 생각을 말해보게.

에우리피데스: 저는 조국을 이롭게 하는 데는 느리지만 큰 해악을 끼치는 데는 빠르고, 자기를 위해서는 수단과 방법을 강구할 줄 알지만 아테네를 위해서는 그렇지 못한 시민을 싫어합니다.

디오니소스: 포세이돈에 맹세코, 좋은 말이네. 그대는 어떻게 생각하나?

아이스킬로스: 아테네는 새끼 사자를 기르지 말아야 합니다. 그러나 그 사자가 이미 다 자랐다면 아테네는 사자가 하고 싶은 대로 하게 둘 수밖에 없습니다.

디오니소스: 제우스에 맹세코, 이 도시를 구할 희망은 어디에 있는가?

디오니소스가 이렇게 한탄하며 끝을 맺는다. 혼미한 상태에서 급경사로 굴러 떨어지고 있는 아테네를 구할 수단이 신에게도 보이지 않는다는 것, 이것이 이 작품의 결론이다.

참고로 그리스 비극을 대표하는 작가는 연대순으로 아이스킬로스, 소포클레스, 에우리피데스다. 아이스킬로스의 작품은 그가 직접 살라미스해전에 참전한 경험이 있기 때문에 테미스토클레스 시대를 산 아테네인의 심정을 잘 그려냈다. 소포클레스의 작품은 그 개인의 생활을 통해 페리클레스 시대를 체현했다고 해도 좋을 정도다. 에우리피데스의 작품은 페리클레스 시대 이후 아테네인의 마음을 잘 표현했다.

아리스토파네스는 세 사람과 비교해서 훨씬 젊었다. 그렇기에 그의 작품이 비추는 것은 페리클레스 시대가 이미 과거가 된 때의 아테네인의 마음이었다. 그러나 풍자희극에는 예리한 힘은 있지만 새로운 시대를 창조하는 힘은 없다. 비판과 창조는 서로 다른 능력이기 때문이다. 기원전 5세기의 아테네인이 보기에 아리스토파네스는 신랄함에서 누구에게도 뒤지지 않는 뛰어난 풍자희극 작가였을 것이다. 그러나 2,500년 후 태어난 우리에게 그는 날카로운 감각을 타고난 희대의 저널리스트로 보일 뿐이다.

다음 해인 기원전 406년 봄, 44세의 알키비아데스는 피레우스를 출항해서 에게 해 동쪽으로 향했다. 알키비아데스는 100척의 삼단 갤리선과 1,500명의 중무장 보병, 150명의 기병이라는 총사령관에게 어울리는 당당한 규모의 군대를 거느리고 출진했다. 그러나 그가 조국으로 돌아가 지냈던 반년 동안 에게 해 동쪽의 사정은 크게 변해 있었다.

리산드로스

페르시아 황제에게는 키로스라는 이름의 동생이 있었다. 그는 젊고 야심이 큰 사람으로 수사에 있는 왕궁에서 미녀들의 시중을 받는 생활에 만족하지 않았다. 황제는 동생에게 '아나톨리아 서부 전역을 통치하는 최고위 장관'으로 임명하고 페르시아제국의 중심인 메소포타미아 지방에서 떨어진 소아시아 서부로 보냈다. 황제의 속내는 불만분자를 떼어놓겠다는 것이었지만 키로스는 그것을 자기 야심을 실현할 좋은 기회로 여겼다. 티사페르네스 같은 지방 장관보다 고위직이었기에 사용할 수 있는 자금은 무한정이라고 해도 좋았다.

임지에 도착한 키로스가 가장 먼저 불만을 터뜨린 대상은 연전연패한 스파르타 해군이었다. 그렇다고 자금 원조를 중단하지는 않았다. 자금 원조는 계속할 것이고 경우에 따라 증액할 수 있다고 밝혔다. 대신에 스파르타도 아테네에 이길 수 있는 방법을 강구해야 한다고 했다. 스파르타는 페르시아 황제의 동생으로부터 압력을 받자 마냥 손을 놓고만 있을 수 없게 되었다.

하지만 스파르타는 왕이 지휘하는 정규군을 파견할 수 없었다. 리쿠르고스가 정한 이후 스파르타는 오랫동안 일국 평화주의를 견지해왔고 그래서 방위에만 전념했다. 에게 해 동쪽 일대에서 아테네와 대결하는 것은 스파르타 영토가 침범당했기 때문이 아니었다. 따라서 왕이 지휘하는 정규군을 파견하면 리쿠르고스 헌법에 위배되었다. 그렇다고 관계를 단절할 수 없는 스폰서인 페르시아의 의향을 무시할 수도 없었다.

스파르타는 책임을 회피하기 위해 주로 사용하는 방법인 아웃사이더의 기용을 선택했다. 왕이 아닌 일개 병사에게 지휘를 맡겨 비정규군대를 파견하면 그들이 금과옥조로 여기는 리쿠르고스 헌법에 저촉되지 않기 때문이었다.

처음에는 브라시다스, 다음에는 길리포스, 그리고 이번에는 리산드로스Lysandros라는 스파르타 사회의 아웃사이더가 기용되었다. 이런 기용은 호헌파의 축이라고 해도 좋을 스파르타 내부의 보수파, 즉 '5명의 에포로스'가 궁여지책으로 한 헌법 해석에서 나왔다는 점에서 웃음을 짓게 만든다. 아무튼 리산드로스는 해군 장군으로 임명되어 에게 해 동쪽으로 향했다. 단 임기는 1년이었다. 본국의 호헌파도 지속적인 아웃사이더의 기용이 스파르타 사회의 하극상으로 이어질 위험이 있음을 알고 있었다. 이렇게 리산드로스는 역사에 등장했다. 하지만 이전의 삶에 대해 알려진 것은 하나도 없다.

브라시다스는 아버지와 어머니가 모두 스파르타 시민이어서 스파르타의 자긍심인 중무장 보병 훈련을 거쳤고 1년이라고는 하지만 '에포로스'를 역임한 경험도 있는 정통 스파르타 시민이었다. 길리포스는 스파르타 시민인 아버지와 헬롯(농노)인 어머니 사이에서 태어났지만 중무장 보병 훈련을 받고 자랐다. 그런데 리산드로스는 이들과 달랐던 모양이다.

그리스 도시국가는 모두 시민개병 제도를 채용하고 있었다. 시민권 소유자가 아니면 국정 참여 권리와 그와 짝을 이루는 국가 방위 의무를 맡기지 않는다는 생각은 그리스 민족이 만들어낸 이념이다. 사회의 최하층까지 시민권을 부여한 아테네는 시칠리아 원정 실패라는 엄청난 타격을 받았음에도 병사를 모집할 수가 있었지만 수공업자나 상인, 농민에게 시민권을 주지 않는 스파르타는 항상 병사 부족 문제에 시달렸다.

그 해결책으로 아버지가 스파르타 시민이라면 어머니의 출신을 묻지 않기로 했다. 하지만 그것만으로 병사 부족은 해소되지 않았다. 큰 타격을 받지 않아도 전쟁은 계속해야 했고 그때마다 전사자가 발생했다. 그래서 부모 모두 헬롯인 남자가 젊을 때부터 스파르타 군대에 종군해 보조 병사로서 전쟁 경험을 쌓으면 스파르타 시민으로 격상시키는 제도를 만들었다. 이 남자들을 '네오다모데스^{Neodamodes}'라고 불렀는데 이들을 통해 어느 정도 병사가 충원되었을 것이다.

고대 역사가들은 리산드로스가 이 '농노 출신 병사'였다고 기록했고 현대 연구자들 또한 이 주장에 따르는 사람들이 많다. 그런데 스파르타의 아웃사이더 기용을 순서대로 따져보면 시대 흐름에 따라 '아웃사이더'의 기용 빈도가 증가하는 것처럼 보인다. 이는 아웃사이더의 '질' 저하를 뜻하기도 했다.

리산드로스가 태어난 때는 기원전 450년부터 기원전 440년 사이라고 알려져 있다. 중간을 취하면 기원전 445년이 되고 알키비아데스보다 5세 연하라는 말이 된다.

에게 해 동쪽으로 간 이 스파르타인은 다른 스파르타 사령관들과 달리 티사페르네스가 있는 곳으로 가지 않았다. 대신 키로스가 있는 사르디스로 갔다. 페르시아 황제의 동생과 스파르타에서 파견된 해군 장군 사이에 어떤 이야기가 오고갔는지는 알려져 있지 않다. 알려진 것은 키로스가 스파르타인을 매우 마음에 들어 했고, 이후 티사페르네스와 같은 지방 장관을 통하지 않고 직접 그에게 연락하겠다고 말했다는 것이다. 리산드로스는 백지위임장을 쥔 셈이었다. 키로스는 전략과 전술, 자금이라는 면에서 리산드로스가 원하는 것을 모두 들어주었다.

에게 해 동쪽 일대의 스파르타 해군 본거지는 에페소스로 결정되었다. 왜 에페소스였을까? 아테네보다 일찍 번영했을 정도로 그리스 세계에서는 걸출한 곳이었던 이 도시국가는 시칠리아에서 아테네가 패배한 이후 내륙에 있는 페르시아 세력의 거센 공격을 받고 있었다. 또한 소아시아의 페르시아 세력 본거지인 사르디스부터 에페소스까지는 제1차 페르시아전쟁 당시에 부설되었던 페르시아 수도 수사와 사르디스를 잇는 '왕의 길'의 연장선이 여전히 남아 있었다. 따라서 페르시아 황제의 동생과 스파르타의 아웃사이더는 지상의 길로도 직접 연결되었다.

리산드로스는 주어진 좋은 기회를 헛되이 날리지 않았다. 에페소스에 조선소를 건설하고 은화를 들여 주변의 그리스 도시에서 조선 기사를 모았다. 동시에 아테네 해군에도 손을 뻗었다. '숙달된 기능자 집단'을 빼오는 일을 본격화한 것이다. 질과 양에서 아테네 해군을 압도하는 스파르타 해군의 결성이 무엇보다 우선되어야 했기 때문이다.

이로써 스파르타는 페르시아의 용병으로 전락했다. 아테네 선원들은 고액의 급료를 제시받자 탈영죄를 무릅쓰고 리산드로스가 이끄는 스파르타 해군에 가담했다. 그리스 민족의 정신은 이렇게 약화되고 있었다. 에페소스에서 남서쪽으로 50킬로미터 떨어진 지점에 사모스 섬이 있다. 반년 만에 그곳으로 돌아온 알키비아데스가 목격한 것은 그런 그리스인들이었다.

에페소스에서 바닷길로 10킬로미터밖에 떨어지지 않는 곳에는 에페소스의 외항이기도 한 노티온^{Notion} 항구가 있다. 이 항구 내에는 키로스의 지원을 받아 90척으로 늘어난 스파르타 해군이 정박하고 있었다. 에게 해 동쪽으로 돌아온 알키비아데스는 휘하의 13척만을 거느리고 적의 모습을 시찰했다. 이 시점에서 스파르타와 아테네의 해군력을 비교하면, 90척인 스파르타 해군에 비해 아테네는 본국에서 거느리고 온 100척과 사모스에 주둔하던 해군까지 더해 여전히 숫자에서 우세했다. 전체 지휘를 맡은 알키비아데스는 부장인 트라시불로스가 추진하고 있는 포카이아Phocaea 점령을 먼저 해결한 다음 스파르타 해군과 정면에서 격돌하기로 결정했다.

당연하다면 당연한 일이지만, 사모스 북쪽에 있는 키오스 섬을 멀리 돌아서 해상 거리로 200킬로미터 떨어진 포카이아로 가기 위해, 적과 불과 50킬로미터 정도 떨어져 있는 사모스 섬을 비워둘 수는 없었다.

알키비아데스는 20척만 데리고 가고 나머지 80척을 사모스에 남겨두기로 결정했다. 사모스에는 애초부터 10척이 있었기 때문에 합치면 모두 90척이었다. 그 정도면 스파르타 해군과 동일한 전력을 유지할 수 있었다. 그리고 그 90척을 맡긴 부관에게 자기가 돌아올 때까지 절대로 스파르타 해군과 전투를 벌이지 말라고 엄명을 내렸다. 이렇게 준비를 마친 뒤 중무장 보병이 탄 20척만 이끌고 포카이아를 향해 출발했다.

그런데 뒷일을 부탁받은 안티오코스Antiochus라는 이름의 부관은 알키비아데스가 돌아오기를 기다리지 않았다. 전술 교과서에 실려도 좋을 정도로 화려하게 승리한 알키비아데스의 키지코스해전을 자기도

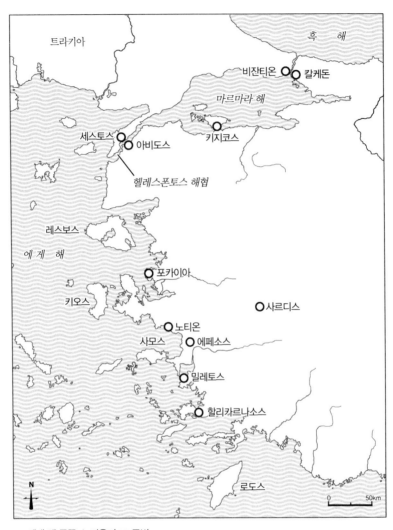

● 에게 해 동쪽, 노티온과 그 주변

재현해보고 싶다는 욕망을 억누르지 못한 것이다. 전투란 육지든 바다든 상관없이 병사들은 육체로 싸우지만 사령관은 두뇌로 싸운다는 것을 이 아테네인은 알지 못했다.

그 결과 역사에서 '노티온해전'이라고 불리는 전투가 스파르타 해군이 정박 중인 노티온 항구 바깥에서 전개되었다. 90척을 거느린 부관은 항구 내에 있는 스파르타 해군을 항구 바깥으로 유인하려고 했지만 리산드로스는 끌려나오지 않았다. 그뿐 아니라 아테네 군대가 자기네 계획대로 되지 않아 동요하는 모습을 보이자 곧바로 모든 배를 이끌고 항구 바깥으로 나와 아테네 해군에 공격을 가했다. 진형이 붕괴된 아테네 쪽은 15척을 잃었다. 그런데 리산드로스는 포로가 된 15척에 타고 있던 선원들에게 목숨을 살려주는 대신 스파르타 쪽에서 싸울 것을 요구했다. 그것을 거부하고 죽은 사람은 하나도 없었다. 이제 아테네 해군은 15척이 줄었고 스파르타 해군은 15척이 늘어났다.

이 사실을 안 알키비아데스는 급거 사모스로 돌아와 남아 있는 배를 모두 이끌고 노티온으로 향했다. 그리고 항구를 봉쇄한 상태에서 스파르타 해군에 도전장을 내밀었다. 그러나 리산드로스는 그 도전에 대응하지 않았다. 아테네 해군의 전위 함대가 항구 안으로 들어가 스파르타 배를 몇 척 붙잡아 피의 축제를 벌였지만 그래도 출동하지 않았다. 알키비아데스와 직접 대결하면 자기 군대의 피해가 클 것임을 알고 무조건 대결을 피했다. 알키비아데스는 하는 수 없이 사모스로 돌아올 수밖에 없었다.

이 소식이 본국 아테네에 전해지자 1년 동안 침묵하고 있던 알키비아데스의 반대파가 목소리를 높이기 시작했다. 이 파벌에는 원래 '데마고그(선동가)'가 많았다. 아테네는 다시 선동가들이 설치는 사회로 돌아갔다.

데마고그는 민중의 불안이나 분노를 부채질하면서 선동하는 자들이었다. 이런 사람들에게 비난의 근거는 문제가 되지 않았다. 또한 잃었다고 하더라도 합쳐서 100척이 넘는 아테네 해군 가운데 고작 15척이었다. 그렇지만 이런 냉정한 견해마저 선동가들의 비난에 묻혀 수면 아래로 가라앉았다. 알키비아데스를 향한 데마고그들의 비난은 이런 식이었다. 알키비아데스가 술에 취해 여자들과 시시덕거리려고 포카이아에 간 사이 남아 있던 아테네 해군이 스파르타 해군에 패배했다는 것이다.

알키비아데스의 실각

데마고그들에게 선동된 아테네인들은 시민집회를 열어 그 자리에서 바로 알키비아데스를 '아테네 군대 최고사령관'에서 해임했다. 최고사령관에서 해임되었을 뿐 아니라 10인의 '스트라테고스(사령관)'에서도 해임되었다. 리산드로스의 수확은 15척의 아테네 배가 아니었다. 그가 얻은 최대 수확은 알키비아데스를 전쟁터에서 배제시킨 것이었다.

알키비아데스가 계획했던 일을 마무리 짓지 못한 것이 이것으로 세 번째였다.

첫 번째는 '4국동맹' 결성 직후인 기원전 419년.

두 번째는 시칠리아 원정이 시작된 해인 기원전 415년.

그리고 이번 기원전 406년.

이 시점의 알키비아데스에게는 두 가지 선택지가 있었다.

첫째, 곧바로 귀국하여 시민집회에서 노티온의 패배에 대한 진상을 설명하고 그를 향한 비난을 되돌리는 것이다. 민중을 상대하는 설득에는 자신이 있었다. 그러나 그렇게 하면 반대파와 충돌이 생긴다. 그가 귀국하면 강경한 반대파는 아무리 부관이 한 짓이라 해도 책임은 최고사령관에 있다고 주장할 수 있다. 그러면 그에 동의하는 시민들에게 고발당해 재판을 받을 위험이 있었다.

둘째, 해임을 받아들이고 어딘가로 물러나 냉각 기간을 가진 뒤 다시 복귀를 시도하는 것이다. 그는 두 번째를 선택했다. 아테네는 결국 자기를 다시 찾게 되리라 생각했을지 모른다. 나이도 아직 40대 중반이었다. 알키비아데스는 자비로 건조한 삼단 갤리선을 최고사령관의 기함으로 사용했는데 그 배를 타고 사모스를 떠났다. 행선지는 마르마라 해의 서쪽 해안에 있는 도시였다. 그는 그곳에 땅과 집을 갖고 있었다.

에게 해 동쪽 일대에서 퇴장한 사람은 알키비아데스만이 아니었다. 리산드로스도 1년이라는 임기가 끝났다는 이유로 스파르타로 귀국해야 했다. 만약 리산드로스가 그대로 스파르타에 계속 머물러 있었다면 아테네에 행운이었을 것이다. 하지만 아테네 시민집회가 알키비아데스를 도로 불러들이지 않은 것과 달리 리산드로스는 부름을 받고 전장으로 돌아갔다.

스파르타는 리산드로스의 본국 소환을 안 키로스의 강경한 항의를 무시할 수 없었다. 다만 5명의 '에포로스'로 대표되는 스파르타 보수파는 리산드로스를 이전 지위 그대로 복귀시킬 수 없었다. 그래서 칼리크라티다스를 해군 장군에 임명하고 리산드로스를 그의 부관으로 임명해 전선으로 복귀시켰다. 육지에서는 용감한 무장이었지만 바다에는 익숙하지 않던 칼리크라티다스였기에 실제 지휘는 리산드로스가 했을 것이다.

한편 아테네에서는 알키비아데스의 해임 이후에도 반대파의 비난이 잦아들지 않았다. 그에게 '아테네 육해군 최고사령관' 지위를 부여했기 때문에 그가 강한 권력을 쥘 수 있었다는 것이다. 그래서 한 사람에게 권력이 집중되는 것을 막기 위해 10명 집단 지도 체제로 가기로 하고 10명의 '스트라테고스'를 선출했다. 이 10명에게는 평등한 지휘권이 주어졌다. 리산드로스 아래로 지휘 계통이 일원화된 스파르타 해군에 비해 아테네 해군의 지휘 계통은 일원화에서 멀어졌다.

사령관들의 사형

기원전 406년 아테네 민주 정부는 그해 사령관으로 선출된 10명의 '스트라테고스' 가운데 8명을 에게 해 동쪽으로 보냈다. 이렇게 인원을 늘린 것은 사령관 숫자만이 아니었다. 짧은 기간 내에 110척의 군선까지 진수시켰다. 특별세를 징수하고, 신전에 봉납했던 신상의 금장식을 벗겨내고 은으로 만든 의례용 용기를 녹여서 재원으로 삼고, 시민들에게 징병을 호소해서 110척의 삼단 갤리선을 전력화했다.

뼈아픈 부분도 있었다. 갤리선의 동력인 노 젓는 선원들의 기능 습득 기간이 충분하지 않았다. 이 점에서는 아테네의 '숙달된 기능자 집단'을 대량으로 빼내 간 스파르타 해군이 유리한 상태였다.

피레우스를 떠난 110척과 사모스에 있는 배를 합치면 150척이었다. 이 아테네 해군이 페르시아의 자금 원조로 100척을 넘기며 증강된 스파르타 해군과 맞섰다. 레스보스 섬과 소아시아 해안 사이에 위치한 아르기누사이^{Arginusae} 섬 주변 바다가 전쟁터가 되었다.

이미 숙달된 기능자 집단을 획득한 스파르타 해군은 아테네 해군이 즐겨 쓰는 전법까지 사용했다. 그것은 직접 부딪치지 않고 크게 우회해서 포위하는 전법이었다. 그러나 이를 구사하기 위해서는 숙달된 노 젓는 선원들만으로 충분하지 않았다. 그들에게 적절한 지령을 내릴 수 있는 함장 수준의 인물이 필요했다. 해운국이 아닌 스파르타에는 이런 인재가 없었다. 리산드로스 또한 그 정도 능력을 갖추지 못했다. 당시 아테네 역시 그런 인재가 없기는 마찬가지였다.

그 결과 해전은 전개라기보다는 혼전이 되고 말았다. 해군 장군으로서 기함의 선수에 서서 목소리를 높여 호령하던 칼리크라티다스는 바다로 떨어진 이후 다시 떠오르지 않았다. 총사령관의 죽음으로 스파르타 해군은 패닉에 빠졌다. 결국 그날 해전에서 스파르타 쪽은

69척을 잃었고 나머지 배는 당시 스파르타 우산 아래 있던 키오스 섬으로 도망쳤다.

아테네 쪽도 확실히 승리했다고 말할 수 없었다. 적 선단이 키오스 섬으로 퇴각하는 것을 저지하려고 했을 때 폭풍우가 덮쳤다. 그래서 노 젓는 선원들이 서둘렀지만 미처 빠져나오지 못하고 침몰하는 배가 속출했다. 바다로 떨어진 동료를 구하려고 했지만 자신들 배까지 희생될 위기에 처하자 구출 작전을 포기할 수밖에 없었다.

이 소식을 들은 아테네에서는 구출되지 못하고 바다에 가라앉은 남자들의 가족을 중심으로 분노가 활활 타올랐다. 그것을 부채질하는 선동가들의 목소리가 다시 높아졌다. 이런 상황을 진정시킬 힘을 가진 정치 지도자는 이제 아테네에 없었다. 분노에 미친 아테네 민중은 전쟁에 보낸 8명의 '스트라테고스' 전원을 고소했고 사형을 요구했다.

이 심의를 위탁받은 '불레(500인 위원회)'의 위원 가운데는 64세가 된 소크라테스가 있었다. 소크라테스는 반론을 펼쳤지만 소용이 없었다. '불레'는 압도적 다수의 찬성으로 8명의 사령관 재판을 시민집회에 맡기기로 결의했다. 인민재판과 다를 것이 없었다. 본국의 움직임을 알아차리고 도망친 2명을 제외하고 6명의 사형이 집행되었다. 당시 아테네는 사령관 수준의 인재를 6명이나 사형에 처할 정도로 사치가 허용되지 않던 때였다.

이렇게 아테네인이 해전에서는 이겼지만 스스로 자해를 하는 것으로 끝난 기원전 406년 겨울, 아테네에 스파르타의 강화 제안이 도착했다. 스파르타가 해전에서 패배한 것 때문에 절망해서 제안한 것은 아니었다. 페르시아의 의도에 따라 움직여야 하는 것이 마음에 들지 않았기 때문이다. 이런 스파르타의 변화를 주도한 사람은 왕위에 오른 지 얼마 되지 않은 파우사니아스였다. 스파르타의 젊은 왕은 제2차 페르시아전쟁 때 플라타이아이 들판에서 페르시아 대군을 맞아 완벽할 정도로 격파한 파우사니아스의 손자였다.

70년이 넘는 세월 동안 페르시아 세력이 에게 해로 들어오지 못한 것은 아테네인 테미스토클레스의 살라미스해전과 스파르타인 파우사니아스의 플라타이아이전투 승리로 그리스 세계에서 페르시아 세력을 일소했기 때문이었다. 그때의 영웅과 동일한 이름을 가진 젊은 스파르타 왕은 자국이 페르시아에 접근하는 것을 두고 혐오를 느끼지 않았을까? 여기에 5명의 에포로스도 왕의 의견에 동의했다. 리쿠르고스 헌법을 수호하는 이들은 리산드로스가 본국 스파르타의 어깨 너머로 페르시아 황제의 동생인 키로스와 친밀한 관계를 맺고 있는 것을 좌시할 수 없다고 생각했다.

그러나 그리스 세계의 양대 강국인 아테네와 스파르타 사이에 화해가 성립될 수 있는 마지막 기회였던 스파르타의 제안은 아테네 쪽의 거부로 실현되지 못했다. 아테네 시민집회는 이미 완전히 데마고그(선동가)들의 영향 아래 놓여 있었다. 시민집회는 해상에서 아테네가 우세하다고 주장하면서, 강화를 맺으려면 스파르타가 펠로폰네소스전쟁 개시 이전으로 돌아가 아테네 영토였던 모든 지방과 섬을 반환해야 한다며 양보하지 않았다. 사실상 '펠로폰네소스전쟁'을 없었던 것으로 하자는 말이었다.

스파르타는 펠로폰네소스동맹 맹주였다. 거기까지 양보할 수는 없었다. 펠로폰네소스전쟁은 아테네가 주도하는 델로스동맹과 스파르타가 맹주인 펠로폰네소스동맹 사이에 벌어진 전쟁이었다. 이제까지 함께 싸운 코린토스나 테베를 비롯한 가맹국들에 전쟁 자체를 '없었던 것으로 하자'는 말을 할 수 없었다.

이렇게 기원전 405년이 되었다. '펠로폰네소스전쟁'도 26년째를 맞이했다. 아테네는 '스트라테고스' 선출에 시간이 걸렸다. 지난해에 8명의 사령관을 고발하여 도망친 2명을 제외한 6명을 사형에 처했다. 해군을 맡길 만한 능력 있는 인재가 부족했다. 그래도 10명을 선출하여 에게 해 동쪽에 6명을 보내기로 결정했다.

이때 리산드로스가 먼저 움직였다. 리산드로스는 이미 자기를 아웃사이더로 보는 시선을 거두지 않는 조국 스파르타보다 자기 능력을 사주는 페르시아의 이익이 되는 쪽으로 방향을 바꾼 상태였다. 페르시아는 75년 전 페르시아전쟁에서 상실한 에게 해 동쪽 일대를 되찾고 싶어 했다.

이를 위해서는 이 일대를 지배하고 있는 아테네 세력을 약화시켜야 했다. 아테네의 힘을 약화시키기 위해서는 아테네의 '식량' 보급선을 자르는 것이 가장 효과적이었다. 이렇게 생각한 리산드로스는 헬레스폰토스 해협으로 향했다. 이 계획을 생각해내기 위해 특별한 두뇌가 필요한 건 아니었다.

아테네 쪽이 틈을 만들어주었다. 아테네는 사령관들의 고발 소동과 그 후의 처형, 신임 사령관 선출 등 시간을 엉뚱한 곳에 헛되이 쓰는 동안 매우 중요한 흑해 방위를 게을리 하고 말았다. 실제로 헬레스폰토스 해협으로 들어간 리산드로스의 스파르타 해군은 그곳이 사실상 무방비로 방치되어 있는 것을 보고 놀랐을 정도였다.

먼저 리산드로스는 쉽게 손에 넣을 수 있다고 판단한 해협의 아시아 쪽 두 항구인 아비도스^{Abydos}와 람프사코스^{Lampsacus}를 점거했다. 헬레스폰토스 해협은 아시아 쪽과 유럽 쪽의 사이가 넓은 곳조차 10킬로미터가 되지 않았다. 아시아 쪽 두 항구를 손에 넣으면 흑해에서 마르마라 해를 거쳐서 에게 해로 들어오는 아테네의 '식량' 보급로를 차단할 수 있었다. 그리스 최대 인구를 가진 아테네를 식량으로 압박할 수 있었던 것이다.

이 소식은 아테네인을 공포로 몰아넣기에 충분했다. 마침내 눈을 뜬 아테네 시민집회는 급거 동맹국에게도 알리고 6명의 '스트라테고스'에게 180척의 군선 지휘를 맡겨 헬레스폰토스 해협으로 보냈다. 삼단 갤리선 180척은 델로스동맹이 보유한 해군의 전부였다. 이들을 무장시키는 데만 3만 명의 노 젓는 선원들이 필요했다. 배의 수뿐 아니라 사람 수에서도 델로스동맹의 리더였던 아테네는 일관된 전략의 결여와 그에 따른 시간 낭비의 대가를 한꺼번에 치러야 하는 상황에 놓이고 말았다.

헬레스폰토스 해협에 도착한 아테네 해군은 해협의 유럽 쪽에 있는 아이고스포타모이^{Aegos Potamoi} 항에 입항했다. 리산드로스와 스파르타 해군이 머물고 있는 람프사코스와는 8킬로미터 정도 떨어진 맞은편 해안이었다. 아테네 사령관 6명은 적과 마주한 땅에 진지를 세우

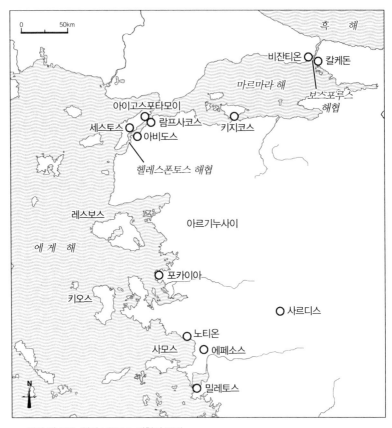

● 에게 해 동쪽, 헬레스폰토스 해협의 주변

는 것이 최적이라고 생각한 모양이었다.

그러나 아이고스포타모이는 헬레스폰토스 해협에 면한 항구 가운데에서 이 시기까지 주목을 받은 적이 없는 항구였다. 가까운 곳을 지나는 강의 이름에서 유래한 아이고스포타모이는 항구라기보다는 좁은 모래사장에 불과했고 그래서 150척이 넘는 갤리선이 정박하기에는 매우 부적합한 곳이었다.

이 아이고스포타모이에 알키비아데스가 나타났다. 해임된 이후 마르마라 해를 바라보는 도시에서 세월을 보내던 그는 리산드로스와 스파르타 해군의 움직임에 주의를 기울이고 있었다. 칩거하던 곳에서 홀로 말을 타고 아테네 해군 진지에 도착한 알키비아데스는 사령관들 앞에서 열변을 토했다.

"왜 이 아이고스포타모이에, 그것도 전체 군대가 모여 있는 것인가? 먼저 적과 8킬로미터밖에 떨어져 있지 않다. 게다가 너무 좁다. 그리고 에게 해에서 떨어져 있기 때문에 아군의 보급도 받기 힘들다. 식량 보급을 위해서는 육지에 상륙해 배를 비우고 내륙으로 식량을 사러 부대를 보낼 수밖에 없다.

따라서 여기를 떠나서 해협 남쪽에 있는 세스토스 항구로 옮겨야 한다. 그 항구는 넓고 길며 아테네의 우산 아래 있었기 때문에 주민들이 아테네 정부에 우호적이고 에게 해와 가깝기 때문에 아군의 보급도 받을 수 있다. 물론 세스토스의 맞은편 해안인 아비도스는 스파르타 해군이 차지하고 있다. 그렇지만 아비도스에 있는 스파르타 해군은 우리가 알고 있는 그 스파르타 해군이니 걱정할 필요 없다.

반면에 람프사코스에 있는 스파르타 해군은 리산드로스 직속이라고 해도 좋을 병력이다. 리산드로스는 우리가 알고 있는 스파르타 남자와는 전혀 다르다. 따라서 그에게 자유롭게 움직일 여지를 주지 않는 것이 무엇보다 중요하다."

아테네 해군의 사령관들은 열변을 토하는 알키비아데스를 차갑게 바라볼 뿐이었다. "당신은 이제 스트라테고스 지위에 있지 않아. 우리가 당신 충고를 들어야 할 의무는 없소."

물론 그 자리에 알키비아데스의 부장으로 연전연승을 함께했던 트라시불로스와 테라메네스 두 사람이 있었다면 분위기가 바뀌었을지 모른다. 그러나 두 사람은 지난해 고발 소동에 휘말렸을 때 도망쳐서 사형은 면했지만 아테네 해군 요직에서 배제되었다. 알키비아데스는 홀로 왔던 길을 되돌아갈 수밖에 없었다.

정작 이 사건을 무시하지 않았던 쪽은 리산드로스였다. 그가 지휘하는 스파르타 해군에는 아테네 해군에서 빼내온 노 젓는 선원들이 많이 배속되어 있었다. 스파르타 쪽 아테네인 선원과 아테네 쪽 선원 사이에는 8킬로미터에 이르는 바다가 가로막고 있었지만 나름대로 접촉이 있었던 듯하다. 그래서 리산드로스의 귀에 알키비아데스에 대한 정보가 들어갔다. 아니, 리산드로스 본인이 적의 정보를 얻기 위해 이 상황을 활용했을지도 모른다.

아무튼 리산드로스는 아테네 쪽 진영에서 일어난 일을 잘 알고 있었다. 이제는 절호의 기회가 찾아오기만을 기다리면 될 터였다. 스파르타 군대 보급은 페르시아가 맡고 있었기 때문에 기다리는 시간이 길어져도 보급 면에서 걱정할 것이 없었다. 리산드로스가 기다리는 좋은 기회란 아테네 해군이 여러 사정이 나빠져서 견딜 수 없게 되어 결국 움직일 때였다.

이렇게 기원전 405년 8월에 접어들었다.

바다에서 단 한 번의 패배

그곳에서 벌어진 일은 역사적으로 '아이고스포타모이해전'이라고 불리는데 사실 해전이라는 이름을 붙일 가치가 없는 전투였다. 스파르타 해군은 습격 보고를 받고 출동한 아테네 해군을 적당히 대접한 뒤 퇴각했다. 이에 적이 물러났다고 생각하고 안심한 아테네 쪽은 아이고스포타모이 항구로 돌아갔다. 이들이 배에서 내려 식량을 조달하러 나간 틈을 이용해 다시 돌아온 스파르타 해군이 공격을 가했다. 이렇게 전투다운 전투 없이 일망타진 당하고 만 것이 이 '해전'의 전모였다.

스파르타 해군의 손실은 배와 병사 모두 거의 제로에 가까웠다. 아테네 해군 가운데 무사했던 것은 2명의 사령관이 지휘하는 별동대 10척과 거기에 타고 있던 병사와 선원뿐이었다. 이들은 본국으로 돌아가지 않고 펠로폰네소스전쟁에서 중립을 유지하고 있던 크레타 섬까지 도주해서 살아남았다. 귀국하면 곧바로 사형이 기다리고 있음을 알았기 때문이다. 아테네는 해전다운 해전 한 번 하지 않았음에도 동맹국 몫을 포함해 170척에 이르는 군선과 3만 명의 병사를 적에게 넘겨주고 말았다.

리산드로스는 포로가 된 아테네 '스트라테고스' 4명의 목을 자기 칼로 벴다. 목을 베는 처형 방법은 스파르타나 그 외 그리스 도시국가에서 시행하지 않은 지 오래되었다. 또 오리엔트나 문화가 발달한 페르시아에서는 아예 행해지지 않던 야만적인 처형 방법이었다. 그런 다음 3만 명에 이르는 포로 가운데 아테네 시민이라는 이유로 선택된 3,000명을 칼로 찌르거나 창으로 찔러서 살해했다. 남은 2만 7,000명의 포로는 엄명을 내린 다음 석방했다.

리산드로스가 내린 엄명은 반드시 자기 나라로 돌아가라는 것이었다. 만약 다른 지방으로 간 것이 알려지면 3,000명과 동일한 운명을 겪을 것이라고 경고했다. 리산드로스가 인간적인 마음으로 그런 것은 아니었다. 3,000명을 죽이는 것만으로 엄청난 힘이 들었으므로 3만 명을 죽이는 것은 물리적으로 불가능했기 때문이었다. 여기에 아테네인 포로 석방과 본국 귀환이라는 조건을 붙인 것은 아테네의 식량 보급선 공략을 더 강력하게 밀어붙이기 위해서였다.

리산드로스는 그해 가을 헬레스폰토스 해협 양쪽 해안을 이 잡듯이 샅샅이 훑으며 스파르타 지배 아래 들어오게 만드는 데 공을 들였다. 흑해로부터 아테네로 밀 한 톨 들어갈 수 없게 만들기 위해서였다.

암살당한 알키비아데스

암살 계획은 그해 겨울에 세워져 다음 해인 기원

전 404년 착실하게 실행으로 이어진 듯하다. 기원전 404년, 아직 채 봄이 되지 않았을 때 알키비아데스는 칩거하던 곳에서 살해당했다. 하수인들의 정체나 배후에서 실을 조종한 자가 누구인지는 당시에도 알려지지 않았고 오늘날에도 불분명하다. 습격한 남자들 무리는 먼저 집에 불을 질렀다. 불타는 집에서 검 하나를 들고 뛰쳐나온 알키비아데스를 멀리서 에워싼 다음 일제히 활을 쏘아 살해했다.

배후에서 실을 조종한 자가 누구인지, 당시부터 세 가지 주장이 있었다.

첫째, 알키비아데스와 동거하던 여자가 페르시아 유력자의 딸이었는데 이에 원한을 품은 아버지가 살해했다는 주장.

둘째, 아테네 내에서 그의 반대파가 자객을 보내 암살했다는 주장.

셋째, 리산드로스가 비밀리에 자기에게 배속된 페르시아 병사들을 보내서 살해했다는 주장.

현대 연구자들도 진실을 알지 못하기 때문에 범인을 특정하지 못한다. 하지만 45세밖에 되지 않았던 알키비아데스의 죽음으로 누가 이익을 보았는지 따져보면 리산드로스라고 말할 수밖에 없다.

그렇게까지 직접 대결을 피하고 알키비아데스가 도전장을 내밀었을 때도 일절 응하지 않았던 리산드로스가 가장 두려워했던 적은 알키비아데스 하나였다. 리산드로스는 알키비아데스가 죽고 나서야 비로소 다음 전략으로 넘어갔다. 바로 그것은 델로스동맹의 완전한 해체였다.

귀국하는 사람들

　　　　　　기원전 404년 봄, 헬레스폰토스 해협을 제압한 리산드로스는 아이고스포타모이의 '해전'에서 포획한 아테네 군선 돛대에서 펄럭이던 깃발을 스파르타 깃발로 교체했다. 그리고 그 배들까지 이끌고 헬레스폰토스 해협을 나와서 에게 해로 들어갔다. 에게 해 전역에 퍼져 있는 델로스동맹 가맹국들을 제압해가는 것이, 알키비아데스라는 걱정에서 해방된 리산드로스가 이후 펼친 전략이었다.

　아테네는 리산드로스의 행동을 알고도 아무것도 할 수 없었다. 지난해 여름 벌어진 '아이고스포타모이해전'의 충격이 너무나 심했기 때문만은 아니었다. 아테네에 얼마간 남아 있던 기개 넘치는 젊은이들조차 아무것도 할 수 없었다. 아테네 해군 자체가 소멸하고 말았기 때문이다. 이제까지 아테네가 늘 재기의 발판으로 삼았던 해군이 사라지고 만 것이다. 리산드로스가 지휘하는 스파르타 해군은 유유히 델로스동맹 해체를 진행해갔다.

　리산드로스의 방식은 어디에서나 동일했다.

　델로스동맹은 경제동맹이기도 했다. 그래서 가맹국에는 오늘날에 비유하면 지점이나 지사와 같은 형태로 아테네인이 많이 거주하고 있었다. 게다가 델로스동맹은 창립부터 4분의 3세기에 이르는 세월을 지나왔다. 아버지에서 아들로 그리고 손자로 대를 이어가며 살고 있는 아테네인이 적지 않았다. 리산드로스는 그 아테네인 전원에게 모든 것을 그대로 두고 본국으로 돌아갈 것을 명령했다. 이 명령에 복종하지 않는 사람은 죽였다. 3,000명에 이르는 동포가 인정사정없이 살해되었다는 정보가 델로스동맹 가맹국에 퍼져나갔다. 출국까지는 며칠의 유예기간을 인정해주었던 모양이다. 결국 많은 아테네인이 약간의 물건만 지니고 거의 맨몸인 채 조국으로 향하는 배에 올랐다. 아테네 부유계급의 부의 원천이었던 해외 자산은 이렇게 일소되고 말았다.

흑해로부터 밀 수입이 멈추자 불안에 빠진 본국의 아테네인은 피레우스 항구까지 나와 배의 도착을 기다렸다. 하지만 그들이 눈으로 본 것은 밀을 가득 실은 배가 아니라 귀국하는 사람들을 태우고 입항하는 배였다. 매일매일 피레우스 항구는 귀국하는 사람들로 가득했다. 이들이 떠나온 곳은 에게 해 북쪽에 있는 칼키디아 지방과 헬레스폰토스의 도시들, 에게 해 동쪽에 이어져 있는 렘노스·레스보스·키오스 섬, 에페소스·밀레토스·할리카르나소스 같은 그리스 문명이 발생한 여러 도시, 낙소스·밀로스·아이기나 섬을 포함한 에게 해 전역, 즉 델로스동맹이 망라하고 있는 모든 도시였다.

이 가운데 유일하게 리산드로스의 압력에 굴복하지 않았던 것은 오랫동안 아테네 해군이 기지로 삼았던 사모스 섬이었다. 그러나 보유하고 있는 배가 수십 척밖에 없었기 때문에 저항의 결과는 불 보듯 뻔했다. 리산드로스는 사모스 섬을 공격하는 척도 하지 않았다. 군사력으로 제압하고자 시간과 노력을 들일 가치조차 인정하지 않았던 것이다.

델로스동맹은 단 한 번의 패배로 허무하게 창설된 지 75년 만에 죽음에 이르고 말았다.

귀국하는 사람들로 가득한 배를 몰이라도 하듯 150척의 삼단 갤리선을 거느린 리산드로스가 아테네 외항 피레우스로 접근해 왔다. 한편 수도 아테네 북쪽에 펼쳐져 있는 아티카 지방에서는 아기스와 파우사니아스, 두 스파르타 왕이 지휘하는 펠로폰네소스 연합군이 아테네를 향해 남하하기 시작했다. 아테네는 건국 이후 처음으로 육지와 바다 양쪽에서 공격을 받게 되었다.

솔론이 이끈 민주정치의 첫걸음, 페이시스트라토스가 이끈 경제 발전, 클레이스테네스가 이끈 민주정치로의 완전한 이행, 테미스토클레스가 이끈 페르시아 격퇴, 그리고 페리클레스가 이끈 민주정치의 완성. 이 모든 과정을 거치는 동안 벌어진 수많은 전투에서 아테네는 자국 남자들을 많이 잃었지만 언제나 그리스 최대 인구를 자랑하던 도시국가였다.

여기에 더해 대규모 귀국자가 몰려들었다. 델로스동맹이 소멸한 지금 주식인 밀 수입은 중단된 상태였다. 식량 공격이 이렇게까지 효과를 발휘한 나라도 없을 것이다. 이것이 중대한 사태라는 사실에 아테네인 모두가 동의했다. 이제 스파르타와 교섭할 수밖에 없다는 데 반대하는 사람은 없었다.

이런 경우 데마고그(선동가)는 도움이 되지 않는다. 스파르타는 그들을 열광적인 민주파로 간주하고 미워했기 때문에 그들을 보내면 쫓겨날 터였다. 그래서 스파르타로 보낼 교섭 책임자로 과두파인 테라메네스가 선정되었다. 과두정치의 나라 스파르타와 벌이는 교섭은 과두파에게 맡길 수밖에 없었다.

테라메네스는 400인 정부에서 파견되어 사모스 섬으로 간 후 그곳을 본거지로 삼고 있던 알키비아데스의 부장을 맡아 그 일대에서 스파르타와 전투를 치렀다. 그래서 심정적으로는 과두파였지만 완고한 과두주의자는 아니었다. 이 아테네 장군은 현실주의자로 보는 편이 더 적절할 것이다. 그는 사형이 기다리고 있는 재판에서 도망쳤지만 국가 존망의 위기에서는 달아나지 않았다.

한편 스파르타도 상황이 변했다. 리산드로스가 아테네 쪽 포로에게 가한 잔혹한 살육을 혐오한 스파르타 수뇌진이 아테네와 교섭 자리에 그가 출석하는 것을 허락하지 않았다. 리산드로스를 배제하고 교섭의 전면에 나선 사람은 두 왕 가운데 하나인 파우사니아스였다. 다른 왕인 아기스는 병상에 누워 있었다고 한다.

테라메네스를 스파르타로 보낸 이후 아테네인들은 줄어드는 식량에 대한 불안에 더해 자신과 가족의 목숨에 대한 불안에 시달리며 여름 3개월을 견뎌야 했다. 조국의 위기에도 웃음을 잃지 않았던 아리스토파네스마저 이 시기에는 작품을 발표하지 않았다. 글을 쓸 수 없게 되었으리라 생각하지만 어쩌면 아테네 전체에서 웃음이 사라졌기 때문인지 모른다.

테라메네스가 귀국한 것은 3개월이 지난 뒤였다. 27년이나 계속된 전쟁의 종결 자체에 대해서는 아테네뿐 아니라 스파르타도 동의했다. 그런데 교섭에 3개월이나 걸린 것은 펠로폰네소스동맹 내에서 스파르타 다음으로 강국이던 코린토스와 테베가 강화 자체에 반대했기 때문은 아니었다. 두 도시국가가 '강화를 위한 가치'를 끌어올리려고 했기 때문이었다.

코린토스와 테베의 태도는 매우 강경했다. '아테네의 시가지는 모두 파괴해서 공터로 만들어야 한다. 아테네인 중 무기를 쥘 수 있는 남자는 모두 죽이고 여자와 아이는 모두 노예 신분으로 만들어 팔아야 한다. 이것이 전쟁을 시작한 아테네에 대한 당연한 조치다.'

스파르타는 거기에 동의하지 않았다. 특히 왕인 파우사니아스는 강경한 조치를 주장하며 양보하지 않는 코린토스와 테베의 대표를 향해 거친 말투로 말했다. "너희는 잊었는가? 너희 나라가 지금까지 자유로운 도시국가로 존속하고 너희가 자유로운 시민으로 발언할 수 있는 것은 80년 전 아테네가 선두에 서서 침공해 온 페르시아를 쫓아낸 덕분이라는 걸 잊었단 말인가!"

아테네는 구원받았다. 스파르타의 젊은 왕에게, 유럽식으로 하면 그의 '기사도 정신'에 구원받았다. 파르테논 신전 또한 구원받았다. 그러나 3개월 후에 테라메네스가 스파르타로부터 가져온 강화의 조건은 매우 혹독한 것이었다.

무조건 항복

첫째, 도시국가 아테네는 이후 스파르타의 동맹국이 된다. 따라서 자국 방위를 위한 전투나 다른 나라에 대한 군사행동은 스파르타 동의 없이 할 수 없다.

둘째, 델로스동맹 시대에 영유했던 모든 도시와 섬에서 손을 떼고,

그 도시와 섬은 앞으로 아테네와 관계가 없는 나라로 바뀐다.

셋째, 삼단 갤리선 소유는 12척만 인정하고, 그것을 넘는 군선 소유는 허용하지 않는다. 항상 200척을 바다로 내보냈던 아테네는 이제 12척밖에 보유할 수 없었다. 아테네 해군이 소멸한 것이다.

넷째, 외항 피레우스를 지키는 방어 시설 전체를 철거하고, 이 지구에 있는 두 곳의 조선소 설비도 최소한으로 축소한다.

다섯째, 수도인 아테네와 외항인 피레우스 항구를 연결하는 7.5킬로미터에 이르는 '긴 벽'의 양쪽을 여러 군데 파괴해서 벽 전체 길이가 2킬로미터가 넘지 않도록 한다. 연결되어 있을 때야 비로소 유용한 '긴 벽'의 여기저기를 절단해서 무용지물로 만들겠다는 이야기였다. 제2차 페르시아전쟁 직후 테미스토클레스가 강행해서 만들었고 페리클레스가 대대적인 개조를 강행한 끝에 완벽해진 '긴 벽'이었지만 75년 후 그 효용이 사라지고 말았다. 역시 테미스토클레스의 생각에 따라 실현되었고 그 이후 오랫동안 아테네 번영의 원천이 되었던 아테네·피레우스 일체화는 이제 없던 일이 된 셈이다. 이 일체화로 아테네는 에게 해뿐 아니라 동지중해 전역을 아우르는 거대 통상 센터가 되었지만 이제는 과거사가 되었다.

주민의 생명은 구원을 받았다. 살해되지도 않았고 노예가 되지도 않았다. 그들이 살아가는 시가지와 여전히 반짝이는 파르테논 신전도 살아남았다. 그러나 도시국가 아테네는 해군 대국 자리에서 내려왔고 경제 대국도 단념해야 했다. 무조건 항복할 수밖에 없었던 아테네는 또 한 가지 요구를 받아들여야 했다.

여섯째, 타국으로 도망친 반反민주파 인사들의 귀국을 받아들인다. 스파르타는 아테네에게 민주정치 체제를 폐지하고 과두제 정부를 수립하라고 강요하지는 않았다. 대신에 아테네는 반反민주파 인사들의 귀국을 받아들여야 했다. 그것도 시가지 전역을 내려다볼 수 있는 아크로폴리스 언덕 위에 진지를 만든, 스파르타 병사로 이루어진 주둔군이 지켜보는 앞에서 '받아들여야' 했다. 패전 처리 정부라고 해도 '민주정치'에서 '과두정치'로 변할 수밖에 없었다.

이 모두가 기원전 404년 봄부터 가을까지 짧은 기간 내에 일어난 '사실'이다. 그리스 세계를 정복하기 위해 대군을 거느리고 침공해 온 페르시아와 맞서 싸워 완벽한 승리를 거두며 번영의 길을 크게 열었던 때로부터 75년 후의 일이었다. 그 번영을 유지했을 뿐 아니라 더욱 강력하게 만드는 데 성공했던 페리클레스의 죽음으로부터 헤아리면 불과 25년 뒤의 일이었다.

그리스가 곧 아테네라고 말할 정도였던 도시국가 아테네는 기원전 404년, 멸망은 면했지만 쇠퇴가 확실해졌다. 아테네의 융성을 이끌었던 요인은 다음과 같다.

첫째, 민주정치 체제.
둘째, 아테네 해군.
셋째, 아테네·피레우스 일체화.
넷째, 델로스동맹.

아테네는 이 모든 것을 불과 25년 만에 잃었다. 패권 국가는 되지 못했다.

역시 소크라테스의 가르침이 옳았다. 인간에게 최대 적은 다른 누군가가 아니라 자기 자신이다. 아테네인은 자기 자신에게 스스로 패했다. 다른 말로 하면 아테네인은 자멸했다.

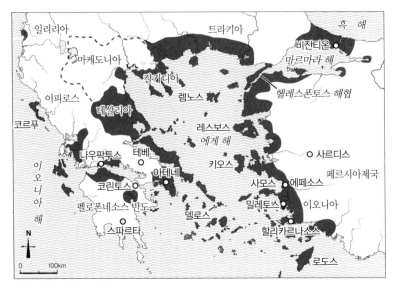

● '펠로폰네소스전쟁' 이전 아테네의 패권 영역(기원전 431년)

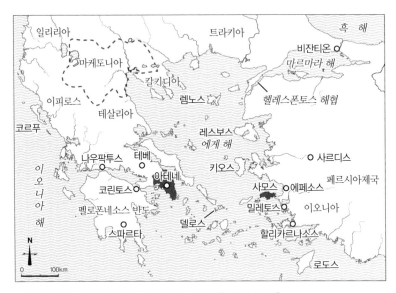

● '펠로폰네소스전쟁' 패전 이후 아테네에 남은 영역(기원전 404년)

연대(기원전)	그리스 세계	그 밖의 세계
546년	스파르타를 중심으로 펠로폰네소스 반도 도시국가들의 동맹인 '펠로폰네소스동맹' 결성.	[539년] 아케메네스왕조 페르시아의 키루스 대왕이 바빌로니아를 정복하고 중동 전역을 페르시아 지배 아래에 둠.
477년	아테네를 중심으로 에게 해 도시국가들의 동맹인 '델로스동맹' 결성. 이후 아테네의 테미스토클레스가 동맹 강화.	
464년	여름, 스파르타를 중심으로 라코니아 지방에서 큰 지진이 일어나 막대한 피해를 입음. 스파르타에서 시민권을 갖지 않은 농노(헬롯)의 반란이 계속됨.	[467년] 아르타크세르크세스가 페르시아 황제로 즉위.
463년	헬롯의 반란에 골머리를 앓던 스파르타가 아테네에 지원을 요청.	
462년	아테네 온건 민주파 지도자 아리스티데스 사망. 크게 성장하던 급진 민주파를 누르고 온건 민주파인 키몬이 후계 지도자가 됨. 아테네 시민집회가 스파르타의 요청을 받아들여 키몬과 4,000명의 중무장 보병을 보내기로 결의. 그러나 스파르타는 사회구조의 붕괴를 감지하고 키몬에게 즉시 철수할 것을 요구.	

461년	아테네 시민집회는 스파르타에서 귀환한 키몬의 실패에 대해 도편추방을 결의. 키몬은 10년 동안 아테네에서 국외 추방을 당함. 이후 급진 민주파인 페리클레스가 지도적 위치에 섬.
453년	델로스동맹 기금 보관 장소를 델로스 섬에서 아테네로 변경함.
451년	키몬이 국외 추방 처분에서 풀려 아테네로 귀환함. 스파르타와 5년 휴전협정 체결. 봄, 키몬이 군대를 이끌고 키프로스 원정에 나서지만 원정 도중에 병사.
450년	페리클레스, 키몬의 매형 칼리아스를 특사로 삼아 페르시아 황제 아르타크세르크세스에게 강화를 제안.
448년	아테네와 페르시아 사이에 강화 성립. 특사의 이름을 따서 '칼리아스 강화'라고 부름.
447년	페리클레스가 주도해 아크로폴리스 언덕에 파르테논 신전 착공. 조각가 페이디아스가 총감독으로 임명됨.
446년	아테네와 스파르타 사이에 체결된 휴전협정 무효화. 이 무렵 아테네가 코린토스 만과 면한 나우팍투스에 기지 설치. 에우보이아 섬의 여러 도시국가와 아티카 지방의 메가라가 델로스동맹 분담금 지불 거부를 선언. 아테네는 메가라에 대해 피레우스 입항 금지 조치를 취하고 메가라는 스파르타에 지원 요청을 하며 저항. 스파르타 군대가 아티카 지방에 침입함. 군대를 지휘하던 스파르타 왕 플레이스토아낙스는 가을이 되었다는 이유로 군대를 귀국시킴. 이에 대해 '에포로스(감독관)'가 왕을 퇴위시킴.

446년	페리클레스, 에우보이아 섬을 제압함. 겨울, '그리스 전체 회의' 개최. 그리스 도시국가들 대표가 스파르타에 모여서 앞으로 평화에 대해 토의함. 펠로폰네소스와 델로스, 두 동맹 사이에 30년 동안 상호 불가침 결의. 페리클레스, 델로스동맹 개혁에 나서서 아테네 패권 아래에 있음을 인정한 도시국가의 연합으로 만듦.	
441년	이 무렵, 델로스동맹에 속한 사모스 섬과 밀레토스가 주변에 있는 도시 프리에네의 귀속을 둘러싸고 대립함. 밀레토스의 소송으로 아테네가 중재했지만 사모스 사태가 악화됨. 결국 아테네와 분쟁 상태가 됨.	
439년	봄, 아테네 군대가 사모스 섬을 제압.	
438년	파르테논 신전 완성.	
437년	아테네, 암피폴리스를 기지로 만들고 주변에 있는 칼키디아 지방의 발판을 공고히 함.	
436년	페리클레스, 델로스동맹 패권 영역을 확대하기 위해 흑해로 원정을 떠남. 시노페와 트레비존드를 중심으로 한 그리스인 도시국가와 경제 협정 체결.	
435년	에피담노스에서 내분이 일어나 패배한 쪽이 코르푸 섬에 지원을 요청함. 코르푸는 거부했지만 그 이후 코린토스가 지원에 나섬. 코르푸와 코린토스의 대립으로 비화됨. 코르푸가 해전에서 코린토스 격파.	
434년	코린토스, '타도 코르푸'를 위해 대규모 군대를 편성함. 코르푸가 델로스동맹에 가입을 표명하고 아테네에 지원을 요청함. 아테네는 코르푸 지원을 결정함.	이 무렵, 페르시아제국의 유대인 가운데 예언자 느헤미야가 예루살렘으로 귀환해 사회 개혁에 착수.

433년	여름, 아테네 해군이라는 원군을 얻은 코르푸와 코린토스 사이에 전투가 시작되지만 대규모 전투로 발전하지 않고 코린토스가 철수. 겨울, 마케도니아 왕의 동생이 왕이자 형인 페르디카스에 맞서 반란을 일으킴. 아테네 지배 아래에 있는 포티다이아에서 아테네에 반대하는 기운이 높아짐. 페르디카스는 이 상황에 편승해서 포티다이아의 이반을 부추김. 포티다이아는 코린토스와 마케도니아의 원조를 기대하고 반(反)아테네로 돌아섬.	
432년	코린토스, 펠로폰네소스 반도에서 용병을 모집해 반(反)아테네 정규군을 조직. 5월, 아테네가 포티다이아 제압을 위해 군대 파견. 가을 무렵, 메가라가 델로스동맹에서 탈퇴하고 펠로폰네소스동맹 가입을 선언함. 아테네는 교역 단절 조치를 취하고 스파르타가 여기에 반발함. 주전론이 강해짐.	
431년	가을, 코린토스에 선동당한 펠로폰네소스동맹 쪽 테베가 아테네 동맹국인 플라타이아이를 침입해 점거하지만 플라타이아이에 반격당함. 플라타이아이는 테베 포로를 살해하고 이를 기화로 펠로폰네소스전쟁이 시작됨. 스파르타의 '에포로스(감독관)'들이 개전을 결정함. 신중파였던 아르키다모스 왕이 지휘하는 펠로폰네소스 동맹군을 아티카 지방으로 파견하여 아테네 주변 지역을 습격하라고 명령함. 이에 대해 아테네는 해군을 파견해서 펠로폰네소스 반도 동쪽 해안의 도시를 공격. 여름, 아르키다모스 왕이 식량 부족을 이유로 군대를 철수시킴.	
430년	여름, 아르키다모스 왕이 지휘하는 펠로폰네소스 동맹군이 아티카 지방으로 침입. 아테네로 피난했던 아티카 지방 농민들 사이에서 퍼진 역병이 아테네 전체를 덮침. 이 때문에 아테네 내에 반(反)페리클레스 기운이 높아짐. 아르키다모스 왕이 군대를 철수시킴.	이 무렵, 오리엔트에서 사마리아인이 유대인으로부터 독립해 사마리아 교단 설립.

430년	아테네 시민집회, 피난민 증가와 역병 유행에 따른 국력 쇠퇴를 정책 오류로 받아들이고, 페리클레스를 공금 악용 죄를 이유로 탄핵에 처해서 '스트라테고스(사령관)'에서 해임함.	
429년	여름, 펠로폰네소스 동맹군은 지난해와 마찬가지로 아테네 주변 지방을 공격하고, 아테네는 펠로폰네소스 반도 동쪽 해안을 공격함. 비슷한 시기, 포르미온이 지휘하는 아테네 해군이 이오니아 해 주변에서 코린토스 해군과 대결해 승리를 거둠. 가을, 페리클레스가 세상을 떠남. 페리클레스를 비판하는 세력의 선봉에 서서 명성을 얻은 선동자 클레온에 맞서 온건파는 니키아스를 대항마로 추천.	
428년	아르키다모스 왕, 예년과 마찬가지로 아티카 지방으로 출격. 플라타이아이를 목표로 삼은 침공의 발판만 만들고 철수. 레스보스 섬의 도시국가 미틸레네가 아테네에 반기를 들고 스파르타에 접근.	
427년	아테네 해군이 미틸레네의 반란을 진압. 레스보스 섬의 도시국가 전체를 아테네 직할 영지로 삼음. 플라타이아이가 펠로폰네소스 동맹군에 함락됨. 시가지는 파괴되고 테베 영토가 됨. 스파르타 왕 아르키다모스가 세상을 떠남.	
425년	필로스·스팍테리아전투 발발. 아테네가 필로스에 주둔 기지를 설치한 것이 발단이 되어 스파르타와 아테네 해군이 충돌함. 아테네가 승리하고 스파르타의 중무장 보병 다수가 죽거나 포로가 됨. 아테네와 스파르타가 강화를 맺을 기회가 생겼지만 클레온의 선동으로 양쪽 동맹 간 전쟁이 속행됨. 스파르타에서 이례적으로 비정규 군대가 소집되어 브라시다스가 사령관으로 선출됨.	페르시아 황제 아르타크세르크세스 사망.

424년	브라시다스가 지휘하는 스파르타 비정규 군대가 칼키디아 지방으로 진군 시작. 아테네, 이에 맞서 싸우기 위해 에우클레스와 투키디데스가 지휘하는 군대를 보냄. 브라시다스가 칼키디아의 요지 암피폴리스를 점거. 에우클레스는 군대를 돌려보내고 자신은 모습을 감춤. 투키디데스, 칼키디아에서 철수. 아테네 시민집회, 투키디데스에게 20년 국외 추방을 결정. 이후 투키디데스는 저술에 몰두함.	다리우스 2세 페르시아 황제로 즉위.
423년	봄, 브라시다스의 돌출 행동을 싫어한 스파르타가 아테네에 휴전을 제안하고 1년 동안 휴전이 결정됨. 브라시다스, 휴전협정을 무시하고 칼키디아 지방을 델로스동맹에서 떼어내려는 공작을 속행함. 아테네, 휴전협정이 무효가 되었다고 보고 온건파인 니키아스가 지휘하는 군대를 칼키디아로 보내기로 결정. 니키아스가 칼키디아 지방의 여러 도시를 다시 아테네 쪽으로 돌려놓는 데 성공함. 스파르타 군대를 공격하지 않고 아테네로 귀국함.	
422년	니키아스의 소극 정책을 비판한 클레온이 처음으로 사령관에 당선되어 브라시다스가 지휘하는 군대를 공격하기 위해 칼키디아로 출발. 가을, 클레온의 군대와 브라시다스의 군대가 충돌. 양쪽 모두 사령관을 잃고 전투가 끝남.	
421년	아테네와 스파르타 사이에 다시 휴전 기운이 강해짐. 가을, '니키아스 강화'라는 이름으로 알려진 휴전협정 조인. 스파르타는 포로가 되었던 중무장 보병과 아테네 영지가 되었던 필로스 섬을 되찾음. 아테네는 칼키디아 지방의 여러 도시를 탈환. 휴전 유효기간은 50년으로 함.	
420년	아테네에서 알키비아데스가 '스트라테고스(사령관)'에 당선. 아르골리스, 엘리스, 아르카디아와 4국동맹 결성을 주창.	

419년	니키아스와 알키비아데스가 '스트라테고스(사령관)'에 재선됨. 알키비아데스가 1,000명의 중무장 보병을 이끌고 펠로폰네소스 반도 서북부로 진군. 이오니아 해를 넘어 아테네 시장 확대를 위한 발판으로 삼으려고 했지만 코린토스의 강경한 반대에 부딪힘. 알키비아데스에 반대하는 기운이 높아짐. 겨울, 알키비아데스가 다음 해 '스트라테고스(사령관)'에서 낙선.
418년	아르골리스, 에피다우로스를 침공. 이를 용인할 수 없었던 스파르타와 4국동맹이 격돌. 만티네이아에서 전투가 벌어져 스파르타가 승리.
417년	아테네 시민들, 만티네이아전투 패배 책임을 니키아스와 알키비아데스에게 물음. 이에 대해 두 사람은 다른 선동가들을 도편추방에 처하는 방식으로 대항함. 이해에 도편추방 제도가 폐지됨. 이 무렵, 민심을 일신하기 위해 니키아스가 델로스 섬의 아폴론 신전에서 장엄한 의식을 거행하고, 알키비아데스는 올림피아에서 개최된 고대 올림픽 사두전차 경주에 일곱 팀을 출전시켜 시상대를 독점함.
416년	여름, 니키아스가 지휘하는 아테네 군대가 에게 해의 작은 섬 멜로스를 침공해 잔혹한 전후 처리를 강행함. 겨울, 시칠리아의 도시국가 세제스타가 아테네에 시라쿠사 공격 요청을 함. 알키비아데스가 시민집회에서 시칠리아 원정을 제안함. 니키아스가 반대하지만 시민집회는 가결함. 알키비아데스와 라마코스, 니키아스가 시라쿠사 원정군 사령관으로 선출됨.
415년	아테네 시내에 있는 헤르메스 신상 머리가 잘리는 사건 발생. 알키비아데스에게 혐의가 있었지만 6월 아테네를 중심으로 한 델로스 동맹군이 시칠리아를 향해 출발함. 알키비아데스는 수사를 받던 중 출전함.

| 415년 | 코르푸 기항 중 남이탈리아의 여러 도시가 델로스 동맹군 기항을 거부한다는 뜻을 전해옴. 또한 세제스타의 전쟁 비용 약속이 거짓으로 판명되었지만 원정을 계속하기로 결정.
교섭을 통해 시라쿠사와 가까운 도시인 카타니아에 전초기지를 두는 데 성공.
알키비아데스가 신상 파괴 주범으로 간주되어 카타니아에서 귀국 명령을 받았지만 귀국 도중 기항한 도시에서 도망침.
가을, 니키아스와 라마코스가 지휘하는 델로스 동맹군이 카타니아를 출발하여 시라쿠사의 '큰 항구'로 침입. 아테네 군대는 시라쿠사 부근 다스콘에 진지를 설치.
니키아스, 아테네 본국에 원군 요청.
이 무렵 알키비아데스가 스파르타로 망명해 '에포로스(감독관)'에게 접근, 군사 고문이 되었다는 사실이 밝혀짐.
겨울, 시라쿠사가 스파르타에 원군을 요청. | |
| 414년 | 4월 말, 아테네에서 기병 중심의 원군 도착.
시칠리아 근교 트로글리오스를 점거하고 포위 장벽 건설 시작.
스파르타 시민집회, 길리포스가 지휘하는 비정규 군대를 파견하기로 결정. 길리포스는 시라쿠사 군대 총대장이 됨.
아테네 사령관 중 한 명인 라마코스가 전사하고 니키아스가 유일한 사령관이 됨.
길리포스가 지휘하는 시라쿠사 군대가 델로스 동맹군이 건설 중인 포위 장벽 파괴.
니키아스, 전략을 변경해 바다 쪽에서 시라쿠사를 공격하기로 함. 시라쿠사 근교 플레미리온으로 군대를 이동시켰지만 시라쿠사 군대에 육지와 바다에서 포위됨.
니키아스, 다시 아테네 본국에 원군 요청. 시민집회, 다음 해 봄에 데모스테네스와 에우리메돈을 사령관으로 삼아 대규모 군대를 보내기로 결정. | |

413년	봄, 전투 재개. 델로스 동맹군은 군대를 둘로 나누어 시라쿠사의 '큰 항구'와 '작은 항구'에 있는 시라쿠사 해군 공격. 하지만 그사이에 진지인 플레미리온 상실. 두 번째 해전이 벌어짐. 델로스 동맹군은 시라쿠사 군대에 포위되어 빠져나오지 못함. 7월, 아테네에서 원군 도착. 일단 반전에 성공했지만 데모스테네스가 전군 철수를 주장. 7월 27일, 월식이 일어나 델로스 동맹군 사이에서 동요가 확산. 9월 초, '큰 항구'에서 양쪽 군대가 격돌하여 델로스 동맹군이 괴멸적인 피해를 입음. 9월 10일, 델로스 동맹군이 최후의 반격에 나서지만 시라쿠사 군대에 완패하고 육로로 도주하기 시작. 9월 12일, 델로스 동맹군은 배와 부상자를 버리고 트로글리우스를 향해 출발하지만 시라쿠사 군대의 공격을 받고 9월 20일에 괴멸당함. 아테네, 위기관리 내각 발족.	
412년	이 무렵 알키비아데스는 스파르타 외교사절이 되어 페르시아의 사르디스로 감. 그곳에서 페르시아제국 지방 장관의 군사 고문이 됨. 시라쿠사 공격이 완패로 끝나면서 여러 도시들이 델로스 동맹에서 이탈하려는 움직임을 보임. 알키비아데스, 사모스 섬에 상륙해서 해군을 자기 지배 아래 둠.	
411년	아테네, 민주정치를 파기하고 과두정치로 이행. 민주파인 알키비아데스가 지도적 지위에 오른 사모스는 반대를 표명. 알키비아데스는 사모스에 부임한 아테네 고관을 역으로 설득하여 사실상 아테네 쪽으로 복귀함. 페르시아의 원조를 받은 스파르타가 헬레스폰토스 해협 부근의 델로스동맹에 가입한 여러 도시국가를 공격하기 시작.	

410년	알키비아데스가 지휘하는 아테네 해군이 헬레스폰토스 해협 내 키지코스에서 스파르타 해군과 전투를 벌여 승리. 그 후 알키비아데스가 이끄는 아테네 해군이 스파르타 해군에 연승을 거둠.	
407년	알키비아데스, 아테네 본국으로 귀환해 본격 복귀. 아테네 시민집회는 그를 열광적으로 환영하며 육해군 총사령관으로 삼음. 아테네, 과두 정부가 실정을 거듭하면서 민주정치로 다시 복귀.	
406년	알키비아데스, 아테네 해군을 이끌고 에게 해 동쪽으로 출발. 스파르타, 리산드로스가 지휘하는 비정규 군대를 에게 해로 파견. 리산드로스는 원조하는 페르시아제국 황제의 동생 키로스의 지지를 얻어 아테네 해군 공격을 준비. 스파르타 해군은 에페소스를 본거지로 삼음. 에페소스 근처 노티온 항구 주변에서 아테네와 스파르타 해군 격돌. 어느 쪽도 큰 피해를 입지 않음. 그러나 그 전과를 받아들이지 않는 선동자들에게 선동당한 아테네 시민집회가 알키비아데스의 해임을 결정. 알키비아데스는 마르마라 해 서해안으로 망명. 리산드로스, 스파르타의 복귀 명령을 받아들임. 키로스가 스파르타에 항의하여 리산드로스가 다시 에게 해 동쪽 전선으로 복귀. 아테네, 시민집회에서 새롭게 선출된 10인의 사령관 가운데 8명을 에게 해 동쪽으로 보냄. 아르기누사이 근해에서 아테네와 스파르타 군대 간 전투가 벌어져 어느 쪽도 승자라고 할 수 없이 끝남. 선동자들에게 선동당한 아테네 시민집회가 '인민재판'을 통해 에게 해 동쪽 전선에 있던 사령관 8명 중 도망친 2명을 제외한 6명을 처형. 겨울, 스파르타가 아테네에 강화를 제안하지만 선동자들에게 지배당한 아테네 시민집회가 이를 거부함.	

405년	리산드로스, 페르시아제국의 뜻에 따라 군대를 이끌고 헬레스폰토스 해협으로 향함. 해협의 아시아 쪽 항구 아비도스와 람프사코스를 점거. 아테네는 다시 10명의 사령관을 선출하여 6명을 델로스 동맹군 전체 병력과 함께 에게 해 동쪽으로 보냄. 델로스 동맹군, 헬레스폰토스 해협의 유럽 쪽에 있는 아이고스포타모이 항에 입항. 그때 알키비아데스가 나타나 세스토스 항구로 이동할 것을 충고함. 아테네 사령관은 이를 거부. 리산드로스가 지휘하는 스파르타 해군이 아이고스포타모이에 있는 아테네 해군을 공격해 일망타진함. 죽음을 면한 포로는 모두 본국 귀환을 명령받음. 결과적으로 아테네는 식량난에 빠짐. 가을, 리산드로스가 헬레스폰토스 전역을 제패함.	
404년	알키비아데스, 암살당함. 리산드로스, 델로스동맹에 가입한 여러 도시에 독립을 촉구하고 그곳에 체류 중인 아테네인들에게 본국 귀환을 명령. 델로스동맹 붕괴. 아테네, 스파르타에 무조건 항복. 펠로폰네소스전쟁 종결. 아테네 해군은 해산되고 아테네가 영유하던 도시는 모두 독립함.	

도판 출처

표지	페리클레스 흉상. 바티칸미술관 소장(바티칸), © Bridgeman Images
19쪽 위	아테네국립고고학박물관 소장(그리스), © Bridgeman Images
19쪽 아래	대영박물관 소장(영국), © British Museum
63쪽	하타케야마 모구(畠山モグ) 그림
70쪽	키프로스 섬 라르나카, © Markus Leupold-Löwenthal
84~85쪽	대영박물관 소장(영국), © Getty Images
87쪽	Tons Brunes, *The Secrets of Ancient Geometry and Its Use*, 1967, Rhodos International Science Publishers에서
120쪽	바티칸미술관 소장(바티칸), ©Lanmas / Alamy Stock Photos
202쪽	베를린미술관 소장(독일), © ullstein bild / © Getty Images
214쪽	아테네국립고고학박물관 소장(그리스), © Bridgeman Images
274쪽	나폴리국립고고학박물관 소장(이탈리아), © Bridgeman Images
281쪽	올림피아고고학박물관 소장(그리스), © Konstantinos Tsakalidis / Alamy Stock Photos
325쪽	© Hemis/ Alamy Stock Photos
411쪽 오른쪽	루브르미술관 소장(프랑스), © Granger Historical Picture Archive / Alamy Stock Photos
411쪽 왼쪽	아테네국립고고학박물관 소장(그리스), © Bridgeman Images
414쪽	스파르타고고학박물관 소장(그리스), © Ancient Art & Architecture Collection Ltd / Alamy Stock Photos
475쪽	마냐그레차(Magna Grecia)국립박물관 소장(이탈리아), © Scala Archives

그리스인 이야기 II

펴낸날	초판 1쇄	2017년 10월 30일
	초판 7쇄	2019년 6월 26일

지은이	시오노 나나미
옮긴이	이경덕
펴낸이	심만수
펴낸곳	(주)살림출판사
출판등록	1989년 11월 1일 제9-210호

주소	경기도 파주시 광인사길 30
전화	031-955-1350 팩스 031-624-1356
홈페이지	http://www.sallimbooks.com
이메일	book@sallimbooks.com

ISBN	978-89-522-3788-0 04920
	978-89-522-3615-9 04920(세트)

※ 값은 뒤표지에 있습니다.
※ 잘못 만들어진 책은 구입하신 서점에서 바꾸어 드립니다.

이 도서의 국립중앙도서관 출판예정도서목록(CIP)은 서지정보유통지원시스템 홈페이지
(http://seoji.nl.go.kr)와 국가자료종합목록시스템(http://www.nl.go.kr/kolisnet)에서
이용하실 수 있습니다.(CIP제어번호: CIP2017025419)